アルフレッド・シュッツ著／佐藤嘉一訳

社会的世界の意味構成

―理解社会学入門―

〔改訳版〕

木鐸社

故尾高朝雄教授に捧げる

日本の皆様方へのメッセージ

　まず私は,亡夫の処女作『社会的世界の意味構成』を日本語に翻訳するという厄介な仕事に長年取り組んでこられた,金沢大学の佐藤嘉一氏に衷心から感謝申し上げる次第です。氏はまた夫の「社会的行為の理論」[『シュッツ/パーソンズ往復書簡』を指す]を日本の皆様に紹介して下さった方でもあります。

　この翻訳が私にとって格別に意義深いものであることを一言読者の皆様に申し述べたいと思います。夫の著作を研究しておられる矢谷慈国教授から日本における夫の研究に関する著書,論文,翻訳の文献リストをお送りいただいたとき,私には新しい世界が開かれたような気が致しました。(矢谷氏には 1981 年 6 月ビーレフェルト大学の学際センターでお目にかかることができました。同学際センターで諸外国から 40 名以上の先生方が参加され,夫の業績に関するシンポジウムが開かれ,氏も報告されたのです。)当時の私は夫の著作が日本で知られていることなど全く存じませんでした。これを知りましたことには二重の意味がございます。というのは夫の著作に最初に深い関心を示して下さった方が他ならぬ 1 人の日本の学者,かつてヨーロッパに 3 年間滞在しておられた〔当時〕京城大学の尾高朝雄教授であったからです。尾高教授は 1 年間をオーストリアのヴィーンで過ごされ,亡夫の恩師で友人でもあったハンス・ケルゼン教授のもとで法制史の研究に従事されました。翌年はドイツのフライブルグで現象学の創設者,エドムント・フッサール教授のもとで学ばれ,さらにもう 1 年ヴィーンに留まって研究を継続されましたが,夫と知己になったのはその頃のことでした。この 1 年間に尾高教授はたびたび我が家で夕べを過ごされ,2 人が共に非常に関心を寄せていた諸問題について夜を徹して議論し合ったのでした。こうして 2 人の間には深い温かい友情が育まれたのです。その頃尾高教授は GRUNDLEGUNG DER LEHRE VOM SOZIALEN VERBAND を著され,夫はこれを高く評価して,20 頁に及ぶ長文の書評を寄稿したのでした。尾高教授の御著は,一部はケルゼンの法理論に,哲学的にはエドムント・フッサールの教えに基づ

くものです。

　夫はドイツ語でしばしば尾高氏を援助し,尾高氏は夫の書物の刊行の件で援助して下さいました。そのような訳で夫のSINNHAFTE AUFBAU DER SOZIALEN WELT と尾高氏の先の書物は,ヴィーンのユリウス・スプリンガー社から同時に出版されることになったのです。

　この同時出版の直後に尾高氏は日本に帰国されました。しかし帰国後の尾高氏の消息はほとんどわからなくなりました。戦争のためにすっかり音信不通となってしまったからです。後になって私たちは尾高氏がペニシリン注射を受けた直後急逝されたことを知りました。

　数千マイルも隔たったもう1つの大陸で50年前に尾高朝雄氏と夫の間に始まった素晴しい友情が,こうして今再び,日本において甦ったことになります。

　この著書は,様々の異なった時期に夫が私に書き取らせて,完成までに12年を費やしました。私はこれを夫のかねがね敬愛しておりますフッサール氏に献呈するよう夫に薦めました。本書を受け取られたフッサール氏からは,1932年5月3日付で次のような文面の書簡が寄せられました。「ご高著ならびに心温まる同封の貴簡に接し,当方欣幸の至りに存じます。折しも帰国の挨拶のため当地に2日間滞在された尾高教授から, 貴台が近々バーゼルにお出向きになり, フライブルグにも来訪下さるご意向とお伺い致しました。そうしていただけますれば小生この上なく幸甚に存じます。小生の畢生の作品の最も深い意味,不幸なことになかなか会得しにくい意味についてこの上なく透徹した理解をお示し下さったごく少数のお1人,そのように真摯で学識豊かな現象学者にぜひとも小生お目にかかりたく存じます。貴台は真の永遠（フィロソフィア・ペレニア）の哲学の代表者として小生のライフワークを末頼もしく継承くださる方であるとお見受け致しております」と。

　目下本書のドイツ語版3版が出ております。第2版も夫の死後1960年にヴィーンのスプリンガー社から出版されました。第3版8000部はペーパーバックでフランクフルトのズールカンプ社から出版されました。英語版はPHENOMENOLOGY OF THE SOCIAL WORLD　の標題で翻訳され,1967年,1972年に重版されました。こちらは,大学・研究図書協会の出版物,CHOICE の編集者たちによって「1968年の傑出した学術

書の1つ」に挙げられました。

　本書はスペイン語やイタリア語にも翻訳されています。しかしながらこれらの翻訳のいずれも皆様方の前にある日本語訳と比べれば，私には何の意味もありません。半世紀も昔，夫が哲学や社会学の研究を始めた頃と現在とが結びついているかのように私には思われてなりません。恰も種子が再び芽を吹き出し始めたかのように。どうか現在と将来の世代の日本の学者・研究者の方々が本書に述べられている理論や思想に触発されて，夫の研究をさらに継続し発展させて下さいますように。

　夫が教鞭をとったニュー・スクール・フォア・ソーシャルリサーチの大学院の創設者であり，久しく同学長を務められた方が夫の死後私にお寄せくださった書簡をもって，私は教師としての，人間としての夫の話をむすぶことに致したいと存じます。

　　　ニューヨークにて
　　　1981 年 11 月 17 日
　　　　　　　　　　　　　　　　　　　　　イルゼ・シュッツ

66西12番街, ニューヨーク11
オレゴン州　5-2700
1959年5月21日

親愛なるシュッツ夫人へ！
　シュッツ博士のご逝去を謹んでお悔やみ申し上げます。
　博士を生涯で知った最大の学者の1人として私はかねがね尊敬致しておりました。
　私の敬愛するシュッツ博士は，その学識を弱者の支配のために傲慢に用いることなく，人間的にこれを用い，人々がさらに高い思想の持ち主になるよう援助を惜しまれなかったお方でした。
　向上心に燃える思索家にとって博士は良い守護神であり，私はその学恩を受けた多くの俊英たちを知っています。学者であり教師であり，否それ以上に，シュッツ博士は古代アカディメイアやリュケイオンの中に燦然と輝く知性の光の担い手，その運び手であるといえます。
　偉大な人間は不滅です。博士の精神は，私たちの中で生きています。博士の精神は名を冠することなく，人々の集合的な生活に浸み込んでいます。真実，人間の向上する運動において重要なのは精神であり，名前ではありません。

敬　具
アーヴィン・ジョンソン

第 2 版への序言

　第 1 版の刊行後 27 年,久しく絶版となっていた本書の第 2 版を,著者は引き続いて刊行しようと考えていました。そうした考えを決定づける動機には,次のような認識がありました。本書の価値は,ほぼ 30 年経った今日でも,単に歴史的なものに化してしまっているとはいえず,むしろ本書において展開されている方法や観念は,今日の社会科学の研究においても依然として生産的に活用しうるとの認識であります。

　著者は,さらに第 1 版以後の数十年間の思考の発展を概括的に記述して,本書を補う意図を抱いておりました。けれども著者の予期せぬ死のために,その仕事はもはや完成を見ませんでした。そこで私は,今日社会学の直面している課題に対して本書が貴重な道案内人となりますことを確信し,第 2 版でも,作品を一切変更せずに公刊するものであります。

　　ニューヨークにて
　　1959 年 10 月

　　　　　　　　　　　　　　　　　　　　　　　　イルゼ・シュッツ

序　言

　本書は,マックス・ヴェーバーの理論的著作に関する多年にわたる深い関心に由来している。この研究を進めているうちに,私の心の中に次第に確信めいたものが強まってきた。それは,マックス・ヴェーバーの問題設定は確かに社会科学の正しい理論的出発点を規定しているものの,しかし彼の分析は,精神科学の手続きそのものから生じてくる多くの重要な課題がそれだけで解決される深層にまで及んでいないということである。とりわけ主観的意味というヴェーバーの中心概念は,徹底的に分析を必要とする。この概念は,一連のきわめて重要な問題の単なる標題にすぎず,ヴェーバーにあってもこれらの問題を知らなかったわけではないが,実際には立ち入った分析を行わなかった。
　こうした問題のほとんどは,体験時間（内的時間意識）の現象,つまり厳密に哲学的な自己省察の中で考察されうる現象と非常に密接につながり合っている。私たちはこの体験時間の性質を理解することによってはじめて,自己理解と他者理解,意味指定と意味解釈,シンボルと徴候,動機と企図,意味適合性と因果適合性といったきわめて複雑な精神科学の基礎概念の構造,特に理念型的概念形成の本質,それと同時に社会科学のその対象に対する独特な態度の本質を明らかにすることができる。勿論,これは非常に入り組んだ,ときには非常に厄介な考察を必要とするが,しかしこれは,社会科学の根本問題とその特殊な方法を明らかにしようとするかぎり避けられない。これまで十分に分析されてきたとは言えない社会的存在の原現象に関するこのような解明のみが,社会科学の方法論の正しい理解を保証することができる。またこの哲学的に基礎づけられた方法論のみが,従来にもまして今日の社会科学の領域,とりわけ社会学の領域での研究を妨げている似非問題を排除することができる。
　本書では,社会科学の根本問題を意識生活の基本的事実にまで遡って跡づける試みがなされている。この場合重要なのは,ベルクソンとフッサールが内的時間意識について試みている様々な考察である。これらの哲

学者の労作,なかんずくフッサールの超越論的現象学が,はじめて意味問題の現実的な根拠づけをなしうる哲学的思考の次元を切り拓いた。

　これらの偉大な哲学者たちに深い敬意を表するとともに,本書ならびに私の思想のすべてはベルクソン,フッサールおよびヴェーバーの諸著作に多大に負うことを私は認めなければならない。

　京城大学の尾高朝雄教授(日本)に対し私は深甚なる謝意を表したい。私の思想に示された教授の深い御理解と積極的な御援助がなければ,今日のような困難な時局のもとで本書を出版することは,おそらく不可能であったにちがいない。同様に私は,フェリクス・カウフマン講師（ヴィーン）に対して感謝したい。氏は,本書の成立のあらゆる局面にわたって常に変わらない関心を寄せられ,これを助成され,骨の折れる校正の仕事を引き受けられ,また数々の有意義な刺激を私に与えて下さったのである。

　　ヴィーンにて　1932年3月

　　　　　　　　　　　　　　　　　　　　　　　　　著　者

改訳版　序

　1996年に本書の改訳版の刊行を約束して10年,1982年の旧訳初版の刊行から25年，シュッツ没後(1959)約半世紀経過したことになる。訳者としては積年の宿題がようやく終わったような気持ちでほっとしている。この間,故広松渉氏はじめ多くの人々から，本書に関する有意義な批評,翻訳上のさまざまな教示と貴重な指摘を頂戴した。我が国のA・シュッツ研究は,現在,本書の翻訳を試みた時代と比べると格段の進展を見せている。とはいえ，シュッツの用いる基本概念の訳語を確定する問題は,何年経っても悩みの種である。言語が「社会的事実」であることをしみじみ思うのである。HandelnとHandlungにはどのような語彙を当てるのが相応しいのか。改訳版ではHandelnは旧訳版の「経過としての行為」に代えて「遂行的行為」という語を用いた。Handlungは旧訳版の「行為成果」から「達成的行為」に改めてみた。Zuwendungは「なにかに注意を向ける」という方向性を重んじ,また意識の志向性一般とも区別して「配意」から「注意作用」に改めた。Mitweltは「同時世界」から「同時代世界」に，Vorweltは「前世界」から「先代世界」に，Nachweltは「後世界」から「後代世界」にそれぞれ改めた。原語をスムーズに日本語に置き換えできないケースもなお少なからず見出される。そのような場合Relevanzには「関連性」というように語彙にルビを付するようにした。原文でイタリック体の箇所は，傍点で示した。旧訳版には明らかに誤訳である箇所が見出される。たとえば「他我の一般命題」は「他我の一般定立」die Generalthesis des alter egoの読み違いであり,「常に自己の持続」は「各自の持続」die je eigene Dauerの誤訳である。旧訳は「前世・現世・後世」の三世界観を念頭においた訳語でしょうかといった貴重な批評もいただいたのであるが。原著の標題 *Der sinnhafte Aufbau der sozialen Welt* は，結局そのままにした。シュッツは'sich aufbauen'［おのずと盛り上がる］という語を用いており,'aufbauen'［機械的に何かを組み立てる］の用法は少ない。「社会的世界の構造」(第4章)は，わたしの〈主観的見地〉からみれば，〈デュレ〉の流動を本源的権利根拠にもつ意識の〈反省的注意〉と〈注意変様〉によって常に構成され,

脱・再構成される〈意味〉のおのずからなる沈殿層の〈盛り上がり〉，すなわち「意味的構築体」である。〈自己〉のうちにおのずと沈殿され、多元的に幾重にも層をなして築き上げられる意味的構築体は，発生論的にみれば，意味の〈構成作用〉konstituierender Aktによるものである。社会的世界の構造を重視する〈社会的世界の意味構築体〉の議論も軽視できないが，社会的世界の「構造」の発生論的構成の問題も大事なことだ。本書の旧訳におけるこのような読み方の〈精神〉を活かして今回も「社会的世界の意味構成」としたのである。他にも誤訳，あるいは原文の数行が訳出されないでスキップしている箇所を見つけるたびに，狼狽し赤面した。これらの不備な点は今回の改訳によってかなりの程度補正され，シュッツの言わんとする真意が伝わるようになったのではないか。

本書が機縁となり，「パーソンズ‐シュッツ往復書簡」（拙訳『社会理論の構成』1982, 木鐸社）や「グールヴィッチ‐シュッツの往復書簡1939-1959」（拙訳『亡命の哲学者たち』1996, 木鐸社）などの文献にも目を通すことができた。社会科学に及ぼしたシュッツ理論の広範囲な影響—ユルゲン・ハーバーマスの「批判的社会理論」とニクラス・ルーマンの「社会システム理論」との討議（山口節郎・藤沢賢一郎との共同訳『批判理論と社会システム理論』1987, 木鐸社）など—についても蒙を啓くことができた。旧訳版において訳者の理解が及ばなかった，シュッツ理論—「間主観性の現象学的心理学」の構想—の全体像についてもある程度見えるようになったように思う。以下，この点に関して補足して，改訳版刊行の「序」の言葉としたい。

フッサールとシュッツ，超越論的現象学と自然的態度の現象学，本書における「理解社会学の方法論的基礎づけ問題」の論議の中で，この両者の結びつきは，その誕生の瞬間から問題含みの〈ハイブリッド〉として多くの論者たちから様々に批判的議論を呼び起こすことになった。次のハーバーマスの発言は，その一例である。

> フッサールとシュッツの場合，言語シンボルは超越論的自我の包括的な付帯現前の能作のうちに基礎をおいている。モナドたちは，言語的間主観性を最初に己から紡ぎ出す。依然として言語は，紡ぎ出されたものとして直観されずに，その紡ぎ出されたより糸に主体(観)たちは寄りかかり，これらのより糸によって主(体)観へと自らを最初に形成するというのに[Habermas,

1968, Zur Logik der Sozialwissenschaften, S. 124]。

　訳者自身も旧訳版では本書の副題に「ヴェーバー社会学の現象学的分析」と記したし，この現象学と社会学の関係をめぐるシュッツの試みは「あの超越論的自我群のモナドロジー，つまり個人実体主義に安住している！」(広松渉『現象学的社会学の祖型』1991，青土社，419 頁)といった見解，また機能主義的社会学の側からも「今日，現象学の社会的行為理論への導入は，フッサールの強い内面的個人主義からして，個人主義のディレンマを解決し得ない」(アレクサンダー‐富永健一)といったコメントが発せられる。こうして本書で構想されたシュッツの「間主観性」の現象学的心理学は，誕生の産声とともに墓地へと直送されるという不幸な運命のようなのである。このシュッツ批判の「十字砲火」の真只中で「では今，なぜシュッツなのか」ということになる。

　私たちは，今日，シュッツの『意味構成』を「テクスト」の成立以前と成立以後のコンテクストの中で読み直すことができる時代に生きている。「テクスト」を読み直すという行為を，当のテクストの成立前後の「コンテクスト」にまで視野を広げて読む行為と解釈してこれを実際に押し進めるなら，シュッツのフッサールとの関係は，上に紹介したようなシュッツ‐フッサール像とは異なる形の姿が浮かび上がってくる。この主張は，次の 3 点にまとめることができる。

　第一に，『意味構成』以前に既にシュッツ自身が「モナドロジー論」や「ソリプシズムの牢獄」を破棄する「社会学」的認識の水準に到達していること。第二に，『意味構成』以後「フッサールの超越論的現象学」の根本問題が解決不能な問題としてこれをシュッツは破棄していること。第三に，この前後の脈絡に照らして『意味構成』を読み解くことが，専らテクストに閉塞する「コンテクストからの自由な読み方」に比較して「より合理的」であろうということである。紙数も限られているので，簡略にそれぞれについて記す。

　第一の点について。シュッツは，初期草稿「生の諸形式と意味構造」(1924-28) の中で既に独自な見解をいくつか披瀝している。この草稿の中で彼は「直接明証的な生命感情のありうる形式」を「生の形式」と呼び，その生の形式のうちに，たとえば「行為する私」とか「語る私」といっ

た生の形式を区別している。「行為する私」とは，身体の動き，運動体験のことである。この生の形式において「外延的な延長の世界」（対象界）の「内包的な体験世界」（意識）への取り入れが生まれる。行為する私は，常に「身体を動かしている私」であるが，それは一方では「私の内的持続経過」に対するキネステーゼ的体験であると同時に，他方では私の「時空間世界」領域にふれる，外部の現実との出会いの経験でもある。私の内部的・外部的体験地平の二重の結合，象徴世界と因果世界との二重の結合がいわば「行為」を通して実現される。「行為する私」は，私の「意識内部世界」からの脱出の糸口であり，私の生の世界内存在との連関（因果連関）の結び目でもある。ここにソリプシズムの牢獄からの脱出口がある。

　また「語る私」という生の形式に対するシュッツの考察も興味深い。「言辞以前」，即ち言葉の誕生以前，事物であれ，行為であれ，君であれ，私の意識に開かれていたのは，専ら外部からくる体験だけであった。しかるに言辞以後，言葉の誕生以後は，もはや〈私〉だけに属して，〈君〉や〈あなた〉や〈おまえさん〉にも属さないという体験はなくなってしまう。言語の奇蹟というのは，言葉という象徴によって象徴化される体験が根本から変化してしまうこと，必然的に君関係に入ることである。この変化の力は絶大であり，「言葉」が世界の新たな形成を行い，この新たな形成の優位の陰に，それ以外のあらゆる体験はヴェールで覆われたように，消え失せてしまう。シュッツはここでデュルケムと見紛うほどの正確さで「社会的事実」としての言葉の物象化問題を鮮やかに記述しているのである。「聞こえた言葉」「語られた言葉」「読まれた言葉」「書かれた言葉」，あらゆる種類の言葉が，世界を「図式化」し，その他のどのような「生の諸形式」によっても近づきえないやり方で［世界を］形成することによって，世界を統治する。言葉は事物（もの）の前に立ち，これを体験できなくする。上に引用したハーバーマスのシュッツ批判は，この脈絡では大変奇妙で空しい言説に響かないだろうか。

　第二の点について。「シュッツ−グールヴィッチ往復書簡 1939−1959」は，『社会的意味構成』成立以後のシュッツの「理解社会学の基礎づけ」問題の行方を知る上で重要な基礎資料の１つである。シュッツがグールヴィッチに宛てた 1945 年 6 月 11 日付の手紙の中に，シュッツの「社会学と現象学に対する態度」がはっきりと表明されている。

社会学は世界の謎を説明する要請を掲げたり，人間の定義を扱ったり，認識論的諸範疇を社会存在に還元したりする要請を掲げるやいなや，既にそれはニヒリズムの悪魔の虜になっています。しかし「中間領域」Zwischenreich——相対的自然的世界観の領域——があります。この領域の記述と分析には，丁度社会学的諸範疇がもっとも控え目な哲学的諸問題の説明に不十分であるように，哲学的諸範疇は同じく不十分です（邦訳『亡命の哲学者たち』1996，木鐸社，161頁）。

　ここには，先ず「理論的ニヒリズム」命題とも名づけられるべき，シュッツの社会学に対する基本態度の表明が見られる。「生」の担い手である人間とその生を包み込む「世界」との「連関」，即ち生の世界 Lebenswelt——通常「生活世界」と訳されている——は，いかなる秩序として認識され説明されるであろうか。生と世界の連関は，〈階級〉的・〈階層〉的秩序として説明されるであろうか。あるいは行動様式の総体としての〈文化的〉秩序として認識され説明されるであろうか。「認識」と「存在」の関係の論議は，つねに「二項対立」のアポリアに直面する——上述のとおり，哲学者のハーバーマスや広松渉から社会学者の富永健一やアレクサンダーまでシュッツに対する批判の要点は，この「アポリア問題」をシュッツが見逃していることにある，「非‐弁証法的だ」というのである——。社会学が構築する「階級・階層・世代」などの社会学的諸範疇が歴史的社会的生の状況を解釈し説明するということは，「生と世界」の関連のいかなる側面に光を投ずる営みであるのか。すべての「学知的認識」（エピステーメ）がそうであるように，社会学的範疇もまたその範疇の行使において「生と世界の連関」（生活世界）そのものからの距離化を要求されるのではないか。社会学者が，この社会学的認識と人間存在との間の「抽象的距離」の意識を喪失するとき，抽象的な認識を具体的な現実の生とを同一視し，この社会学的認識によって人間的生の存在を道具化し手段化し虚無化するであろう——先人たちの「わだつみ」体験，同時代人たちの「組織人」（かいしゃにんげん）の生活体験，後人たちの暗いカフカ的人間像。

　次に，「中間領域の学」の主張である。理論的ニヒリズムから距離をとる「オルタナティブ」の提言がこの「中間領域」の学である。中間領域の類似語は「相対的自然的世界観」「社会的世界における生活」「内世界的社会性における意味現象」「生活世界」などである。中間領域の学は，

文化科学(心理学・社会学)と哲学(超越論的現象学)との関係において以下のように定められる。

> あらゆる文化科学や社会科学は原則的に〈内世界〉にあり,従って超越論的自我ないし超越論的他我には関係せず,むしろ内世界的間主観性の諸現象に関係している。これらの科学は,それ故,現象学的に還元された諸現象には直接何の関わりもなく,むしろ自然的態度におけるこれら(現象学的に還元された諸現象=筆者挿入)に対応する相関項にもっぱら関わるのである。私たちはその場合に,フッサールの言葉によれば,自然的態度の構成現象学に他ならないところの,例の志向性の純粋心理学に従事するのである。しかしこのように理解される心理学もまた一つの専門的事実学ではなく,むしろ一つの本質学であって,たとえばある個人の心ないし精神的生活のゲマインシャフトの不変的な本質構造を問うのである(上掲書,邦訳,76頁: 原書 S.42-43)。

中間領域は,「内世界的な間主観性の諸現象」に関係する文化科学や社会科学と「超越論的現象学」との間にまたがる領域として定められ,その領域の学問は「自然的態度の構成現象学」と呼称される。一方における文化科学・社会科学と他方における狭い意味でのフッサールの超越論的現象学との2つの学問に対する「距離」と「位置」関係のとり方に,シュッツの理論的立場をみることができる。2つの極端の知を求心化させる第三の知,「中間領域の学」の提唱である。

フッサールとシュッツ,この両者の関係は『亡命の哲学者たち』に収められたシュッツの手紙を読み進めていくと,これまで紹介されてきたシュッツ像とは大分異形のものであることが次第に判明してくる。シュッツがこの世を去る年の3ケ月前のグールヴィッチに宛てた手紙には「フッサール哲学の根本概念の解明を試みる度にその構成の支持しがたいことが明らかになります」(1959.2.3)とある。フッサール現象学批判の論拠はなにか,またこの論拠と「中間的領域の学」との関わりについて簡単に記そう。

フッサール現象学批判の論拠としてシュッツは,1つには「知覚の付帯現前化」問題におけるフッサールの現象学的還元の限界性,もう1つにはフッサールの現象学における「行為の問題」の欠落を理由に挙げている。

「知覚の付帯現前化」のフッサールの理解は「素朴である」とシュッツは指摘する。

> 従来の現象学は，フッサールを含め，ある意味で素朴です。即ち，それは主要なパラダイムとして知覚を分析しますが，知覚は実際に1つの生活世界的現象です。それ故，生活世界の構成に通ずる付帯現前化の諸構造を暗々裏に前提しています。この点について釈明しないという点で素朴です。私は現象学的還元の方策がこの事態を覆い隠すことを懸念します。ということは，つまるところ，志向性は専ら生活世界の内部で，後者が現象に還元されない限りにおいて可能だからです。その世界は「意味」として還元においても維持されますが，しかしそれは現象として，私に立ち現れるままの世界として，世界が厳密に私の前に立ち現れるままの世界としてということです。しかし，おそらく現象学的態度への移行に伴って生ずる，世界の「意味」の変化は，以下のことに帰するべきではないでしょうか？　つまり〈問題になっている〉占有（Selbsthabe）（この占有ですが，生活世界により─〈当然のこととして〉場所・時間・間主観性の所与のスタイルの諸超越を，それも基礎づけの連関として，前提としているのですが），このような占有に代わってこの基礎づけの連関を「動きの外におく」志向性が現れるということ─。以上は最後まで考えつくしたわけではありませんから，まだ漠然とした形でしか表現されていないことは十分承知しています。しかし私は真実，ここに現象学の主要な難点があると思います（上掲書，邦訳，385頁）。

行為の問題について，行為の世界はフッサールの「意識の現象学」の枠に納まりきれない，とシュッツは1939年の手紙の中で書いている。

> 問題は，さらにもっと深いところに横たわっています。客観的世界の事実を意のままにすることは，この世界を予め「括弧に入れる」あるいは「無化」する，いずれの主観主義的哲学の困難さ（超越論的に方向づけられる哲学はなおさら）に劣らず重要です。この世界，私たちの生の世界は，それに独自の意味，私に解釈するように差し出されている意味を伴って，とにかくそこに存在しています。現象学とあらゆる超越論の体系に共通する思い上がりにおいて私は，あたかも私，超越論的自我がこの意味を，世界では全然ありません，自らが産出したかのように，振る舞います。その場合私は他ならぬ意味と新しい意味以外になにごとも産出しません。私の能作的志向性によってその場から砂粒を動かすでもなく，私のすべてのキネステーゼでましてや事物の世界の何かを変えるのでもありません。…ところできわめて簡単な

活動が「同一の」事物や反復でき，習得できる「同一の」操作を前提する場合，「同一の意味」が問題なのですか？「等など」の理念化や「いつでも繰り返しができる」の理念化，あるいは記憶と再生の理論は，この行為の簡単な現象の説明がつくのでしょうか。…結局のところ，行為，すなわち「体」の外部の行為,「働きかける Πραττειν」を哲学の主題にするときなのでしょう（上掲書，邦訳，72 頁）。

『意味構成』以後のシュッツのスタンスは，見たように，「安易な個人実体主義」でもなければ「内面的個人主義」でもない。フッサールとの関係で言えば，シュッツの理論の独自性は，フッサールの超越論的現象学に見られる「内面的個人主義」を基礎においているというよりも，この内面的個人主義の「限界性の自覚」から始まっているといわねばならない。『意味構成』以前のシュッツについて触れた際に，シュッツは日常実践の行為領域「行為する私」や「君が関係する私」の社会性，「語る私」の言語的世界などを視野に入れている点で，フッサール現象学とは際立ってその出発点を異にしている。フッサールには「社会」に関する考察が乏しい。フッサールの超越論的現象学の「間主観性」の問題は，いかにして君は私の中で構成されるかの問題，私が近づき得ない他者の意識の流れにおいて行われる体験の理解可能性の問題である。もっと正確には「超越論的自我」における他者—「非‐我」Nicht-Ich としての君—の構成の問題である。シュッツの結論は，これは「問題提出の誤謬」であり，回答不能の問いというものであった。

第三の問題，本書『社会的世界の意味構成』をコンテクストの中で読む。シュッツの『社会的世界の意味構成』を「フッサール現象学による理解社会学の方法論的基礎づけ」として読むという読み方は改められなければならない。有力な哲学者たちや社会学者たちによって，この半世紀の間，本書はそのような読み方において読まれてきた。しかし，この読み方がいかにシュッツの企図と相違するものであるか，これは，上述した事柄からも明らかなはずである。最後に，「中間領域の学問」の提言に触れて，本書の「今，このように」の存在理由を記す。

シュッツの文通の相手方であるアロン・グールヴィッチは「自然的態度の現象学」の役割を，書簡「ロゴスは人間を配慮しません」の中で次のように記述している。「つねに何らかの種類の人間や人間的な事柄が問題

になる場合，単なる事実は存在しない」「話題になっている人間や集団がそれとして理解している事実」「理解され解釈されている事実」のみが存在する。この「自己了解」がとる諸形式の分析こそ，自然的態度の構成現象学の課題である。この「自己了解」に属する事柄は，理論家の諸範疇や諸概念から峻別しなければならず，理論作業の諸要素がこの「自己了解」に一緒に紛れ込むことになると，大変厄介なことになる。君，他者，社会が自己自身を分節化されない曖昧な仕方であれ，「受けとめている」事柄から出発しなければならない。

　シュッツが1940年代にタルコット・パーソンズとの議論において「社会生活と社会理論の関連」について問題にしたことも，このグールヴィッチと同じ論点であった。人々の社会生活には「社会理論」とは峻別される，独自の「自己了解」の世界がある。この世界は「超越論的現象学の範疇」の妥当する現実とも「社会学的範疇の妥当する現実」とも相対的に独立したリアリティである。シュッツはこの世界を「中間の領域」と呼び，晩年には「生活世界」と呼び替えて，その意味的構築の世界の本質の解明に腐心したのである。

　『社会的世界の意味構成』において着手したシュッツ独自の構想を，コンテクストにおいて読み直すとき，「中間の領域の学」即ち，自然的態度の構成現象学あるいは間主観性の現象学的心理学と呼ばれる研究方針の提言として要約できることを示した。今日のように，財・サーヴィス・情報が「グローバル化」し，日常の出会いも「流動」化し，いよいよ「匿名化」する複数の社交圏の間をわたり歩く（歩かざるを得ない）人びとにとって，自己-他者関係の意味構築は「不安定」となる。関係のゆらぎはある意味で「常態」である，それだけに私と〈他者〉の間主観性問題は〈つねに〉混乱しやすい。わけても自己と他者の〈あいだ〉の「間主観性」問題が「複雑化し曖昧化」しやすい公共的親密圏—医療看護の現場，教育現場やボランティア現場などの〈ゲマインシャフト〉でもなく〈ゲゼルシャフト〉でもない，その中間にある制度的社会関係の場面—では，シュッツの言う社会の「自己了解」の学がいよいよ切実になっているはずである。本書でシュッツが試みた〈自己理解〉と〈他者理解〉の分析は，いまを生きる〈日常人〉の自己省察にとって裨益することが大きいと思う。改訳版による本書の「読み直し」を読者の皆さんに期待したい。

改訳版 序 19

　シュッツに関心をもつ若い研究者たち，Christian Etzrodt 君（文部科学省の外国人給費生として来日中），森重拓三君（立命館大学非常勤講師）や藤田寛之君（大学院院生）などが訳者のまわりにいて，3 年ほど前から，これらの諸君と輪読会形式で本書を読み直し始めた．Etzrodt 君からはドイツ語について力強い助言を得ることができた．改訳版が旧訳版に比べて改善されている点があるとすれば，Etzrodt 君をはじめとする輪読会に参加された諸君のおかげである．訳文の見直しのみならず，本書の全文について，PC 入力の労を厭わなかった森重拓三君の献身的な努力には，頭が下がる思いである．シュッツが言うように，「遂行的行為」の「達成的行為」への転換こそ行為現象の押さえるべき要点である．無形のものが有形の姿へと転ずるには，労苦という名の行為の長い時間の経過と多くの人々の協力があることを，しみじみ思う．

参考文献

W・M・スプロンデル編・佐藤嘉一訳『シュッツ/パーソンズ往復書簡：社会理論の構成』木鐸社 1980

R・グラートホフ編著・佐藤嘉一訳『亡命の哲学者たち：アルフレッド・シュッツ/アロン・グールヴィッチ往復書簡 1939-1959』木鐸社 1996

J・ハーバーマス/N・ルーマン著・佐藤嘉一他共訳『ハーバーマス＝ルーマン論争：批判理論と社会システム理論』木鐸社 1987

Jürgen Habermas, Zur Logik der Sozialwissenschaften. in: *Philosophische Rundschau Sonderheft*, 1967 J.C.B. Mohr

広松渉『現象学的社会学の祖型』青土社 1991

佐藤嘉一「A・シュッツと現象学—『シュッツ＝グールヴィッチ往復書簡』にみる」日本社会学史学会『社会学史研究』第 19 号 1997

佐藤嘉一「『出会い』とわたくしのアルフレッド・シュッツ研究」『立命館産業社会論集』第 39 巻第 1 号 2003

　最後に，木鐸社の坂口節子氏にはいつものことながらお世話になった．本書の改訳の話を同氏に持ち出してから長い時間がたってしまった．同氏の辛抱と無言の励ましがなければ，本書の改訳の仕事は途中で頓挫したかも知れない．ここに記して心から感謝の意を表したい．

　2006 年 6 月　宇治にて

　　　　　　　　　　　　　　　　　　　　　　　　　　訳者

目次

日本の皆様方へのメッセージ　　　イルゼ・シュッツ・・・3
第2版への序言　　　　　　　　　　イルゼ・シュッツ・・・7
序言　　　　　　　　　　　　　　アルフレッド・シュッツ・・・8

改訳版　序　　　　　　　　　　　　　　訳　者・・・10

第1章　予備的考察
第1節　問題提起のための序言・・・25
第2節　マックス・ヴェーバーの有意味的行為の概念・・・38
第3節　他我の先行与件性と主観的意味把握の公準・・・44
第4節　ヴェーバーの「直接的」理解と「動機的」理解の概念に対する批判
　　　・・・51
第5節　主観的意味と客観的意味・・・58
第6節　構成分析への移行
　　　――「ある達成的行為と結びついた意味」概念の解釈・・・68
注釈・・・74

第2章　各自の持続における有意味的体験の構成
第7節　内的持続現象――過去把持と再生・・・77
第8節　フッサールの「意味付与的意識体験」と行動の概念・・・87
第9節　行為の概念――企図と未来予持・・・92
第10節　「意識的」行為と明証性・・・101
第11節　恣意的行為と選択の問題・・・107
第12節　要約――第一の根源的意味概念・・・113
第13節　第一の意味概念の拡大：A　意味の注意変様・・・116
第14節　第一の意味概念の拡大（続き）：B　体験連関
　　　　――意味連関と経験連関・・・121
第15節　経験世界の構成と図式によるその秩序付け・・・127
第16節　解釈図式としての経験の図式
　　　　――自己解釈と解釈，問題と関心・・・134

第17節　意味連関としての動機連関：A「目的」の動機・・・138
第18節　意味連関としての動機連関（続き）：B 真の理由動機・・・146

第3章　他者理解理論の根本特徴
第19節　自然的見方における他我の一般定立・・・155
第20節　他者の体験流と私自身の体験流の同時性（続き）・・・162
第21節　他者理解という日常概念の曖昧さ
　　　　　―自己解釈作用による他者理解の根拠づけ・・・169
第22節　固有の他者理解への転換・・・178
第23節　表現動作と表現行為・・・183
第24節　記号と記号体系・・・186
第25節　意味措定と意味解釈・・・197
第26節　表明の意味連関―要約・・・203
第27節　主観的意味と客観的意味―産出物と証拠・・・207
第28節　精神科学に対する主観的意味と客観的意味の理論の
　　　　若干の応用に関する補説・・・212

第4章　社会的世界の構造分析
　　　　―社会的直接世界・同時代世界・先代世界
A　序論
第29節　問題の予備的考察・・・215
B　社会的行動，社会的行為，社会関係
第30節　ヴェーバーの「社会的行為」の概念―他者態度と他者影響・・・221
第31節　ヴェーバーの「社会関係」の概念―態度関係と影響関係・・・230
第32節　影響関係の動機連関・・・241
C　社会的直接世界
第33節　社会的直接世界と我々関係・・・245
第34節　直接世界の社会関係の分析・・・251
第35節　直接世界の観察・・・258
D　社会的同時代世界と理念型
第36節　社会的同時代世界の問題への移行・・・263
第37節　理念型としての同時代世界における他我―彼ら関係・・・270

第38節　理念型的解釈図式の構成・・・280
第39節　同時代世界の匿名性と理念型の内容充実性・・・292
第40節　同時代世界の社会関係と同時代世界の観察・・・302
　E　先代世界の理解と歴史の問題
第41節　社会的世界における過去の問題・・・310

第5章　理解社会学の根本問題
第42節　これまでの研究結果の回顧・・・325
第43節　同時代世界の観察と社会科学の問題・・・331
第44節　ヴェーバー社会学における理念型の機能・・・336
第45節　因果適合性・・・343
第46節　意味適合性・・・348
第47節　客観的チャンスと主観的チャンス・・・352
第48節　理解社会学における合理的行為類型の優先・・・355
第49節　社会科学における客観的意味と主観的意味・・・358
第50節　結び―今後の問題の指摘・・・368

解説とあとがき・・・371

社会的世界の意味構成
―理解社会学入門―

〔改訳版〕

第1章 予備的考察

第1節 問題提起のための序言

　社会学の学問的性格をめぐる論争は，最近50年のドイツ精神史における最も注目すべき現象の1つである。個人と社会的全体との関係が体系的に吟味されて以来，そのような吟味の方法や目的をめぐって激しい論争が交わされている。他の知識領域の場合とは異なり，論争が単に個々の理論と方法の検証をめぐって行われるのではなく，むしろ社会科学の対象領域そのものとこれに先行して与えられている前科学的経験という現実が問題にされている。社会現象は，一方において自然的出来事とのアナロジーにおいて外的世界の因果的に規定された経過として解釈され，他方において自然的事物とは異なり，理解されはするが法則では捉えられない客観的精神世界の対象として解釈される。暗黙のあるいは明白な形而上学的前提，価値判断，倫理上の要請や政治上の要請が，社会科学研究者の対象に対する原則的な態度をしばしば強く規定している。研究者は，自分の研究に関してそれを解決しなければ自分の仕事全体の意味と目的とが失われるような問題に苦しんでいると思っている。社会科学は，人間存在そのものを取り扱うべきなのか，それとも人間の社会的行動様式のみを取り扱うべきなのか。社会的全体は，個人の存在に先行し，したがって個人は全体の一部であるから存在するだけなのか，それとも反対に私たちが社会的全体と呼んでいるものとその部分的組織は，その実在だけが現実にふさわしい個々の人間個人の機能の総合であるのか。人間の意識を規定するのは人間の社会的存在であるのか，反対に人間の社会的存在を規定するのは，人間の意識であるのか。人類文化の発展という歴史的な出来事は，法則のもとに概念されうるものか，それとも最も進んでいる社会科学，たとえば経済学における「法則」と呼ばれるあらゆる解釈の試みは，それ自体単に歴史的に条件づけられた抽象ではないのだろうか。この種の重要な問題に出合うとき，研究者が，この

問題の解決を単純に前提して，その気質，評価的・政治的態度あるいはせいぜい形而上学的本能によって命じられる見地から個々の事実に歩み寄るという誘惑に駆られるのは無理からぬことである。

ところで，こうした姿勢は所与の事実世界をありのまま把握し記述せよという，あらゆる科学的研究の基礎をなしている要請とはなんら一致しない。この社会的事実の世界そのものを先入見なしに把握すること，正しい論理的な概念作業においてこれを分類すること，そのようにして獲得された素材を正確な分析手段で彫琢すること，こうしたことこそまさに科学の名に値する，社会的世界のすべての研究の重要課題でなければならない。

社会科学のこの真の課題に関する洞察は，何よりもまず人間社会の1つの形式学説を作り出す要請となった。この問題を最初に理解し，その解決を試みたのは，疑いもなくゲオルク・ジンメルの功績である。もちろんジンメルの方法上の根本姿勢は，たびたび混乱したり非体系的になったりしている。というのも手探り的な試行の中で，彼は社会の本質に関する理論観を社会的諸領域の多様な個別現象によって確証しようと殊の外熱心に努めているからである。こうした個別的な分析においてジンメルは，しばしば後世に残る不朽の貢献を行ったのであるが，反面彼によって鋳造された根本概念のほとんどは，（「相互作用」という彼の社会学の基本概念も）批判的分析には堪えられないものである。とはいえ，すべての実質的社会現象を諸個人の行動様式に還元し，そのような個々の行動様式の特殊な社会的形式を記述によって把握するというジンメルの指導理念[1]は，依然として用いられているし，有効であることが実証されている。

同様の中心思想にヴェーバーの「理解社会学」も方向づけられている。

---

[1]「ところであらゆる現実の直接具体的個人の中に存在している衝動，関心，目的，性向，心的状態および運動のような一切―それによって他者に働きかけたり，他者の働きかけを受けたりする事態が生ずるが―を，私は社会化の内容，いわば社会化の実質と呼ぶ…。それ故社会化は，無数の異なる仕方で現実化される形式である。この形式において諸個人は例の関心…をもとに1つの単位に結合したり，またその内部で適えられたりするのである。」
Georg Simmel, *Soziologie* 2. Aufl., München 1922, 1. Aufl., 1903, S. 4.

このことは，ヴェーバーの優れた独創性に異議を唱えること，あるいはさらに，彼のジンメルへの依存を主張することでは決してない。反対に，同時代の多種多様な思潮を総括しているヴェーバーの著作は，その驚くべき天賦の才による全くの個人的な所産である。彼は，社会学が救済論ではなく科学として登場した限りで，今日のドイツ社会学にその職分を示し，また社会学にその特殊な課題の解決のために必要な論理方法上の道具を手渡したのである。同時代のドイツ社会学の最も重要な諸々の著作，たとえば，マックス・シェーラー，レオポルド・フォン・ヴィーゼ，ハンス・フライヤー，フリッツ・ザンダーの著作等も，ヴェーバーの基礎作業なしには考えられない。

さて，ヴェーバーのすぐれた業績はどの点にあるのだろうか。第一に，彼は社会科学の価値自由性を主張した最初の1人であり，社会科学の研究者の思考結果に意識的・無意識的にきわめて容易に影響を及ぼす例の政治的イデオロギーや価値イデオロギーに対して闘いを挑んだのである。彼はこのように形而上学的思弁に代わって社会的存在の純然たる，しかし誠実な記述を社会学の課題に定めたのである。「社会学は，ヴェーバーにとってもはや人間存在の哲学ではなく，人間の行為とその結果についての個別科学である[2]。」

この基本姿勢には，ここで周知のこととして前提されている彼の社会学[3]の構成が対応している。彼は，社会的行為と社会関係の概念から出発して，絶えず新しい記述と類型化を行いながら「ゲマインシャフト関係」と「ゲゼルシャフト関係」の範疇に至り，そこから「秩序」概念の導入によって「団体」と「アンシュタルト」の類型が導き出される。マックス・ヴェーバーが，経済・支配・法ならびに宗教を社会学的に取り扱う際に，これらの概念装置をどのように用いているのかについては，ここ

---

[2] Karl Jaspers, *Die geistige Situation der Zeit*, Berlin, Leipzig 1931, S.137.

[3] マックス・ヴェーバーの著作のうちで本研究にとって特に重要なものは，残念なことに未完に終わった主著 *Wirtschaft und Gesellschaft* [*Grundriß der Sozialökonomie* (1920/21)] hg.v. Marianne Weber, 1. Aufl.,Tübingen [: Mohr] および *Gesammelte Aufsätze zur Wissenschaftslehre,* Tübingen 1922 に収録されている諸成果である。

で詳しく記述することはできない。重要なのは，ヴェーバーがあらゆる種類の社会関係と社会形象，あらゆる文化対象と客観精神の領域を個人の社会的行動という最も原初的な出来事の要素にまで遡って照合していることである。確かに社会的世界のあらゆる複雑な現象には，それぞれの意味がある。しかしこの意味は社会的世界の中の行為者たちが自分たちの行為に結びつけている意味に他ならない。ただ個人の行為やその思念した意味内容だけが理解可能であり，個々の行為を解釈する以外に社会科学には社会的世界の個々の行為者たちが行為の中で構成する例の社会関係や社会形象を理解する通路はないのである。

　客観的精神の世界を個々の行為に還元するという原理は，ヴェーバーの理解社会学の対象規定にみられるほど徹底した仕方において行われたことはこれまで一度もなかった。この理解社会学は，社会的行動様式の主観的な（即ち行為者ないし諸行為者によって思念された）意味の解釈を主題にする1科学である。しかしながら，社会的世界の構成員とその主観的意味付与に近づくためには，個々の個人の行動様式を観察すること，あるいは足し算の手法とか規則や頻度の確認による曖昧な経験主義の方法を用いて多数の個人の同種の行動様式を確定することだけでは不十分である。社会学の固有の課題は，むしろその特殊な問題設定にかかわりのある素材選択のための特殊な方法を必要としており，この選択は特殊な概念構成，つまり理念型の設定によって行われる。この理念型は，決して統計的に確定される平均型ではない。なぜなら理念型の基礎にある選択原理はそれ自体再び特殊な種類の問題設定に依存しており，これによって問題発見的に制約された理念型が構成されることになるからである。理念型はまた空虚な図式，任意に作られる幻想の産物でもない。なぜなら理念型は，その社会的世界が研究者には先行与件である具体的な歴史的史料によって吟味されねばならないからである。このような理念型的手法の中で個々の社会現象の意味は，人間的行為の主観的に思念した意味として徐々に理解されるようになり，また社会的世界の構成も理解可能な意味内容の構成として明らかになる。

　ところで，この「理解」の社会学というヴェーバーの考え方は，非常にすぐれたものであるが，この理解社会学もまた一種の暗黙の前提に基づいている。社会的行為という真の本来的要素の徹底的な分析のみが，

その他の社会科学の研究の確実な基礎を保証するとすれば，この前提を明らかにすることはきわめて緊急の要請である。ただ必要に迫られて，したがって最初からそれとわかる抵抗を覚えながら，ヴェーバーは自分の学問の理論的根拠づけに腐心した。というのは，彼はこうした根拠づけを行うことよりも，専門の研究領域の具体的問題に関する研究の方をはるかに重んじたからである。彼が科学論の問題に関心を注いだのは，具体的な専門科学上の問題に関する作業がこれを必要とし，またその認識論の研究を通してこの作業のために利用できる道具がもっぱら手に入る限りにおいてであった。そしてこの道具がヴェーバーの自由になるや，彼は分析を中断したのである[4]。ヴェーバーは方法論者としても重要な貢献を果たし，社会科学の概念形成の問題に対する彼の見解には容易につけ入るすきがなかった。また彼の哲学的本能は驚くほど正しい認識批判的態度を彼に保持させ，彼の様々な成果を確実な哲学の根本的立場にまで徹底的に遡及することも，彼の立てた基礎概念の基層について解釈することも，彼にとっては重要でなかったのである。

　ここに，ヴェーバーの理論作業の限界も存在している。彼の社会的世界の分析は，社会事象の諸々の要素をこれ以上還元できない，あるいはこれ以上に還元を要しない形態においてはっきりさせた，しごく上辺のところで中断してしいる。個人の意味を有する（達成的）行為，意味を帯びているからこそ理解できる（達成的）行為という概念（ヴェーバーの「行為」概念をシュッツは本章の第6節等において詳説される理由で〈遂行的行為〉と〈達成的行為〉とに区別している：訳者）は，理解社会学に固有の根本概念である。けれどもこれは社会的出来事のある本当の要素の一義的な確定を意味しない。むしろ多岐にわたる，いっそう詳しい考察を必要とする問題の見出しにしかすぎないのである。ヴェーバーは，経過としての〈遂行的行為〉Handeln と遂行した〈達成的行為〉Handlung，産出活動の意味と産出物の意味，自己の遂行的行為の意味と他者の遂行的行為の意味，もしくは自己体験と他者体験，自己理解と他者理解を区別していない。彼は行為者の意味構成の特殊な仕方について問わないし，

---

[4] これについてはマリアンネ・ヴェーバーの証言，Marianne Weber, *Max Weber, Ein Lebensbild*, Tübingen 1926 のたとえば S. 322 を参照せよ。

その意味が社会的世界における相手もしくは局外の観察者の側で被る諸変様についても，自己心理と他者心理との固有な根本連関についても問わない。しかしこれらのことを明らかにすることは「他者理解」現象の正確な把握にとって不可欠である。確かにヴェーバーは，行為の主観的に思念された意味内容と行為の客観的に認識できる意味内容とを対比している。しかし彼はこの両者についてそれ以上の区別を行わず，意味連関が解釈者のその時々の立場によって被る特殊な意味変化や，さらには社会的世界の中の生活者にそもそもその隣人［Mitmensch；〈今，ここで，このように〉一緒に向き合って対面している人間のこと：訳者］や同時代人が与えられる解釈の視座についてもほとんど考察を行っていない。ところで，自分自身の行動，自分が体験した直接世界の行動，間接的に知られるだけの同時代世界や先代世界の行動は，実際のところ意味構造上の極端な差異を示している。社会的世界は，決して同質のものでなく，むしろ多様に分節されている。「他者」である参与者は，社会的行為者に，次いでこの両者は観察者に，その都度匿名性，体験の近さおよび内容の豊かさの異なる程度において与えられている。社会的世界は遠近法的に縮尺された形で個人に現れ，これを個人は意味措定作用や意味解釈作用の際に考慮に入れている。したがってこの遠近法的な縮尺が社会科学の研究対象となる。それ故ここでは個人の見地の偶然的な経験的相違が問題ではなく，原理的性質を有する本質的な相違—特に自分自身の私による体験の自己解釈とその解釈すべき他我による他者体験の解釈との間の本質的な相違—が問題である。行為する私と解釈する観察者とでは，個々の有意味的な行為およびその意味連関のみならず，社会的世界全体も全く異なった遠近法において現れる。このような洞察からのみ，既に述べたような理念型としての他我という特殊な把握様式は説明することができるのである。

　疑いもなく，ヴェーバーはすべてこれらの問題を知っていた。しかしながらヴェーバーは，その目的にとって不可欠とみなした場合にのみ，これらの問題を分析したのである。彼は，一般に世界が，したがって社会的世界の意味現象が，素朴にも間主観的に一致するものとして仮定することで満足している。しかもそれは，日常生活において自分たちの解釈と一致する同質的な外部世界が存在する，と私たちが素朴に考えてい

るのと全く同じような仕方においてである。確かに私たちはみな，素朴な日常生活においては自分たちの行為を有意味的なものとして，しかも私たち自身がそのような行為を体験するのと全く同じような仕方で体験するということを，自然的世界観において「確信」している。その上，他者の行為のこの意味について私たちが行う解釈が大体において的中していることも私たちは確信している。とはいえ，日常生活のこうした観念を無批判的に科学の概念装置の中に採り入れることは，おそらく次のようなしっぺ返しを受けるにちがいない。即ち，科学の基礎概念の中に研究の進展を攪乱するような曖昧さが知らないうちに忍び込むとか，現象のある深い層の中にある共通の根が暴き出されず，その結果本来共属している現象を互いに完全に別個のものとみなしてしまうとか。今しがた述べたことが一般にどの学問にも適用され，そこで日常生活における「自明のもの」をなんの吟味もせずに受け入れることは一挙に社会学に対して，ある重大な危険をもたらすことになる。なぜなら例の日常生活の社会的世界こそ，その諸々の表象が社会現象の経過によって引き継がれ，まさしくそれはそれとして社会学によって科学的加工の対象となるべきものだから。したがって社会学の課題は，まさにこの「自明のもの」を疑うことでなければならない。

　まさしくこの点に社会科学のその素材に対する関係の複雑な構造が示されている。社会的世界の構成は，第一に，社会的世界における生活者に対して１つの意味のある構成であり，第二に，社会科学にとって先行与件である社会的世界を解釈する社会科学に対しても１つの意味を有する構成である。世界の中で生活するとき，私たちは私たちの日常的営為を他の人々に方向づけながら，他の人々と一緒に生活し，また他の人々のために生活している。私たちは，彼らを他者として，隣人や同時代人として，先人あるいは後人として体験しながら，彼らと一緒の行動や仕事に取り組み，彼らに態度決定を迫ったり，逆に彼らから態度決定を迫られたりして，この他者の行動を私たちは理解し，彼らも私たちの行動を理解していると思っている。このような意味措定作用と意味解釈作用の中で，様々な程度の匿名性において，体験の近さと遠さにおいて，多様な相互に交叉し合う解釈の遠近法において，私たちは私たちの世界（厳密に言えば，私の世界）でもあり他の人々の世界でもある社会的世界の

意味構造を構成しているのである。

　私たちが意味を有する世界として体験する，他ならぬこの世界は，社会科学的解釈の対象としても意味を有する世界である。ただ科学的な解釈の仕方がこの世界を秩序立てようとする意味連関は，生き生きとした体験の意味連関ではなく，系統立った考察の意味連関であるのだが。他の人々との日常生活の中で構成され，かつ構築される他ならぬ社会的世界は，社会科学の対象として既に構成され構築されている存在である。かくして社会的世界の意味についてのあらゆる知識は，社会的世界における生の有意味的作用にまで立ち返れ，他の人間についての私たちの日常経験へと立ち返れ，先行与件である意味についての私たちの理解や私たちの新しい意味的行動の措定へ立ち返れと命じている。けだし一切が，私たちの理解作用や意味措定作用も，他者の行動や自分の行動の意味あるいは産出物（最広義の用語法では，いわゆる文化対象物もその中に含まれる）の意味に関して抱く私たちの諸観念も，ともに有意味的なものとして研究されるべき社会科学の課題である，社会的世界に属している。かくしてあらゆる社会科学には，固有の特徴をもつ素材が先行与件になっている。それは，前科学的段階において既に含まれ，解釈する科学そのものの内部で範疇的妥当性の要請を掲げてさらにはっきりと現れる，例の意味と理解の要素を含んでいる素材である。

　日常生活の単なるつかみ取りの中でさっと把握した人間の行動もそれ故，たとえ曖昧にもつれ合った仕方においてであろうと，既に意味を有するものであり，また意味として理解されるものである。ところで，社会的世界におけるこのもつれ合った有意味的体験についての説明は段階的に行われるが，こうして説明された体験内容のその都度得られた明瞭性の領域から体験基層の解釈のし直しによって，意味構造の構成改変が行われる。これは，有意味的体験の明瞭化過程のどの個別的段階にも基本的に当てはまる。もつれ合った素朴な日常生活における「意味の所持」と，たとえば理解社会学のように，複雑化した理念型の体系を用いて行われる意味解釈とは，意味把握のただ任意に選び取られた明瞭性の2つの段階を指しているにすぎないのである。

　社会的世界の有意味的〈構成〉Aufbau［生成して沈殿し，幾重にも層をなして築き上げられる状態，upbuildingを意味する：訳者］の上述したよ

うな構造事情を方法的に調べること，その基礎づけの連関を解き明かすこと，個々の［意味］層相互を境界づけることは，社会科学理論のいよいよ緊急の課題となっている。というのも社会学に固有の対象領域とその方法的基礎をめぐる論争は，主として以下の事情によって誘発されているからである。つまり個々の研究者の方針によって社会的世界の全く異質的な意味構造がそれぞれの考察の出発点とされ，しかもそれぞれの考察にはまた特殊な研究法が必要とされるということが，これである。その時々に「問題のない所与」として受け入れられている意味構造が，社会学の唯一の対象領域，あるいは少なくとも中心的な対象領域とみなされ，またその解釈に適した方法がこの科学の唯一可能な方法，あるいは優先的な方法とみなされるわけである。

　たとえば，最近のドイツ社会学の重要な体系（ハンス・フライヤー[5]のすぐれた記述におけるような）を概観して気づくことは，あるときは客観的精神の世界（ウィルヘルム・ディルタイ[6]）が，あるときは精神の精華としての社会の先立って与えられている全体性（オトマール・シュパン[7]）が，あるときは相互作用（ゲオルグ・ジンメル[8]）の形式概念が，社会学の主題として特徴づけられていることである。あるときは文化の全体連関という基礎概念から出発し，歴史的に与えられている諸文化の意味内容に即して文明過程や文化過程が研究されているし（アルフレッド・ヴェーバー[9]），あるときは諸個人の社会関係から集団やこの集団を越えて拡がって社会形象の本質が記述されている（レオポルド・フォン・

---

　[5]　[Hans Freyer,] *Soziologie als Wirklichkeitswissenschaft*, Leipzig 1930.
　[6]　[Wilhelm Dilthey,] *Einleitung in die Geisteswissenschaften, Der Aufbau der geschichtlichen Welt. Gesammelte Schriften*, Band I und Band Ⅶ, Leipzig 1923ff.に所収。
　[7]　Othmar Span, *Kurzgefaßtes System der Gesellschaftslehre*,1. Aufl., Berlin 1914; *Kategorienlehre,* Jena 1924.
　[8]　[Simmel,] *Soziologie,* 2. Aufl., München 1922.
　[9]　[Alfred Weber,] *Ideen zur Staats- und Kultursoziologie*, Karlsruhe 1927.

ヴィーゼ[10])。あるいはまた全体の社会過程が大衆行動としてみなされ，そこから進歩の理念が生ずるとされている（フランツ・オッペンハイマー[11]）。さらには歴史過程の経過の中でのイデオロギーの発展およびイデオロギーの社会的存在拘束が，社会学の主題としてみなされている（カール・マンハイム[12]）。こうした試みに対してマックス・シェーラー[13]の知識社会学は，この創立者によって現実社会学ならびに文化社会学という大がかりに計画された体系のうちの単なる1部門にすぎないという点で特殊な地位を占めている。

　すべての引用した事例では社会的世界の内部に見出される諸意味形象は，それ自体理解可能であり，科学的解釈にも近づきうる，考察対象とされている。すべてこれらの意味形象は，さらに，これらが構成された社会的世界における行為者による意味の措定過程と意味の理解過程へ解消することができ，当の個人が自己解釈において意識される，他者の行動の解釈過程と自分の行動の意味付与へ解消することができる。とはいえこの構成過程の個々の局面は，これまで一度も徹底的に考察されたことがなく，またすべてこれらの意味構造がある唯一の根本事態にまで還元可能であるという重要な問題も，これまでほとんど明らかにされないままになっている。

　もちろん，ごく少数の著作者たちはこの問題を知っていたし，これを重要視して，社会学の固有の対象領域をこの根本的連関の明示化のうちにみているほどである。テオドール・リット[14]が，そうである。彼は，個人の意識体験から出発して，〈君〉Du との関係の記述を経て，閉鎖的な文化圏へと肉薄しようとしている。フライヤー[15]もそうである。彼は，

---

[10] [Leopold von Wiese,] *Soziologie*, Bd. I :Beziehungslehre, Bd. II Gebildelehre, München 1924, 1928.

[11] [Franz Oppenheimer,] *System der Soziologie*, Bd. I , Jena 1922/23.

[12] [Karl Mannheim,] *Ideologie und Utopie*, Bonn 1929.

[13] [Max Scheler,] *Die Wissensformen und die Gesellschaft*, 2. Aufl., Leipzig 1926.

[14] [Theodor Litt,] *Individuum und Gemeinschaft,* [Grundlegung der Kulturphilosophie],3. Aufl., Leipzig 1926.

[15] [Hans Freyer,] *Theorie des objectives Geistes,* Leipzig 1923.

個人の行為過程から出発して客観的精神世界を基礎づけようと試みている。とりわけフリッツ・ザンダー[16]がそうである。彼の含蓄あるきわめて重要な試みでは，ヨハン・レームケの孤独な私の瞬間意識の哲学をもとにして志向と意志の分析からゲマインシャフト関係とゲゼルシャフト関係に至り，ここからまた国家，経済および法に至ろうとしている。

　これらの研究者たちの著作は，社会科学文献におけるのみならず，今日の哲学文献[17]においても全く異質の事態をカヴァーしている「意味」という中心概念を徹底的に分析するという課題を取り上げていない。

　意味現象はその全範囲において自己の体験の意味や他者体験の意味として透し視られるという限りで，こうした試みには詳細な哲学的な準備が必要とされる。これまでのおおまかな分析によって，意味問題は時間問題であることが示されている。この時間問題は，もちろん分割したり計測したりする物理的な空間時間の問題ではなく，また常に外的な出来事に満たされた経過にとどまるような歴史的な時間の問題でもなくて，むしろ「内的時間意識」の問題である。体験者にとって体験の意味が構成される，各自の持続意識の問題である。「意味」と「理解」の現象の最終的な起源は，この最深部の，反省によって接近でき，もっぱら厳密に哲学的な自己省察において解き明かされる体験層のうちにあるのである。しかし社会科学の基礎概念について論じようとする者は，この深層への骨の折れる途を避けて通るわけにはいかない。社会的世界の高度に複雑な意味構成において見えてくる現象をはっきり捉えることができるのは，論者がそれらの現象を起源となる一般的な意識生活の根本法則から導き

---

[16] [Friz Sander,] *Allgemeine Soziologie,* Jena 1930.

[17] これについてはたとえば(H. Gomperz, Über Sinn und Sinngebilde, Verstehen und Erklären Tübingen 1929 S.5-21）が若干の最近の文献を引き合いに出して9つの意味概念を指摘している。多義性を参照されたい。これに対してハイデガー（[Martin Heidegger,] *Sein und Zeit,* Halle 1927, 特に S.144f., 147, 151f.)やパウル・ホフマンのきわめて重要な労作（Paul Hoffmann, Das Verstehen von Sinn und seine Allgemeingültigkeit, In *Jahrbuch für Charakterologie* Bd. VI. 同じく Metaphysik oder verstehende Sinnwissenschaft. Erg.-Heft *der Kantstudien,* 1929）には，根本的に異なる意味概念が含まれている。

出すことができる場合である。アンリー・ベルクソン，とりわけエドムント・フッツサールの偉大な哲学的発見がはじめてこの深層への道を哲学的省察に開いたのである。ベルクソンの持続の哲学やフッツサールの超越論的現象学のような意識の一般理論を使ってはじめて私たちは意味措定現象ならびに意味解釈現象という当面する問題を取り巻く謎を解くことができるのである。

　本研究は，マックス・ヴェーバーが提起した問題から出発して，上述の２人の哲学者が確証している結論を引き合いに出しつつ，構成分析を用いて，意味現象を正確に規定しようという試みである。意味というこの根本概念をしっかりと把握し，社会的世界の意味構造の分析を一歩一歩進めながら，私たちははじめてヴェーバーによって行われたよりもさらに深い層において，理解社会学の方法として用いる道具を根づかせることができる。

　本書の研究の目標とルートもまた，これによって定められる。私たちは，マックス・ヴェーバーの理解社会学の課題を主題となる具体的問題によって明らかにし，その上で，ヴェーバーの見解について一つの批判を試みる。「直接的理解と動機的理解」，「主観的意味と客観的意味」，「有意味的行為と有意味的行動」の諸概念には，もっと立ち入った分析が必要であることを説明したい。本書の第２章では，最後に述べた対概念から出発し，孤独な私の各自の体験における意味の構成が問題になる。その際，内的時間意識という体験している私の持続において構成される根源的意味概念にまで考察は掘り下げられる。ベルクソンの持続概念，さらにフッツサールの試みた意識体験の構成分析に支えられて―過去把持や再生の現象から始めて―「よく区切られた」体験，自発的能動性に基づく行動，先行的に遂行した企図に基づく行為の本質が記述される。こうして最初の意味概念が見出され，この上にその後の分析が基礎づけられる。注意の変様現象を指摘することにより，また「意味連関」を総合という諸作用遂行の時間的過程に解消することにより，私の経験世界の構造連関は私の経過し去った諸体験の構成した意味連関として示される。同時に私が自分の諸体験を自分で解釈しながら秩序立てる解釈図式が指摘される。第１章の最後の考察は，一般に動機連関として特徴づけられ，それはそれで再び異質の事柄を内包している行為の特徴的な意味連関に

向けられる。

　第3章ではじめて私たちは孤独な私の世界から歩み出て，社会的諸世界へ転じ，それに伴って自己理解から他者理解へ転ずる。第3章の課題は，君についての自分の諸体験を理解することから君の諸体験を対象にもつ理解の諸作用を区別して，双方の理解の間を基礎づける諸連関を辿ることである。その際〈記号〉と〈しるし〉の理論，〈産出物〉と〈証拠〉の理論にかなりの紙幅がさかれる。次に意味措定と意味解釈の分析では，第1章において理解社会学の根本問題として例にあげた，主観的意味と客観的意味の概念についての正確な規定が与えられる。また短い補論では，以上から明らかとなった，主観的意味と客観的意味の科学としての精神科学のもつ二重の問題状況は，人間の思考に普遍的にみられる根本的なあり方であることが示される。

　第4章ではじめて，他者理解の分析を手がかりに，私たちは社会的世界の構造という社会科学の固有の主題を一般的に考察するであろう。ここで再びヴェーバーに依拠しつつ，私たちは社会的行為と社会関係の概念を徹底的に分析し，この2つの術語で考えられている事態を明らかにする。次いで直接世界，同時代世界，先代世界あるいは後代世界のうちどの圏において考察されるかに応じて，これらの術語の意味内容は変化することが明らかにされる。社会的世界のこれらすべての圏を詳しく吟味して，意味措定と意味解釈，動機連関と解釈の視座がこれらの圏の中で被るその時々の変様を考察することが，第4章後半の考察であり，同時に本書の中心部分をなすものである。直接世界の解釈と同時代世界の解釈の間に設けられる徹底した区別，それから派生する理念型の構成によって，私たちの考察の冒頭に掲げる，社会的世界における有意味的生活と他ならぬこの生活の社会科学による意味解釈との間の区別が十分明瞭に理解されよう。それとともに同時代世界にかかわる社会学の対象領域は，先代世界にかかわる歴史学のそれから区別される。

　社会科学の対象である同時代世界の固有の構造についての十分な洞察が得られてはじめて，社会科学本来の，とりわけ理解社会学の方法の問題に移ることができる。本書の最終章では「理解社会学」の若干の根本概念，特に意味適合性と因果適合性，主観的チャンスと客観的チャンス，合理性などの概念が，前章で手に入れた正確な理念型的方法の目的に基

づいて分析され，ヴェーバーの諸範疇を以上の研究成果に従ってそれぞれ検証する試みがなされる。こうしてはじめて私たちは，この予備的考察が出発した理解社会学の固有の対象領域と特殊な方法についての決定的発言を行いうる。

かくして私たちは問題と主題の円環を一巡する。この場合本考察の出発点と終着点が，社会的世界の構造連関に関して深い洞察をめぐらしたかの人の著作，即ちマックス・ヴェーバーの著作であるのは，決して偶然ではなく，当然の事柄といわなければならない。

第2節　マックス・ヴェーバーの有意味的行為の概念

マックス・ヴェーバーによれば，理解社会学の課題は「社会的行為を解釈しつつ理解する」ことである。社会的行為とは，この場合「行為者もしくは諸行為者によって思念された意味に従って他者の行動に関係づけられ，またその経過がこの行動に方向づけられるような行為」のことである。「行為は，その場合行為者もしくは諸行為者がそれに主観的意味を結びつけるときの，またその限りでの人間の行動（外的な振る舞いか内的な振る舞いか，あるいは中止であるか忍従であるかを問わない）を指している[18]。」このヴェーバーの基本的な定義は，真っ先に考察してみる必要がある。

彼の行為の定義から私たちは論評することにしよう。〔ヴェーバーによれば〕行為はそれ自体行為者にとって有意味的なものである。まさにこのことがまずもって行為を単なる行動から区別する。しかしここではまだ何も社会的領域との照合はみられない。事物に向かうどのような行為も既に有意味的である。インク壺の中にペンを浸したり，ランプに明かりを点したりするとき，私はこの行為に意味を結びつけている。ところでこの第一の意味は，定義に従えば，社会的なもの，つまり他者の行動に関係づけられているものとして特徴づけられる，例の行為の基礎でもある。

簡単に，社会的行為のこの特殊な特徴について考察しよう。社会的行

---

[18] Max Weber, *Wirtschaft und Gesellschaft*, S.1.

為はまず第一にその思念した意味に従って，ある他者，ある他我 alter ego に関係づけられねばならない。それとともに第二の意味の層への移行が行われる。社会的行為者は，彼の行為（みたようにこれはそれ自体で意味をもっている）に，加えてさらに彼の行為が向かう存在は1人の他者，1人の他我，1人の君である。したがって彼の行為は君の存在と意味的に関係づけられているということができる。しかしこの条件を満足するすべての行為が，マックス・ヴェーバーによれば，ただちに社会的行為であるとは言えない。「あらゆる種類の人間の接触が，社会的特徴を帯びているとは限らない」とヴェーバーはいう。「むしろ，ただ他者の行動に有意味的に方向づけられている自分の行動のみがそのような行為である。たとえば，2人の自転車乗りの衝突は自然的出来事と同様に単なる出来事であるにすぎない。しかし彼らが相手を避けようとする試み，衝突から生ずる罵詈雑言，殴り合い，あるいは穏やかな話し合いは，社会的行為である[19]。」したがってヴェーバーは，社会的行為者には他者の単なる存在のみならず他者の行動も理解可能（つまり意味として先行与件的なもの）でなければならないことを要請している。それとともに第三の意味の層への移行が行われる。確かに「これは同時代人である」という体験の意味と「私が同時代人として理解したこの某はかくかくしかじかに行動し，またこの彼の行動に対して私は自分の行動を有意味的に関係づける」という体験の意味とは，疑いもなく異なる意味構造のものである。マックス・ヴェーバーもこのことを「他者」概念を説明するにあたって，十分に解き明かしている。「『他者』とは，個人，知人，不特定多数の他者あるいは未知の人々でありうる。（たとえば『貨幣』は，交換財を意味する。貨幣を行為者が交換の際に受け取るのは，大勢のしかも見知らぬ不特定多数の他者が，彼らの側でも将来の交換の際には喜んでこれを受け取るであろうと予測して，自分の行為を方向づけるからである）[20]。」この場合には先に述べた「これは同時代人である」という意味の層は主題に含まれていない。この意味層は十分の根拠から行為者（この場合は貨幣を交換財として受け取る人）にとって彼の社会的経験によ

---

[19] Ebd., S.11.
[20] Ebd., S.11.

り問題のない所与として[21]前提されるからである。主題として前面に出ているのは、もっぱら第三の、この場合匿名的にとどまる、他者の「行動」との今述べたばかりの意味連関である。

社会的行為はその経過において他者の行動に方向づけられるのでなければならないという要請とともに、第四の意味の層がつけ加わる。この「方向づけられる」という曖昧な概念がまたいくらか誤解に基づく批判を引き起こすことになるが[22]、それが何を意味しているのかについては、以下の考察によってはじめて明確になるであろう[23]。いずれにしても社会的行為者は以上のすべての意味構造を理解しているのである。そのようにしてはじめて、彼は自分の思念した意味に従って自分の行為を他者の行動に関係づけているということができるからである。ヴェーバーによれば、この社会的行為を「理解する」ことが社会学の課題であり、それに伴って社会学の意味解釈がもう1つの（第五の）意味の層において行われることになる。

以上の分析は、今後論議されるべき社会的行為の概念に関する3つの大きな問題圏を明らかにしている。（1）行為者が自分の行為に意味を結びつけるという言明は、何を意味するのか。（2）どのようにして他我は私に有意味的なものとして与えられるのか。（3）どのようにして私は他者の行動を、（a）一般に、（b）しかじかに行動するものの主観的に思念した意味に従って理解するのか。この問いかけは、基本的にいって社会科学のそれではない。むしろこれは先ほど特徴づけた社会科学の対象

---

[21] この術語はあとでさらに詳しく説明するつもりであるが、「相対的に自然的な世界観」を展開する際にシェーラーが作った術語である（Max Scheler, *Der Wissensformen und Die Gesellschaft*, S. 59）。フェリクス・カウフマンは自著（Felix Kaufmann, *Die philosophischen Grundprobleme der Lehre von der Strafrechtsschuld*, Leipzig und Wien 1920 ）においてその価値分析の枠内でこの概念を使用している。

[22] ザンダー（Friz Sander, Gegenstand der reinen Gesellschaftslehre. In:*Archiv für Sozialwissenschaften,* Bd. 54, S. 329-423)は、ヴェーバーが〈方向づける〉によって、あらゆる社会的行為の対象は自らの心的態度（表現行為）によって他者の行動に影響を及ぼす（引き起こす）ことを言おうとした、と仮定している（a.a.O., S. 335）。

[23] 第2章第17節139頁以下をみよ。

の基層，つまり他者との日常生活の〔意味〕措定作用ならびに解釈作用における社会的世界の構成に注目しているものである。この問題の詳細な分析は，ここではまだ行われない。もっぱら手がかりとなるのは論点を把握することが重要な本節においては，やむをえず表現の不確かな，ごく暫定的な妥当性しかもたない，いくつかの指摘で満足しなければならない。

　有意味的[sinnhaft 意味を有する]行動とは何であり，いかにしてこれが無意味な[sinnlos 意味を持たない]行動から区別できるかという問題を，ヴェーバーは再三にわたって論じている。彼は，総じて有意味的行動の境界はまったく流動的であると語り，そのような限界的なケースの例として感情的行動をあげている。「著しく[感情的な]行動は意識的に『有意味的』に方向づけられる行動の限界，またしばしばその彼方にある。それはある異常な刺激に対する抑制のきかない反応であったりする。昇華とは，その[感情によって]規定された行為がその感情状態の自覚した発散として生ずる場合のことである。この場合大抵（常にとは言えないが），既に『価値合理化』へあるいは目的行為へあるいはその両方への途上にあるということである[24]。」

　感情的に行動すること，これは，それ故無意味であるかあるいは——ヴェーバーの言葉では——「意識的に」（注意せよ！）意味の限界の彼方にある<ruby>かのいずれかであるが，これと感情的行為が対比されている。感情的行為は，その行為の意味が「行為の彼方にある結果にではなく，その行為自体のもつ特定の性質にあるという点で，価値合理的行為と共通する。感情的に行為するとは，直接の報復，直接の享受，直接の帰依，瞑想による直接の浄福または直接的感情（粗野なものにせよ繊細なものにせよ）の発散によって欲求を満たすことである[25]。」

　感情的に行動することばかりでなく，ある程度まで価値合理的に行動することも，有意味的なものの限界すれすれのところにある。同様のことは，ヴェーバーによって記述されている，「社会的行為の内部における[…]事実上の規則性[…]にも，即ちある類型的に同じと思われる意味に

---

[24] [Weber,] *Wirtschaft und Gesellschaft,* S. 12.
[25] *Ebd.* S.12.

おいて同じ行為者のもとで反復される行為の諸経過もしくは（それと場合によっては，同時に）多数の行為者たちのもとで広く現れる行為の諸経過[26]」，たとえば習慣や慣習などにも当てはまる。さらに「伝統的行動」も然りである。これに関してヴェーバーは，伝統的行動は「ある〈意味〉に方向づけられる行為と一般に呼ばれるもののまさに限界にあり，しばしばそれの彼方にある。なぜならこれは，慣れた刺激に対してぼんやりと，以前から身についた態度の方向において経過する1つの反応にすぎないことが非常に多いからである[27]」と認めている。

以上の引用文は，ヴェーバーの有意味的行動としての行為概念が，実際にはきわめて曖昧な定義であることを物語るものである。今や私たちは上述のような仕方で行為概念を定義するに至ったヴェーバーの深い動機を指摘することができる。その動機は，2種類ある。第一に，有意味的行動について言及する際，ヴェーバーは全く特殊な行動，即ち合理的な，それも目的合理的な行動を行為の「原型」として念頭に浮かべている。ヴェーバーにとって一般にある目的への方向づけが，すぐれて—しかも理解社会学の見地からみれば当然の理由で[28]—意味構成のモデルをなしていることとこれは同じである。第二に，目的合理的，価値合理的，感情的および伝統的の4つの類型による行動の分類は，ある行為に結びつけられる意味とこの行為の動機とを等置していることに起因するものである。この両者の混同は，やがて指摘されるように，ヴェーバーにおける理論的展開の首尾一貫性を失わせる。確かに私たちの日常生活の諸経験は，ヴェーバーの命題を支持しているように思われる。私の日々の仕事，つまり孤独の中であるいは同時代人と一緒に生活しつつ営んでいる私の一連の日常的な仕事を概観し，これらの仕事の主観的な意味を問う場合，そこに私は，疑いもなく多くの，おそらくは大部分の行為が自動的なものであることを発見する。私が行為もしくは行動にあたって自

---

[26] *Ebd.* S.14.

[27] *Ebd.* S.12.

[28] 第5章第48節をみよ。加えて[Andreas] Walter, Max Weber als Soziologe.In: *Jahrbuch für Soziologie,* Bd.Ⅱ, Karlsruhe 1926, S. 1-65. 特に S. 35f.さらに[Hermann]Grab, *Der Begriff des Rationalen in der Soziologie Max Webers,* Karlsruhe 1927, 特に S. 25-35をみよ。

分のこの行いのうちになんら明確な意味を見出さない場合，そのように〔自動的に〕行為しているというのはもっとものことと思われる。しかし，自分の行為の意味が自分にわかる明確さの度合いを，この行為の意味自体と混同してはならない。日常生活の大半の仕事が「意味と無関係」ではないことは，次の事柄に既に示されている。つまり，私が，あらゆる私の体験経過のうちから，これらの仕事を際立たせ，これに注目することによって，私はこれらの仕事をいつでも「有意味的」であると認めることができるし，もっと正確に言えば，これらの仕事に内在している意味を明確にすることができるからである。したがって，このような私の振る舞いが行為であるのか，それとも単なる「反射的」行動であるかは，「無意味」という用語にもともとの広がりと一般性とをとどめておく限り，この私の行いが有意味的であるかどうかという問いによって解決することはできない。これと同じように伝統的行動や感情的行動もまた，決して私にとって意味のないものではない。いずれにせよ，その都度私が注意を向ける，私のそれぞれの体験について，私はその体験にある意味を結びつけていると言うことができる。したがって行為と行動とを区別するのは，後者が無意味であり，前者が主観的に有意味であるということではない。むしろこの区別は，両者にそれぞれ特殊な意味が帰せられているところに起因している。そこから当然，単なる行動の意味に対比される，行為に特殊な意味とは何であるかという厄介な問いや，それに続いて一般に行為とは何であるかという問いが生じる。これらの問題すべてについて私たちはなお繰り返し問題にしなければならない。とはいえ，意味概念の分析はいかなる深層にまで立ち入る必要があるのかについては示唆的にではあるが，以上において明らかにされている。

　先に指摘した第二の問題圏—他我の有意味的な先行与件性—は，ヴェーバーの場合ほとんど問題にされていない。他者の行動の解釈について語る場合，ヴェーバーは他者の有意味的存在を所与として前提しているだけである。彼の課題設定からみれば，各私の［je-meinig もしくはJe-Meinigkeit「各々の私」というシュッツの造語：訳者］意識における他我の構成を詳しく説明することは必要のないことである。いずれにせよ他者の行動の主観的に思念された意味について考察を行う場合には，〈他者の心〉という特殊な〈先行与件性〉（Vorgegebenheit［問題に先だっ
フレムトゼーレ

て与えられていること]訳者挿入)の方法について問題提起がなされねばならない。

第3節　他我の先行与件性と主観的意味把握の公準

　他者の行為の思念した意味の研究という公準は，既に暗黙のうちに，他者の心は把握できるという一定の理論とともに「他我は事前に与えられている」(他我の先行与件性)という特殊な方法に関する一定の基本見解を前提にしている。他者も私と同じように自分の行動に意味を結びつけるし，私が自分の遂行的行為の意味に目を向けるように，他者もこの意味に目を向けることができるということを前提にしてはじめて，私たちは一般に他者の思念された意味について正当に問うことができる。しかし他者のある達成的行為ないしある行動のこの思念した意味は，観察者である私が抱く，その知覚した経過の意味，私によってある他者の遂行的行為ないしある行動として解釈される経過の意味とは，必ずしも符合しない。これが，この公準に含まれている第二の前提である。しかし，この前提は決して自明とは言えないから，詳しく吟味せずに受け入れることはできない。仮に他我の個別的体験やそれらの経過の全体が，私自身の主観的体験と同じように—たとえば特殊な感情移入の方法を通して—私に接近できる，あるいはシェーラーの考えているように，他者の体験を直接「内的直観[29]」によって私に洞察できるとすれば，現に思念されている他者の行動の意味であるこの他者の体験は，それを観察している私にもそのまま理解できるはずである。それどころかその他者の行動

---

　　　　[29] [Max]Scheler, *Wesen und Formen der Sympathie*, 2.Aufl., Bonn 1923, S.288.「内的直観は1つの作用方向であり，この作用を自分自身や他者に向けることができる。この〈作用方向〉はその〈可能性〉からすれば最初から〈私〉と他者の体験をも包含しており，他者が私の〈私〉と体験を一般に包含しているのと全く同じである。内的知覚作用の本質からみても，内的知覚において現れる事実領域に関しても，各人は各人自身の体験と全く同じように同時代人の体験を直接的に（ないしは間接的に）把握することができるのである」(ebd., S.296f.)。同様に Litt, *Individuum und Gemeinschaft*, 3.Aufl., Leipzig 1926, S.139f.をみよ。

は，私にとってもっぱらその他者がその行動に主観的に結びつける意味をもつことになり，彼の行動が私にとってそれとは別の何か客観的な意味をもつなどと主張することは馬鹿げたことになってしまう。とはいえ，このような全面的な感情移入の想定はもちろん1つの仮説にすぎず，やがて指摘されるように[30]，これは意識生活の本質にかかわる法則と矛盾する。

　他我について「最初に」彼の身体，もっと適切に言えば，彼の身体の変化や動作などの身体現象が先与され，この所与性に基づいて，一般に異なる私の有情性，他我の存在を想定する[31]と論ずる理論は，以上とは異なった結論に至る。この命題の結論はこうである。他者の心は，一般に私たちに与えられない。与えられているのは外的世界の事象のみである。また他者の心の想定は，身体と違って余計な部分にすぎず，身体と違って認識論的にも副次的である。それに他者の心の命題は概して科学的意味をもたない。このような命題は，事実無根の付随的な対象観念に関する言明にすぎないからである。実際，ルドルフ・カルナップ[32]は若干の著書の中でこのような見解を主張している。この見解を支えているのは，思うに，次のような事情であろう。つまり他者の遂行的行為もしくは他者の行動と私たちが呼んでいるのは，私たち自身の行動が私たち自身の一連の体験として示されるようには，他者の一連の体験として示されず，むしろ外的世界における経過として他者の身体と呼ばれる対象の知覚された変化として私たちに示されるからである。しかしこの対象を一般に他者の身体として解釈し，相手の身体として解釈するためには，

30　たとえば，本書第3章第19節155頁をみよ。

31　シェーラーのこの理論に対する反論は全く肯綮にあたるものである（[In: *Wesen und Formen der*] *Symphathie*, S.281ff.）。他我の存在をその精神物理的単位という先所与性からではなしに，もっぱらその身体現象からのみ導き出すことは，疑いもなく不可能である。本書第3章第19節161頁を参照せよ。

32　Rudolf Carnap, *Logische Aufbau der Welt,* Berlin 1928 特にS.18ff. ここでカルナップの見解を批判することはできない。カルナップは形式論理の間主観的妥当性が既に他者の心の対象領域を素朴に前提していることを全く考慮せず，形式論理の証明に依拠している。

私たちは〈他の私〉(fremdes Ich) の存在や彼の「有情性」をあらかじめ前提におかなければならない。他者の身体との照合が行われるのは，これを経過として直接瞥見できる場合に限られる。だが他者の遂行的行為や行動は，日常生活における解釈の仕方では，他者の身体の経過として現れるばかりでなく，他者によって産出される外的世界の諸々の対象としても現れる。たとえば，他者の唇の動きとそれから生ずる音波，あるいは他者の手仕事とこの手仕事から作り出されたもの等である。外的世界のこれらの対象，これらの産出物から，誰でもその産出する経過について，したがって，それらが産出された，その他者の達成的行為について再度問い合わせることができる。外的世界のすべてこれらの経過や事物は，これらを体験している，それも解釈しつつ体験している私にとって意味があるが，しかしこの意味は決してこの行為を引き起こした他者の方で彼の行為に結びつけている意味である必要は全然ない。というのも外的世界のこの対象物（経過や産出物）は，その行為者の主観的に思念した意味の〈しるし〉Anzeichen だからである。私たちはその行為者のこの達成的行為を経過として知覚し，あるいはその行為者の達成的行為が外的世界のこうした対象を産出したものとして知覚する。〈しるし〉という用語を，私たちはフッツサールの『論理学的研究Ⅰ[33]』の精確な意味で使用する。しるしは，「ある対象なり事態が，その存在について直接の知識を得ている人に，一定の他の対象なり事態の存在を指示し，しかも一方の存在についての確信が，彼によって他方の存在についての確信なり憶測の動機として（それも非洞察的な動機として）体験される，という意味で指示すること」である。

以下では，問題を不必要に複雑にしないために，行為自体を引き合いに出すような行為の産出物については度外視することにしよう。そして私たちは他者の身体における様々な変化を，観察者である私たちにとって先行与件である他者の行為の土台と見なすことに限るとしよう。他者の身体のこのような変化は，他者の意識体験のしるしとしてもっぱら機能する。なぜなら，他者の身体は，外的世界の事物にすぎないものでも，

---

[33] [Edmund] Husserl, *Logische Untersuchungen,* 4.Aufl., Bd.Ⅱ.Teil 1, Halle 1928, S.25.

生命のない自然対象のような1片の物質でもなくて，むしろ私たちが他我と呼んでいる精神物理的単位の体験を表現する場であるからである。

　表現の場としての身体という言い方は依然多義的である。どのような曖昧さが「表現」という用語の中に含まれているのかを既にフッサールは『論理学的研究Ⅰ』の中で指摘している。社会学文献[34]の中でも他者のそれぞれの遂行的行為が，しばしばある他者の体験を表現する場として解釈されていることを，ここでは指摘するにとどめる。この用語法の表現には，二重の意味が含まれている。1つには，その遂行的行為の外的経過がその行為者のある体験経過のしるしとして解釈されうること，そして2つには，その行為者が達成的行為を措定し，これによって「何かを表現しようと欲する」ことである。しかしすべて「表現される」もの，つまり他者の体験のしるしとして解釈されるものが，必ずしも実際に「表現にもたらした」ものであるとは限らない（たとえば怒りで赤くなるというような，いわゆる表情の動き）。反対に，ある達成的行為を措定する者が，これによって表現しようとすることの一切を表現しているとは限らない[35]。

　以上の2つを区別することは，きわめて重要である。表現の場としての身体という言い方は，この身体に知覚した様々な変化が，一般に[36]

---

[34] たとえば Freyer, *Theorie des objektiven Geistes*, S.14ff.: Litt, a.a.O., S.97f., 141f.;そして初期の Sander, *Gegenstand der reinen Gesellschaftslehre*, a.a.O., S.338, 354.ところでザンダーは『一般社会学』(Sander, *Allgemeine Soziologie*, Jena 1930) の綿密な研究では「表現」の概念を区別している。

[35] 「表現」という術語に含まれているその他の多義性，たとえば言語のような意味ある記号としての表現は，後からの詳説は別であるが，ここでは考慮しないでおく。1つには問題をこれ以上煩雑にしないためであり，2つにはその場合でも産出物としての記号はすべて産出作用の外的経過を参照しているからである。したがってどのように他者の体験経過は他者の外的経過に帰属されうるかという，ここで扱った問題を，もっぱら間接的に取り扱うに過ぎないからである。

[36] 他者の身体に知覚しうる病理的な変化のようなものは限定された意味においてのみ病人の意識体験，たとえばその肉体的苦痛とか気分などのしるしである。本書の定式は当然ながら不正確で暫定的なものである。

表現された他者の意識体験であると解釈される限りで，正当である。これは，他者の身体のこの知覚した様々な変化が他者の意識体験のしるしであることに他ならない。しかしこれによって，他者の身体に知覚されたどの変化にも，「表現」として解釈したどの変化にも，この言葉の本来の意義における「表現」という意図が割り当てられることにはならない。したがって行為者が彼の遂行的行為によってある意識体験を表現したとか，いってみれば，これを「表明」しようとしたとは言えない。木樵は木を切るという願望を彼の振る舞いによって表現する等と言うとすれば，それは甚だ不正確な記述というものだろう。なぜならどの明確な意図も表明としてはその受け手を前提としており，この受け手のために「表明」が行われるからである。したがってこの〔表明という〕意味での表現が語られるのは，もっぱら表現されたことが意思疎通の意図をもって表現された場合に限られる[37]。

では，他者の身体という表現の場に表現されているものは一体何であろうか。それは直接知覚される他者の体験そのものであろうか，それとも他者がこの彼の体験に結びつけている主観的意味であろうか。この問いを提起することによって私たちは前節で特徴づけた第三の課題に取り組むことになる。

シェーラーは，問題の事態を次のように記している。「笑いの中に歓びを，涙の中に他人の苦悩や苦痛を，赤面の中に恥じらいを，哀願する両手の中に願望を，優しい眼指の中に愛情を，歯ぎしりの中に憤怒を，振り上げた拳の中に威嚇を，言い回しの中に思っていることの意味を，直接的に得ていると私たちが想定するのは，おそらく正しいことである[38]。」今シェーラーによって提唱されている主張が正当であり，またこれらすべての心的内容即ち歓び，苦悩，恥じらい，願望，愛情，怒り，威嚇，言い回しなどがいかなる推論も全然必要としない内的知覚作用において私たちに直接与えられているとしよう。この場合，両手を差し出し

---

[37] 意味措定者が他でもない自分を表明の受け手として想像する（私のメモ帳に記録すること）という特殊な場合については重要でないのでここでは考察の対象から外してある。

[38] [Scheler,] *Wesen und Formen der Sympathie*, S.301f.

て哀願したり，拳で威嚇したり，言葉を発したりする他者は，彼のこれらの（前提に従えば私たちに方向づけられた）行為によって思念しているものを，果たして同じく単純に私たちにも与えているのであろうか。ここで厳密な区分を設けるのが適当であろう。他者の行為によって思念された意味が伝達された表現内容，つまり「ここでこの男」が「哀願している」，「威嚇している」等に他ならないとすれば，この場合には確かに私は思念した意味を「内的に知覚した」―別の表現で言えば―直接に把握したということができる。しかしながらこれに加えて，表現者は表明作用において「表明したこと」を単に思念するばかりでなく，あることを表明することによって，彼はある意味をそれに結びつける場合がある。即ち，彼は今，ここで，このように特定の人物に対してある表現作用を遂行するばかりでなく，これを何らかの期待や動機に基づいて行う場合である。そしてこれを思念した意味であると理解する場合，拳を振り上げるとは何を意味するか（答え＝威嚇）ではなく，この人物は私に向かって拳を振り上げ私を威嚇しているが，一体そのことで彼は何を思念しているのか（答え＝たとえば，彼は特定の行動を私に期待している）が問われる場合―この場合には，この「思念した意味」は内的知覚において単純に解釈できるようなものでは決してない。むしろ与えられているのは威嚇と解釈した他者の身体の「表現動作」という解釈されるべき客観的事態のみにすぎない。しかるに日常生活ではある表現の意味自体（拳を振り上げること＝威嚇）は単純かつ明瞭に理解されている。（こうした理解は，もちろん，それとは気づかないままに，もっと後のところで指摘されるように，きわめて複雑な意味連関に基づいているものである。）だが，たとえこのことが承認されたとしてもこれだけではまだ，威嚇者がこの威嚇に結びつけている思念した意味への通路がみつかったことにはならない。

　シェーラーが上の引用箇所において，内的知覚による他者の体験の把握可能性について語る場合，例を選ぶにあたって常にいわゆる「表現動作」に限定しているのは，彼にとって好都合である。しかしながら，他者の行為あるいは行動様式を私たちが理解するという点に関してはどうであろうか。木を伐採するという外的な行為経過を私たちが知覚することの中に，木樵の体験は直接与えられているなどと，果たして主張する

ことができるだろうか。もしこの問いが正当なものであるなら,それは木樵のどんな体験であるのか。彼の身体的な骨折りであるのか,それとも彼が行為の念頭に浮かべている目的であるのか,それともこの行為に駆り立てる動機であるのか。この素描的に定式化された問いのすべては,分析を進める中ではじめて近づくことのできる,問題の深さの諸層と関連している。ここではもっぱら問題の提起それ自体が重要であるから,私たちはこれを指摘するだけにとどめよう。直接的理解ならびに動機的理解というヴェーバーの構成した類型を分析しつつ,以上の問いに対する後の回答を先取りすれば,この多様に錯綜している主題についてのさらに広い展望が開かれるであろう。

　ヴェーバーは,2種類の理解を区別する。「理解は,(1)行為(言葉を含む)の主観的な意味の直接的理解であることができる。たとえば,2×2＝4という命題を聞いたり読んだりすれば,私たちは,その命題の意味を直接に『理解』するし(観念の合理的直接的理解),怒りの爆発が表情や怒号や非合理的動作に現れれば,それを理解するし(感情の非合理的直接的理解),また木樵の行動とか,ドアを閉めようとして扉の引き手を握る人間や,ハンターの行動も理解する(行為の合理的直接的理解)。しかし,理解はまた,(2)説明的理解であることもできる。ある人間が,他ならぬ現在,しかもこの脈絡において,2×2＝4という命題を語ったり書いたりする場合,彼が商売上の計算をしているのか,科学上の説明をしているのか,それとも何か他の行為をしているのかがわかれば,私たちは,彼の行為の意味を動機的に『理解する。』この命題は,私たちに理解可能な意味によって,以上の脈絡に『含まれ』,かくして私たちに理解可能な意味連関を獲得するからである(合理的動機的理解)。木を伐採するにせよ,銃を構えるにせよ,それを私たちは直接的に理解するばかりではない。木を伐採する人間は,この行為を,給料のためか,自家用のためか,気晴らしのためか(合理的),それとも興奮のあまりか(非合理的)…それらのことがわかれば,動機による理解も行われることになる。」これはみな理解可能な意味連関であって,これらの理解を私たちは事実として経過した行為の説明とみなしている。「説明」とは,それ故,行為の意味にかかわる科学にとって,その主観的に思念した意味に従って,ある直接的に理解可能である行為がその一部である意味連関を

第1章　予備的考察　51

把握することに他ならない…「これらすべての場合，感情的な過程も含めて，私たちは，出来事および意味連関の主観的な意味を『思念した』意味として特色づけることにしよう」（日常の用語法では，『思念する』という言葉は，合理的な，目的を目指す行為についてだけ用いられるものだから，その点でこの用語法よりも広い意味になる）[39]。」

このきわめて啓発的な箇所については詳細な分析が必要である。

第4節　ヴェーバーの「直接的」理解と「動機的」理解の概念に対する批判

以上の引用から明らかなように，ヴェーバーの「思念した意味」には2つの意味がある。まず，この用語は，行為者にとってある遂行的行為がもっている，しかも直接的理解によって捉えられる主観的意味を指している。次にそれは，彼の主観的に思念した意味からみて直接的に理解可能なある遂行的行為が組み込まれている，しかも説明的理解ないし動機的理解によって解釈しうる意味連関を指している。

まず，直接的理解，しかも「感情」や「観念」の直接的理解からみることにしよう。直接的理解では，この体験の「主観的意味」はどのようにして捉えられるであろうか。たとえば，一定の感情的行為がそもそも意味を有する行動，遂行的行為であるかどうかを決定することは，ヴェーバー自身みじくも強調しているように[40]，きわめて難しい。たとえば，私がAの怒りの爆発を（シェーラーのいうように）「内的に知覚」しており，したがってAの表情の動きや身振りを──ヴェーバーの言葉でうと──怒りの爆発として直接的理解作用において捉えたとしよう。この場合，Aはただ反射的に行動したにすぎないのか，Aの行動は「意識的に有意味な方向づけの限界の彼方にある」のか，それとも「異常な刺激に対する反作用である」のか，それともAはその直接的な感情の発散作用に対する欲求を満足させ，それ故Aの遂行的行為の意味はAにとっ

---

[39] Max Weber, *Wirtschaft und Gesellschaft*, S.3f.; Ebd., S. 2 第三項ならびにヴェーバーの論文 Über einige Kategorien der Verstehenden Soziologie. In:*Gesammelte Aufsätze zur Wissenschaftslehre*, S.408ff.

[40] 本書第1章第2節41頁で述べた箇所をみよ。

て怒りの爆発そのものにあるのか，これらのことを私は既に確定してしまったのであろうか。直接的理解ではこの問いの確定を適切に行うことはできない。確かに私はAの複雑な表現行為を怒りの爆発として「直接的に」理解しているけれども，Aがこの発散作用におそらく結びつけたであろう主観的意味は不明のままである。

同様のことは，観念の「直接的」理解，たとえば2×2＝4の判断にも当てはまる。ごく最近のことであるが，フッサール[41]は，判断領域における「意味」概念に2つの意義を区別している。即ち「言明の意味として，第一に当の判断自体が解されるであろう。しかしながら言明者は，判断『SはPである』の絶対的確実性から，その同じ判断『SはPである』を蓋然的なものと推定したり，疑ったり，肯定したり，消極的に否定したり，あるいはまた仮定したりする。第二に，その際判断の意味として共通のものとしての『判断内容』が浮かび上がってくる。この共通のものは，存在様式の変遷の中で（確実性，可能性，蓋然性，疑問性，『現実性』，空無性），つまり臆見による主観の措定様式の中で自己の同一性を保持している。」一体ある判断を耳にする際，何が「直接的」に理解されているのか。明らかにそれは，フッサールが「判断内容」と呼んでいるものである。したがって，これは主観の臆見的措定様式から独立しているものでもある。しかるにヴェーバーの表現の仕方では，他ならぬこの主観の臆見的措定様式が，研究すべき判断者の「思念している」主観的意味（彼はその判断内容を推測しているのか，あるいはありそうなことだとみなしているのか等）をなしている。だが「直接的理解」では，このような意味に決して近づくことはできない。

行為の「直接的理解」の分析の場合も，私たちは同じ難点につきあたる。ヴェーバーによれば，私は「木を伐採している」，ドアを閉めようとして（注意せよ！）「ドアの引き手を握っている」，あるいは「銃」で動物を「狙っている」人間の行動の意味を直接的理解において把握する。しかしヴェーバーが直接的理解の基礎としてあげている他者のこれらすべて観察された身体的動作の経過は，「木を伐採する」，「ドアの引き手を握る」，動物を「銃で狙っている」と名づけるや否や，既に理解され，解

---

[41] [Edmund Husserl,] *Formale und Transzendentale Logik,* S.192f.

釈されてしまっているのである。そのように行為する人間にとってこの行為の経過がどのような意味をもつのかを、私の外的経過についての解釈によって事実上理解したといえるであろうか。もしも観察される人間は木を伐採するのでなく、何か他の外的経過において同じか、あるいは非常に似通った仕事をしているとすれば、どうであろうか。ドアの引き手を握っている人間は、ドアを閉めようとしてではなく、何か他のドアの操作、たとえば修理を行おうとして、これをしているとすれば、どうであろうか。猟師は、銃で動物を狙っているのではなく、この動物を銃についている照準望遠鏡で観察しようとしているにすぎないとすれば、どうであろうか。外的経過を直接理解するだけでは、これらの問いに答えることはできない。これらの問いは、行為者がその行為に結びつけている主観的意味に向けられているからである。この思念した意味の「直接的理解」が不可能であるのは、明白である。ヴェーバーも明らかにそうであるが、人は思念した意味が表に現れて知覚によっておのずと解釈される事態を「直接的理解」と呼んでいる。しかし行為の「直接的理解」において捉えられるものは、どちらかと言えば行為経過の客観的対象性である。この対象性は──命名のように──解釈作用を介して、私によってかまたは私のために意味連関に編入される。しかしながらこの意味連関は、行為者がその行為について「思念している」意味連関である必要はない。もっと正確に言えば、これは決してそうではありえない。この意味連関を暫定的に主観的な意味連関と対比して、客観的意味連関と呼ぶことにしよう。

　次に説明的理解ないし動機的理解に分析を向けよう。ヴェーバー流に言えば、ここではその主観的意味に従ってある直接的に理解可能な行為が内的に関連している、意味連関の把握が問題である。もちろんヴェーバーは、先に引用した同じ箇所で、当該行為が私たちに理解可能な意味に従って内的に関連している、私たちに理解可能な意味連関について語っている。しかしこの表現の仕方は、誤解をまねきやすいし、一見して矛盾してもいる。何故なら私たちに理解可能な意味連関は、その行為が行為者の主観的に思念した意味に従って「内的に関連する」それと同じ意味連関であるとは必ずしも言えないからである。私たちはやがてこの問題に立ち戻るが、ここでは暫定的に、動機的理解として特徴づけられ

るそれには，直接的理解（ヴェーバー流の）には与えられない一連のデータが先行与件であることが重要であるということを確認しておこう。つまり動機的理解は，その連関からはずれた「スナップ」写真では不十分であり，説明的理解はむしろ行為者の適切な過去や将来についての一連の知識を予め前提しているということである。過去とは，その場合ヴェーバーの例で言うと，数学的判断を下す人は既に科学的説明を行っていたとか，木樵は既に賃金契約を済ませていたというように，私が彼の行為を組み入れる意味連関を把握できる前に，こうしたことを前もって知っていなければならないということである。また将来とは，行為者は自分の数学的判断が科学的説明に有効であろうとか，木を伐採することが雇主に賃金を支払わせることになろうといった予期によって，自分の行動を有意味的に方向づけている，と私が仮定しなければならないということである。このようにして行為はその主観的な意味に従って私の認める意味連関に内的に関連しているかどうかを確定することができる。

　この場合には2つとも，ある遂行的行為の「動機」が問われている。「動機」をヴェーバーは「行為者自身もしくは観察者にとってある行動の有意味的『根拠』として現れる，1つの意味連関[42]」と理解している。首尾一貫ヴェーバーは，ある遂行的行為の主観的意味と客観的意味の対立を，さらに特徴づけることなしに，彼がある遂行的行為の「動機」と名づけるところの，例の「1つの意味連関」に転用するのである。ところで「意味連関が行為者にとって行動の有意味的根拠とみなされる」という言明によって，いかなる事態が考えられているのであろうか。明らかにここでも二様の事態が考えられる。第一に，行動の有意味的根拠として，私の行動の結果から生ずるだろう将来の出来事についての一連の予期が考えられる。一定の仕方で行動するからには，私はこの予期に自分を方向づけている。しかし第二に，行動の有意味的根拠として，このような行動をとるのを余儀なくされた私の過ぎ去った体験がある。第一の場合には，私は自分のその時々の行動を，手に入れようとする目標達成のための手段とみなしている。この意味において私のその時々の行動の動機を確かめようとする場合，私は次のように自問する。この出来事

---

[42] *Wirtschaft und Gesellschaft,* S.5.

が起こるだろうという私の予期が自分の直接的行動の意味を構成する，ないし共に構成するということにより，いかなる将来の出来事が私の予期する他のすべての出来事から区別されるか，と。第二の場合には，私は自分のその時々の行動を，前々からの体験の結果として，つまり先行する「諸原因」の作用としてみている。この場合の行動の動機に関する問いはこうである。私の過ぎ去った体験が直接的行動の意味を構成ないし共に構成することによって，いかなる私の過去の体験が他のすべての体験から区別されるか，と。この2つの場合に重要であるのは動機に関する問いが必然的にその時々の直接的行動の現在を超越していることである。

　この2つの問題設定をヴェーバーは区別せず，そのため以下にみるように，広範に及ぶ帰結を招くことになる。加えてヴェーバーは，その行為者が彼の行動の有意味的根拠とみなす意味連関と，この遂行的行為が彼にとってもつ主観的意味とは一致するのか――したがって動機を暴露することとある遂行的行為の思念した意味を把握することとは等しいのか――どうかという問題を不問に付している。多分ある遂行的行為に結びつけられる諸々の予期と，過去の諸体験――それらの帰結が大雑把に言ってその具象化した遂行的行為を形づくっていると見られる――とが，日常的な話法では，行為者にとってその遂行的行為の「意味」を形づくっているのではないだろうか。「私は…のためにそう行為する」，「私は…だからそう行為する」というのは，一般に，どんな意味を達成的行為に結びつけているのかという質問に対して，常に与えられる回答であるのだから。しかしながら，このような言い方は，行為者のきわめて複雑な「意味体験」の簡略な表現以外の何ものでもないこと，「動機」を述べることが決して「思念した意味」の最終的な構造を明らかにするものではないことを，この際はっきりさせておかなければならない。反対に，行為者は自分の遂行的行為の意味を決して「疑うこと」をしないのであり，言葉の本来の意味でこれを自明視しているのである。行為者は自分の遂行的行為の動機を調べるときにはじめて，この疑わない意味の中から，自分の遂行的行為にとって重要だった過去の諸体験について問題にしたり，自分の遂行的行為が予期するところでは重要であろう将来の出来事について問題にしたりするのである。行為者は，かくして，意味連関について，

その有意味的な行為の有意味的な根拠について，要するに動機について問題にしうる前に，「思念した意味」が行為者には既に先行与件でなければならないということができるわけである。これはヴェーバーの用いている例からも明らかである。誰かが科学的証明との関連で，2×2＝4と判断する場合，この判断を下すことが彼の行為の動機である「目標」達成つまり科学的証明にとって必要であるとみなすことができる前に，彼は自分の判断に既に1つの意味を，この場合は2×2＝4であるという意味を結びつけている。ところで，報酬と引き換えに自分の労働力を提供し，この目標が木の伐採によって達成されると「信じ」，そういう風にして自分の生計を立てようと思う人間もまた，木を伐採する際にはどうするのかについて知っていなければならない。したがって彼は「木の伐採」に「そのやり方」という1つの意味を結びつけなければならない。

　行為者にとっての問題とは以上のものである。行為者は，自分にとってその遂行的行為が内的に関連している，その主観的意味を問題にするのである。ところで，観察者にとって他者の行動の有意味的根拠として現れる意味連関と，この問題はどのように関係するであろうか。ヴェーバーのいわゆる動機的理解は，主題からみれば動機の暴露を対象にしているにすぎない。しかしながら，この動機の把握は，論じたように，もっぱらその遂行的行為そのものから既に推定される一つの意味から行われる。この意味は，確かに思念した意味として当の行為者には問題ない所与であるが，しかし観察者にはそうはいかない。そこでいわゆる動機的理解は，行為者に問題なく与えられている意味を観察者に問題なく与えられている意味で代用するのである。別言すれば，「動機」の探求は，観察者に与えられている客観的意味から行われ，この客観的意味が行為者によって（それも行為者によって疑いなく）思念されている意味であるかのようにみなされる。説明的理解とは，行為者の思念した意味に従ってその遂行的行為が内的に関連している，私たちに理解可能な意味連関を探求することである，とヴェーバーが定義するとき，彼はこのことをきわめて適切に理解している。しかしながら，これと並んで，この他ならぬ「思念した意味」は直接的理解においてと同じように動機的理解においても解釈しえないことは明白である。理解の2様式には，意味はただ客観的意味として解釈の先行与件であるにすぎない。

ヴェーバーの直接的理解と動機的理解の概念を相互に比較してみてわかることは，このように理解の仕方を2つに区別することが恣意的であり，また内容的にも根拠がないということである。どちらの場合にも解釈者には客観的意味連関が与えられながら，どちらの場合にも主観的意味の把握は閉め出されている。直接的理解については，それが主題として主観的意味に向けられようとするや，私たちはこれを動機についての問題と同じように解釈することができる。もし動機についてのあらゆる問いが前提とする無限後退を私たちが頃合よく十分に中断することができるのであれば。たとえば「木樵」がこのしかじかの活動を営む理由は，木を伐採するためにこの活動がどうしても必要であるという意味を結びつけているからであるというように。他方，私たちは動機的理解を意味連関の直接的理解と解することもできる。たとえば賃金契約の締結，木の伐採，賃金支払いの受領等といった，観察者にとって「他者の行為」といわれる体験の系列を，いわば「職務に従事している，それも木樵として」というように，観察される者の統一した達成的行為としてみなす場合である。

　それにもかかわらず，直接的理解と動機的理解の区別には，ある重要な認識上の事実的根拠がある。日常生活において他者の達成的行為の経過を直接現在的に共に体験できる限り，したがって「他者の達成的行為」と呼ばれる外的世界における経過を他者の意識体験のしるしとして解釈できる限り，私たちは，そのしるしに目をやりながら，共に体験しつつ，「直接性という仕方で」この経過を「理解」している。以上で確認された意味での「直接的理解」は，行為者と同時に存在する者，同時に持続する者として私たちが体験を共に分かち合っている，その遂行的行為自体の経過に向けられている。原則的には，意味の直接的理解は，それ故社会的直接世界における日常生活の素朴な理解の仕方である。素朴な（意識）作用の統一の中で体験される，しるしとしるしづけられるもの，経過中の行動と思念される意味との間の動機の結びつきは，それ故に原理的に理解されず，不明確で，不明瞭で，定かでなく，もつれ合ったままなのである[43]。

43　本書第1章第3節46-47頁に引用したフッサールの文章を参照。

直接的理解とは異なり、マックス・ヴェーバーによって動機的と特徴
づけられる理解は、直接世界の直接現在的な遂行的行為の対象的経過
という制約には縛られていない。隔たった同時代世界や先代世界、ある程
度までなら後代世界[44]の行為すべてが、説明的理解の主題たりうるので
ある。というのはこの理解は、行為の経過を前提としないからであり、
その前提はむしろ既にこれまでにも示唆されたし、後にも指摘されるよ
うに、行為が経過してしまったものとして、もしくは未来において経過
しているであろうものとして、上述した動機の二重の機能の出発点もし
くは終点とみなされているからである。ところで直接的理解は客観的意
味そのもの(主観的意味の現前のしるしとしての)を主題的に問うのに、
あらゆる動機的連関の問いは既に客観的意味から出発している。そして
まさにこの点に説明的理解には直接的理解よりも高度な明瞭性が得られ
るという深い根拠が存しているのである。この対比からさらに明らかと
なるのは理解社会学の「理解」は決して直接的理解ではありえないこと、
したがって「説明的理解」が主観的意味解釈の科学的方法を基礎づける
べきであること、反対に日常生活における理解は、根本的には直接的理
解であることである。

　以上でもって、浮かび上がった問題の全貌が明らかになったというわ
けでは決してない。強調されたことは、思念した意味は日常生活におけ
る素朴な意味の理解においても、直接的理解もしくは動機的理解におい
ても捉えられないこと、行為の経過という直接現在的対象は主観的意味
が存在する「しるし」にすぎないこと、あらゆる意味連関はもっぱら客
観的意味連関として私たちに与えられているにすぎないことである。問
題をさらに進める前に、客観的意味と主観的意味との対比を強調したの
だから、私たちはさらにこの対概念を吟味しなければならない。

第5節　主観的意味と客観的意味

　私たちはこれまで「客観的意味」の名称を行為者がその遂行的行為に
結びつける「主観的意味」に対立するものとして素朴に用いてきた。し

44　本書第4章においてこの術語の正確な定義づけがなされる。

かしこの術語はもっと徹底した主題の解明を必要とする。

　Sは，行為者Aがその遂行的行為Hに結びつけている意味であるとする。この遂行的行為Hは，Aの身体的動作のような外的経過において明らかになるとする。この遂行的行為Hを，日常生活におけるこのAの1人の観察者であるBや1人の社会学者であるCは理解しなければならない。BにもCにもHは理解できるとする。この場合両者はAの体験のしるしと解釈する外的経過Hに，ある意味を結びつけるのである。しかしたった今私たちの考察が示したように，Aがこの遂行的行為に結びつける，その思念した意味Sは，直接的理解においても動機的理解においても彼らには解釈できないのであるから，Bは日常生活の実践から得た意味解釈によって経過Hに意味S′を，またCは理解社会学の理念的解釈スキームによる解釈をもとにして意味S″を付与するだろう。ヴェーバーの言い方では，Sは行為者AがHに結びつけた主観的意味もしくは思念した意味であり，これに対してS′とS″はこの遂行的行為の客観的意味であることになる。しかしS′はBが経過Hに結びつける意味であるにすぎず，S″は同様にCにとっての経過Hの「客観的意味」であるにすぎない。S′とS″が客観的な意味内容であるという主張は，さしあたりS′とS″はSとは違うということ以上には何も語っていない。確かにSは基本的にただしるしから解釈できるだけであるから，その思念した意味は必然的に極限概念であり，最大限に適切な解釈がなされても，これはやはりS′やS″に覆い合わされることはないと言うことができる。

　私たちは，まず客観的意味，S′とS″についてはっきりさせることにしよう。何よりも重要なことは，S′はBがAの遂行的行為Hに結びつける主観的意味である，S″はCが経過Hに付与する主観的意味であるといった，ありそうな誤解を取り除くことである。このような見方は，ヴェーバーが「主観的意味または思念した意味」という用語で意図した事柄を完全に誤解している。というのも丁度BとCが彼らの遂行的行為に，この場合Aの観察に，ある主観的意味や思念した意味を結びつけることができるように，行為者Aはただ自分の遂行的行為にのみある主観的意味を結びつけることができるからである。主観的意味の問題は，言うまでもなく多くの謎に包まれており，その本質に関する正確な洞察は，

このような表面的な考察ではまだ提供できない。

BとCには遂行的行為Hの経過は外界における1つの経過として提供される。彼らは，世界の中で生活しつつ，世界に解釈によって立ち向かってきている。彼らは世界についての彼らの諸体験の中にただ生きるだけでなく，同様にこれらの彼らの体験を省察もする。彼らは世界を占有において経験するだけでなく，これらの経験を述定や判断の遂行において語りも考えもする。彼らは，世界についての彼らの諸体験を解釈し，これらを解釈図式の下で概念する。世界とその世界についての彼らの体験は，彼らにとって意味がある。これはすべての理性的存在にとっても，君や私にとっても同様である。「意味」は，このような用い方では，総じて1人の理性的存在のある対象に対する態度以外のものを意味しない。BやCはその経過Hを彼らの世界の1つの出来事として体験し，これをこのように前述定的に経験し，この経験を解釈しながら，彼らはこの彼らの体験を「解釈」(interpritieren)するのであり，その体験の意味とは彼らからすれば占有において経験したことの解釈の中で得た「解釈内容」(Explikat)に他ならない。

外的世界の諸々の現象は私とか君，BとかCにとって意味があるばかりでなく，この世界の中で共に生活している私たちすべての人間にとっても意味がある。私たちすべての人間にはただ一つの外的世界，誰でもの世界が先行与件である。それ故私によるこの世界の一切の意味付与は，この同じ世界を君による君の体験において経験する意味付与を参照するのであり，そのようにして意味は間主観的な現象として構成されるのである。どのようにしてすべての認識や思惟の間主観性が超越論的に導出しうるかは，もちろん本研究の範囲内では証明できない。しかしこの分析がはじめて客観的意味という概念を完全に明瞭にすることは確かである。認識の現象学のこのきわめて難解な根本問題は，フッサールの『形式論理学と超越論的論理学[45]』の中で提示されてはいるが，依然解決さ

---

[45] *Logische Untersuchungen*, II, Abschnitt, VI.Kapital, 特に第96節, 210ff. その後フッサールはこれらの考察を目下フランス語で刊行されている著書『デカルト的省察』(*Méditations Cartésiennes, Introduction à la Phénomenologie,* Paris 1931, 特にその「第五省察」74-128において継続している(ドイツ語版 *Cartesianische Meditationen, Husserliana*, 2. Aufl.,

れていない。

　客観的意味について語る場合，上述したような広範な連関のみが問題になるわけではない。観念的対象や記号や表現についても，命題や判断についても，それには客観的意味があるという。この場合私たちが考えていることは，これらの観念的対象がその固有の本性からして有意味的であり，理解可能であるということである。固有の本性というのは，いってみれば，これらの観念的対象が誰かある特定の人の行為，思考，判断から独立した，匿名的な存在であるということである。たとえば，2×2＝4 という表現は，客観的意味をもっている。それは，ただ単に目下そう判断する人の考えから独立しているだけでなく，一般に判断する人の考えからも独立している。言語表現も，その話し手に関係させなくても，「客観的意味連関」として捉えることができる。第九交響曲の主題は，ベートーヴェンがそれで表現しようとしたことが問われなくても，それ自体で「意味がある」のである。この場合「客観的意味」という語は，イデア的論理的対象性としてのある表現のイデアとして同一である意義の単位を指している。ただしその表現はもっぱら意義である限りで真に客観的なのである。フッサールの『論理学的研究』以来，私たちは意識作用としての〈意味づけ〉Bedeuten とあらゆる可能的諸作用の多様性に対するイデア的単位としての〈意義〉Bedeutung とを区別することを知っている。フッサールによって上述の書物で示されている一方の「本質的に主観的かつ機会因的」表現と，他方の「客観的」表現の相違というのも，この一般的な基本的見方の特殊事例であるにすぎない。「私たちがある表現を，客観的と呼ぶのは，その表現がただその音声的現出内実によってのみその意義を拘束している場合，ないしは拘束しうる場合であり，それを表明する人物やその表明の事情を顧慮しなくとも理解しうる場合である。」これに対して表現が本質的に主観的かつ機会因的であるのは，次のような場合である。即ち「概念的・統一的な一群の可能的意味を包含しつつも，その時々の機会因，話し手とその状況に応じて，その都度の明示的意味を方向づけることが，本質的に重要であるような表

Bd. I. Den Haag 1963）。

現[46]の場合」である。

　問題はそこで，今展開したばかりの「客観的意味」という用語の意味は，果たしてHに関して行ったBとCの意味解釈S′とS″を，この行為の客観的意味として特徴づけた際に，私たちが念頭においたものと同じかどうかである。事態は明らかにそうではない。しかもAの行為が，たとえば命題を述べる場合のように，客観的意味内実を伴う表現を指定する場合でも，事態はそうではない。なぜならBとCにとって興味があるのは，結局のところ，何が表現されているかという意義，つまり表現のイデア的対象ではないからであるし，また誰がそれを措定しようと，普遍であるような表現の意義でもないからである。むしろ社会的世界の観察者は今，ここで，しかじかの仕方でこの措定を行っているのは，他ならぬAであるという現象を解釈しようとしている。彼は，したがって命題を述べること（この用語は，ここでは唇の動き，それから生まれる音波，この音波から形成される言葉，この言葉とそれから構成される命題の意味を含むAの唇の動きの全体を指している）を，Aの意識体験のしるしとして解釈しようとしている。即ち，Aはこの命題を述べることに特殊な意味を結びつけているとか，ある一定の意図でそれを述べているとか，という風に。だが，このような関心からは，まさしく客観的表現として表現された事柄は，ほとんど重要でなくなる。なぜなら，経過Hの解釈に際してBとCに提出される問題とは，この人間が今，ここで，このようにこの命題を述べているという事態の基礎になっている機会因的かつ主観的（本質的には決して機会因的かつ主観的とは言えない）契機を解釈することにあるからである。私たちのこれまでの言い方の意味では，Aが今，ここで命題を述べることもまた，客観的に有意味なのである。

　「イデア的対象」としての表現の客観的意味内容とこれが結びついている言語，芸術，科学，神話等の大きなシステムが，他者の行為を意味解釈する際に，特殊な機能を果たしていることは言うまでもない。それらはいってみれば他者の行動のあらゆる意味解釈の解釈図式として先行

---

[46] [Husserl] *Logische Untersuchungen*, 4.Aufl., Bd.Ⅱ, Teil, Ⅰ, Halle 1928, S.80f.

与件である。経過 H の中で B と C に与えられている客観的意味という言い方も，本来的にはまさにこの意味である。即ち，この経過の解釈は，B と C によって行われるとしても，またその限りで彼らと関係があるにしても，通常それは客観的に先行与件である解釈図式に基づいて行われるものである。「客観的意味[47]」という用語の多様性に関するこの皮相で雑駁な列挙は，既に以下において行われるもっと深い〔意味〕の層にまで分析を進めることの必要性を示している。客観的意味の概念も主観的意味の概念も，この分析を進めることによって多くの変様を被るであろうし，第3章の終わりで私たちははじめて，両者を最終的に確定できる位置に達するであろう。ここでは私たちの考察の方針について若干の暫定的な所見を述べるにとどめる。

　前述の箇所において特徴づけられた「客観的意味」という用語の意義を概観してわかることは，私たちが周囲の世界のイデア的対象や実在的対象について言及したり，これらを私たちの意識の特殊な注意において捉えたりするや否や，これらの対象が有意味的となることである。フッサールの『イデーン[48]』以来，意味付与が志向性の能作以外の何ものでもなく，またそれによって単なる感覚的体験（素材的データ）がはじめて「生気づけられる」ことが知られている。それ故一瞥して意味あるものとして示されるものも，先行する私たちの意識の志向的能作によって1つの意味あるものへと構成されたものである。フッサールは，その著書『形式論理学と超越論的論理学』の中でこの問題の非常に深い根拠づけを，とりわけ論理的対象領域に関して行っている。彼はこの中で意味発生の本質を明らかにするとともに，志向性が「能作の連関」とみなしうることを認識している。この能作の連関は，「その都度の構成された志向的単位とこの単位のその都度の所与様式の中に『沈殿された歴史』と

---

[47] 多くの著作家が主張している見解との混同を避けるためには，「客観的意味」という言葉の使用は価値論的には全く中立であることを指摘しておきさえすればよいであろう。客観的意味を客観的価値に引き戻して関係づける，しばしば行われる仕方や客観的価値から客観的観念的対象を構成する仕方は，完全に私たちの問題の外側にあるものである。

[48] [Huserl,] *Ideen zu einer reinen Phänomenologie*, 3.Aufl., Halle 1928, S.172ff.をみよ [現在は *Husserliana*, Bd.Ⅲ-Ⅴ Den Haag 1952]。

して、つまりいつでも人が厳密な方法において明らかにできる歴史として含まれているもの[49]」である。「どのような意味形象も、人はその意味形象に固有の意味の歴史について問うことができる。」…「すべての志向的単位は志向の発生に由来しており、したがって〈構成された〉単位である。いつでも人は、〈既成の〉〔志向的〕単位の構成について、その全体的発生について、さらにはその形相的に把握すべき本質形態について問うことができる[50]。」「〈静態的〉分析は、勝手に考えられた対象の単位によって方向づけられるし、またこの単位の所与の様式が不明確であることによっても方向づけられる。つまり静態的分析は、志向変様というみずからの指示に従いながら、明確さとは逆の方角に向かうこともあるのである。これとは反対に発生的志向分析の方は、それぞれの意識とその志向対象自体がその都度立脚している、全体的な具体的連関に方向づけられている[51]。」この構成の諸現象は、発生的な具体的連関によって追求され、また意味の発生もこの志向性の把握によって展開される。反対に、既に所与となり構成された意味内容とみなされるすべての対象は、「その意味の歴史から調べる」ことが可能である。ところで孤独な私は、この2つの見方のいずれをもとることができる。私は、既に構成され、先行与件の世界として私に現れる世界の方に目を向けることができる。〔この場合〕私は、私の意識、その中で当の世界の意味は既に構成済みであったが、この私の意識の能作的志向性には注意を向けない。それから私は実在的ならびにイデア的対象世界を自分の前に有しているが、この対象世界についてそれは意味がある、しかも私にとってだけでなくあなたや私たちや誰にとっても意味がある、と私は言明することができる。これは、私がこの対象世界の意味を最初に構成する自分自身の意識作用に目をとどめるのでなく、むしろきわめて複雑な一連の意味内容を問題のない所与として既に前提しているからに他ならない。この産出された意味形象および産出の過程から切り離された意味形象は、客観的意味をもち、それ自体として意味があるということができる。ちょうどそれは、2×2

---

[49] [Husserl,] *Formale und Transzendentale Logik*, S.217.
[50] Ebd., S.184.
[51] Ebd., S.277f.

＝4 という命題が，誰によって，いつ，どこで，そのように判断されようと，それとは無関係に意味があるのと同様である。ところで，私はまた，その中で，それを通して意味付与が行われる私の意識の志向的能作そのものにも目を向けることができる。この場合，私の眼前にあるのは既に構成されてしまった世界ではなく，むしろ私の持続する私の流れの中でまさにはじめて構成され，絶えず新たに構成される世界である。つまり存在するものの世界ではなくて，それぞれの今において新しく生成し，そして消えていく世界，もっとうまくいうと，生成し去る世界である。この世界も，反省的眼指の中でそれと気づくことのできる意味付与的志向性によって，私には意味がある。そして構成される世界，決してでき上がった世界ではなく，たえず築きあげられる世界として，この世界は私の意識生活の最も根源的な事実を指しているのである。別言すれば，生の経過についての意識，持続，ベルクソン流[52]に言えば私のデュレ，またフッサールの表現[53]を用いれば，内的時間意識[54]を指しているのである。けれども素朴な日常生活のもとでは，即ち自然的な態度のもとでは，私は意味付与の作用そのもののうちに生きており，もっぱらこれらの作用において構成された「客観的意味」という対象だけを眼指に入れている。ベルクソンの言うように，私が「苦しい努力のうちに」対象世界から目を逸らし，内的意識の流れに目を向けるとき，あるいは（フッサール流に言えば）自然的世界を「括弧で括り」，現象学的還元の中で私の意識体験をひたすら凝視するときに，私ははじめてこの構成過程に気づくのである。それ故自然的態度のうちになんとなく生きている孤独

---

[52] *Henri Bergson: Essai sur Les données immédiates de la conscience*, 1.Aufl., Paris 1889; *Materièr et Mémoire, essai sur la relation du corps à l'esprit*, 1.Auf., Paris 1896; *L'Évolusion créatrice*, 1.Aufl., Paris 1907; *L'Énergie spirituelle*. Paris（1901年から1913年までの諸著作）; *Introduction à la Metaphysique*, Paris 1903;最後に *Durée et Simultanété*, Paris 1922.

[53] 「内的時間意識についての講義」（1904年に行われ，マルチン・ハイデガーによって編集された）Halle 1928. In:*Zur Phänomenologie des inneren Zeitbewußtseins.=Husserliana*, Bd. X. Den Haag 1966.

[54] この主題は別の側面から以下の諸節でさらに明らかにされ，次章で方法的に徹底的に吟味される。

な私にとって，客観的意味と主観的意味という用語によって特徴づけられている問題は，まだほとんどはっきりしない曖昧なままである[55]。この問題は，現象学的還元の遂行によってはじめて現れ，またこれについては「形式的な」論理と「超越論的」論理というアンチテーゼの関係にある論理的対象領域に対して比類のない巧みさでフッサールが決定的ともいえる仕方で論述している。

　ところで有意味的なものの以上に指摘した2つの考察様式の区分は，本来，これまで私たちが論じてきた例の客観的意味と主観的意味との対立ではない。私たちはこの問題に社会的世界の有意味的な解釈の分析途上で直面したのであり，「意味」は私たちにとって私の志向的体験の全く一般的な「述定」ではなく，むしろ社会的世界においてある特殊な意義をもったのである。様々な社会的領域への移行に伴って，実際のところ，客観的意味と主観的意味という対概念には，新しい，それも社会学的に重要な意義がつけ加わるのである。私は，他者の体験のしるしとして私の前に現れる外的世界の諸現象を，ある場合にはそのものとして考察したり解釈したりすることができる。この場合私はこれらの現象について，それは客観的意味があるというのである。ところで私は，これらを介して，まさに外的世界のこれらの現象が彼のしるしとなる，1人の理知的存在の生き生きとした意識における構成化の過程（主観的意味）にも目を向けることができる。私たちが客観的意味の世界と名づけたものは，社会的領域においても，ある意味付与的意識—私自身のそれであれ他者のそれであれ—の構成過程から分離してしまっているのである。このことがこの領域に述定される意味内容の〈匿名性〉という特徴となり，それぞれの能作的志向性によってこれに意味を付与した，いずれの意識に対しても，その意味内容が不変であることになる。これに対して社会的世界における主観的意味について語ることは，客観的に有意味的なものを産出した人の意識における構成過程に，したがって彼によって「思念された」意味に，しかもその際彼自身がこの構成過程を視野に入れているか否かにかかわりなく，注意を向けることである。主観的意味の世界は，だから決して匿名的ではない。けだしこの世界は，本質的に言って，も

---

[55] 本書74頁以下の「注釈」をみよ。

っぱらある私意識―自分の私意識であれ，他者の私意識であれ―の志向的能作に由来しかつその中に存在するからである。ところで社会的世界では，他者の意識を指示する客観的意味内容のいかなるデータについても，原則的に言えば，固有の，しかし記述できる技法によって，他者の意識における構成に関する問題，したがって他者の主観的意味に関する問題が提起されうると言ってよい。その上また，その構成過程の把握は最大限の明確さで行われるべしということも公準とみなされてよい。「主観的意味」とは構成された諸々の対象[56]を一般に他者の意識に遡って関係づけることに他ならないとすれば，この公準は満足されるであろう。しかし「主観的意味」を他者の「思念した意味」と理解するのであれば，この公準は，やがて見るように[57]，満たされない。他者の「思念した意味」は常にしかもこれを最大限に解釈した場合でも極限概念にとどまるからである。この解釈には大変骨の折れる研究が必要とされるが，それは第3章ではじめて行われるであろう。ここでは，社会的世界における主観的意味をできる限り明確に把握すべしという要請は，自然的態度の人間には当てはまらないことを締め括りとして付け加えておこう。別言すれば，自分たちの行動の方向づけに対してなにほどか関連があるという程度の明瞭さの獲得で，私たちは相手に対する意味解釈の努力を中断する。たとえば，主観的に思念した意味の追求が主題に適うものとして展開されるのは，相手の行為が客観的意味内容として，これ以上改めてその構成過程を追い求める必要がない仕方において，明白である場合である。たとえば観察される者のいわゆる厳密に合理的な行為のケースがそれである。客観的に示されている意味内容が，この場合将来の行動を方向づけるのに十分であり，かくして私たちは，解釈の活動を比較的表面的なところで中断する。しかし，明示されている意味内容について私たちが疑いをもち，その表現によって相手は何を考えているのかと問いただすような場合，事情は異なる。その限りにおいて社会的世界の意味解釈は「プラグマティックに規定されている」ということができる。

---

[56] あるいは孤独な私の諸領域ではその限りで各自の意識の中で構成される「思念した意味」に関連している。

[57] 本書第3章第19節をみよ。

第6節　構成分析への移行―
「ある達成的行為と結びついた意味」概念の解釈

　これまでの節を締め括る意味において，1つの例をあげてさらに詳しく説明しよう。この例の分析は同時に問題状況をより深く理解するのに役立つであろう。理解社会学の本質を捉えようとして，私たちは本考察の出発点をヴェーバーの社会的行為の定義に求めた。最初の課題は「行為者が彼の〈行為〉に意味を結びつける」という命題によって何が考えられているかを考察することであった。既に第2節において必要な分析を一部行ったが，今や「客観的」意味と「主観的」意味の概念が明らかになった以上，そこで中断した研究を再開したいと思う。
　〈行為〉という用語に含まれている，これまで殆ど注意されたことのない，曖昧さの指摘から始めよう。この言葉は，一方では完結したユニット，産出物や客観性である構成された〈達成的行為〉を指している。他方では，流動や経過，産出経過，したがって遂行の結果ではなく所業の遂行である，構成される〈遂行的行為〉を指している。この二重の位相において，どの行為も，私の行為も他者の行為も現出する。私の経過における遂行的行為は，私がその中で生きている，一連の今在する体験として，より詳しく言えば，一連の今生成しつつ生成し去る体験として私に呈示される。また私の意図した遂行的行為は一連の予期した将来の体験として，さらに私の経過し去り成し遂げた達成的行為（私の生成し去った遂行的行為）は，想起の反省の中で私が注意した一連の経過し去った諸体験として私に呈示される。私が遂行的行為の意味と呼ぶものは，その遂行的行為を遂行している間私が生きる意識体験だけに限らない。むしろいま私の意図した遂行的行為〉といった私の将来の体験とか，いま〈私の成し遂げた達成的行為〉といった私の過去の体験とも関連する。私たちの研究は，前節の終わりで既に構成済みの意味内容と構成されつつある意味内容との違いを明らかにした。私たちは，この知識を行為現象に適用し，用語として達成的行為の産出作用である遂行中の〈actio〉と遂行的行為によって産出された既に構成された〈actum〉とを鋭く区別しなければならない。

第1章　予備的考察　69

これと同じように，私たちは，他者の遂行的行為と他者の達成的行為とを区別する。他我の遂行的行為は，意識体験の中で構成されるのであるが，この意識体験は，外的世界の諸事象，たとえば他者の身体的動作とかこれによって引き起こされる外的世界の諸変化のうちに現れる。そして私たちは，これらの事象を他者の意識体験のしるしとして解釈する。ところで私たちは，このしるしを他者の〈actio〉であるとも他者の〈actum〉であるともみなすことができる。これは，私たちが眼の前で遂行されている経過の位相に着目するか，それともこの経過の中で産出された達成的行為という対象に着目するかによるのである。

達成的行為は，したがってつねに「ある・行われて・しまっていること」であり，行為の主体から切り離して，また行為者の構成する意識体験から切り離して，これを考察することができる。どの遂行・されて・しまった行為にも先行与件である遂行的行為は，達成的行為が論じられる場合には主題として着目されない。達成的行為とは違って，遂行的行為は主観に関係づけられており，それは匿名的な行為が行われるということではなく，むしろ（私自身や他我）行為者の具体的で個別的な意識経過における一連の構成される体験である。

既に意味発生の問題を論議した際に知ったのであるが，客観的意味と主観的意味の最も深い相違がもっぱら私意識の流れにおける意味形象の構成から余すところなく解明されうることを知った。意味は，内的時間意識，デュレ（持続）を指し示し，この中で意味は，本来的にその最も普遍的な理解力において構成される。私たちが遂行的行為と達成的行為の概念を分析した際にこのような主張が証明されたことを知っている。あらゆる遂行的行為は，時間の中で遂行される。もっと詳しく言うと，内的時間意識，デュレの中で遂行される。遂行的行為は持続内在的である。これに対して達成的行為は，持続内在的に生ずることではなく，むしろ持続超越的に生じてしまったことを意味している。

以上のことが明らかになった後で私たちは問題をまた元に戻すことができる。行為者が行為に意味を結びつけるというヴェーバーのアプローチによって，何が思念されているのか，と。行為者は，その遂行的行為の経過において体験する，持続の中で構成される意識の諸経過に〈意味〉を結びつけるのか，それともその達成的行為，既に経過し去り，完了し

構成してしまった，その遂行した行為に〈意味〉を結びつけるのか，どちらであろうか。

この問題に解答する前に注意を促したいことがある。それは遂行的行為（もしくは達成的行為）に「結びつける」意味という言い方がまったくの隠喩という特徴を帯びていることである。これはマックス・ヴェーバーにも当てはまる。というのもザンダー[58]が既に正しく認めているように，ヴェーバーの行為概念には，いろいろ不明確なところがあるにしても，彼が「行為」によって物理的出来事を考えていない，したがって生身の個人が行う身体動作のようなものを考えていないのは明らかである。他方この個人がこの身体的動作に「結びつける」意味は，〔この身体的動作と〕奇妙に予定調和した形でその歩調を合わせている。ヴェーバーの行為の定義は，確かに内的な態度とか動作を包含しているが，これももっぱらそれらに意味が結びつけられる限りにおいてである。既に説明したように，このテーゼは，行動のようなものは，行為ではないとしても，無意味であると理解してはいけないということである。考えられているのは，明らかに，行動とは違って行為にはある特殊な意味がみられるということである。

一見して行為と行動の違いの〈しるし〉となるのは，第一に，行動の非恣意性に対する行為の恣意性である。もしヴェーバーの有意味的な行動としての行為という定義をこのように解釈するなら，行為に結びつける意味，もっとうまく言えば，行動を行為にする〈意味〉は取捨，選択，自分はこのように行動できるが，自分はこのように行動する必要がないという自由であり，またそうすることの自由である。しかしそうなると「恣意」（ヴィルキュル）の術語によって特徴づけられる2つの問題複合の一方のみ〔意味は〕固定されてしまう。概して言えば，恣意は体系的に考察されるべき，きわめて複雑な意識事象の簡略化された表現にすぎない。この際「意志」という現象は（大抵は不明確な）形而上学的根本態度であるとして未解決のままにしておいてはいけない。むしろ恣意的行動の分析は，あらゆる形而上学的問題の此岸において実行されねばならない。

---

[58] Sander,"Der Gegenstand der reinen Gesellschaftslehre," a.a.O., S.367ff.

第二の表面的な区分は，行為を意識的な行動として無意識的な行動もしくは反射的な行動から分けようとするものである。この場合ある行動に「結びつけられる」意味とは，この行動をまさに意識することにあるだろう。だがここで「意識的」と呼ばれるものは，明らかに，行動する者にその行動が示す特殊な明証性のことである。この明証性の解釈がいかに至難であるかを，フッサールは『形式論理学と超越論的論理学』の中で明らかにしている。たとえば行動する者にとって行動は，まったくある特定の所与様式において明証であるのか，それとも未来時制の行動（したがって意図のある行動），現在時制の行動，過去の行動のそれぞれにおいてまったく異なる明証性が対応しうるのか，といった入り組んだ問題がそれである。これらの問題点をも意味を有する行動の分析は把握しなければならない。

　この大雑把な概観からもわかるように，意味を有する遂行的行為の概念に関しても，もっぱら構成分析を進める中ではっきりしたことがわかるということである。ある遂行的行為の意味を構成する，例の体験の構造が体系的に研究されなければならない。しかもこの研究は，もっと深い層において行われねばならない。なぜなら私たちが「行動」と呼ぶものもまた，より本来的な語義において既に有意味的であるのだから。体験としての行動がその他のあらゆる体験から区別されるのは，行動は私の能動性を参照しているからである。したがって行動の意味は，態度決定の作用の中で発生する。だが私は能動性によらない体験についても，それが有意味的であると言うことができる。私が一般にある体験の意味を知るというのは，私がこの体験に注目して，これを私がその中で生きている他のあらゆる体験から「際立たせる」ことを前提にしている。私の持続のあらゆる瞬間においてその身体状態，その感覚，その知覚，その態度決定作用とその感情状態についての意識を私は持っている。すべてこれらの構成要素は，私が生きる，その時々の〈今のこのように〉を構成する。したがってこれらの体験のうちの1つについて，それが〈意味がある〉という場合，私は当然ながら次のことを前提にしている。この体験と同時に存在し，それに先行し，それに後続する，素朴に体験した夥しい体験のうちから，まさにこの体験を「際立たせ」，これに目を「向ける」ことである。1つのこのように際立った体験を「縁取った体験」と呼び，

またこの縁取った体験について，これに「意味を結びつける」と言うことにしよう。こうして私たちは第一の最も根源的な意味概念一般を手に入れたのである。

しかしながら，このように述べることは，先にある行為に「結びつけた」意味という言い方の際に指摘した隠喩を，今度は私たち自身が用いることである。意味体験の構成を扱う以下の研究は，この隠喩の引用を承認する。自分自身のある体験の意味とは，まさに有意味的なこの最初の体験と曰く言い難い仕方で「結びついている」新しい追加的な体験，いわば平行線を辿る体験では決してない。またいかなる場合にも意味はある特定の自己体験の述定ではない。たとえば，ある体験は「意味をもっている」，「有意味的」「である」，「意味深い」というように，明らかに同じ隠喩的な表現によって仄めかされるものではないということである。本研究の成果を先取りする形で予め確認しておくとすれば，むしろ意味はある自分自身の体験に向ける特定の眼指の呼称である。この自分自身の体験を私たちは，持続の経過の中で素朴に惰性的に生きながら，もっぱら反省作用において縁取りされた体験として他のあらゆる体験から「際立たせる」ことができる。意味とはしたがって私の持続の経過に対する1つの特殊な態度を指している。このことは，原則としてあらゆる段階，あらゆる層の有意味的なものに妥当する。そうである以上，自分の行動はこの行動の体験とは区別されるとか，意味はこの行動の体験にのみ属するのであって，行動それ自体には属さないとかといった観念は完全に間違いであろう。その難点は，もっぱら言語にあると言ってよい。言語は，深く根ざしたその理由から一定の仕方で注目される体験を行動として実体化し，さらにこうした体験をそもそも行動とする眼指の方向自体を，この他ならぬ行動にとっての意味として述定する。同様に行為も，一定の仕方で眼指に入れられる，諸体験の言語による実体化にすぎないし，いわゆる行為に結びつける意味とは，自分自身の体験への注意の特殊な仕方に他ならず，これが最初に行為を構成するのである。

私たちの有意味的行為の分析は，こうして内的時間意識における体験の意味構成という問題に還元される。「意味」現象を徹底して，その起源において論述せんとする科学は，このような遡及の作業を省略したままで済ますことはできない。これから行う研究により，これまでのところ

明らかになっていない次の一連の問題に対する回答を与えることができるだろう。即ち，意味とは一体何か，行動や行為の特殊な意味をなすものは何か，意味は経過中の遂行的行為に相応しいものか，それとも遂行された達成的行為に相応しいものか，いかにして「思念した意味」から客観的意味は構成されるのか，等である。これらの研究はすべて「他者の行動の主観的意味」というヴェーバーの概念を正確に理解するための準備作業として役立つであろう。加えて，この概念が日常生活の解釈作用にとっても社会科学の方法にとっても，いかに基礎的な意義をもつものであるかが明らかになるであろう。ヴェーバーの業績は，きわめて独創的であり，哲学上では西南ドイツ学派の学説をしばしば受け継いでいるものの，彼はこの学派とは完全に独立した形で，思念した意味という問題のもつ射程を社会的世界の認識の接近原理として把握したのであった。ともあれ，これより私たちが取り組む考察は，理解社会学に従来欠落している哲学的基盤を与え，現代哲学の確かな成果によってこの理解社会学の根本的な見地に梃子入れするという目的をさらに追求することである。

　ここで私たちは，内的時間意識の問題を省察の中心に据えてきた2人の哲学者の著作と結びつく。ベルクソンとフッサールである。既に1888年に著されたベルクソンの論文「意識に直接与えられたものについての試論」[わが国では『自由と時間』で知られる：訳者]は，すぐれた構想において内的持続の現象を哲学体系の中心に据えている。またフッサールは既に「内的時間意識の現象学に関する講義」（1904年に行われ，1928年にハイデガーによって処女出版された）の中で，ついでその後の彼の著作[59]の中でも，意味の発生の問題を現象学的記述において体系的に明らかにしている。

---

[59] フッサールの『デカルト的省察』は本書の脱稿後にはじめて手にすることができたので，その学説を提示するにあたってこれを本書に含めることはできなかった。

注　釈

　以下の研究の現象学的な特徴を明瞭にするため注釈すべきことがある。これより私たちの取り組む内的時間意識における構成現象の分析は，意識の「現象学的に還元された」領域内部で行われるものである[60]。それ故この分析は自然的世界を「括弧で括ること」(遮断すること)を前提とし，それと同時に，「それが私に現にあるものとして現れるような世界」の定立に対して，フッサールが『イデーン』の第2部第1章で詳細に記述したような徹底的な[61]態度変更(「エポケー」)の行使を前提とする。しかしながら，現象学的還元の内部で私たちが分析を行うのは，この分析が内的時間意識の現象に関する正しい洞察を獲得するのに必要な限りにおいてである。日常的な社会生活における意味現象を分析する本書の意図は，これを凌駕する超越論的経験の獲得，したがってまた超越論的・現象学的還元に引き続いてとどまる必要はない。日常的な社会生活では，私たちは現象学的に還元された領域における構成現象をほとんど問題にしない。むしろ私たちは，自然的態度においてこれと対応する相関物を問題にしているだけである。ひとたび「内的時間領域の内的算出の問題[62]」を形相的な記述において正しく把握するや否や，私たちはその成果を危険なしに自然的態度の現象に適用することができる。その限りにおいて以後私たちは，もっぱら―今や「現象学的心理学者」として―「精神的なものに固有の本質を直観する内的直観の土壌[63]」にとどまるのである。その場合でも私たちは，この内的直観領域の事実にかかわる学問を目標にするのではなく，むしろ本質の科学を目標にしている。したがって私たちは精神の，もしくは精神的(心的)生活の共同態の，変わることのない固有の構造について問うのである。つまりそれらのア・プリオリについて問うのである[64]。ところで現象学的還元の中で行われるすべての

---

　　[60] 上述の第1章第5節66頁をみよ。

　　[61] [Husserl,] *Ideen zu einer reinen Phänomenologie,* S.48-57.

　　[62] Husserl, "Nachwort zur meinen "Ideen"…" In: *Jahrbuch für Philosophie und phänomenologische Forschung.* Bd. XI, Halle 1930, S.549-570, S.553.

　　[63] Ebd., S.554.

　　[64] Ebd., S.555.

分析は，基本的には心理的統覚の中でも（したがって自然的態度の内部においても）妥当するのであるから，私たちの内的時間意識の分析結果を日常的な社会生活の領域に適用する場合でも，私たちはこれをなんら変える必要はない。続いて私たちは—とりわけ本書の第3章と第4章において—言うまでもなく現象学的還元の行使によってはじめて明らかになるような，超越論的主観性と超越論的間主観性の問題性については意識的に断念しつつ,「現象学的心理学」を追求する。フッサールによれば，この現象学的心理学とは，結局のところ，純粋な間主観性の心理学であり,「自然的態度の構成現象学[65]」に他ならない。

---

[65] Ebd., S.567.

第2章　各自の持続における有意味的体験の構成

第7節　内的持続現象—過去把持と再生

　私たちは，ベルクソンの行った体験の流れにおける素朴なとりとめのない生と，時間・空間的に概念される世界における生との区別を，これから行う研究の出発点としよう。ベルクソンは内的持続の経過，「デュレ」を，原則的に多様な質が絶えず生成し生成し去るものとして，空間化された時間，不連続の時間，量化しうる時間の故に，同質的時間と対比している。「純粋持続」には，いかなる並存，いかなる外的連関性，いかなる可分性もなく，むしろただ流れの連続性，一続きの意識状態があるのみである。しかしこれは，状態という表現では不適切である。この表現では，専ら心象（イメージ），知覚，対象といった不変的なものだけが存在する時空的現象の世界を指すことになるからである。しかし私たちが持続の中で体験するものは，縁取りされ，明確に区別されている事態ではなく，むしろ〈今とこのように〉から新しい〈今とこのように〉への絶えざる移行である。内的持続の意識の流れは，原理的に無反省である。反省自体が，知性の機能として既に時空的世界に属しており，私たちはこの世界の中で日常生活を営んでいる。したがって私たちの体験の構造は，持続の経過に身を委ねるか，それとも概念的に時空的領域の中でこれを反省するかに応じて変化する。たとえば，私たちは一方において運動をその経過において，絶えず変化する多様性として，したがって内的持続の現象として，体験することができるが，他方において私たちは，生成しつつ生成し去る運動の本性を捉えているのではなく，生成し去った運動，過ぎ去った運動，要するに，計測される空間を捉えているのである。同様に私たちは人間の行為を，持続の中で経過する意識事象としてみることができるし，過ぎ去った，空間と化した既に遂行した所作としてみることもできる。ところでこの二重の観点は，専ら超越的「時間対象」

に関してだけ生ずるものではない。むしろベルクソンの示している区別は，きわめて普遍的に体験一般に関連している。この根拠をさらに掘り下げたのが，フッサールの内的時間意識に関する研究である。

フッサールは，明らかに意識の流れの二重の志向性に注意を向けている。「ある場合には，私たちは流動形式を伴った流動内容についての考察を行っている。それは，一連の志向的体験である原体験，〈…について〉の意識の考察である。そうでなければ，私たちは，志向的単位，流れ過ぎる流動の中で志向によって統一あるものとして意識される事柄に眼指を注ぐ。この場合眼前にあるものは，客観的時間の中での客観性，つまり体験流の時間領域とは異なった本来の時間領域である[1]。」別のところでフッサールは，この2つの志向性を「縦の志向性」と「横の志向性」と呼んでいる。「一方のもの（縦の志向性）によって内在的時間が構成される。即ち客観的時間，真正の時間である。この時間の中に持続[2]があり，持続するものの変様作用がある。他方のもの（横の志向性）によって流動の諸位相の準-時間的排列がなされる。この流動は，常にしかも必然的に推移する直接性の位相をもち，そして前-直接的ならびに後-直接的（いまだ直接的ではない）「今」という，位相の連なりを有している。この先-現象的，先-内在的時間性は，志向的に時間構成的意識の形式として構成され，意識それ自体の中で構成される[3]。」

さて，「デュレ」の経過の内部において，個々の体験はいかにして意識流動の流出の中で志向による統一体にまで構成されるのだろうか。ベルクソンの「デュレ」という概念を出発点とした場合，純粋持続の推移する体験と同質的時空的世界の区分けされた非連続的イメージとの対比は，2つのレヴェルにおける意識の対比であることが判明する。私は，日常

---

[1] Husserl, *Vorlesungen zur Phänomenologie des inneren Zeitbewußtsein*, Beilage Ⅷ, S.469.

[2] ここではっきり述べておくべきことは，〈持続〉Dauerによってフッサールはドイツ語の慣用に従ってベルクソンの上述したduréeの語義とは正反対のこと，即ち持続を時空における対象の不変性として理解しているのに，上記におけるベルクソンのduréeの語には，ドイツ語の翻訳によって同じくDauerがあてられている，ということである。

[3] Ebd., S.436.

生活の中で行為したり思考したりするときには，時空的世界の意識レヴェルで生きている。「生への注意」は私が純粋持続の直観の中に沈潜することを妨げるからである。しかしながら私は，「意識の緊張」が何らかの理由で緩んでしまうと，これまではっきりと境界づけられているようにみえた事柄が流動的移行へと解消し，固定された存在のイメージが生成しつつ生成し去るような事態へと移行して，そこにはいかなる輪郭，いかなる境界，いかなる区別もみられないことを発見する。このようなわけでベルクソンの結論はこうである。体験のその1つの統一的持続経過からのあらゆる境界づけ，あらゆる分離は人為的である，即ち，純粋持続というものには疎遠である，またその経過のあらゆる分割は時空的表象の仕方を根本的に別種の「デュレ」に転用するにすぎない，と。

　実際，私が自分の持続経過に夢中になっているときには，相互に境界づけられたいかなる体験も見出せない。今は今で閉じてしまい，ある体験が生成しては生成し去り，その間に新しいものが前のものから成長して，後のものに道を譲る。こうして私は，何が今を前の今から，また後の今を今しがた存在していた今から区分けするのかを述べることができない。結局，確かであるのは，過ぎ去ったもの，今しがた存在したもの，今生成し生成し去ろうとしているものが，その都度の今のその事態とは全く異なるものであるということである。確かに私は自分の持続を，一方向的で不可逆的経過として体験しており，今しがた存在したものと今生成しつつあるものとの間で，したがって今から今への移行の中で，私は老いて（年を取って）いる。私が自分の老いることを体験すること，私が私の〈今このように〉あることを「今しがた，このように」あったこととは別のこととして把握すること，これは私の一方向的不可逆的経過の内部では，したがって私の持続方向における素朴な惰性的生活の内部では私には明白とならない。この持続の流れを把握すること自体もまた，持続の流れに対する振り返り，自己自身の持続経過に対する特殊な態度（これを私たちは「反省」と呼ぶことにしよう）を既に前提にしている。というのも現在の〈今このように〉あることは，より以前の今が先行してはじめて，今を〈このように〉あることにするのであり，今を構成するより以前の今を私はこの現在の今において，それも想起という仕方で既に所与としているからである。一瞬ごとの持続の純粋な経過における体験

の気づきが，それぞれの位相において想起した〈たった今そうであったもの〉へと自己を転ずるのである。想起こそは，体験を不可逆的持続経過から際立たせ，「気づく」という原印象を「気づかせる」に変様するのである。フッサールは，この過程を詳しく記述している[4]。彼は，第一次想起（「記憶」と同義語：訳者），原印象のいまだなお意識としての過去把持と，第二次想起，再想起あるいは再生とを区別する。『『印象』には」とフッサールは言う，「過去把持の第一次想起が連続的に結合している。」…「時間対象の場合（それが内在的時間対象であるか，超越的時間対象であるかは，この際問わない）…知覚は常に今-把握に，今としての措定の意味での知覚に帰着する。運動が知覚される場合は，一瞬ごとに今-として-把握する作用が起こり，それによって運動それ自体の今の直接的位相が構成される。しかしこの今-把握は，いわば過去把持の彗星の尾に対する核のようなものであり，運動のそれ以前の今の諸時点に関係づけられている。しかし知覚がもうそれ以上生じなくなれば，…その最後の位相にはもはや新しい知覚の位相が結合することもなく，後はただ新鮮な想起の位相がそれに結合する，そしてこれには次々にそのような位相が結合する。そこでは絶えず過去への後退が行われ，同様に想起の連続的複合が絶えず変様を被り，やがて消え去る。なぜなら変様に伴って想起の微弱化が起こり，遂にはもう気づかなくなるからである[5]。」「これ（過去把持）と第二次想起，即ち再想起とを，はっきり区別しなければならない。第一次想起が過ぎ去った後に，あの運動…の新しい想起が浮かび上がることがある[6]。「私たちは〔ある想起を〕単純にさっと掴み取ることによって再想起を行うこともある。…また私たちは，真に再生的，反復的想起を行うこともありうる。このような想起の場合には，現前化の連続の中で時間対象が再び完全に形成され，私たちはそれをいわば再び知覚するのである。だがそれはあくまでも〈いわば〉にすぎない[7]。」

---

[4] *Zeitbewußtsein*, S.382-427; *Ideen zur einer reinen Phänomenologie und phänomenologischen Philosophie,* 3.Abdruck, Halle 1928, S.77ff. (=*Husserliana*, Bd.3-5, Den Haag 1950-1952, S.144f.)

[5] *Zeitbewußtsein*, S.391.

[6] Ebd., S.395.

[7] Ebd., S.397.

過去把持の変様は，専ら同一輪郭を把持する連続体であるという意味で，直接原印象に結合している。これは，全くの鮮やかさから出発するが，やがて連続的経過の中で，その鮮やかさの度合いを弱めていく。過去把持的変様のもつ明証性は，絶対に確実である。なぜなら，過去把持的変様においても原印象の志向性は，形式の変化を受けるにせよ，保持され続けるからである。これに反して，第二次想起にあたる再生の変様の方は，過去把持における印象の移行を示す，例の同一輪郭という特徴をもたない。再生と印象の間の違いはデリケートなものである。現前化は，自由な回想である。「私たちは，現前化をより明白かつ明示的に行うことも漠然と行うこともできるし，現前化を一気呵成に行ったり幾つもの分節的行程を経て行ったりもできる，それは『緩急自在』である[8]。」再生は，過去把持とは違って，本源的意識ではないし，それ故に本源的過去把持と比較すると，いつも不明確なのである。再生には，絶対に確実であるという明証性が伴わない。

　過去把持は，確かに持続し，流れ去り，しかじかに変化する体験へ眼指を向けることを可能にするが，しかし過去把持が眼指そのものだというわけではない。「過去把持そのものは，経過した位相を対象とする回顧なのではない。経過した位相を把握しながら，私は現在の位相を生き，それを—過去把持によって—『つけ』加え，やがて招来するものに向かう。…だが私は経過した位相を把握しているが故に，ある新しい作用によってこれに眼指を向けることができる。私たちはこの作用を—経過した体験作用が種々の新しい原与件の中でなおも産出され続けるのか，したがってそれが印象であるのか，それとも既に完了して，全体として『過去』へ移行するのかに応じて—反省（内的知覚）と呼んだり，あるいは再想起と呼んだりする[9]。」これらの反省や再想起の作用は過去把持に対して充実という関係にある。それ故持続経過の多様性は，過去把持によって構成される。過去把持は，最前あったばかりのものの〈いまだなお〉の意識として現在の今において行われ，しかもこの今の構成に過去把持がともに関わっているという理由からして，その時々の今はそれ以前の

---

[8] Ebd., S.406.
[9] Ebd., S.472.

今とは異なっている。これに反して再想起（再生）においては，対象の同一性と客観的時間それ自体が構成される。「再想起においてのみ私は同一の時間対象を反復的に所有しうるのであり，私はまた想起の中でも，以前に知覚したものが後に再想起したものと同じであるということを確認できるのである。このことは，『私はそれを知覚したことがある』という素朴な想起と，『私はそれを思い出した』という第二段階の再想起の中で起る[10]。」

ところで上述したように，時間対象の再生—時間対象の経過に関する体験もまた1つの内在的時間対象である—は反復的組み入れとして行われる。時間対象はこの中で再び完全に構成されることもあれば，単純なわし掴みにおいて構成されることもある。単純なわし掴みというのは「ある想起が『現れ』て，私たちはすばやくこの想起に視線を向けるが，しかしその際の想起がはっきりしておらず，多分ある瞬間の位相を他に優先させて直観的に示すことはできても，それが反復的想起とはならないような場合[11]」である。こうした再生の形式は，前述した意味における反省のすべての特徴を示している。この素朴に見やること，掴み取ることは「歩みの中で継起的に再生される何れのものに対しても可能であり，またたとえば自発的思考のように，自発性の歩みの中で生成されるものに対しても可能である1つの作用である」…「したがって私たちは次のように述べることができるだろう。根源的に時間過程の中でいくつもの分節や位相を経て構成的に構成される，諸対象（継続的にしかも多様な形態をとって関連し合う統一的諸作用の相関概念としての）は，後から眺め直すと，あたかもそれらがある1つの時点では完成された対象であるかのように把握されるということである。だがその場合この所与性は，全く別の『根源的なもの』を参照している[12]。」

これらの認識から「体験」概念における1つの区別が明らかになる。これは私たちのテーマにとってきわめて重要である。「体験は，いかなるものも，決して完全に知覚されないし，その完全な統一性において適切

---

[10] Ebd., S.459.
[11] Ebd., S.397.
[12] Ebd., S.397.

に捉えることはできない。体験は, その本質からして1つの流動であり, 私たちは, その流動に反省的眼指を向けることによって, 以前の行程が知覚においては失われてしまっているのに, 今の時点からはその跡を辿ってみることができるのである。過去把持の形式においてのみ, もしくは回顧的再想起の形式においてのみ, 私たちは流れ去ってしまったものについて直接的に意識するのである[13]。」「したがって体験の前現象的存在, つまり, 体験への反省的注意以前の体験の存在と, 現象としての体験の存在とを区別しなければならない。この注意の注意作用と把握によって体験は新しい存在様式を獲得し, それは『区別され』『際立った』体験となるのである。このように区別することは, 把握することに他ならず, 区別されることは把握されること, つまり, その注意の対象に他ならない。ところでこの事態であるが, あたかもこの区別は, 同一体験がたまたま注意によって, ある新しい体験, 自分を‐それ‐の方に‐向けるという体験と結びついたのである。したがって, ある単純な併合が生じたのである, というふうに単純に考えてはならない。確かに私たちは, 注意が生じるときには, その注意の対象（体験A）とその注意そのものの間をはっきり区別している。だから私たちは, 先ほどは他のものに注意していたが, その後Aの方に注意したとか, Aは注意する以前から既に『そこにあった』とかというのである[14]。」この重要な洞察は, 私たちの提起している明確に区別された体験の性質についての問い, ひいては「ある体験の意味」という用語に付与される, 第一の最も根源的〈意義〉Bedeutungについての問いにとって基本的意義をもつものである。そこで私たちはフッサールの研究の歩みから, もう一度決定的局面を浮かび上がらせてみることにしよう。

　持続流の方向の中で素朴に生を送る場合, そこにはただ流動的で, 境界のない, 相互に絶えず移行し合っている体験がみられるのみである。それぞれの今は原則的に言えばそれ以前の今から区別される。なぜなら今の中にはそれ以前の今が過去把持による変様を受けて含まれているからである。けれどもこの事態について, 私が素朴に持続流の中でのんび

---

[13] Ebd., S.82.
[14] *Zeitbewußtsein*, S.484.

り生を送っている間は，何も知らない。なぜなら私は，その過去把持による変様を，したがってそれ以前の今を反省的注意作用においてはじめて眼指に入れるからである。持続流動の内部には専ら今から今への生のみがあり，この今はその都度それ以前の今の過去把持的変様をみずからのうちに含んでいる。フッサールが言うように，その場合私は，私の作用の中で生きており，この作用の生き生きとした志向性が今から，新しい今へと私を運んでいくのである。しかしこの今は，ある瞬間的なもの，持続流を2つに分離するようなものと理解してはならない。というのも持続の内部に，そのような人為的区分を行うためには，私は持続の流れから，外に出なければならないからである。持続の流れの中で生を送る場合，「今」はむしろ常に位相であり，またそれ故に体験の個々の位相は，相互に溶け合うように絶えず移行している。持続の中で素朴に生を送るということは，したがって不可逆的な1方向に，恒常的経過の中で多様性から多様性へと進むことである。それぞれの体験位相が体験される場合には，それがいかなる明確な境界もなしに他の位相へと移行するのに，一度これが眼指で捉えるや，それぞれの体験位相は他の位相から，しかじかのものとして区別されるようになる。

　ところで私は体験した体験に注意を向ける〈注意作用〉を遂行することによって，私は反省作用において純粋持続の流れから，その流れの中で素朴に生を送ることから外に出るのである。その体験は把握され，区別され，際立たされ，境界づけられる。位相的に体験する中でその持続経過の方向において構成された当の体験が，今度は構成された体験として眼指に捉えられるのである。位相的に築き上げられたもの(アウフバウエン)が，今度は反省もしくは再生（素朴な把握による）いずれかの注意によって，「既成の」体験として他のあらゆる体験から鋭く境界づけられるようになるのである。なぜなら〈注意作用〉Zuwendung―これはあらゆる意味研究にとって重大な意義をもつものであるが―は，それが反省的性質のものであるか再生的性質のものであるかを問わず，1つの流れ去った体験，1つの生成し去った体験，1つの成し遂げられた体験，要するに1つの過去の体験を前提にしているからである[15]。

---

　15 それは〈反省〉の形式において生ずるが，反省には次のような注目すべき

第2章　各自の持続における有意味的体験の構成　85

したがって私たちは，その経過を体験の最中で境界なく，相互に移行し合っている諸体験と，しっかり境界づけられているが，流れ去った体験とを対比しなければならない。この後者の体験は，素朴な生を送るという仕方ではなく，むしろ注意作用という1作用において把握される。これは私たちの主題にとってきわめて重要である。なぜなら有意味的体験の概念は，意味の述定される体験が常に明確に区別されたものであることを前提にしているので，有意味性は専ら過去の体験だけに，つまり，回想する眼指に既成の生成し去ったものとして提供される体験だけに承認されることは，明らかであるからである。

ただ回想する眼指にとってのみ，そういうわけで明確に区別された体験は存在する。ただ体験したことが有意味的なのであり，体験していることはそうとは言えない。なぜなら意味は志向性の1つの働きに他ならず，この志向性の働きは専ら反省的眼指でのみ可視的となるからである。経過している体験の観点からみれば，意味を述べるということは必然的に平板化を免れない。なぜならこの体験領域での「意味」とは他ならぬ「注意による注意作用」と理解すべきであるからである。この注意による注意作用は専ら1つの経過し去った体験に向って行われうるのであり，経過中の体験に向かっては行われえない。

ところで，たった今行った，はっきりと境界づけられる体験と境界のはっきりしない体験との区別は是認されるであろうか。むしろ，少なくともその可能性から考えれば，それぞれの経過し去った体験についてこれを体験経過の流れから「際立たせ」，他の体験から「区別して」，境界づけるような注意の眼指を向けることはできないだろうか。これに対する答えは，否であると言わねばならない。つまり，次のような体験が存

特徴がある。即ち，反省の中で知覚的に把握されるものは，原理上，知覚の眼指の内部に現にあり，そして持続しているものばかりでなく，この眼指が注意を向ける以前にすでにあったものでもあるという特徴である（Husserl, *Ideen*, S.83）。さらにある構成される体験の最初の局面はどうか，といった問いが提出されよう。…これについては次のように言うことができる。最初の局面は専らその経過の後に上述した仕方で，過去把持と反省（もしくは再生）によって対象となることができる，と」（Husserl, *Zeitbewußtsein*, S.472. 傍点はフッサールによる）。

在するからである。この体験は、その都度の今という位相では体験されるけれども、しかし一般に反省されることはなく、たとえ反省されるとしても、ごく大雑把な漠然とした掴み方しかなされず、したがってその再生は「何かを体験した」という—いわば直観的仕方での—単純な中身のない表象以上にはうまくいかないのである[16]。私たちは、このグループの体験を、「本質的に直接的」体験と呼ぶことにしよう。この体験は、本質的にみれば内的意識流のある一定の時間位置と結びついているからである。本質的に直接的体験は、シェーラーが「絶対に親密な人格」といううまい言葉で言い表した、私の例の最内奥にある核心の一部であるもの、あるいはすぐ隣にあるものとして特徴づけられる[17]。私たちは、その親密な人格についてこの人格が本質必然的に（ここに）現に-あることを知っており、この人格が共に体験することのいかなる可能性からも絶対的に閉ざされたままであることも知っている。」だが自分自身である私を認識するとき、この私の「現存在（ここにある）」が疑いえないと同じように、反省的眼指では捉えられない、絶対的親密性の領域も存在する。この領域の体験は、一般的に言うと、体験の状態がいかなるものであるかを想起できない。この想起は専らこの体験の「であること」を捉えるだけである。このような主張が正しいこと（ここでは主張するだけで、その十分な根拠づけは行わない）については、ただちに実行できる観察が1つの支柱を与える。つまり親密な人格に体験が近づけば近づくほど、それだけますます再生は、この体験に適合しなくなるということである。この適合性の減少は再生される内容の曖昧さをいよいよ増大させる結果を招く。これに伴って反復的再生能力、体験経過の完全な再構成能力もまた減少する。一般に再生が可能である限りで、それは専ら単純な掴み方において行われうるにすぎない。どのような体験であるかは、しかるに、専ら反復的構成において再生される。外的知覚体験の再想起は、比較的明晰であり、外的経過や運動は、自由な再生の中で、持続の任意の時点において再想起することができる。けれども、これが内的知覚の体験となると想起ははるかに難しい。これらの内的知覚体験のうち

---

16 この点および以下については第2章第16節136頁以下を参照。

17 ［Max Scheler, *Wesen und Formen der*］*Sympathiegefühl*, S.77.

に，絶対に親密な人格に近い体験をも含めて理解する限り，この体験の〈どのように〉という状態の想起は不可能となり，この体験の「…であること」の想起は，単なるつかみ取りにおいて専ら把握できるにすぎない。これらの体験には，何よりもまず，私の，したがって生命ある私の，身体のあらゆる体験（身体的動作の相関概念としての筋肉の緊張と弛緩，「肉体的」苦痛，性的感覚など）が含まれるだけでない。同様にまた「気分」という曖昧な表現のもとに要約されているような心的諸現象や，ある意味では，「感情」や「情緒」（悦び，悲しみ，不快等）も含まれている。想起可能性の限界は，まさに「合理化可能性」の限界と一致するのである。仮にこのきわめて漠然とした合理化可能性という言葉を―マックス・ヴェーバーが時々用いているように―最も広い意味に理解して「意味付与一般」を指すとすれば。想起できないもの―そして常に原理上口に出すことのできないもの―は，専ら「体験」されるだけで，決して「思考」されえない。それは，本質的に分節されえないからである。

第8節　フッサールの「意味付与的意識体験」と行動の概念

　私たちは，今や〈自ら行動する〉Sich-Verhaltenと呼ばれる一連の体験がどのようにして他のあらゆる体験から区別されるのか，という問いに答えなければならない。「行動」という言葉の慣用的な使い方が私たちにその方法を教えている。通常の用語法では，私が肉体的苦痛を覚える場合とか誰かが私の腕を掴んで上げたり下げたりする場合，この一連の体験の経過は決して「行動」とは呼ばれていない。むしろ苦痛と「闘う」，「我慢する」，「そのなりゆきに任せる」といった私の苦痛に対する「態度」とか，同様に外から私の身体に向かってくる働きかけに対して私が「受け入れ」たり，「拒絶」したりすることなどが，日常的用語法での行動と呼ばれるものである。ところで，この行動と呼ばれる体験は，本来受動的体験として先にあげた例と根本的に関連し合っているけれども，決して同一のものではない。一方は，どちらかというと一連の根源的受動の体験であるのに，他方は，この一連の体験に対する「態度決定」である。そうだとすると「行動」というのは，フッサールの用語では「意味付与的意識体験」であるということになる。フッサールは，「思考」の概念を

その本質に即して最も一般的に限定するという重要でしかも困難な問題の研究に際して，すべての意識体験が必ずしも「意味付与」能力をもつとは限らないことを確認している。「根源的受動の体験，作用連合および根源的時間意識，つまり内在的時間性の構成が起こる意識体験等々は，すべてそうであること（即ち意味付与的であること）ができない。意味付与的意識体験は，むしろ「特殊な意味での私作用というタイプもしくは，その種の作用の変種（第二次的受動性，『思いつき』のような受動的に現れてくる判断といった事柄）でなければならないのである[18]。」

さて態度決定作用を，人は根源的に産出的能動性の作用としても把握できる[19]。またその限りでこの概念にはフッサール[20]とともに，価値，目的，手段の構成を行う「感情」の能動性も包摂されるのである。自発的能動性という形態の志向性ないし自発的能動性の二次的変化形態の1つにおいて与えられる体験が，フッサールの言い回しでは意味を付与する意識体験である。ところで自発的能動性の諸変様とは何か。これらの変様のうちここで私たちの関心をひく主要な例が上述の過去把持と再生という意識状態である。フッサールは，これを以下のように記述している。「自発性の各作用とともにある新しいものが現れる。各作用はその流動の瞬間ごとにいわば根源的感覚としての機能を果たし，そしてこの感覚は意識の根本法則（過去把持的変様：シュッツ）に従って射映するのである。意識流の中で順次働き始める自発性は，時間的対象を，しかも生成対象即ち経過を構成する。つまり原理的には専ら経過を構成するのであって，持続的対象を構成するのではない。しかもこの経過は，過去へ沈退するのである[21]。」「常に能動性によって意識対象の本源的構成が

---

[18] Edmund Husserl, *Formale und transzendentale Logik*, S.22. なお受動性と能動性および以下の行為の分析については，ライナーの透徹した研究（Reiner, *Freiheit, Wollen und Aktivität*, Halle 1927）をみよ。私は本書の脱稿後はじめてこれを知った。あらゆる重要な点で私は彼と同意見である。

[19] *Ideen*, S.263.において特徴的に以下のことが述べられている。「遂行した作用，あるいは経過が問題になるという点では，作用遂行と言ったほうが適切であるが，それは最広義の〈態度決定〉である」と。

[20] Husserl, *Logik*, S.281.

[21] *Zeitbewußtsein*, S.487.

…行われる場合，本源的作用は，過去把持的恒常性の中でもはや能動性ではない二次的形態に従って受動的形態に姿を変えていく。私たちは，それを『二次的感性』形態であると表現してもよいだろう。恒常的同一性の総合によって，その受動的意識は，〈今しがた〉能動的根源性の中で構成された意識と同一の意識である[22]。」この事態は，「判断する」ことによって例証される。判断することもまた，〈形成的な行い〉〔1つの〕行為〔である〕，ただしまさに以下のような1つの行為，即ち「最初から各形成段階すべてにおいて専ら非現実的なものを，その主題的領域のうちに有する行為[23]」である。そのイデア的諸対象も「産出可能な目標，目的，手段であり〔…〕イデア的諸対象は，それらが何であるかは，専ら根源的産出作用に〈よる〉のである。しかしこのことによって，イデア的対象が現にそうであるのは，根源的産出作用の中やその間だけであることを意味しない。イデア的対象が根源的産出作用の〈中〉にあるというのは，それがこの作用の中で自発的能動性という形式の一定の志向性として，しかも本源的〈自己〉(ゼルプスト)という仕方で意識されるという意味である。そのような根源的能動性によるこの与えられ方がこの根源的能動性に固有な〈知覚〉の性質に他ならない[24]。」

---

[22] *Logik,* S.281.

[23] *Logik,* S.149.

[24] 自由な自発性および能動性の作用としての定立に関するフッサールの見解をここでも参照せよ（*Ideen,* S. 253）。もちろんフッサールは『デカルト的省察』(「第四省察」) において能動的発生と受動的発生を意識生活の根本的形態として区別している。彼は言う「ところで私たちは最初に，可能的世界関係的主観としての私たちにとって普遍的に重要である構成的発生の原理について問題にするならば，この原理はさしあたり2つの根本形式により，能動的発生の原理と受動的発生の原理とに分けられる。前者の場合，自我（私）は特殊な自我-作用によって産出し，構成する…働きをする。その特徴は次のようである。即ち社会性(ゾツィアリテート)（これの超越論的意味はもちろんまず明らかにされねばならないが）において共同社会関係(ゲマインシャフトゥング)をとおして結びつけられる自我-作用は，特殊な能動性の総合によって様々に結びつきながら，既に与えられた意識様式を土台にして新しい対象を本源的に構成することである。この際これらの対象は産出物として意識に現れる。…いずれにしても能動性のあらゆる構成は必然的に最下位の層としてある先与された受動性

そこで私たちは，以上の引用において再現したフッサールの認識を私たち自身の問題にあてはめてみることにしよう。

私たちは「行動」を自発的能動性によって意味を付与する意識体験として定義する。それとともにこの行動の内部に，私たちは〈形成する行い〉と〈行為〉とを別個の範疇として区別する。これについては後で考察する。本源的能動性の中で構成された意識の対象を，したがって行動を，他のあらゆる意識体験から区別し，これをフッサールの言い方における「意味を付与する」意識体験とすることは，上述の構成する作用と構成された対象との区別を，自発性の諸作用とこれらの作用において構成される対象性に対しても同じように適用する場合に，はじめて理解できるであろう。その経過の方向において自発性の作用は，構成中の対象性が与えられる志向性の仕方に他ならない。別言すれば，「自ら行動する」ことはその経過において，ある固有の仕方で，それも根源的能動性という与えられ方で「知覚」されるのである。

この知覚は，過去把持の連続的射映と結びついている原印象として機能する。過去把持の分析の際に原印象に当てはまる一切のことが，それ故この作用にも当てはまるのである。能動性は，今から新しい今への推移の中で位相として構成される１つの体験である。そしてこの体験に専ら後者の今〔新しい今〕という観点から一条の思念する反省が向けられる。しかも過去把持の内的知覚においてもしくは再想起においてそうされるのである。（再想起は，素朴な大まかな把握によるか，位相としての再構成によるかのいずれかである。）しかし志向的変様においても根源的志向性は存立し続けるのであるから，過去把持とか再想起とかの，自発的能動性から発生的に由来したものであっても，同様にこの根源的志向性は存立し続ける。

行動の理論にあてはめれば，詳しく言うと，経過している自らの行動は１つの前現象的意識体験であることをこれは意味している。その行動が既に経過し去った場合に，あるいは行動が位相として編成され，少な

を前提にしており，それ故に前者を追及していけば受動的発生に突き当たるのである」（ドイツ語版：Cartesianische Meditationen, In: *Husserliana*, a.a.O. S,111f.）。

第2章 各自の持続における有意味的体験の構成　91

くともその最初の位相が経過し（生成し去り，過去となって）しまった場合に，その行動は，はじめてはっきり区別された体験として他のあらゆる意識体験の基底から際立たされ，また回想的眼指によって把握されるようになる。現象的体験とはそれ故厳密に解すれば，決して「自ら行動する」（行動をとる）ではなく，常にただ「自ら行動をしてしまった」（行動をとってしまった）である。だがそれにもかかわらずこの志向的変様において根源的原体験は存在し続ける。なぜならその過去となった行動も私の行動であり，ある変様した射映［事物が直観される際の特有の与えられ方のこと：訳者］においてであれ，1つの特殊な態度決定的私作用なのであるから。まさにこのこと，つまりその特殊な態度決定的特徴によって，私の行動はそれよりも一般的概念である「私の体験」から区別される。生成し去った体験が私の体験である。なぜなら私はそれを体験したのであるから。しかしそれは持続経過の連続性ということの別の表現，時間を-構成する-意識流の単位の別表現であるにすぎない。根源的受動性の体験をも回想的眼指は私の体験として捉える。これに対して私の〈行動する〉もしくは私の〈行動してしまった〉ことは自発的能動性の原印象を参照するのである。

　行動は，したがって「体験一般」の内部における，あらゆる志向変様にもかかわらず維持されている，自発的能動性という根源の志向性によって特徴づけられる，一連の体験である。私たちがここで認識するのは，既に以前に主張されたこと，「行動」の術語は，特定の仕方で（即ち「発生論的に原創出的」能動性への志向的再帰という仕方で）注視した体験という意味であることである。したがってこの行動に述定した「意味」こそ—（そこから行動が生ずる）—この体験を「行動」にする，その注視方向の特定の仕方に他ならない。ここで「はっきり境のある体験」の分析の際に主張した命題が立証されたことがわかる。「意味」は回想的眼指に1つの過ぎ去った，既に生成し去ったとして提供される体験にのみ認められるということである。なぜなら前現象的能動性の体験は有意味的ではなく，むしろ初めて反省的に自発的能動性の形式において知覚した体験が有意味的であるのだから。

　私たちは，今やさらに一歩進めて，行動の範疇のうちに行為の概念を限定することを試みよう。

第9節　行為の概念——企図と未来予持

　日常生活の言葉づかいでしばしば行動と行為の区別は，単に行為には「意識」が，それも時によっては「恣意性」が関係づけられるのに，他方の行動は概して（通常の言葉づかいによれば）いわゆる「反射」行動，外部刺激に対する不随的で意図しない「反射」をも同時に含んでいるということにあるとされている。この見たところ全く表面的区別の深いわけを問わなければならない[25]。

　何よりもまずどの行為も1つの「未来に向った」自発的能動性である。しかし「その・未来・に」向っていることは行動の1つの特殊性では決してない。むしろどのような根源的に構成的な過程も，それが自発的能動性によろうとよるまいと，その未来に向っている体験志向性を内に含んでいる。これもまたフッサール[26]によって明らかにされたところである。

　広義の「反省」は，フッサールによれば，過去把持の作用や再生の作用に用いられるだけではない。過去把持には，素朴な自然的な見方の場合，直接的「未来予持」が対応している。「いかなる根源的に構成的な過程も，未来予持によって活性化される。この未来予持が，来たらんとするもの自体を虚的に構成し，掴み取り，これを実現するのである」(*Zeitbewunßtsein*, S. 410)。直接的未来予持から予想（予見による期待）は区別されねばならない。この予想は，未来予持とは異なる意味での「現前化」である。つまりそれは再想起と対照をなすものとして，再生的である。「その際直観的に期待される事態，予見において『来たらんとするもの』として意識されることは，予想の『中』で可能となる反省のおかげで，同時に知覚してしまっているあることの意義をも有している。それはちょうど再想起されることがある既に知覚したことの意義を有するのと同様である。したがって予想においても，私たちは反省することができるし，また予想の中で焦点を合わせなかった自分たち自身の体験をも，まさしく予想されたものに属するかのように意識することも私たち

---

[25]　ヴェーバーの行為と行動の区別があいまいであることは，これまでの分析の結果が十分に証明している。

[26]　*Ideen*, S.145, 149, 164;　*Zeitbewußtsein*, S.396, 410, 497 その他。

はできるのである。やってくるものを目にするだろう場合に私たちがいつもそうしているように，そこでは，反省の眼指が『将来』の知覚体験のほうを向いていたのである」(*Ideen*, S.145)。「の方を向いていた」という未来事態の先取りがどの遂行的行為にとっても基本的であることを，フッサールは繰り返し見事な明快さで述べている。彼は次のように言う(*Logik*, S.149f.)。「すべての行為の際に行為目標は…予めその内容が依然未確定であり，いずれにせよ内容がまだ充実されていないという意味で，虚的先取りという様相において意識される。ちょうど私たちが立ち向かって努力し，現前化すべき自己所与としているものが，まさに一歩一歩実現されるべき行為を形づくっているのと同様に。」

上述した事情に従えば，行為は，未確定の虚的未来予持においてやがて来たらんとするものそれ自体（この場合は行為によって実現されるもの，つまり達成的行為）を先取りするような行動である，と定義できるように思われる。しかしながらこの定義は，いろいろの理由で欠点がある。まず，虚的未来予持における来たらんとするものの先取りは，決して行為の特殊な要件でなく，むしろ他のあらゆる態度決定的作用においてもみられることである。次に未来予持は，専ら反省されない行為の構成過程の中で，つまり自発的能動性による体験の位相的展開過程で，虚的かつ非充実的なものとして現れる。思念による眼指が作用としての行為に向けられるや否や，それは，確かにもう経過し去り，生成し去り，既に構成されてしまっている。少なくとも反省的眼指で把握されるその遂行的行為の当該位相は，既に経過し去り，生成し去ってしまっている。しかし反省的注意作用（とりわけ想起）においては，未来予持は決して虚的で非充実的予期の志向性，相・在の思念にも他在や非在の思念にも同じように向けているような予期の志向性ではない。むしろこれは，充実した実現したものという特徴を帯びている。つまりこれが虚的志向性として属していた，はじめの今が既在へと沈退し，この既在となった今に新しい今から目が向けられ，この中でまさしくこの既在に対する反省的注意作用が生ずるのである。「想起はすべて，現在に至ってはじめてその充実がみられる予期志向性を含んでいる。」…「再想起の過程は，単にこれらの未来予持のみを想起によって更新するのではない。これらの未来予持はただ単に捕捉しようとしているばかりでなく，実際に捕捉したの

であり，充実されたのである。またこのことを私たちは，再想起する際に意識しているのである。再想起する意識における充実は，再生・充実(つまり想起の措定という変様した形での充実)である。したがってある出来事の知覚の根源的未来予持が未確定であり，それが他在であるか非在であるかが未決定のままである場合でも，再想起の際には私たちは，その再想起が『不完全な』場合のほかは，そういった〔他在，非在等の〕ことをすべて決定せずにはおかない予期を予め抱いているのである。またこの点でこの予期は，未確定の根源的未来予持とは異なる構造を有している。しかしそれにもかかわらず，再想起の中にはこの未確定の根源的未来予持も含まれているのである[27]。」したがって行為者にとって虚的予期であったものが，想起者にとっては充実した予期か充実しなかった予期かのいずれかとなる。行為者に対する現在から未来への指示が，想起者には，未来という時間性格を保留したままで過去から現在時点への指示となるのである。思念による眼指は，専ら達成的行為に関係するだけで，行為には関係しない。また達成的行為は専ら充実した未来予持であって，虚的未来予持では決してないのである。

　次に私たちは「予想」つまり再生に対応する例の反省的先取りに目を転じ，さらにあらゆる行為についての行為目標というものが，あらゆる行為の際に予想という先取りにおいて予め意識されるという言明でもって何が意味されているのかを調べてみよう。行為の記述的分析からわかることは，すべての行為は多かれ少なかれ明確に「予め心に抱かれた計画」に従って遂行されるということ，それ故，行為にはハイデガー[28]の言葉を用いるならば，「企図の特性」が備わっているということである[29]。

---

[27] *Zeitbewußtsein*, S.410.

[28] [Martin Heidegger,] *Sein und Zeit*, Halle 1927, S.145. しかしながら私たちはハイデガーからは専ら術語を負うのみであり，理解の〈実存性〉とか〈現存在の実存性〉といった彼の特殊な解釈に負っているわけではない。

[29] プフェンダーは彼の優れた研究「動機と動機付け」(*Festschrift für Lipps*, 1911. これは著書の形で出版されている[Alexander Pfänder, *Phänomenologie des Wollens, Eine Psychologische Analyse, Motive und Motivation* (1900). München])において，企てた自らの行動を「企図」Projekt と呼んでいる。

第2章 各自の持続における有意味的体験の構成　95

　ところで行為の企図は，一切の実際の行為とは原理的に切り離して行われる。いかなる行為の企図も，むしろ行為についての想像[30]，自発的能動性についての想像であり，自発的能動性そのものではない。設定立性またはポジツィオナリテート中和性ノエトラリテートの特性[31]をもつことができ，また確実性の様態（態度決定の）が任意でありうる[32]のは，まさにこの自発的能動性の具象的現前化なのである。この想像は，とりわけ次の点で未来予持から区別される。即ち，行為者の未来予持の方は，これを途中でつかみ取ってしまわない限り，原則として全くの虚的表象でしかないのに，前者の想像の方は，これとは反対に原則として全くの具象的表象であるということである。当然のことであるが，このことからは，まだ想像される行為に一定の明晰性や明確性が備わっている，などということはできない。むしろ将来の行為のすべての先取りには，（慣用語としての意味で）合理的行為がみられる場合ですら，かなりの程度の支離滅裂した状態がつきまとっている。

　企図の特性をより詳細に規定するために，私たちは先の段落では行為についての想像と語った。ところでこのような表現の仕方は，果たして遂行的行為と達成的行為という私たちの用語上の区別を考慮に入れた場合なお保持することができるかどうか，これは問題である。この疑問を私たちは次のように表現することができるであろう。一体現前化する想像による具体的表象において把握している（「予想している」）のは遂行的行為であるか，達成的行為であるか。したがって企図は遂行的行為に向けられるのか，それとも達成的行為，フッサールの言葉に従えば「まさに一歩一歩遂行される遂行的行為が，現実化すべき自己所与とみなし

---

[30] 措定による現前化の中和性変様としての〈想像ファンタジー〉と設定立による現前化としての予想フォアエリンネルングとの重要な相異にここで立ち入ることはできない。というのもこれをはっきりさせるには広範囲な現象学的説明を必要とするからである。したがって〈想像〉という語をここでは——フッサールの用語法をこえて——措定による現前化（予想）に対しても用いることにする。この——他の連関においては根本的に重要である——相異については，たとえば Husserl, *Ideen* §111, S. 224f., §114, S.233; *Zeitbewußtsein*, §17, S. 400ff.; Beilage II, S. 452ff. を参照。さらに本書第 11 節をみよ。

[31] この対概念の詳細な説明は，本書 110 頁の注 47 をみよ。

[32] *Zeitbewußtsein*, S.453.

ているもの[33]」に向けられるのか。

　これに回答するのは、それほど難しいことではない。企図される（「予想される」）事態は一歩一歩遂行される遂行的行為ではなくて、むしろ達成的行為、遂行的行為によって現実化されるべき、行為の「目標」である。企図の本質の中には、この目標が横たわっている。遂行的行為は、少なくとも達成的行為が同時に企図されるのでなければ、決して企図されることはない。けだし達成的行為のみが、現前化する想像における具象的表象の対象たりうるからである。この対象こそ、それぞれの予期の中に志向的に含まれている「知覚されているもの」に他ならない。遂行的行為が何を現実化すべき自己所与とするかについて、少なくとも同時に表象されるのでなければ、遂行的行為の表象は、必然的に虚的で非具象的にとどまってしまうのである。フッサールの用語によれば、遂行的行為は非具象的未来予持に他ならない。確かに、椅子から立ち上がって窓側に近寄るといった、私の遂行的行為を想像することも私には可能である。しかしながらこの想像された「立ち上がって」、「窓側に近寄る」ことの注意作用には既に遂行した達成的行為が想像されている。また私の遂行的行為と対応する、自発的能動性の中で遂行する個々の筋肉の緊張と弛緩を想像すること、したがって遂行的行為経過の位相それ自体を想像すること、これは決して反省的注意作用（予想）の対象にはならない。このことに対しては、次のような異論が唱えられるかもしれない。これは遂行的行為の経過そのものに対する注意不足の想像力に原因があると。この異論に対しては、想像するどのような部分的行為も、たとえば脚を伸ばすことも、同じように達成的行為として、つまり遂行した身体動作として想像するにすぎず、決して経過それ自体ではないと反論できるであろう。このような遂行的行為経過の部分的分割は、言うまでもなく任意に行うことができる。

　そこで次のことが明らかになる。その意図した行為〈遂行的行為〉の位相的経過は、この行為を通してまたこの行為の中で構成する、その意図した達成的行為から、決して切り離せないということである。真の想起の反省的眼指で可視的となるのは、専ら遂行的行為の既に構成済みの産

---

[33] *Logik*, S.149f.

出物である達成的行為であり，経過である遂行的行為ではない。それと同じように予想という反省において把握したのは，専ら想像した達成的行為であり，想像した遂行的行為ではない。この場合「想像した」とは，ここにみるように，「具象（体）的に思い描いた」ことと理解される。企図するのは，したがって達成的行為であり，遂行的行為自体ではない。

〈企図する〉Entwerfen や〈企図してしまった〉Entworfen-sein のあらゆる現象は，ただ反省的思考にのみ与えられる，つまり体験流動への立ち返りにおいてのみ与えられるのであって，経過中の意識，したがって，完全に直接的現在において本質上反省のない体験である自発的能動性には与えられない。確かに自発的能動性の体験も様々の予期の暈に囲まれているが，これらの予期そのものは虚的で非具象的である。自発的能動性は，実際には，真の未来予持であり，これは遂行的行為が直接的に顕在化する中で現れる。何かが起こることは予期されながら，何が起こるかは未定にとどまるということである。ところで，なされる遂行的行為の自己所与と，なるべき達成的行為は，予め企図してしまっているのであるから，その時々の〈今このように〉という未来予持は，この〈今のこのように〉に関係づけられる先行の企図を再生することによって，準-具象的特性を帯びる。遂行的行為を行動から区別するものは，それ故遂行的行為によって自己所与へと到達すべき達成的行為が企図されるということである。この最初の根源的な層における意味には，反省作用の固有の志向性が理解されてよいであろうから，私たちはこの言明を次のように表現することもできるだろう。遂行的行為の意味は予め企図した達成的行為である，と。同時にこの概念規定は，マックス・ヴェーバーにおいて重要な役割を果たしている，しばしば曖昧な「行為の方向づけ」の発言について，まず範囲の限定を与える。遂行的行為は，そこで，その経過を企図した達成的行為に方向づけているということができる。どのようにここからヴェーバーの「方向づけられる行為」という概念の通常行われる解釈がなされるのかをもう少し調べてみなければならない。

　多くの社会学的問題の解決にとって根本的意義をもつ，こうした行為の解釈をさらにはっきりさせるのは，私たちが最高に明白な行為の目標を伴う「合理的行為」の本質，したがって純粋な目的行為を考察することによってである。合理的行為者はどのように振る舞うであろうか。彼

の行為の企図，計画は，目標の設定から始まる。この場合，どのようにこの目標の設定がなされるのかはさしあたりどうでもよい。この目標を達成するために行為者は，手段を設定しなければならない。即ち設定されている目標を実現するのに適切な部分的達成的行為を遂行しなければならない。それは，行為当事者が企図する時点で彼の得ている経験によれば，企図した種類の目標が規則的に一連の「手段」と呼ばれる事実の措定によって達成されるということに他ならない。企図した目標の達成には，したがって手段 $M_1, M_2……M_n$ が設定されなければならない。ところでこの手段が一度「選択され」ると，それ自体が今度は企図した行為の目標，それも中間目標となる。この中間目標を導き出すためには，次に新しい手段選択が必要となる。このようにして厳密に合理的行為においては，私たちが先に行為の目標の企図と特徴づけたような過程が段階ごとに演じられるのである。合理的行為とは，既知の中間目標を伴う行為として定義づけることができる。この場合本質的に重要なことは，企図する人間の判断が次の形式をとるという点である。即ち行為目標 Z が達成されるとすれば，それは手段 $M_1, M_2……M_n$ によって惹起されるであろう。故に $M_1, M_2……M_n$ が設定されれば，その結果として Z が生ずるであろうという形式である。したがって私たちは合理的行為のこの段階でも，企図が将来において遂行してしまっている達成的行為に本質的に向けられていることを知るのである。というのはこれによってはじめて手段の確定が一般に行われるからである。つまり，企図する人間はこの企図の時点において彼の企図する遂行的行為があたかも既に過去となり，経過し去り，遂行してしまった達成的行為であるかのように，これを取り扱っているということである。そしてこの達成的行為は，既に（企図の時点において与えられている）経験連関の中に組み入れられているのである。かくして計画した「行為」は，企図においても過去という時間特性を身につけているといえよう。遂行的行為の経過そのものにおいても，したがって予め企図した事態を遂行している最中でも，もちろん，選択した手段が予め与える目標を生み出すのに適合しているとよいのだが，といった願望の付随的表象がこれにはつけ加わるし，また当該手段を設定することから予期される結果が実際にも生ずるであろうといった（本来の意味での）未来予持もつけ加わる。このような現象につ

第2章 各自の持続における有意味的体験の構成 99

いて，私たちはここでこれ以上立ち入って論考することはできない。私たちにとってここでのとりわけ重要な知見は，将来の遂行的行為に関するあらゆる企図も本質的には，過去となった行為，完了してしまった行為に方向づけられているということであり，したがって持続流動における行為経過ではなく，むしろ経過し去ったものとして措定した達成的行為，それ故反省的眼指から捉えられる達成的行為が，想像によって企図されているということである。私たちは，この独特の思考形態にこれからたびたび出会うことになるが，この思考形態には未来完了時制的思考という名をつけることにしよう。前述したことからもわかるように，予期が単なる虚的未来予持，即ち来たらんとするものに向けられながら，何がやって来るのかが未定であるものではなく，むしろ具象的表象である限り，この予期もまた疑いなく未来完了時制的時間特性を備えているのである。

今述べた事態を具体的に示すために，たとえばテレシアスの予言のような，預言者的意識を考えてみよう。これは，丁度私たちの意識がその時々の〈今このように〉において過ぎ去った出来事を思い浮かべるように，それと似たような仕方で未来の諸経過をその時々の〈今このように〉において先取りできるというものである。おのずとわかるように，このような意識にも与えられるのは未来の諸経過ではなく，未来の時間特性を備えた〈経過し去った出来事〉だけである。なぜならあのテレシアスに専ら諸経過のみが意識されるのであるとすれば，どうしてその場合彼はこれから起こる成り行きを知ることができるだろうか。諸経過が経過し去ったものとして彼に意識されなければ，どのようにして彼は諸経過を予言することができるだろうか。しかもそれぞれの経過の背後には新しい経過があり，この新しい経過にもまた同じことが言えるのであるから[34]。

ところで，私たちは遂行的行為を企図した行動と定義したが，この定義は，その時々の具体的遂行的行為の経過を区分するという厄介な問題，あるいは呼び方によって遂行的行為の単位という問題を満足のいく仕方で解決することができる。何が遂行的行為の単位であるかという問題は，これまで理解社会学によって研究されていない問題であるが，これは詳

---

[34] Husserl, *Zeitbewußtsein*, S.413 をも参照せよ。

細に吟味すべき，理解社会学の対象領域にとって，きわめて重要な問題である。行為の思念された意味について社会学者が問う場合，社会学者はこれを正確に確定できる，しかも客観的に確定できる単位としてほとんど「問題がない」かのように常に受け取っている。既に直接的理解と動機的理解の関係を考察した際に，私たちは理解社会学が具体的遂行的行為の区分を行うにあたって恣意的であることを指摘した。この区分は，行為者がその遂行的行為に結びつけている思念した意味の確定とは明らかに異なる独立の仕方で行われている。今行ったばかりの遂行的行為の分析，とりわけ合理的遂行的行為の分析も同じような帰結を招く。目標が与えられると，その目標には手段選択が結びつけられる。その場合それぞれの手段は中間目標となり，この中間目標もまた新しい手段によって実現されねばならない。当の単位としての達成的行為はいくつかの部分的達成的行為に分割されるが，ある具体的遂行的行為を考察する場合，客観的に，その行為者の見解を引き合いに出さずに，もっと正確に言えば，その企図している人の見解を引き合いに出さずに，果たしてその単位として企図した遂行的行為は，その観察者にその都度可視的となる経過のうちに汲み尽されるものかどうか，この確認はまずもって不可能である。位相的に構成されるどのような経過の場合も，単位はそれぞれの位相ごとに充実されるとみなされ，また最も近い位相，もしくは先行するそれぞれの位相は，新しい単位とみなされる。それ故観察者—社会的世界における相手であれ，社会学者であれ—にその思念した意味に従って解釈される他者の遂行的行為の起点と終点とを独断で定めることが委ねられることとなる。というのも客観的経過は「単位としての」達成的行為を区分する基準を何も提供しないからである。こうなると私たちは解決困難な背理に陥ってしまう。なぜなら，もしも眼指で捉えたものが，行為者にとって重要である遂行的行為の経過の位相ではなく，その代わりに観察した「事実」経過から恣意的に選択した断片が選びとられるとしたら，一体どのようにして遂行的行為の思念した意味について問うことができるかが問題となるからである。いずれにしても思念した意味は，伐採の個々の活動を考察の対象にするか，それとも「生業を営む」という遂行的行為の個々の活動を考察の対象にするかに応じて，異なる意味となることは明らかである。ある遂行的行為の思念した意味という

問題を真剣に考えるならば、行為者が専ら「主観的意味」を結びつけている、この遂行的行為の単位の主観的構成についてもまた問い直さなければならない。

私たちは、遂行的行為を未来完了的時制に経過し去ったものとして想像した達成的行為の先行的企図にまで再帰することによって、このような問題設定の徹底化を行った。この根本定立から、完全に一貫した遂行的行為の単位〈Einheit〉という概念が得られる。遂行的行為の単位とは、意図して徐々に実行される遂行的行為によって実現されるはずの達成的行為が企図されることによって構成される。遂行的行為の単位は企図の「幅」の関数である。これによって遂行的行為の単位の「主観性」は説明されるし、「客観的」に単位としてまとまっている経過に「主観的」な意味を関係づけようとするとただちに生じてくる難点も取り除かれる[35]。ところで遂行的行為の意味は、このように先行する企図によって確定されるのであるから、既に第6節で述べた主張が、今こそ確証されたわけである。即ち「行為者の側において意味が結びつけられる行為」という言い方は、特定の仕方で見取られる体験の隠喩にすぎず、またこの行為に誤って述定される意味は、自己の体験に対するこの注意作用の有様に他ならない。したがってそれは遂行的行為を（しかも単位として）最初に構成するものであるということである。

第10節 「意識的」行為と明証性

今や私たちは、「意識的」行為（「無意識の」行動に対比される）という通常の表象のもとになっている事柄について問題にしなければならない[36]。

「無意識の体験」という言い方によって、もし一般に意識の作用しない

---

[35] このような行為の単位の見方が、たとえば倫理学や法学（刑法学I）に及ぼす諸帰結についてはここではこれ以上に立ち入ることはできない。

[36] この問題についてはガイガーの優れた研究（Moriz Geiger, "Fragment über das Unbewußte," In: *Jahrbuch für Phänomenologie,* Ⅳ.Band, 1921 S.1-136）を参照せよ。ここで用いられている術語はもちろんガイガーのそれとは異なる。

体験が存在すると考えられているのであれば，それは明らかに背理である。なぜなら「体験」は意識の厳密な相関概念だからである。「体験」は意識に現れるもの，あるいはともかく現れたものに他ならない。「無意識の体験」という言葉のこのような素朴な間違った用い方は別としても，この言葉にはなお曖昧さがみられる。この言葉によって考えられていることは次のいずれかであろう。確かにある体験は体験流における「原与件(ウアダートム)」として現れうるが，「今[37]」という独特な形式における体験は反省的注意作用の対象にはならないということ。あるいは，確かにある体験に対する反省的注意作用はみられるが，それは曖昧なもつれ合った仕方でしかないということ。即ち，ある注意作用の対象であった，もしくはありえた体験は「確定可能であるが不確定な体験という背後領域」のようなものとして「注目されずに」とどまること。これらのいずれの場合にも「意識的」行為や「無意識の」行動の用語は当てはまらない。ある自発的能動性の体験も，この「意識的」という表現によって反省的に把握することが理解される限り，決してそれ自体「意識的」ではない。遂行的行為も反省的眼指のもとに認められてはじめて行為者に「意識」されるにすぎず，そうであるが故に，遂行的行為ではなく，経過し去った，生成し去った遂行的行為であり，したがって達成的行為が「意識」されるのである。とはいえ他のあらゆる自発的能動性とは異なり，「遂行的行為」はその遂行に先立って既に「意識」されている，即ち，企図した達成的行為として意識されている。意図した達成的行為，したがって自発的能動性において遂行される遂行的行為の予期は，まさにこの遂行的行為を通してその充実をみるのである。達成的行為の遂行という直接的で顕在的な体験はどれも，それ故企図したものの過去把持ないし再生と絡み合っている。この二重の絡み合い，遂行的行為が達成的行為に「方向づけられること」と企図にその都度「再帰的に関係する」ことは独特の事実であり，そこから日常の用語法では遂行的行為にある程度特別の意識性が与えられることになる。以下のことを考えれば，このことは容易に理解される。意識的行動という言い方は，ごく素朴な自然的見方では，この言い方だけで諸体験—遂行的行為，達成的行為との志向的関連，

---

[37] *Zeitbewußtsein*, S.453.

未来完了時制的に遂行したと想像される達成的行為との過去把持的関連あるいは再生的関連—が区別されず，ある単位として把握されているということである。

さて「意識的行為」の概念がこのように明らかになったとしても，この意識をもつことの明証性[38]が解明されない限り，それだけではまだ不十分である。この明証性は，意図しながら遂行せず，ただ企図するだけの達成的行為の場合と，意識経過の方向を直接自発的に反省しない体験のように，経過している遂行的行為の場合と，経過し去り生成し去った達成的行為を反省的に解釈する場合とでは，それぞれ種類が異なる。

達成的行為の企図と特徴づけた想像体験は，それ自体ぼんやりしたものから非常にはっきりしたものに至るまで明証性の程度は様々であるが，いずれも反省的眼指のもとにおかれる。しかしこの明証性は，想像した達成的行為自体の基層にはかかわらない。想像体験としての企図はどれもみな，その時々の〈今このように〉に至るまでの遂行的行為の経過を通してはじめて，充実されたりあるいは充実されなかったりする，虚の箇所を必然的に含んでいる。たとえば，ある達成的行為を遂行する間に，私たちは再生においてその達成的行為の企図を把握したり，また過去把持において遂行的行為の遂行された位相を把握したりして，実際の遂行的行為の経過し去った位相の過去把持が，再生され意図された遂行的行為に対して示す，様々なずれを確認することができる。2つの明証性は，理解社会学のいわゆる厳密に合理的行為（たとえば「細かな」計画に従ってある行為者が行為を遂行しつつ，果たして自分の行為はこの計画に適っているであろうか，と自問するようなとき）の場合には，非常にはっきりしている。ところで，企図が実際に遂行される行為から本質的に区別されるのは，専ら次の理由による。即ち，自発的直接的体験の明証性と，想像のみで現実とはならない企図についての想起が産み出す明証性とは，基本的にその性質を異にするということである。直接遂行されるいかなる行為も，またそのような遂行的行為についての過去把持もす

---

38 〈明証〉（エヴィデンツ）とはここではフッサールの意味でこの意識所持の特殊な経験の仕方として理解されている。これについては *Logik*, S.137ff., 特に S.144 をみよ。

べて，いってみれば本源的直接的明証性の自己所与的作用である。しかしながら想起はいずれもみな，相対的で不完全な権能を持つにすぎない。「それ（想起）が現前化するものの観点，つまり過ぎ去ったものと私たちが言っている観点からみると，これには直接的現在との関係がみられる。想起はこの過ぎ去ったものを措定するのであり，たとえそれが漠然とした，曖昧な，不確定な仕方であるにしても，想起は必ずある地平を同時に措定している。そしてこれが明瞭さと措定的明証性に至るためには，この地平は措定的に行われる想起の連関の中で説明されなければならないのであるが，これは結局直接的知覚，直接的今とここに限られるのである。同じことは，最広義の，すべての時間様相に関連している，どんな想起にも妥当する[39]。」「想起から想起へと辿るごとに，次第にはっきりしてくる想起連関の中で―この連関の最末端は知覚している現在にまで及ぶのであるが―，想起は，強化される。しかし解釈は直接的今に至るまで貫かれており，かくして知覚とその明証性の光のいくばくかが，一連の〔想起の〕全体に反射するのである[40]。」したがって直接的想像体験のような企図の最中に意図した遂行的行為，達成的行為の経過の最中に意図した遂行的行為，そして遂行した行為の後に意図した達成的行為のそれぞれには，異なった明証性が対応する。これがそうなるのは，まさにこれらの明証性が直接的今ここの志向的能作に他ならないからである。同様に実際に行った遂行的行為にもその経過中とその経過し去った達成的行為とでは，それぞれ異なった明証性が対応している。このフッサールによって最初に展開された問題の豊かさを，ここでは私たちの問題にとって欠かすことのできない，最初の出発点以上に論ずることはできない。またそうする必要もないであろう。私たちにとって重要なのは，ただ「行為」と呼ばれる体験の「所与の様式」とその明証性が千差万別に眼指で捕捉されるということである。明白さと支離滅裂さとの度合いが様々に上下に重なり合いつつ築き上げられ，互いに入り乱れ合って格子縞状になったりするのも，以上から説明される。そこでたとえば，その遂行的行為の企図には最適な明証性が得られたのに，経過中の遂行的

---

[39] *Ideen*, S.293.
[40] *Ideen*, S.294.

行為はただ支離滅裂な曖昧な仕方で「意識」(把持)されるだけであり,経過し去った達成的行為の再生の場合には想起が不適切であるために不首尾に終わったりする。なぜなら想起の映像は,フッサールが言うように,「破裂」してしまって,異質の再生の中に溶解することもあるからである。

その可能的変更は無限にある。しかしいかなる場合にも意̇識̇的̇行̇為̇と言いうるのは,その遂行的行為が既に実行された場合,経過し去った場合,したがって達成的行為となった場合のみである。このことは意図した行為を未来完了時制的に達成的行為として,しかも専らそのようなものとして捉える企図の場合にも当てはまる。したがって,意味が結びつけられた行動は意識的行動であるという表現を解釈して,この行動に結びつけられた意味とはこの行動についての意識に他ならないと私たちは先に述べたが[41],今や私たちはこの言い方が曖昧であることを理解したのである。これに対してある遂行的行為の意味とは達成的行為であるという主張はこれまで通り維持される。蓋しこの遂行的行為の意味は,ある先行与件の企図に方向づけられる行動としての遂行的行為という私たちの定義から生じるからである。

これに加えて時間分析は,遂行以前の遂行的行為と遂行された達成的行為との根本的相違を明らかにした。そこからある遂行した達成的行為の思念した意味を問うことと,はじめに意図した,他ならぬこの同じ具体的遂行的行為の思念した意味を問うこととは,異なった回答を必要とするということが明らかとなる。

遂行以前の遂行的行為の意味構造と遂行した遂行的行為の意味構造との重要な相違は,とりわけ次の点にある。[前者の場合は]その遂行的行為の企図においてまだ遂行していない時点で,既に遂行したかのように未来完了時制的に達成的行為が想像される。したがって,事実上の遂行以前に持続の中に横たわり,ある〈今このように〉の時点から既に遂行したかのように想像した遂行的行為の方への反省的注意作用が生ずるのである。しかるに私は既に達成的行為の遂行中に年を経て(年老いて),それに新しい諸体験に伴って豊かになるという理由からして,遂行した達

---

41 本書第1章第6節72頁を参照せよ。

成的行為は意味構造において企図した達成的行為とは原理的に異なっている。経過し去った持続の位相を照らし出す光源は，いわばその時々の〈今このように〉から新しい〈今このように〉へと移動し，またそのことによって照射される範囲も自ずとずれていくのである。企図の際に光の中にあるものは，行為の遂行後再びこれに注意を向けると，蔭の暗い部分に既にずれてしまっており，蔭にあった未来予持的予期の方が光を受けている。次のような私を考えてみよう。この私は長い時空上に予め計画された合理的行為を企図しており，したがってこの行為の最終目標と中間目標とが，はっきり明確に予想されている。この場合でもやはり明らかなことは，私の計画に対する構えは遂行した達成的行為に対する私の構えとは必然的に異なるということであり，これは遂行的行為が実際に「計画通りに」経過した場合でさえそうである。「遂行した行為が起こる前と後ではそれぞれ顔つきが異なる」のである。この問題は，社会的世界の専門家たちには既に久しい以前から知られている。この問題こそ，とりわけ歴史的に「意欲したもの」と歴史的に成就したものとの意味構造の食い違いを解き明かすべき，あらゆる歴史的社会の中核をなしているものである。法律家はこの問題を，たとえば事後による解釈と事前による解釈の解釈様式の根本的差異によって，あるいは別の言い方をすると，前からと後からの解釈の根本的差異によって承知している。理解社会学の中では，この問題は結局のところ主観的チャンスと客観的チャンスとの対立，意味適合的解釈と因果的適合的解釈との対立に帰着する。この問題についてはなお詳しく取り扱わなければならない[42]。例をあげればきりがない。しかしこれらには共通した特徴がみられる。つまり意味構造は考察の行われるその時々の〈今このように〉の時点で変化するということである。したがって，行為に結びつけられる思念された意味などと簡単にいうことはできないのである。「思念された意味」という概念形象はむしろ必然的に補足を必要とするものであり，常に意味解釈のその時々の〈今このように〉という指標である。これはマックス・ヴェーバーの注意しなかった点である。彼は行為の思念された意味のうちに，差別せず同時に達成的行為の企図目標と遂行された達成的行為の因果的規

---

[42] 本書第5章第47節352頁を参照せよ。

定因と理解しており，彼はこの概念のうちに達成的行為の遂行以前の行為者による企図の解釈と，行為-を-行った者による遂行した達成的行為の解釈を同じように含めてしまったのである。

第11節　恣意的行為と選択の問題

意志概念から形而上学的ならびに二律背反的問題を取り去ると，1つの醒めた記述に開かれている事態としてそこに残るのは例の特殊な意識体験，先行与件である企図に基づく自発的能動性と私たちが特徴づけた意識体験である。自発的能動性に基づく体験とは何であるか，どうしたら企図の本質を詳しく確定することができるか，明証性のうちいかなる特殊な「意識性」の様式が企図および企図から生ずる自発的能動性には相応しいのか。以上の3節での考察によって，これらの論点が私たちの目的にとって十分に明らかになった。企図そのものがいかに構成されるのかについては，動機概念を説明する際に問題になるであろう。現象としての意志体験それ自体の分析，たとえばジェームズの特殊なフィアト（そのようであれ，そのようになれという同意と承認）—これによって想像上で企図された事柄が自発的能動性へと移される—の分析は，以下の考察には不可欠のものでなく，したがってここでは行われない。ただ一言注釈しておきたいのは，フッサールに従って私たちが行った非反省的体験と反省的体験との区別は，意志の現象学の内部でも[43]，（今明らかにされたばかりの狭い意味での）きわめて重要であることである。

そこで，「恣意的行為」という言葉に同時に含まれている，第二番目の主題圏に注目しなければならない。即ち，選出（取捨），決定，自由という契機によって特徴づけられている問題である[44]。恣意性が有意味的行

---

[43] これについては既に引用したガイガー，プフェンダーおよびライナーの研究を参照せよ。

[44] 〈選択意志〉Willkürという語彙の2つの構成要素についての意識が，古いドイツ語においていかに生き生きとしたものであったかは，たとえばアーデルングの『文法批判事典』（1808年から引用）からも明らかである。「選択意志とは，第一に，自分の好みに従って振る舞う能力である。より狭い意味においてその意志の選び出しWillkührが，明確な表象に基づいている選

動の判断基準であると主張される場合，この行動の「意味」は，実際いかなる内的矛盾もなく採用される行為は「自由」であることを前提にするだけでなく，その自由であることに他ならない。これは絶対に矛盾なく採用される行為は「自由」であることを前提するだけでなく，その都度の行為目標が決断の時点で知られていること，したがって少なくとも2つの目標の間に自由な選択があることをも併せて前提にするということであろう。既に1888年に公刊されたアンリ・ベルクソンの『時間と自由[45]』の中で，彼は持続の分析を行い，これを決定論論争に適用して，この論争が仮象問題であることを明らかにしたのは，疑いもなく彼の偉大な功績と言わなければならない。簡単に彼の論旨を要約してみよう。

XとYという2つの可能な行為の間の選択とは何を意味するか。決定論者の解釈も非決定論者の解釈もともに，XとYによって空間上のある点を表象する傾向がある。自己決定する私は「真中に」，たとえば点Oにあり，道をXの方向へとるか，Yの方向へとるか，自由に決定することができる。それはちょうど旅人が十字路にさしかかって場所Aを指す道標に従うか，場所Bを指す道標に従うかを決めるようなものである。けれども，空間上の目標，先行して与えられる道，XとYの行為目標の並存というまさにこの表象が，実は—決定論と非決定論に共通した—不適切な前提であり，それが真実の選択の問題を完全に覆い隠して，代わりに一連の仮象問題を設定してしまうのである。というのはXとYとが，したがって行為目標が相並んで与えられているわけでなく，またOからXへもしくはYへ通ずる「道」が共存しているわけでもないからである。さらに「道」についていうなら，この道は走り抜け，踏みならして作り出されない限り，したがってまだ選択されている限り，その達成的行為は遂行されておらず，そのためにXないしYが得られない限り，「道」

択(Wahl)とは異なり，自分の不明確な表象によって行為する能力である。第二に，自由な選択 freye Wahl である。これは，標準ドイツ語ではすたれてしまっているが，しかしなお上部（南部）ドイツ語では通用している。意志の選択をもつことである。この語も同じように古く，したがって意志 Wille と，古語の Kuhr つまり Wahl 選択から合成されている…。」

[45] *Essai sur Les données immédiates de la conscience*, 20me edition, Paris 1921, chap. III: La durée reelle et la contingence, S.133-169.

第 2 章　各自の持続における有意味的体験の構成　109

について一般に語ることすらできない。しかし一度その達成的行為が——たとえば X と特徴づけられた行為が——遂行されてしまうと，今度は「点」O では Y も選択されえたのだという主張も，X が選択されねばならなか」ったのは既に O においてこの選択を「決定する根拠」があったからだという主張もいずれも，当然のことながら同じように無意味となる。その理由はこうである。この 2 つの〔決定論ならびに非決定論の〕主張は，なるほど遂行された達成的行為から出発しているが，しかし実際には，その達成的行為がまだ遂行されていない「点」O に身を置いて考えているのである。その結果，〈遂行した達成的行為 l'action s'accompli〉に当てはまりうるすべての言明が〈いよいよ遂行しようとする遂行的行為 l'action s'accomplissante〉についても当てはまりうることになる。両者の見解の根底にあるのは，空間的表象のスタイルを持続の現象に移しかえること，持続を空間によって，継起性を同時性によって適切に再現しようとする試みに他ならない。実際にはしかし，2 つの可能性の間の選択が行われるのは次のようにしてなのである。即ち，私は継起的に一連の心的状態を走り抜け，それぞれの心的状態の中で「嵩を増し，豊饒となり，そして変形して」遂には熟れすぎた果実のように自由な達成的行為が，彼から離れていくのである。私たちが相次ぐ意識経過のこうした豊かさのうちから並存するものとして読みとったつもりでいる，2 つの「可能性」，「方向」ないし「傾向」とは，実際には行為が遂行される以前には決して存在しない。存在するのは，ただ私だけであり，この私が自分の動機ともども継続的生成の中で概念されるのである。決定論と非決定論は双方ともに，この振れを空間的振動とみなしている。前者の決定論の議論はすべて，「行為は一度実行した後は，実行されてしまっている l'acte, une fois accompli, est accompli 」という形をとり，非決定論の議論は「行為は実行してしまう以前には，まだ実行されていなかった」l'acte, avant d'être accompli, ne l'était pas encore という命題によっている。ベルクソンについてはこれくらいにしよう。

　ベルクソンが明らかにした遂行された達成的行為と遂行以前の達成的行為との差異については，私たちも既に詳細な分析を試みた。私たちはベルクソンの推論の成果を私たちの思考過程の中に位置づけなければならない。〔これは〕私たちが上記で明らかにした「遂行的行為の企図的特

性」と関連している。わかったことは，企図は遂行的行為を先取りするのではなく，むしろ未来完了時制的作用において将来経過してしまっている達成的行為を先取りするということである。さらに私たちは，この達成的行為の企図と現実に実行される遂行的行為そのもの，さらに反省の中で捉えられる達成的行為との独特の構造的結びつきを考察した。後の方の二者はこの企図に対して充実ないし非充実という関係に立つのである。確かに企図そのものは，想像体験の特性を有している。フッサールの用語を借りれば，「企図は〈措定的〉現前化の中和性変様」であり，自己付与的作用ではない。とはいえ，企図は単なる措定的体験の中和による変様ではない。企図は，むしろ措定的体験，即ち遂行的行為の体験を根源的に自己付与的体験にする，未来の時間特性を帯びた自発的能動性の作用という，この措定的体験を中和化して眼前化すること（「再生」としての予想）である[46]。企図が「現実的に措定する」遂行的行為から区別されるのは，次の点である。即ち企図は，単に行為の「影」であり，「能作」の単なる鏡像（中和的意識体験）にすぎないのに，遂行的行為そのものは自発的能動性を実際に「能作する」し，したがって〈定立的〉thetisch 特性をもち〈設定立的〉positional 意識体験」である点である[47]。

しかし他面において想像体験は，それが体験されている間は持続における直接的体験であり，再び一切の変様の中で反省されるような意識体験でもある。それではある決断をする「取捨選択」はどのように行われるのであろうか。明らかにそれは次のように行われるのである。まず，ある達成的行為 X が企図される，即ち，未来完了時制的にすでに経過し去っている遂行的行為 X が想像において中和化的現前化を行いうる一作用が実行される。次いでこの想像作用に対する反省が行われる。既に想像してしまっている事柄に対する志向性はいずれも想像された事柄に対する志向性に基づいているのであるから，この反省は想像する作用に，

---

[46] *Ideen,* S.233ff.

[47] *Ideen,* S.234ff. 「かくして一般に意識は二重のタイプをもつという性質がある。原像と陰影，設定立的意識と中和的意識である。前者はその信憑的な潜在能力が現実の定立的信憑作用に通じる点に特徴があるのに，後者は専らそのような作用の影の画像，中和性変様のみを生み出すことができるという点に特徴がある。」

しかも想像する作用の中で経過し去っているであろうと想像された遂行的行為 X そのものに関係している。この反省もまた直接的意識体験である。これに次いで達成的行為 Y が企図される。即ち，その中で未来完了時制的にすでに経過し去っている遂行的行為 Y が想像において中和化的現前化を行いうる，もう1つの作用が実行される。ところでこの想像作用 Y について反省が行われ，また同時に例の達成的行為 X の企図という想像体験が，過去把持によってあるいは再生によって，志向的に1つの新たな注意において眼指のうちに捉えられる，等々―それ故無数の次々と続き，重なり合って層をなし，基礎づけ合い，幾重にも箱詰めになっている諸作用，これらはことごとく確かに未来完了時制的に経過し去った遂行的行為に向けられてはいる。にもかかわらずそれらはすべて遂行的行為の（それも X と特徴づけられている複合や Y と特徴づけられている複合の）「影」，つまり「実効性のない」中和化している意識体験でしかないのである。ところでこのような継続的に行われる作用は，ベルクソンの言う互いに交替する「心的状態」であろうか。答えは否といわねばならない。なぜなら持続経過における私は，いうまでもなくこのような反省を一切行わないからである。これはフッサールもまた確認しているところである。彼が再三力説しているのは，思惟過程の中で生きている私は，思惟の成果そのものを意識的に志向対象としてもつのではなく，むしろ反省的眼指を向けることによってはじめて思惟の成果が対象となりうるということである。したがってベルクソンの「心的状態」という用語で表現されている事態は，対象として反省的に捉えられる思惟の成果ではなく，むしろ不用意にしか意識されない，生き生きとした，私がその中で生きている諸作用である[48]。しかし一旦反省されるや否や―そしてこれがベルクソンの論証の核心なのであるが―，今度は反省的に意識されたこの作用が達成的行為を構成し，しかも遂行的行為の企図からはじまり，経過し去ったものとしての達成的行為の反省に至るまでを構成するが，この反省的に意識された作用は常に志向的に〈達成された行為〉

---

[48] 素朴にぼんやりと生を送る私にとっては，ライナーの区別を受け入れるなら，「選択」の状況が存在するのでは全然なく，ただ「行列に従っている」状況があるのである（a.a.O., S.22）。

action accompli に関係づけられるので，〈遂行中の行為〉action s'accomplissante は決して反省的眼指には届かない。

ところでフッサールと関連づけて行った私たちの分析は，ベルクソンの基本命題と抵触しないまでも，重要なところでかけ離れている。「決断」，選択，次から次へと産み出される諸企図間の取捨という既述した全行程およびその遂行に至る遂行的行為自体もまた，個別的諸作用に「複定立的」に分けられる1つの「より高い準位の段階の総合作用[49]」の典型的事例として示される。しかもとりわけ優先する作用として示される，あるいはこの言葉が曖昧で，もっと正確な説明[50]を要する用語が望まれるとすれば，「関係づけの意志作用」(「ある他のことのために」)として示される。ところで，そのようなあらゆる「総合的対象物の複定立的構成，即ちその本質からして〈本来的に〉総合的にのみ意識されうるような構成には，数多くの眼指で意識したものがほんの一条の眼指で意識したものへと変化するような本質的法則的な可能性，つまり最初に総合的に構成したものを特殊な意味で単定立的作用において〈対象化〉するような本質法則的な可能性が存する[51]。」それ故決心がなされた後では，この決心を構成する個々の作用がいまだ眼指のうちになくても，この決心は達成的行為の想像という統一化作用として反省的一条の眼指のうちに現れる。決定に至るような達成的行為を想像する(企図の)作用を，このように決心という単定立的作用において現前化することは，個々の複定立的，上で詳しく述べたような「異なった諸企図間の選択」作用の場合と同じように，それ自体の意識のうちでは依然中和という特性を有している。ただし後者の「異なった企図間の選択」作用は「適切な選出」という総合的構成を根源的に意識したものである。達成的行為が遂行され，反省的眼指が遂行的行為の経過した位相に(措定的特性の総合として)向けられるか，それとも一条の光のようにこの総合を突き抜けて単定立的に遂行的行為によって対象化される企図に(中和的特性の総合として)向けられるかは，私たちが既に詳しく考察した行為の経過を通して予め予

---

49 *Ideen,* S.246.

50 このことはもちろん本研究の枠内では示しえない。

51 *Ideen,* S.248. 第2章第14節の説明122頁以下を参照。

期される（単定立的に把握された）行為の充実という例の現象によって明らかになるのである。既にベルクソンによって確認された点であるが，決定論と非決定論の双方の躓きの石となっている，「選出現象」の観察における思い違いの深い原因は，選択が行われる以前の持続の１「時点」で，遂行された達成的行為の後の「意識状態」を射映していることにある。ところで別の方向においてもまた，複定立的構成を単定立的対象物へ変換することは，私たちにとって非常に重要である。行為という名称で特徴づけられている一般に達成的行為の企図から始まり，回想的眼指で把握される遂行された具体的達成的行為に至るまでの体験過程の全体は，区分される複定立的作用において構成される総合的対象物であり，それ故行為の経過後は一条の視線において，したがって単定立的に把握することができる。素朴な自然的世界観においてもこの点の事情は常に同じである。行為は一度実行されてしまうと，企図から実現までの統一的まとまりとなる。なぜかというと，私の単一の視線から，行為はそれが構成された諸々の位相を顧みることなしに把握されるからである。

第12節　要約—第一の根源的意味概念

今や，第一の根源的意味概念を確定する上で十分な研究を行った。本章の論述全体と同じように，本節では専らそれぞれの自分の行動に限定し，間主観性の問題についての詳細な考察は行わないことにしよう。

私たちが念頭においているのは，持続する生についての一般的分析であり，このような生と時空的世界における思考とを私たちはこれまで対比してきたのである。しかしながら，体験に意味を述定するという言い方は誤りであり，これもまた反省のうちに深く根拠をもつものである。有意味的であるのは，まさに眼指で反省的に把握されている体験である。「有意味的なもの」は，体験あるいはそのノエマ的構造のうちにではなく，むしろこの体験に対する注意の仕方，あるいは前に私たちが先廻りして述べたように，私がその経過し去った持続に対してとる態度のうちに専ら存している。しかしながらこのような言い方でもなお不正確である。なぜなら，もし「体験」という言葉ではっきり境界づけられた，持続経過から分離される体験が理解されるべきであるとするなら，既にこの体

験は「有意味的な」ものであることになってしまうからである。つまり「ある体験に眼指が向けられる」という言明と「ある体験は有意味的である」という言明とは等価であるということに他ならない。そうだとすると，すべての各私的な体験のすべてが既に有意味的であるのだろうか。決してそのようなことはない。なぜなら私の持続経過の中で，私は前現象的体験流の領域に属しているような，本質的には直接的な体験の一切をも体験しているからであり，それらは，反省されないままであっても，ことごとく各-私的な体験だからである。あらゆる私の体験の「各-私的なもの」の構成にとっては，私の内的時間形式，「デュレ」あるいはフッサールの内的時間意識で十分である。これらのすべては，持続的私の構成化とあらゆる私の体験の「各-私的なもの」の構成化とが相関することの表現に他ならないからである。したがって私の体験の1つに意味を述定するということは，この体験が私によって体験されることに他ならないとか，またそれが私の持続の一部であることに他ならないとか等と，いかなる保留もなしに主張するのは正しくないであろう。なぜならこの場合には，持続の中での体験と体験したことについての反省との，簡単にいうと，生と思考との例の独特の緊張そのものが脇に置かれてしまうからである。だが，意味という言い方はこの緊張関係に注目するものである。ところで意味があるという主張によって思念されていることは，ノエマ的構造のうちに従って体験そのもののうちに横たわっているわけではないし，また私の持続経過への単なる帰属のうちに横たわっているわけでもない。この場合自らの持続への例の注意は，言ってみれば一種の光の円錐に喩えられるものであり，この注意が持続流の個々の経過した位相を照らし出し，またそのようにして境界づけを行うのである。だから持続流の個々の経過した位相は照らし出されるのであり，私たちはそのような位相は明るい，と言っているのである。

　私たちの分析が明らかにしたことは，持続経過における生の内部との関連では意味問題の余地はないということ，反省のない〈今このように〉が有意味的であるという言明は，この生にとっては少なくとも瑣末なものであろうということである。私がその中で生きている思惟作用，私が〈今このように〉から新しい〈今このように〉へと運ばれる生きた現在は，したがって私たちが有意味か否かを照合する例の光環の中には入らない。

むしろ—これも同じく以上の分析によって明らかであるが—生の中にある私のその時々の〈今このように〉が他ならぬ例の光源であり、そこから視線が円錐形をなして持続の経過した位相の上に広がるのである。ただ〈今このように〉から、過ぎ去った生成した体験が照らし出されるからこそ、この体験は持続の流れから際立つのである。

　これによって有意味的体験の第一の概念が明らかとなる。ある経過し生成した体験に向けられる反省の眼指、そのようにしてこの体験を持続における他のあらゆる体験からはっきり区別されたものとして際立たせる反省の眼指が、この体験を有意味的体験として構成する。発生的に最初の種をまく「自発的能動性」—この自発的能動性「から」明確に境界づけられた単位として際立たされる体験が「産出される」のであるが—への志向的遡及関係が取り結ばれ、そこから有意味的行動はそのような注意作用において、その注意作用を通して構成される。これに加えて反省的眼指は企図をも、したがって経過したであろうと未来完了時制的に想像した行動についての想像体験をも把握する。そのようにしてこの反省的眼指は、眼指で把握した「明確に境界づけられ予め企図された、自発的能動性に基づく体験」を有意味的行為として構成するのである。有意味的行動もしくは有意味的行為への1つの反省的注意作用が、一般に有意味的体験、つまり明確に境界づけられた体験への反省的注意作用に基づいているのは、明らかである[52]。そこから「行動」および「行為」は常に複定立的に分節される一連の体験の総合として構成されるということが帰結される。この一連の体験への反省的注意作用は、次の2つの仕方で行われる。1つは、〈行為〉や〈行動〉の相次ぐ歩みの中で生成したものを複定立的視線において事後的に「再-構成」すること。もう1つは、その相次いで遂行される行為（行動）によって自己所与性となったもの、達成的行為ないし振る舞いへの単定立的注意作用である。

　そこで、このような第一の有意味性の概念を、私たちは適当に拡大する仕事にとりかからなければならない。私たちの主題は、他ならぬ「思念された意味」概念である。マックス・ヴェーバーの社会学が定義して

---

[52] 能動性と受動性の間の根本連関に関するライナーの研究（a.a.O., S.24ff.）を参照せよ。

いるように,「行為者がその行為に結びつけている」意味の概念である。ところで,容易に指摘できるのは,この思念された意味は今しがた「意味を付与する」ものとして強調された眼指の方向に事柄の本質上基礎づけられているが,これは眼指の方向そのものではないということである。なぜなら「行為者が彼の行為について思念しているもの」は,遂行的行為もしくは達成的行為としてある一連の体験を構成している意味,したがってどの行為にも一般に認められているような意味ではなくて,他ならぬこの特殊な行為を他のあらゆる行為から際立たせるような特殊な意味であるからである。ところでこれまで強調してきた有意味的体験の第一の概念から,いかに個別的行為の特殊な意味や,もっと一般的に持続する意識内にある個別的体験の特殊な意味が,構成されるのであろうか。特に「一個同一の」体験の意味が,次第に遠くの過去へと退き沈んでいくにつれて,この体験の意味が変化するのはどうしてであろうか。

　私たちは既に「注意作用(ツーヴェンドング)」について言及した。これを通して素朴な諸々の体験が思念する眼指へと運ばれていく。ところでこの注意作用そのものが識別の困難な様々な変様を被るのであり,私たちはフッサールの範例に倣って,これを「注意の変更」もしくは「注意の変様」と呼ぶことにしよう。これらが何よりもまずそれぞれの眼指で把握される体験の特殊な意味を構成するのである。なぜなら注意の変様は,私たちがその体験の「意味」として定義づけた,その注意作用の特殊な仕方であるのだから。

第13節　第一の意味概念の拡大

A　意味の注意変様

　フッサールは,注意変様の本質を次のように記している。「この際問題なのは,一連のイデア上可能な諸変転であって,これはある思惟にかかわる[53]中核とそれに必然的に帰属し,その特徴を描き出す,異なる種類

　　53　現象学にとって重要な体験のノエシス Noesis とノエマ Noema の区別は,以下のようにして生じるのである。私たちは一方で「体験のある実的分析によって見出す,諸部分(タイル)と諸契機(モメント)を区別しなければならない。この場合私たちはその体験をそれ以外のものと同じように対象として取り扱うのであ

第2章　各自の持続における有意味的体験の構成　117

の諸契機とを既に前提にしている。このような一連の変転は，当のノエマ的[54]諸能作を変えずに，しかも当の体験全体の諸変転をそのノエシス的ならびにノエマ的側面によって表わしているのである[55]。」「私たちは，イデーの中でそのノエマ的内実に照らして知覚によって意識されるある事物なりある事物の経過なりを固定してみよう。それは丁度私たちが事物についての具体的意識を現象学的持続の当の局面において，その内的本質から，固定するのと同じである。それから注意の視線をその一部の特定の移動のうちに固定することもまたイデーの一部をなしている。なぜなら注意の視線もまた体験の契機であるからである。それ故明らかなのは，固定された体験を変様するという方式が可能であることである。

り，その諸々の部分（スツュック），あるいは独立していない，その対象を実的に構成する諸々の契機（モメント）について問うのである。ところで他方その志向的体験は〈なにものかについて〉の意識である。しかもその意識はその本質からして，たとえば，想起，判断，意志等などである。かくして私たちはこの側面から〈なにものかについて〉本質的に何を述べることができるかについて問うこともできるのである」（*Ideen*, S.181）。最初の問題設定の仕方がノエシス的であり，後のほうがノエマ的である。ノエシス的契機とは，たとえば，次のようなことである。「純粋な私の意味付与によって，〈私には意味がある〉その「思念された」対象の方に眼指を向けることである。さらに，その対象を把握すること，当の眼指が〈思い違い〉（フェルマイネン）の中に現れる別の諸対象に向ってしまった時でも，あくまでもその対象に固執することである。同様に，説明したり，関係づけたり，概括したり，信仰，推測，評価等などの様々な態度をとったりする能作である」（*Ideen*, S.181）ことで，「この実的，ノエシス的内容の様々なデータには，全くの純粋直観において示しうる，ある多様な諸データが，ある相関的〈ノエマ的内容〉において，簡単に言えば〈ノエマ〉において対応している…。知覚はたとえばそのノエマを有する，その一番奥底には知覚の意味（ジン），即ち知覚されるものそのものである。同様に，いずれの再想起にも，そのノエマとして再想起されるものそのものがある。それは再想起の中で〈思念されたもの〉〈意識されるもの〉に他ならない。さらに判断は判断されるものそのものを有するし，好みは好まれるものそのものを有するのである等々」（*Ideen*, S.181f.）。

54　上の注53をみよ。

55　*Ideen*, S.190. さらに注意（アウフメルクザムカイト）の問題については *Logische Untersuchungen*, Bd.II, Teil 1, S.160ff.: *Zeitbewußtsein*, S.484f.を参照。

またこのことを私たちは今まさに〈注意の配分とその様態の単純な変様〉という標題のもとで説明するのである[56]。」他面において「このような変様が,ただ単に体験そのもののノエシス的側面における変様だけでなく,それは体験のノエマ的側面にも関係していること,ノエマ的側面では―同一のノエマ的中核とは何の関係もなく―別種の特徴を表わしているということ,この点は明白である。…その際ノエマにおける変様は,明らかに同一性を保持しているものに単純に外部からある付属物を追加するというものでなく,むしろそれは具体的ノエマを徹底的に変えていくのである。したがってここでは,同一の所与の必然的諸様態が問題となるわけである[57]。」あらゆる種類の体験は,注意の変様を免れない。知覚の世界,想起の世界および純粋な想像の世界での体験は,したがってまた,たとえば企図の際に未来完了時制的に経過したと想像される達成的行為[58]と同じように,眼前のあらゆる中和性変様を免れない。私たちはフッサール以来注意の変様によって措定的意識ならびに中和的意識[59]を把握することを知っているし,この注意の変様によって中和的意識を措定的意識へと転換することができるのである[60]。注意変様それ自体がまた射映に富み,直接的把握から副次的注目の状態,まだ気づかない状態,注目されないままの状態等実に様々である[61]。「注意の諸形態のうちその直接的様態は,はっきりと主観性の特徴を帯びている。それ故まさにこの直接的様態によって様式化される,あるいはこの様態がその種別化を行うにあたって前提する,一切の活動は,この主観性の特性を獲得する。注目する視線は…私から分離されず,むしろ私そのものであり私の視線にとどまるのである[62]。」

注意の視線が常に私の視線にとどまるということは,それが持続流における私の諸変更を随伴するという意味である。換言すれば,注意の視

---

[56] Ideen, S.190.

[57] *Ideen*, S.191.

[58] これについては注27,本文94頁をみよ。

[59] 設定立的意識と中和的意識の概念については上述の注47,110頁をみよ。

[60] *Ideen*, S.228ff.

[61] *Ebd.*,S.191.

[62] *Ebd.*,S.192.

線がその時々の〈今このように〉を共に構成するということである。なぜなら,自分の体験に対するこの確定的でしかも1回起的である私の注意の構えなしには,いうまでもなく〈その今〉は決してそのようにではないからである。むしろあべこべに,その時々の注意変様はその時々の〈今このように〉に依存し,そこから経過した位相に対して反省の眼指が向けられるということもできる。

　この命題は,なお若干の説明を必要とする。私たちはたった今,反省している私がその経過した持続に対してとる態度の変更について語った。しかし今から新しい今への生き生きした推移のうちに運ばれる私も同じように,持続の経過における私の体験の流れの方に態度を変更しながら向いていた。その私の意識は,それが生き生きした能動性において時空間的外部世界に向っているか,それとも反省的沈潜においてその内的持続に向っているかに応じて,それぞれ違った「緊張状態」を示す。意識のこの違った緊張状態に対応するものは,ベルクソンが著書『物質と記憶』の中で明らかにしているように,「生への注意」の程度の杆違である。ベルクソンがこれによって思念しているのは,フッサールが繰り返し「私の生に対する志向」と呼んでいるものに他ならない。私がその都度の〈今このように〉において彼の体験経過に対してとる根本態度のことである[63]。この生への注意の根本態度こそが過去に対する私の態度全体をも規定する。総じて経過した体験へのある反省的注意作用が生ずるかどうか,その注意作用はどのような特殊な性質であるか,その注意作用それ自体の視野およびその体験の注意変様それ自体——これはみな,その都度の〈今このように〉における生への注意に依存しているのである。

　ある経過し去った体験への注意作用は注意の諸変様のもとにおかれ,

---

[63] この根本態度の諸変様は,恐らくハイデガーが〈現存在（ダーザイン）の実存疇（エグジステンツィアル）〉—[「実存疇」は「現存在」の存在である実存（エグジステンツ）の構造を規定する概念の総称であり,「実存論的表現」「実存論的概念」とも言われる。ハイデガーが「現存在」の分析において取り出した構造規定には,世界性としての「有意義性」「空間」「共同存在」「ひと」「内存在」があり,またこれを構成する「気分」「理解」「語り」「意味」「真理」等をあげることができる：訳者]—として語っている,あの〈気分（ステムング）〉に比肩する。M.Heidegger, *Sein und Zeit*, S.134f. を参照せよ。

またこの注意の諸変様としては，当の注意作用が実行されるその時々の〈今このように〉に依存する。これを確認することは、次の言明と等価である。体験への注意作用によってその体験に述定される意味は,その時々の〈今このように〉による変様を免れないということである。このようにして理解社会学がその思念した意味について語る際に念頭においている,例のその時々の体験の特殊な意味がまずもって構成されるのである。しかるが故に「1個同一の」等しい具体的体験もまた，どのような〈今このように〉から眼指を向けるかに応じて，体験の「意味」は変様を被るのである。体験はある意味変更を免れないということ，しかもこの体験の想起が行われる直接的に顕現する今という時点ごとに，体験は意味変様を被るということ，これは日常経験することである。ところで体験の「意味」は層をなして相次いで構成される注意諸作用の志向的能作に他ならないのであるから，たった今獲得したばかりの認識を，私たちは次の命題に表現し直すことができる。即ち，反省的眼指が肉薄する構成の諸階梯の深層は，それぞれ異なる，その時々の〈今このように〉に依存しているということである。既に[64]私たちは,この問題をマックス・ヴェーバーの「思念された意味」概念に関する予備的考察において学び知っている。日常生活の社会的世界における意味解釈過程に論及した際に，私たちにはっきり示されている意味内容が自分たちの将来の行動を十分方向づけることができるという理由から，これといった意味解釈の努力を必要としないような諸事例について私たちは語った。私たちはこの場合「意味解釈の実用的制約」について語ったのである。しかし間主観的諸領域における意味措定と意味解釈が実用的に制約されているばかりでなく，孤独な私の意識経過においても，反省的眼指が肉薄する深層は実用的に制約されている。

再三にわたり「問題のないもの」という概念を用いた。私たちは今やこの概念に,注意の諸変様の分析を通して,正確な意味が得られたことを知るのである。即ち，問題のないものは，ある特定の〈今このように〉において，(その実用的制約により)反省的眼指に解釈をそれ以上要しないものとして現れる，その時々の深層である。この場合, この問題のないも

---

[64] 上述した第6節の終わり73頁を参照せよ。

のは措定的意識作用において与えられるものであるか，それとも中和的意識作用において与えられるものであるか，それは定立的諸作用において構成されたのか，それとも効果もなく力もない仮象措定においていわば存在するにすぎないものとして根源的に構成されたのかどうか，こうしたことは何もはっきりしてはいない。しかし少なくとも「生への注意」のある変更によってその問題のないものが特別な注意作用の対象，1つの「問題的な事柄」となりうることは明らかとなったのである。

前記においては〈注意〉の現象学的分析のための出発点が示唆されたにすぎず，私たちの課題は本研究の枠内で注意の現象学的分析をさらに押し進めることにあるのでもない。ここでは，生成し去った体験への眼指（注意作用）が被る様々な注意変様の中に，それぞれ独特な体験の特殊な意味の構成理論のための1つの出発点を手に入れたことで満足しなければならない。しかし注意変様の本質を明らかにすることは，確かにこのような出発点を提供するにすぎないが，ある独特な体験の思念した意味を問うことは，これを越えて1つの新しい問題圏を意識したものである。

第14節　第一の意味概念の拡大（続き）

B　体験連関—意味連関と経験連関

私たちはこの問題提起の根本を究めることにしよう。ここで注意しなければならないのは，ある個別的体験の孤立した観察では，例の特殊な思念された意味の確定を要請する際に理解社会学が念頭においている事態をしばしば見誤ってしまうことである。体験する私は，自分の持続の体験そのものを反省的眼指へもたらすことができるとしても，この体験を明確に境界づけられた諸単位，またしたがって孤立した諸単位として体験しているのではない。むしろどの今の体験も1つの以前と1つの以後を持っている。持続のどの時点にも1つの過去と1つの未来が必然的に備わっているからである。このそれぞれの今の体験は，第一に私たちがその体験の「地平」について語るのと同じ意味において考えられている。体験する私が振り返る，過ぎ去った体験の過去把持や，体験する私が示す，将来の体験の未来予持について私たちが語るのと同じ意味で思念されているということである。異質の体験であってももちろんそれが

私の体験であることに変わりはない。そして私のそれぞれの体験が、これに先立つ体験やこれに引き続く体験と結びついていることは、この体験が流動的推移の中で体験される「デュレ」の本質から明らかとなり、またこの体験に対する反省的注意作用の本質からも明らかとなる。反省的注意作用はこの体験を明確に境界づけられた体験として、言葉の本来的に最初の意味における有意味的体験として際立たせるが、これによって、それ以前とそれ以後の時間的地平を無効にすることはない。私たちの以上の考察は、このような事態の分析に費やされた。考察の過程で確認できたのは、私たちの生活している物質的ならびに内的世界についての体験は即自的には前現象的であるということであり、この体験は、注意作用というある特別な作用においてはじめて現象的になるということであった。

これに対して私たちは、ある異なった種類の体験連関を、一条の視線において、したがって単定立的に振り返ることができる、より高い準位の複定立的に遂行される総合[65]の概念のうちに知るに至った。私たちは、一歩一歩構築される作用の諸遂行が、遂行し終わるや否や、今度は統一的作用の達成的遂行として反省的視線によって把握されることを知ったのである。この連関は、持続の連関と混同されるべきではない。持続の連関においては、すべての体験がおおよそ内的時間形式と持続経過の不可逆性によって成り立っている。それ故一方におけるあらゆる体験の〈各私性〉の構成—詳しくはその中で〈私は考えている〉として私が生きる、あらゆる例の作用の各私性の構成—と、他方におけるこの構成をより高い準位の総合へと複定立的に構成することとは、厳格に区別されねばならない[66]。1つのより高い準位の総合へ至る、一歩一歩構築する作用の遂行のすべては、それ自体が意味のある体験である。(これは作用遂行の経過後に常に可能であり)あらゆる作用の位相が対自的に反省の視線から把握される場合に常に可能である。一歩一歩構築される作用遂行の中で自己所与性にもたらされるもの、したがって構成された総合は、それ自体再び統一的視線において反省的に把握されうるし、さらに再び1つ

---

[65] これについては上述した第2章第11節112頁を参照せよ。
[66] これについては Husserl, *Ideen*, S.246 を参照せよ。

の有意味的体験である。複定立的構築において産出されるより高い準位の総合のいずれにも，一条の視線において眺めることができる1つの全体的対象が対応する。これに対して各私的〔持続の〕連関は別の種類の連関である。というのはその素朴な連続における異質的体験は，一条の視線で眺めることができる，1つのより高い準位の総合という構成に至らないからである。むしろ，各私的連関において構成されるのは，専らあらゆる認識作用の帰属点としての〈私〉である。私たちは，複定立的に構築される作用とこれによって構成されたより高い準位の総合との関係を〈意味連関〉として特徴づけ，この概念を以下のように正確に定義づけることにしよう。私たちが意味付帯的体験 $E_1, E_2 \ldots\ldots E_n$ について，それらが意味連関しているというのは，複定立的に区分される作用においてこれらの体験がより高い準位の総合に構成され，しかも私たちがこれを単定立的視線において1つの構成された単位としてみることができる場合である，と。

　たとえば，ある遂行的行為が企図され遂行されるとしよう。今度はその持続経過以後のある〈今このように〉から未来完了時制的に経過し去っているであろうとして企図された達成的行為とその一歩一歩実行される遂行的行為とを振り返るとしよう。この場合ある単定立的視線において，その遂行的行為の複定立的に構成される諸作用が，いってみれば，遂行された達成的行為として捉えられるのである。したがって私たちは，どの達成的行為も企図に従って遂行されるが故に，それらは位相的に構築される遂行的行為の諸作用との連関において意味連関があるということができるのである。

　それ自体が意味連関である，これらの諸々の達成的行為から，位相的構築において新しい総合が構成され，再びそれが単定立的に振り返られ，しかもこれはこれでその個々の構成的諸作用に対して再度意味連関となる…等々。

　たった今範例として遂行的行為について述べられたことは，全く一般的に妥当する。総じて世界についての私たちの経験一切[67]は複定立的作

---

[67] ここでは以下と同じように，経験によって当然ながら経験的自然主義（感覚主義）の曖昧な経験の概念が理解されているのではない。むしろ経験は，

用遂行において構築されるが，これらの複定立的作用遂行の総合の方に［これを］経験したこととして私たちは一条の単定立的視線を向けることができる。これは外的経験作用にも内的経験の作用にも等しく妥当する。一歩一歩〈経験している〉からその〈経験したこと〉の構成が一つになることで経験対象は構成される。「その経験対象自体は多様な経験の連続と非連続の総合において基本的に〈目に見えるように〉構築される。[それは]常に新しい側面や常に新しいその対象に固有の契機を入れ換えて自らを示すのである。またこの構築する生，一致というその可能的経過を前もって示す，この構築する生から，対象の諸側面と対象そのもの（専らこのように姿を入れ換えて現れるものとしての）は，その意味を手に入れる。意味はその場合，ありうる，その実現を求めて反復する自己形成と同じものである68。」

このような総合が他の総合とともに再び複定立的作用において更により上位に位置する総合に一括されることは自明であり，フッサールもまた『イデーン』の中で終始一貫これについて熟慮したのであった。したがってこれを念頭におけば，経験連関とは，その時々の〈今このように〉におけるあらゆる意味連関の総括と解すことも，最上位の意味連関と解すこともできる。なぜなら自分の経験の全体を振り返る場合，私は位相的に構築される諸作用の方にある単定立的注意作用を遂行するだけであるから69。私の経験の全体連関，即ち，あらゆる経験的諸作用の中で私によって経験されたことの〈純粋概念〉あるいは最広義の世界についての

フッサールの『形式論理学と超越論的論理学』においてこの概念が含意している例の広義の意味で用いられている。つまり 1 個人のデータの明証的自己把握や占有（独り占め），たとえば，ある非実在的対象のようなものをも含意しているのである。

68 *Logik*, S.147.
69 ここで確認すべきことは，私たちによって用いられている意味での経験，しかも一致した経験とは，このような経験が意識の中で構成される仕方については一切言及しないということである。当の経験されるものは，単定立的に目が向けられる，ある一連の設定立的措定の作用において構成されうるのである。しかしあらゆる中和的意識の内容，あるいは中和的意識から潜在性へと変じてしまった意識内容もまた，経験の全体連関の構成の際にともに作用しあっているのである。

私の知覚全部の〈純粋概念〉は，その場合，どの〈今このように〉においても1個の一致したものである。この経験連関は，それぞれの新しい体験とともに増大し，またそれぞれの〈今このように〉には以前に経験したことの一定のストックが含まれている。このような経験的対象（レアールならびにイデアールな）のストックは，その対象が産出された経験的諸作用の複定立的総合において本来構成されたのである。しかし一度経験したものは，どの〈今このように〉においても，私の意識には既に構成済みの対象性として先立って与えられ，この対象性の構成は（特別の注意作用なしには）決して眼指のもとで把握されない。つまり産出過程の問われない産出物として前もって与えられており，そういうわけで層ごとに経験による諸体験が構成済みの客観的対象へと沈殿する中で経験の構築は行われる。私たちは次のように言うこともできる。ある特定の〈今このように〉における経験の全体連関は，より高い準位の単定立的に把握した諸対象性の全体から成り立ち，複定立的に構築される総合におけるこれらのより高い準位の諸対象性の構成は，「当然の所与」としてそのままにされる。換言すれば，より高い準位の諸対象性の構成による構築は，深層に横たわるものとして前提され，注意による視線からもはや把握されないのである。

　この経験のストックは，何よりもまず受動的所持という仕方において見出される。その時々の〈今このように〉の「経験」において受動的に所持されている諸体験が，元来自己付与的能動性に基づいて構成される限り，単定立的に目が向けられる総合は，この総合を構成する位相的構築作用の再遂行を通して能動性へと移し変えうる。フッサールは，その『形式論理学と超越論的論理学』の判断論においてこのことを詳しく論証している。遂行した諸判断は，判断の遂行としてあるのでなく，むしろイデアールな諸対象として，存在適合的に妥当するものとして既に所持されている[70]。しかしこの遂行した諸判断の受動的所持は，いつでも再び能動性へと，新たな判断の遂行へと変換されうる。「受動的所持，つまり私たちに（通常は確信において）存在適合的に妥当している「意義」の

---

[70] フッサールはこれと関連して，判断にみられる，範疇的形成物の〈習慣的妥当性および再喚起的妥当性〉について論じている（*Logik*, S.104）。

側面と，自由な産出作用において現れてくる，新しい範疇の「見解」の形象とを，私たちはそれに見合う記号や言葉で1つに結びつけるのである[71]。」これは，専ら判断についてのみ妥当するわけではない。むしろこれは能動性の範疇から生ずるすべての産出物[72]について一般的に妥当するのであり，したがって私たちの用語で言えば，すべての行動とすべての行為について妥当する。その上判断は，特殊な種類の行為に他ならない。自発的能動性のすべての産出物が「再三再四の理念性」において再構成されうることこそこの自発的能動性の産出物の特徴に他ならない[73]。ところで私が過去把持ないし再生によって，それ以前の〈今このように〉の中に見出されるある産出物を再遂行において産出されたものと同定することができる場合，この同定は1つの新しい意味連関であり，しかもフッサールの表現を用いれば，再認の総合である[74]。これもまた，「経験する作用であって，もはや前もって与えられている経験ではない。少なくとも再能動化そのものの〈今このように〉の中で前もって与えられている経験ではないのである。」

　そこで私たちは，手持ちの経験という場合には，さしあたりこの用語を経験したことの再構成にではなく，専らその時々の〈今このように〉において構成した経験対象のストック，経験したことの受動的所持に限ることにしよう。

　統覚による再現もしくは追行による再構成という転換の中で何が現れ

71　*Ebd*., S.285.

72　*Ebd*., S.282.

73　とりわけ判断に関して言うなら，判断は〈ひとは再三再四できるという無限の反復性〉の基本形式を備えているが故に，それはいつでも受動的所持性から事後の産出的・明示的能動性による判断へと転換されうるのである。ここに，これまで用いるのを避けてきた〈知識〉概念の導入によって通常覆い隠されがちな未解決の問題が1つ横たわっている。というのも，知識や先行知識（シェーラーやザンダー）は，一方では理念的諸対象性として曖昧に下される判断の純粋に受動的所持を意味するとともに，他方では明示的追行的［追体験的］能動性において再構成される，そうした判断の反復性をも意味しているからである。したがって知識とか前もっての知識とかは原則的に2種類あるわけである。

74　Ebd.,S.143

るかは，私がその時々の〈今このように〉におけるこの私の経験のストックに対する，注意の注意作用に依存する。それは，上に与えた厳密な意味でこの〈今このように〉における私の「生への注意」によって実際的に条件づけられるのである。そこで私たちは，経験の全体連関を定義づけて，自由な存在である私が私の持続の一定時点において遂行しうる，その私の経過した位相的構築の中で構成される諸体験に向ける反省的注意作用（この注意作用のすべての注意変様を含む）全体の総括であるとすることもできる。ある体験の特殊な意味，したがってこの体験に対する特殊な注意作用の方法とは，その場合先与されている経験の全体連関の中にこの体験を組み入れることである。この命題を私たちは次のような形式において表現することもできる。それは同時に「思念された意味」概念に厳密な定義を与えることである。即ちある体験の思念された意味とは，この体験を新しい体験から自己解釈することに他ならないと。この自己解釈はどのように行われ，またこの自己解釈で何が理解されるのであろうか。これより私たちはこの点について吟味しなければならない。その際私たちはごく荒削りの図式的記述で満足しなければならない。本研究は決して現象学的洞察の獲得を自己目的にしているのではなく，専ら社会学的課題にかかわりのある現象学的認識を手に入れることにあるからである。

第15節　経験世界の構成と図式によるその秩序付け

　私たちの外的経験のある対象の構成を例にしてこの自己解釈の込み入った構造諸連関について明らかにしてみよう。多様な事物の現象の諸体験を経験する諸作用で外的経験の対象，外部世界の事物は構成される。諸々の現象の個々の体験は相互に1つの意味連関のうちにある。なぜならそれらの体験は位相的にその対象の経験を構成するからであり，この対象についての私たちの経験に，またこれと一体になって，私たちの経験の対象としてのその対象に，私たちは単定立的視線において1個の単位として目を向けることができるからである。ある対象の個々の現れ方の諸体験がその対象についての経験と結びつきがあることは，再びそれ

自体経験される[75]が，[それは]諸対象そのものについての構成の仕方の経験として，その対象の現れに注意作用するその時々の〈今このように〉に蓄えられて[経験される]。この経験世界の構築の歴史は，現象学的に認識されるが，以上の場合にもこの構築の様々に分節化した途方もない錯綜した形姿が現れている。事態をさらに深く掘り下げるなら，諸々の構成現象のいっそう錯綜した成層化や，混成化の形姿が現れてくる。対象の経験を同時に構成するどのような体験の経験も，過去の体験を参照する過去把持の暈と来たるべき体験を予知する未来予持の暈とにとり囲まれている。複定立的構築の行われる個別的体験の諸位相がこのような仕方で相互に結びついていることは，総合の本質に属する事柄である。というのはある対象についてのある経験中の体験は，それに先行しているこの対象についてのある体験とともに，専ら以下のような事情によってこの対象についての経験の総合的構成となるからである。即ち，この対象について以前に経験している体験の過去把持によって，その内容がともに規定されている，ある今においてその「後からの」体験は体験されたからである。またこの［体験］層の下部には，さらにどの体験にも，その体験の以前と以後に有している例の連関がみられるのであって，上記においてはこの連関をあらゆる私の体験の各私性の連関と呼んだのであった。

　ところで［体験の］成層化は，また別の側面からも続行される。個別的に経験している私の体験の位相的構成から私の経験対象への総合，たとえば「ここにあるこの机」という対象への総合が一度遂行されると，これに引き続いて新しい組み入れが行われる。私の経験の構成対象であるこの机を，私が「机」として記号づける場合がこの例である。ここでは言語現象それ自体に含まれている問題や「私がここでしかじかに経験しているこの特殊なただ１つの机」という私の経験対象に「机」という音声もしくは文字による記号を関係づける際に含まれている問題についてはすべて無視することにしよう。疑いもなく「ここにあるのは１つの机である」という命名の中に含まれる判断は，外界の他の諸対象につい

---

[75] たとえ経験主義的意味におけるすべての〈経験〉に先行し，すべての経験を基礎づけるア・プリオリな主体 subjectes としてであろうとも。

第2章 各自の持続における有意味的体験の構成 129

てのそれ自体再び構成された既に遂行された諸経験,即ち一般に机についての諸経験を参照している。これらの経験は,「ここにあるのは1つの机である」という判断を遂行する〈今このように〉において予めストックされているのである[76]。

よく考えてみると,この概念によって初めて言語的世界ならびに論理的世界の構築が依拠している「構文論(シンタックス)」の最小限のものが獲得されるということである。超越論的論理学は,これから始める形式化や一般化のすべての過程を,その意味の歴史から問いたださなければならず,また形式論理学のすべてのこれらの過程を〈われ思う(エゴ・コギト)〉意識の構成諸現象として,したがって〈われ思いつつある(エゴ・コギタンス)〉の遂行的経験の諸作用として解明しなければならないだろう。なぜなら体験しているエゴ・コギタンスは,どのように一般化と形式化の過程が遂行されようと,どのように形式化の作用の中で形式化が産出されようと,どのように一般化の作用の中で一般化が産出されようと,このような形式化と一般化が存在するということを(私たちの論述の意味では)実際「既に経験して」もいるからである。

私たちの分析は,外部世界のある対象についての経験の構築を当然ながらその先行与件である経験概念に含まれている含意の例として引用し

---

[76] ここで次の点を明らかにすることが重要である。私たちによって用いられている語の正確な意義での経験世界の構成においては形相的な領域を考察の外におくことができるということである。というのは本質直観の遂行によって捉えられる形相 Eidos は上述の意味で同様に〈経験する〉ことができるからである。さらにしっかり押さえなければならないのは,ここで用いられている意義での〈経験〉あるいは〈経験連関〉は,通常の用語法における〈経験(エムピリー)〉とは決して一致しないからである。たとえば幻想による体験は,現象学的考察の方法では優越した地位を享受している。この幻想による体験は,外的世界の現実的対象についての諸経験と同じように,〈今,ここで,このように〉における私の経験連関を共に構成している。常に以上の考察においては経験する〈われは考えている(エゴ・コギタンス)〉の内的持続における構成的構築の体験として諸経験が言及されているのであり,決して経験的世界とその物象のもつ性質が言及されているのではない。したがって私たちの論述は,フッサールの語を用いれば,経験の志向的本質事象を取り扱うのであり,経験的事実を取り扱うのではないのである (*Logik*, S.270)。

たにすぎない。しかしこの分析は，原理的にはどの体験領域に対しても行うことができる。まず純粋な論理的意味におけるあらゆる種類の「信憑的連結」の総合，したがって判断作用による判断の構成に対しても，同様にあらゆる種類の実践的・公理的総合に対しても行うことができる。というのは結局実際的・公理的構文論も連結による総合にまで引き戻すことができるからである。ただこの連結には信憑的「そして」が基礎にあるのではなく，ある実践的・公理的な「そして」が基礎にあるにすぎない[77]。とは言えこれも同じように，私たちがある先与された経験のストックをエゴ・コギタンスのその時々の〈今このように〉における最上位の意味連関として語るという例の意味で経験されているのである。

既に構成された意味連関の高度に複雑な構造を考えてみると，どうしても自己体験の自己解釈の概念，したがって特殊な思念された意味の概念のための基準を見つけだす必要が生じてくる。

私たちはこの基準を，反省の眼指がそこまで迫る〔体験の〕深層の実用的制約性について述べた際に，既に提示しておいた。以下ではこの考え方を用いることができる。

ある体験が眼指のもとに捉えられ，その体験の意味の歴史について尋ねる場合，私たちはこの体験が構成された構築する諸作用の分析を，原則として常に内的時間形式そのもの，したがって，純粋持続における経験的作用の構成にまで突き進めていくことができる。これに反して私たちの経験のストックは，直接的にも根源的にも決して内的時間形式を参照することはない。むしろ経験の意味連関それ自体が諸々の意味連関から構成されている，より高い段階の諸意味連関の意味連関である。しかし現存する経験の基層は，問題なく私たちに与えられており，反省的眼指の注意作用が及ばない深層に横たわっている。これはすべてもちろん相対的であるが，その時々の〈今このように〉に当てはまる。この問題ない層がどこで区切られるかは，その眼指のもとに捉えた体験に対する注意作用の注意変様に依存する。もっともこの変様の方も注意作用のその時々の〈今このように〉における「生への注意」に依存するのであるが。もちろん適切な注意作用が行われる場合には，あらゆる複定立的総合を

---

[77] Husserl, *Ideen*, S.250.

純粋持続における体験の原構成にまで遡ってフォローすることができる。私たち自身も先ほど外界の経験対象を例にあげてこれが可能であることを証明した。しかしこれには，それ自体再び特殊な種類の生への注意を前提とする，厳密に哲学的反省作用が必要となる。

　今や私たちは，自然的世界観における「私」についても意味分析を行わなければならない[78]。自然的人間もまた彼の体験のそれぞれの〈今このように〉において彼の意識ストックの中に諸経験を見出す。彼は世界について知り，この世界について何らかの先行知識を持っている。経験のこのストック（在庫，蓄えの訳語に同じ：訳者）には，それぞれの体験とともに，その体験が経験する体験である限り，新しい経験がつけ加わる。すべてこれは専ら新しい今からたった今過ぎ去ったものが「見通」されるという事情による（新しい今がこのようなものであるのは，それがたった今存在していたものとは異なる存在であるからというだけのことである）。このことはすべて，既に見たように，多様で連続的で，しかも不可逆的に経過していく持続の概念に基本的に根ざしている。しかし年齢とともに「経験の蓄積」を体験していく，素朴な自然的人間の態度の中にも，私たちは一切のこうした契機を指摘することができる。ところで自然的人間には，彼の諸経験が（知識ないし予備知識という仕方で，）「秩序立てられて」既に与えられている。それは全対象的世界が秩序立てられて既に彼に与えられているのと同様である。特殊な問題の解決に迫られない限り，彼はこの秩序立てられた世界の構成を通常問題にしない。経験連関の内部の諸秩序は，この場合には経験された体験の総合的意味連関として意識されている。

　いくつかの例をあげて，この経験された体験の総合による秩序が何を意味するのかについて明らかにしよう。まず第一に，自然的人間がおかれている外的自然界についての経験およびその諸事物，1つには生命のない事物，2つには生命ある事物についての経験があげられる。自然的人間は事物や同僚についての経験，社会集合についての経験，さらには同僚の行為によって産出される物質的世界の諸対象についての経験，制作品，しかも「文化対象」としての特殊な機能をもっている諸対象につ

---

[78] これについては上述74頁以下の「注釈」を参照せよ。

いての経験を「所持」している。さらに［第二に］自然的人間は，よく知られている意味でのいわゆる内的経験の領域に属する総合をも所持している。これには単に彼の以前行った判断作用に基づく産出物の一切も同様に含まれる。この場合この産出物は事実として措定的に遂行作用によって構成されたものであるのか，中和化の意識の中での試演，想像の中での試演によって構成されたものであるのか，そのいずれでもかまわない。これらの経験はみな，外的なものと内的なものとを問わず，自然的人間にとっては高い準位の意味連関であり，これについての経験をも彼は所持しているのである。そのようなわけで，その時々の〈今このように〉における自然的人間の経験には，科学や技術への様々な経験の組み入れという経験，およびこの科学自体のもつ意味連関，たとえば形式論理についての経験も含まれている。以上の組み入れと対応する実践的ならびに価値的領域における類似の経験，つまり行為の準則の意味連関についての経験や価値付与されたものの価値の連関への組み入れという経験も，この経験の一部をなしている。

　その時々の経験連関が組み入れられる諸秩序について私たちはこれまでみてきたのであるが，これを以下では経験の図式[79]と呼ぶことにしよう。この概念を定義すれば次のようになる。経験図式とは私たちの経験している諸体験の１つの意味連関のことである。しかしこの意味連関はその経験している諸体験の中で既に構成された経験の諸対象性を把握するのであって，その経験している諸体験が経験の諸対象性へと構成された，その構成過程の仕方にはかかわらない。その構成過程の仕方とこの構成過程自体はむしろ顧慮されないままであり，その構成されたものが疑問の余地なく与えられているのである[80]。もちろん私は問題のないど

---

[79] 定義から明らかなように，私たちの図式の概念はカントの図式(シェーマ)とは何の関係もない。カントの図式（『純粋理性批判』B185）とは想像力の所産である。

[80] これについてはフッサールの「科　学(ヴィッセンシャフト)」論を参照せよ。「科学は思考結果が知識の形式において保存でき，さらなる思考のための命題文の１体系（アウスザーゲザーツ）という形式において利用できる場合にのみ可能である。その際この命題文体系は，論理的意味から明確であるが，しかし表象については明確な支えを欠いており，したがって洞　察(アインジヒト)なしに理解されるか，さもなければ判断に

の経験の図式も,適切な注意の注意作用によりいつでも1つの「疑わしい」図式,1つの問題的図式にすることはできる。

　私たちは,経験の図式を意味連関として定義づけることによって,これに形式的定義ならびに実質的定義を与えたことになる。形式的定義とは,経験の諸図式の構成の仕方を,その経験している諸体験の複定立的諸作用によってより高い段階の総合として説明することである。実質的定義とは,単定立的に振り返られるどの複定立的総合にも,その総合で構成したある全体対象が,本質的に対応している限り[での説明]である。以上に示した形式的ならびに実質的規定理由に合致する,意味連関にある経験している諸体験について,私たちはこのような諸体験は相互に〈符合関係〉(アインステミィヒカイト)にあると表現しよう。この表現によって1つには経験している諸体験の相互的基礎づけ合い,次には経験している諸体験の1つの経験の秩序への総合的構築,加えてこれらの諸秩序の間の意味連関(これは「その時々の〈今このように〉における私たちの経験の全体連関」とか,既に名づけたように「私たちの経験している諸体験の最高の意味連関」ともいわれる)さえ考えられている。したがってどの〈今このように〉においても,私たちの経験は符合的関係に立っている。ということは,私たちの経験の全体連関そのものが私たちの経験する諸体験の位相的構築の中で遂行される総合に他ならないということである。またこの総合には,その時々の〈今このように〉における私たちの知識の総体である1つの全体対象が対応している。もちろんこの経験連関の内部には矛盾し合うような経験が現れることもあるにはあるが,しかし常にその経験の単位は保たれ続ける。「あらゆる判断に先立って経験の普遍的基盤があり,それが常に可能的経験の符合的単位として前提される。この符合的関係においてすべてがすべてと実質的に『かかわり合う』のである。確かに経験の単位に符合がみられないこともありうる。しかしその場合でも重要なことは,矛盾するものが矛盾しあう相手と相互に1つの本質ゲマインシャフトをなしているということである。関連し合っている経験の単位,しかも矛盾した仕方で関連し合って経験の単位においてすべてがすべてと基本的ゲマインシャフト関係にあるのである。そうであるからど

　　よって現実化されるものである」(*Ideen,* S. 124)。

のような本来的判断の内容も，これに関連して進行するどのような判断も，その判断の基盤にある，経験の総合的単位における内容の連関を介しての連関があるのである[81]。」

すべての経験図式が構成済みの諸対象性として中に入っている，経験の単位は，その都度の〈今このように〉におけるその先行与件が構造的に同質であるかのように，すべてこれらの手元にある経験図式が1個同一の明瞭性の程度において現存するかのように，すべて「意識的に」存在している対象は「愛着という可能的意識からみて同等である」かのように理解されてはならない[82]。むしろ経験の図式もまた，その地平と視座，その暗さと明るさがあり，こうしたことを注意の視線によって気がつくのである。つまり注意の視線において私はその時々の〈今このように〉の「生への注意」を変えながら，それらの経験の図式に目を向けているのである。

第16節　解釈図式としての経験の図式
　　　　－自己解釈と解釈，問題と関心

経験の図式にある特殊な課題が生ずるのは，ある眼指に捉えた特殊な意味を構成する場合，したがってもっと後の〈今このように〉からの私によってその過ぎ去った体験を自己解釈する場合である。ある体験を経験の全体連関に組み入れるという特殊な意味付与を，私たちは自己解釈と定義づけた。この組み入れは，再認の総合において，組み入れるべき体験を経験の手元にある図式に引き戻して関係づけることにより，また志向的にこの体験の同一の核を固定することによって行われる。それ故解釈すべき体験は既に与えられているこれと同一の経験対象へと還元されるのである。しかしこのことは，そのような還元が注意作用そのものから切り離すことのできる，ある特殊な作用において行われることを意味しない。いうまでもなく，ある経験的作用（たとえば知覚）の構成分析においては2つの作用方向〔組み入れと注意作用〕が指摘される。これに対して回想的眼指には，注意作用と組み入れ，知覚と再認が一緒に生

---

[81] Husserl, *Logik*, S.194.
[82] Ebd., S.254.

じたようにみえるのである。

　上述のことからおのずと明らかなのは，ある体験の経験としての全体連関への組み入れは多様な仕方で行われるということである。これは，判断対象の概念的・理論的定式化から瞬間的〈今このように〉における単純な把握に至るまでのあらゆる段階において行われる。これは，知性，感情ないし意志の領域のあらゆる活動を含んでいる。この組み入れは，きわめて複雑な先行与件の諸意味連関に単定立的に目を向けながら，それらを自由に遍歴しつつ一瞬の把握で行われたり，問題的体験を構成作用の位相的再遂行で行われたりする。習慣的な漠然とした把握，あるいは最大限のはっきりした明晰さで行われたりする。この無限ともいえるほど多数の，様々に絡み合って現れる組み入れの仕方それぞれには，ある別の図式（あるいは，ともかくも別の変様した図式）が対応する。この図式自体も，曖昧模糊としているものから最大限にはっきりしているものに至るまでの様々な明晰性の段階がある。

　総合的再認によってある体験を経験の図式に組み入れる過程を，私たちはこの体験の〈解釈〉Deutung と呼ぶことができよう。解釈という語は，通常の慣用的語法では，ある記号にそれが指示しているものを分類（割り振り）し，帰属させるという意味であるが，ここでは，これよりも広い意味で用いたい。解釈とは，この場合未知のものを既知のものに戻すこと，注意作用において把握したものを経験の図式に引き戻すことに他ならない。したがって自己体験の解釈過程の際，この経験の図式にはある特殊な機能が伴う。経験の図式は，出来合いの，知識（もしくは先行知識）という様式においてその都度手元にある，予め範疇として形成されている素材の間の意味連関であり，この知識（先行知識）へと解釈すべき体験が新しい総合作用において引き戻されるのである。その限りにおいて経験の図式は解釈図式であり，以下において，私たちはそのようなものとしてこれを特徴づけることにしたい。ある記号のある記号体系への分類のために，「解釈図式」という用語が特に用いられるが，この分類は総じてたった今示したばかりの自己 解 釈 という事象の特殊ケースでしかないのである。

　ところで，自己解釈の過程において実行される思念した意味の構成に関するこれらの論述は，意識において，体験が一回起的でもはや組み入

れることのできない体験としても現れる事情と矛盾するように思われる。この原因は，体験が注意作用において把握しうる範囲がその体験の「親密性」の程度に依存しているという点に求められる。前に私たちは一群の直接現在的体験について言及したのであるが[83]，この直接体験は—少なくともその体験の仕方に関する限り—反省的視線の及びえないことである。私たちは，このことを以下では正確に次のように主張しなければならない。即ち，この〔直接的現在的〕体験の経験的図式への組み入れや，この体験のある特殊な意味付与は不可能であると。なぜならこの体験の親密性，したがってこの体験が本質的に内的持続の時間位置と結びついていることは，同一核の固定化を許さず，それ故に再認の総合の試みをも許さないからである。これとは反対に，「新たに」現れるある体験，つまり同一核が再認の総合においてどうしても経験的図式に分類されえない体験の場合，その体験が初回性のものであることを確定するには，事情の如何を問わず，必ず手元にある経験的図式への引き戻しが含意されていることに私たちは十分注意しなければならない。結果として，この引き戻しの試みが失敗に終わったのであり，当の経験が自己矛盾に陥り，これまでは問題のなかった経験的図式の妥当性に疑念が生じたということなのである。ある現象が説明不可能であるとか説明を要するというのは，何よりもまず，問題のない対象としての経験的図式の中にその現象が組み入れられないことを意味しており，したがってこの他ならぬ図式が疑問に付され，同時に自らが問題化することを意味しているのである。

　私たちがこれより明らかにしなければならないことは，ある体験を自己解釈する場合にはその都度用いられる解釈図式が，いかなる基準に従って多数の相互に符合し合っている解釈図式の中から選び出されるかである。なぜなら知覚の総合は，常にはじめから一義的で明確に規定されているわけでは決してないし，いかなる体験も唯一つの解釈図式のうちに組み入れられるわけではないからである。むしろ自己解釈されるいかなる体験も，ノエマ核の同一性を妨げずに，多様な解釈の可能性（ノエシス）を基本的に包含しているのである。あらゆる体験の意味は反省的

---

[83] 本書第2章第7節86頁以下をみよ。

注意作用においてはじめて構成されるのであるから，この体験は，既にみたように，常にその時々の〈今このように〉という指標をまとっている。再認の総合も，これとならんで〔体験の〕組み入れが行われる解釈図式も，その時々の〈今このように〉という指標をまとっている。この複雑な事態を解き明かすためには，かなり厄介な立ち入った研究が必要とされる。ここでは次の点を指摘するだけで十分である。即ち，当該(レリヴァント)の解釈が経験の全体連関から選択されるのは，注意の変様によってであり，この注意の変様を被るのは，まさに組み入れるべき体験に対する私の注意とその時々の〈今このように〉における経験のストック全体に対する私の注意であるということである。逆説的に言えば，問題として提起される事態が，組み入れるべき体験が，組み入れの行われる解釈図式そのものを規定するということである。

　しかしこれは問題を先に引き延ばしたにすぎないのではないか。一体問題の提起ということは一般にはどのようにして生ずるのであろうか。注意が向けられる体験は，持続的私のあらゆる他の体験のうちからどのようにして選択されるのであろうか。ここで専ら答えられることは，注意自体が，つまり私による問題提起が，私の〈今このように〉における自発的能動性の自由な作用であるということである。もちろん問題の選択が一度行われてしまうと，したがって問題が提起されてしまうと，今度はこの問題選択の理由についての意味とともに，問題に対する「関心」について後ほど[84]明らかにされる，ある〔意味〕連関が問われるようになるのである。

　ここには免れえない1つの〈論点の先取り〉がみられないだろうか。解釈図式が解釈すべき事柄によって一緒に構成されるということは，どのようにして可能であろうか。したがって，ある意味で説明を要するものがそれ自身の説明図式を規定するということは，どのようにして可能であろうか。この論点の先取りの危険性は，みかけ上のものである。これは，原則的に異なる2つの考察様式が混同され，一方の問題状況が他方の領域におけるそれの鏡像と対置されることによって，そのような思い違いがなされるのである。

---

[84] 本書第2章第18節153頁以下をみよ。

つまり私たちが解釈図式はその時々の〈今このように〉に依存しているという点を強調する場合には，私たちはその解釈図式の構成過程を研究しているのであり，「解釈図式の意味の歴史について尋ね」，超越論的構成の研究に携わっているのである。他方，私たちが解釈図式を解釈すべき当該事態に適用する場合には，既に構成済みの解釈図式，したがって形式論理学の理念的対象を念頭においているのである。この２つの考察様式を目下の論述で厳密に区別することが，「解釈図式」という用語の中に含まれている曖昧さを取り除くであろう。しかし根本的にみるならば，みかけ上の循環論についてのこの解決も，純粋持続内の体験の構成と時空的世界の構成対象の存在，生成の考察様式と存在の考察様式，生と思惟というかねてより私たちが強調している根本的対立に対する異なる領域からの新しい１例証なのである。

論述を進める必要上，ここではその基本的特徴についてだけ述べたい。私の自己解釈の理論をさらに展開したり，場合によってはこれを部分的に修正したりする機会があるであろう。これは，もちろん間主観的世界における意味措定過程ならびに意味解釈過程の分析という枠の中ではじめて行いうるものである。とはいえこの問題に移る前に，自発的能動性に基づく前もって企図された作用，つまり行為というものに固有の意味連関，即ち動機連関について分析したい。これによって私たちには，意味連関の一般的基礎理論と自己解釈の理論を１つの例によって分析し，吟味する機会が与えられるのである。加えて，この例〔動機連関〕の分析は，理解社会学が「行為の思念された意味」という用語に付与している意味合いをさらに明らかにしてくれるものである。

第17節　意味連関としての動機連関

A　「目的」の動機

予備的考察において[85]既にヴェーバーの動機理論を学んだ。動機は，ヴェーバーによれば，行為者自身もしくは観察者にある行動の有意味的「根拠」として現れる意味連関である。私たちはこの命題に対する批判を

---

[85] 上述第１章第４節52頁以下をみよ。

これまで行ってきたが,考察をさらに進める前に,もう一度その批判の要点をまとめておこう。

1　ヴェーバーの動機の定義は,行為者自身によって彼の行動の有意味的根拠として体験される意味連関と,観察者によってこの行動に推測される意味連関とを一緒にして把握している。しかし行為者による行為の自己解釈とこの行為の他我による解釈とは,「思念された意味」の理論にすぐさま通分するのは不可能である。私たちはこの中途半端な点がヴェーバーの他者理解の理論に致命的結果を与えていることを指摘したが,この事情についてはもっと詳細に振り返ってみなければならない。さしあたり私たちは,行為者自身に「彼の行動の有意味的根拠」として現れる「動機」だけを問題にする。というのは,以下の考察は,第2章全体がそうであるように,孤独な私の領域を専ら取り扱うからである。

2　ヴェーバーにとって「行動」ないし「行為」は,はっきりと境界づけられたある統一的事実であり,したがってこの統一性についてあれこれ詮索しなくとも,ただちに操作できるものである。私たちの時間分析は,達成的行為に先立つ企図から行為の構成を説明し,行為の統一性をこの企図の幅に還元したのである。このようにして一度行為の統一性についての主観的根拠づけが行われ,それが企図の〈今このように〉に依存していることが明らかになると,統一性として捉えられるある行為の「有意味的根拠」もまた,常に行為者の一定の〈今このように〉と関係するにすぎず,そこからこれをどうしても補う必要があるという結論がでてくる。

3　「意味連関」の本質およびそれとある具体的行為の意味との関係は,ヴェーバーにあっては説明されないままである。そのためにヴェーバーは,いわゆる説明的理解ないし動機的理解を直接的理解に並べており,行為の「思念された意味」が行為の動機と同一であるのかないのかをはっきりさせないままにしている。私たちは,前述のところで意味連関の概念を明らかにした。以下では,動機連関が行為者にとって実際に意味連関であるのかどうか(もしこの問いが肯定されるのであれば),それはいかなる特殊な構造を示すのかについて調べなければならない。

4　ヴェーバーがあげている事例からわかるように,「動機」という用語で彼は,あるときは行為の「目的」,つまり将来の出来事に対する行為

の方向づけを指したり、またあるときは行為の「理由」、つまり過去の体験に対する行為の遡及関係を指したりしている。この2つの用い方については何の顧慮もなされていない。そこでこの2つの動機概念について私たちは問題にしたい。

　行為の「目的」が、したがって将来の出来事に対する行為の方向づけがその動機として特徴づけられる限りで、有意味的行為に関する私たちの時間の分析は、必要な解釈を既に尽している。それぞれの行為は、企図に従って遂行され、また未来完了時制的に経過してしまったかのように想像される達成的行為によって方向づけられている。行為の統一性は専らこの企図によって構成される。そしてこの企図の幅は行為のはっきりした計画性の程度に応じて様々でありうる。このことは、周知の中間目標を伴う合理的行為の例によって明らかとなる。たとえば、私が近所に住んでいる友人を訪問する計画を立てたとしよう。このためには、私は椅子から立ち上がらなければならず、私の身体の種々の筋肉を緊張させたり弛緩させたりしなければならない。控室を通って自分の住居のロビーに出て、階段を降り、友人の家の方角に沿って街路を歩いていかなければならない、等々。その途中で私の外出のいわゆる「有意味的根拠」を誰かに尋ねられたとすると、私は今隣町に住んでいるA君を訪問するつもりであると答えるであろう。A君を私が訪問するという企図が、以上に記述したすべての達成的行為にとっての「動機」である。なぜならA君と話すことが私の企図した達成的行為の最終目標であり、その他の一切の達成的行為は「A君を訪問する」という、企図された達成的行為に方向づけられた、中間目標にすぎないからである。しかしながら、私がA君を訪問する計画を立てたということ、したがって「A君の家に行くこと」を未来完了時制的に遂行されたかのように想像したということによって、私にとってはこの目標に方向づけられる達成的行為が1つの意味連関に入るのである。

　動機が行為者からその達成的行為に結びつけられる予期を表わす名称である限りで、動機連関とは、その達成的行為を企図したことによってある個別の遂行的行為が行為者にとってもつ意味連関であると定義することができるであろう。この事態は次の命題で表現することもできる。つまりその遂行的行為が方向づけられる、未来完了時制的に経過したと

第2章　各自の持続における有意味的体験の構成　141

して企図した達成的行為が，行為者にとっての動機（即ち「目的-動機」）であると[86]。

　以上の例とは違って，仮に自発的能動性に基づく行動の領域以外にある諸経過が企図の中に含まれている場合でも，その経過，あるいはまた既にその始動において遂行的行為から独立している物質的世界における因果系列の事象のようなものが考慮に入れられる場合でも，この定義にはいかなる変様もみられない。私がたとえば，友人と話すために電話機に然るべき操作を行うとき，この操作はもちろん次のような予期に方向づけられている。つまり私の行為によってある一定の物理的経過（その装置の厳密な因果法則に基づいて経過する働き）が始動し，これが「経験によれば」私の目標（つまり友人と話をすること）に達するために役立つということである。なぜなら対象的行為によって始動する，この物理的，因果的に決定された経過の出現もまた，疑いなく私によって予期されるからである。とはいえこの経過は，特定の人物に電話で話をしたいと願っている私にとっては専らこの計画と意味連関があるにすぎない。この経過はA君に話をするという私の企図の実現のための単なる手段である。しかしこれについては，自分の経験連関から（企図の時点で）予期できる，自分の引き起こす因果連鎖の結果を，私が未来完了時制的に既に生起したかのように想像することによって，これを計算に入れていれば十分なのである。結果の生起について予期する人は，どのようにこの因果連鎖が個々に経過するのかを知る必要はないし，またこれを一般的には知らないのである。電話機を利用する人で「どうして」電話が「作動する」のか，つまり電話の利用者が「呼び出し」を行うことによって，どのような物理的事象が引き起こされるのかをはっきり理解している者は，ごく僅かでしかない。電話の装置が始動すれば規則正しく一定の結果が生ずるということは，これらの人々にとって自明のことであり，したがって電話を利用するときも，彼らはこれを念頭に入れているだけで

---

[86] ここでもプフェンダーの2著書(Alexander Pfänder, *Phänomenologie des Wollens*および*Motiv und Motivation*, 2.Aufl.,1930)を参照している。本書の論述が内容も術語もプフェンダーの論述と重要な諸点でくい違っているとしても，私は基本的見方においてプフェンダーと一致していると思っている（たとえば，同書95頁-104頁を参照されたい）。

ある。以上のことは，この結果を引き起こすことがこの因果連鎖を喚起するための動機である人々にとっては，彼の経験連関の中で企図した結果が彼の措定すべき原因と因果的に結びついていることを予め経験済みのこととしている。これはすべてある一定の〈今このように〉におけるある個別的な私の先行与件である経験の蓄えや同様の関心状況との関係においてのみ当てはまることである。たとえば，電話機を操作する際に設計家や技師は，もはや質問さえ思い及ばないような因果連鎖を目にとめている。物理的事象についての明確な知識をもとにして，彼は一定の活動を企図するのであり，この活動を引き起こすために彼は彼の経験をもとに企画された結果に「適合的」であるような原因をセットするのである。彼にはこの結果を引き起こすこと自体が最上位の企図した行為目標[87]であり，これを目指すすべての遂行的行為の意味連関であり，したがって先の定義の厳密な意味における「目的-動機」である。物理的装置ではなく，ある他我の遂行的行為が目標を達成するための手段として中間に設定されるような社会的領域における場合も，先回りして言えば，事情は同じである。

　したがって私が，私の具体的遂行的行為の動機はある〈…のために〉仕えることであると述べる場合，私がこのことによって思念しているのは，その遂行的行為自体がある企図の意味連関における手段にすぎないということである。そしてその企図において達成的行為は私の遂行的行為によって引き起こすべきものとして〈未来完了時制的に〉modo futuri exacti 経過し去っているであろうと想像されている。私の遂行的行為の「動機」についての問いに対して，その行為目標がなおも未来という時間的特性を帯びている場合，その達成的行為が企図されはしたが，具体的行為によってこれがまだ実現されていない場合には，私は通常「のために」で回答するのである。この「のために」の動機連関は，未来完了時制的に経過し去った達成的行為が専ら予想という仕方で想像されることを前提している。しかしながらこの達成的行為に通ずる遂行的行為や，これにつきものの自発的能動性の体験（これは予想に対して充実もしくは

87　言語上の理由から私たちは〈行為目標〉ハンデルンスツィールというより正確な術語を避ける。

非充実の関係に立つ）が欠けている。なぜなら経過し去ったものとして予想される達成的行為には相変わらず虚的未来予持が付着しており，それ自体が不確実性の様相の中にあるからである。「のために」という遂行的行為の動機の意味連関を理解しているのは,他ならぬ企図はしたが（しかし遂行的行為において今なお実現されていない）最終の行為目標を目指している行為者のみである。彼は，予め企図した（それも未来完了時制的に経過したであろうとして指定される）全体としての行為を再生において一条の視線で眺めたり，同時に（過去把持もしくは再生において）企図した遂行的行為の全体を遂行する際に実際に生じている，ないし生じた遂行的行為の部分に目を向けたりする。ところで，最上位にある行為の目標には常に未来という時間的特性が相応しいという場合，これによってこの時間的特性は絶対的なものであるということが思念されているわけではない。先ほどの例とのつながりで，私は友人と話をするために家を留守にしていて，帰宅するとすぐに私の不在であった訳を尋ねられたと仮定してみよう。私はこの場合にも A を訪問するために外出したということができるのである。この情報を知らせる時点では，疑いもなく外出を動機づけた最上位にある行為目標，A君の訪問を私は既に成し遂げているか，それとも徒労に終わったかであり，いずれにせよ「現実化してしまった」後である。とはいえ〔A君の訪問という〕最上位にある行為目標には相変わらず未来の時間的特性が含まれている。つまり私が言明するその時点には虚的未来予持と非充実性の特徴とが刻まれているということである。日常生活ではこの2つの時点が区別されず，またいかなる「目的の文章」にも「理由の文章」に代替される言語的可能性があるが故に，ここではこの両者の相違に注意を向けてみる必要がある。たとえば「私はAと話したかったものだから，外出した」とか「私はAと話したいので外出してくる」がこの例である。私たちは「目的の文章」と論理的に等価であるような「理由の文章」を「仮の理由の文章」と呼ぶことにしよう。このような二重の表現が可能であることに，私たちは次の点で興味を引かれる。つまり一方の話し手のほうは未来のまだ充実されない行為目標を念頭に置いているのに，他方の「仮の理由の文章」を用いる聞き手のほうは過去の企図を念頭に置いているという点である。ここにもその遂行的行為が一方では先行した企図との再帰関係として理

解され，他方ではその遂行的行為によって実現すべき達成的行為への方向づけとして理解されるという遂行的行為の二重の意味関係の例をみるのである。

ところで未来完了時制的に企図された達成的行為と，この企図された達成的行為に通ずる遂行的行為を自己構成するすべての中間目標ないし手段との間の独特の意味連関については，もっと詳細な説明が必要である。それぞれの意味連関にとって重要なことは，一定の，位相的に構成される経過が単定立的に単位として念頭に置かれ，その経過があたかも既に構成済みであり，経過してしまっているかのようにみなされていることである。そうすると今度は次の問題が生じてくる。つまり達成的行為の総合（またこれとともにその達成的行為の目標）がはじめて構成される，複定立的に自己構築的な遂行的行為の諸作用がまだ何も措定されていないのに，その位相的な遂行的行為に時間的に先行する企図において，単定立的に構成されるその単位としての達成的行為に一体いかにして目を向けることができるだろうかという問題である。これは次のように説明される。即ち他ならぬその企図自体が，企図された達成的行為と同種の[88]以前の諸々の達成的行為に必然的に参照しており，これらの達成的行為が企図の時点において自己体験したものとして一致した経験連関の中に組み入れられているからであると。そして独特な注意の態度によってこれらが再生されたり，あるいは受動的「知識」という特殊な仕方で現存しているからであると。

未来完了時制的に遂行したものとしてのある達成的行為を企図するためには，私は予めそうした行為経過についての予備知識を過去時制的に保有していなければならない。したがって位相的に構築する複定立的諸作用において構成され，単定立的に単位として注目されるその企図と同種である諸々の達成的行為が先行していなければならないのである。そのような作用遂行が頻繁に行われ，非常に沢山の同種の達成的行為が単

---

88 ここで同種のといわれているものは，広範囲に及ぶ困難な考察なしに明らかにすることはできない。その上これは一般現象学の主題に属するものである。ここでの目的にとっては，多様な射映の中に一個同一の意味の核（ここでは現象学的表現で用いられている）がこれによって仮定されるということで十分である。

定立的眼指で注目されるにつれて、それだけいよいよ単定立的に眼指で捉えられる行為目標の位相的構築は問題ない〈所与〉へと化していく。このような事情から練習とか習慣があらゆる種類の行為に及ぼす影響が明らかとなる。技術的な業のような行為は、「習練を積み重ねる」につれて、ますます個々の位相は念頭におかれなくなり、当初の構成的・構築的作用の中で中心におかれた把握一切がますます問題ない所与として現れてくるのである。

　企図の幅自体も企図の時点では問題ないものとみなされている中間目標、したがって予め経験されている中間目標に依存していることは、指摘するに難くない。企図される達成行為が日常的であればあるほど、それだけいよいよ企図の幅も大きくなる。つまりそれだけ多くの将来において複定立的に遂行される作用が、予想の中で未来完了時制的に一瞬のうちに把握されうるということである。ここにも、既に何度か指摘したように、自己体験の自己解釈が実用的に規定されている例をみる。なぜならあらゆる企図は、計画された行為の中で構成される意味を（明示的なことは稀であるにしても）再認の総合において以前に遂行した「同種の」達成的行為にまで遡って関係づけ、これと同定しながら、自己解釈を予科しつつ当の意味を「解釈する($\underset{ドイテン}{解釈する}$)」からである。したがって意味連関としては動機「のため」も、その時々の〈今このように〉における経験連関の上に、とりわけ企図の際の〈今このように〉における経験連関の上に基礎をおいているのである。もちろん目的・手段の連鎖も過去の同種の手段で同種の目標を達成した諸々の体験の連関である。「のため」といういかなる動機も、この目的・手段連鎖についての予知を「等々」や「何度も繰り返すことができる」という理念化において前提しているのである。

　どの程度までこの意味構造が過去に遡及するかは、再び企図の幅に規定され、実用的に規定されている[89]。かくして企図も行為目標自体も問題のない所与の領域に移ることができる。そして行為の自然な成り行きから外れるような何らかの事情——たとえば誰かが私の行いの目的を尋ね

---

[89] ヴェーバーのいわゆる〈伝統的行為〉は、専ら次のように特徴づけられる。つまり過去とのこのような照合が曖昧でもつれ合っており、ただ単に「先例」ばかりでなく、行為目標もその都度「当然のこととして与えられている」と。

るといった事情—が生じたときにはじめて，行為目標や企図への注目がなされるのである。行為者が行為目標自体を念頭に置くか，過ぎ去った企図を念頭に置くかに応じて，行為者はこの質問に「目的の文章」もしくは「仮の理由の文章」で回答するということを，以上でみたのである。

第18節　意味連関としての動機連関（続き）

B　真の理由動機

　仮の理由の文章には，目的・動機に転換できない真の理由の文章が対置される。1つの例によって私たちは，この真の理由動機の性質を明らかにしてみよう。仮に私が，ある殺人犯について，彼はその人の金を奪うために殺人という行為に走ったのだ，と述べたとする。私は，この場合彼の行為の目的・動機についての言明を行ったのである。さらに私が，殺人犯はその期待した金をある目的に使おうとしたのでそのような行為に走ったのだ，と述べたとする。この場合にもこの言明の構造は前の言明と違っているところはない。ただ殺人犯の心の底にある企図の幅が広げられただけである。つまりこの言明では，金を手に入れることは中間目標にすぎず，彼の念頭にある特定の金の使途が企図される行為目標であるとされているのである。これに反して，仮に私が，そのような行為を仲間から唆されたから，当人は殺人を犯したという言明を行ったとする。この言明は，先の場合とは性質が異なっている。これは殺人犯が未来完了時制的に位相的に経過した遂行的行為を単定立的に措定し達成的行為を企図することとは何の関係もない。この言明は，未来の遂行的行為の企図からではなくて，むしろ殺人犯が既に実際に行った達成的行為から発している。この言明の意味は，過去の特性を帯びている経過した体験と別のこれまた過去ないし過去完了の特性を帯びている諸体験とを，1つの意味に連関づけることにある。いうまでもなく「殺人犯はそのような行為を唆された」という確認には大抵彼の行動についての説明を見ている。「説明する」とは，この場合明らかに殺人犯の一定体験，つまり仲間の影響力が次のような「性向」を生んだということに他ならない。彼は金を手に入れるという行為目標を，たとえば「働く」といった他の手段に頼らないで，「殺人」という手段によってこれを手に入れようと企図

第2章　各自の持続における有意味的体験の構成　147

したということである。ここに私たちははっきりと目的-動機と真の理由-動機との違いをみる。目的-動機の方は企図から出発して達成的行為の構成過程を説明するのに対して、真の理由-動機の方は過去完了的諸体験から企図そのものの構成過程を説明するのである。

　自己体験の領域から例を引いて、この事態を明らかにしよう。たとえば「雨が降っているから、私は傘をさす」というとする。第一に私たちは、この言葉に含まれている仮の理由-動機もしくは目的-動機を真の理由-動機から区別しなければならない。目的-動機は、たとえば「雨を避けるために私は傘をさす」といった文で言い表すことができる。企図には、雨で着物が濡れると私は不快な気持ちになるという考慮が先になされている。しかしこの考慮が企図より先になされているからといって、これは「目的の系列」の一部とは言えない。なぜかというとこれは企図そのものと一緒にはじめに現れるからである。それ故不快なことが生ずるのを防ぐために、私はある達成的行為を企図するのである。その達成的行為自体、即ち傘をさすことは、この先行した企図によって方向づけられ、他方その企図の方は、たとえば広げた傘によって自分が着物が濡れて不快な気持ちになるのを避けられるといった判断において、その達成的行為を未来完了時制的に既になされたものとして措定するのである。そのようなわけで位相的構成としての遂行的行為は、達成的行為を単定立的に措定した単位として把握する企図と意味連関しているのである。以上で明らかなように、企図自体が、たとえば「傘をさせば、雨に濡れずにすむ」といった一般命題によって表現される経験連関に基づいている。私はこの命題の妥当性を既に繰り返して経験してきたし、この命題は、素朴に遂行的行為を実行する限り、私には問題のないもののように思われるのである。したがってこの目的-動機（仮の理由-動機）が考慮されている限り、以上の分析につけ加わるものは何もない。

　ところで、「雨が降っているので、私は傘をさす」という言葉には、「目的の文章」に置き換えられない真の理由-動機が潜んでいる。それは「私は雨が降っていることに気づく」と言い直すことのできるものである。この知覚には、雨で着物が濡れる、これによって不快な気持ちになる事態が生まれるといった、一連の観念が「結びつけられる。」要するに「傘をさす」という達成的行為の企図よりも前に与えられる、こうした一連

の観念が結びつけられるということである。それ故私の意識には雨が降っていることの知覚から,そもそもそれを回避する遂行的行為の企図——これは傘をさすという形をとったり,雨宿りする場所を探すという形をとったりする——が構成されてくるようにみえるのである。したがって真の理由-動機は企図の構成化を動機づけるのに,仮の理由-動機ないし目的-動機は構成された企図をもとにして構成される達成的行為を動機づけるわけである。「目的の関係」では動機づけとなるのは既に先行した企図であり,動機づけられるのは企図に基づいて実行される遂行的行為である。他方「真の理由の関係」では動機づけとなるのはその企図に先行した体験であり,動機づけられるのは構成される企図そのものであるということである。ここに目的-動機の関係と真の理由-動機の関係との基本的な相違が存在する。

　要するに目的関係では,動機づけられる体験(自発的能動性に基づいて位相的に構成される遂行的行為)は動機づけの体験(企図そのもの)の中で予想される。未来完了時制的に行われたものとして表象されるのである。こうした関係は真の理由関係には決してみられない。「傘をさす」という企図は「傘をさす」という実際の遂行的行為に対する予想,事実ではなくて具体的に想像される観念である。逆にいうと,遂行的行為を動機づける企図に対して,その遂行的行為は充実ないし非充実の関係にあるということである。しかるに雨が降っているのに気づくというだけでは,まだいかなる企図も示されない。なぜなら「雨に身体をさらすと着物が濡れる,これはよくないことだから,なんとか雨を避ける工夫をしなければならない」という判断は,「雨が降っている」という知覚とそれだけでは何の「結びつき」もないからである。「結びつき」がはじめて現れるのは,私の経験の全体連関に注目するような特殊な〈注意の変様〉を引き起こすときである。上記の判断の対象がこの経験の全体連関の中に見出されることはもちろんである。たとえば私が部屋の中から雨の降っていることに気づくとする。この場合には,私の経験の中にたとえば仮説的な遂行的行為の準則としてこうした判断の連関が貯えられているとしても,こうした判断内容を再生することはないし,また企図を構成することもない。

　私たちは今や真の理由-動機の意味連関をやや一般的な形で次のよう

第2章　各自の持続における有意味的体験の構成　149

に特徴づけることができるだろう。真の理由-動機では動機づけの体験と動機づけられる体験とがともに過去という時間特性を帯びているということである。真の〈なぜ〉という問題提起は、一般に動機づけられた体験が経過した後にはじめて可能となるのであり、この体験は既に経過したもの、完了したものとして注目されるのである。動機づけの体験は動機づけられる体験とは異なって、過去完了的なものであり、それ故私たちはこの過去完了的な体験への立ち帰りを過去完了時制的思考と名づけることができよう。過去完了時制以外のどんな仕方によっても、私はある体験の真の理由を解釈できない。なぜならこの理由を解釈しようとすれば、私は動機づけられる体験（私たちの場合では企図）そのものに目を向けなければならないし、この体験の方も、自己所与的充実においてであれ、未来完了時制的想像においてであれ、既に経過し去り過去となっていなければならないからである。したがって真の理由関係の意味連関は、常に事後的な自己解釈なのである。

　私たちの例で示してみると、ことの次第はこうである。まず雨に気づくことは傘をさすことと何の結びつきもなく、最初はただ雨が降っていることに眼指を向けるにすぎない。しかしやがてこの雨の知覚は、私の経験の全体連関に対する特殊な注意の注意作用を呼び起こす。しかも――この注意作用の実用的構造の故に次のような手元にある判断対象を際立たせるのである。「着のみ着のままで雨に身体をさらせば、ずぶ濡れになるし、また濡れれば気持ちが悪い。濡れる危険にあうと傘がさされる（つまり、未来完了時制的に経過したものとして想像された傘をさす遂行的行為）。それ故私は傘をさすであろう。」これだけではまだ雨の知覚と傘をさすこととの間には、いかなる直接的意味関係も存しない。しかし私が上述した仕方で「傘をさす」という遂行的行為を企図してしまったとか、今まさにこれを実行しようとする矢先に、今度は私が新しい〈今このように〉からどのようにしてこの企図の構成に至ったのかを自問するとしよう。この場合には私は一瞥して複定立的に構成される「雨の知覚」から「傘をさす」までの達成的行為を要約して、何故私が傘をさしたのか、と尋ねる連れに対して「雨が降っているから」と私は答えるであろう。私がこれによって表現しようとしているのは、私が注目する、真の理由関係を動機づける構成部分である。目的関係の観点から答えなけれ

ばならないとしたら，私は「濡れないために」と答えるであろう。私の遂行的行為の真の理由-動機と私の行為との意味連関は，ただ回想的眼指でのみ構成される。回想的眼指は，経過し動機づけられた遂行的行為と過去完了時制的に企図された動機づけの体験を同時に把握するのである。まさにこのことの故に，真の理由関係における動機づけと動機づけられるものの意味連関もまた，私が過ぎ去った，動機づけられた体験とこれを動機づける過去完了的な体験を振り返る際の〈今このように〉に応じて，常に異なったものとなるのである。

今や私たちは，予備的考察によって行ったある遂行的行為の動機と主観的意味との区別もわかってくる。その遂行的行為自体の意味を，私たちはこれに先行している企図に特別の注意を払うことのうちに見出す。企図は，未来完了時制的にこれを先取りし，そのようにしてはじめてその遂行的行為を1つの「そのような」遂行的行為にするのである。遂行的行為が企図の幅の中で構成される単位と解される限り，遂行的行為の目的-動機は企図される達成的行為であり，これが経過している遂行的行為の意味である。しかしながらその遂行的行為がより大きな達成的行為の連関の一部としての遂行的行為にすぎないと解される限り——これは本質的に常にありうることである——「この部分としての遂行的行為の意味」概念と「この遂行的行為の目的」概念はもはや一致しない。そして企図においてあらかじめ形成される行為目標(ハンドルング)はその一部としての遂行的行為の「意味」から分離可能であるし，両者はそれぞれ別個に眼指にもたらしうるものである。このことは，ある意図だけの遂行的行為，ある経過している遂行的行為，あるいはある経過し去った達成的行為のいずれが考慮されるのであれ，関係なく妥当する。真の理由-動機はこれとは違って，行為者の既に過去となってしまった諸々の体験であり，これらの体験を彼は実行された達成的行為（あるいはその遂行的行為の実行された初期の位相）のあとに過去完了時制的に注目するのである。またこれらの体験は，行為者がある単定立的視線においてその動機づける体験と動機づけられる体験とを1つの位相的に構成される総合としてみつめることができるということで，行為者からすれば1つの意味連関をなしている。この定義では，その動機づけられた体験がその実行した遂行的行為，もしくはその遂行的行為の実行した初期位相と等値されている。し

第2章　各自の持続における有意味的体験の構成　151

かし既にある遂行的行為のその行った企図からこの企図の真の理由-動機に目が向けられるのであるから，その限りでこの定義は修正を必要とする。しかし企図の性質のうちにあるのは，その企図した遂行的行為を未来完了時制的に既に経過し去ったものとして先取りすることである。しかも企図しただけの遂行的行為も単定立的眼指には，常にただある経過し去った実行した達成的行為の幻想として現れる。当然ながら，全くの幻想として，非現実的で無力な影として，しかも過去という時間的特性を帯びた達成的行為の影として現れる。

　これらの考察によってはじめて私たちの予備的研究[90]をさらに詳しく確かめていく十分な根拠が与えられる。ある遂行的行為の意味，つまりその遂行的行為と企図との関係は行為者には問題ないものとして，しかも真の理由-動機から独立して与えられているということを私たちは述べた。行為者は真の理由-動機から達成的行為へと至る構成過程をその行為の意味として捉えるのでなく，むしろその遂行的行為と企図との関係のみをその遂行的行為の意味として捉えるのである。自分の遂行的行為の真の理由-動機を捉えるためには，行為者は新たな注意を独自に行わなければならない。つまり行為者は，産出物としてあっさり引きとって，「自分の遂行的行為の意味」としている，当の企図を創出する過程を調べることである。真の理由-動機を問うということは，したがって私の行う自己解釈の特殊な仕方において生ずる。真の理由-動機を尋ねるために重要であるのは，〔それが〕目的-動機から，〔即ち〕ある構成済みの意味連関としての遂行的行為の企図から始められるということである。これとは違ってあらゆる真の理由-動機は過去完了時制的に考察される。それ故企図は決して真の理由-動機に対して充実ないし非充実の関係には立たない。真の理由-動機は過去完了時制的に省察されるのであるから，すべての未来予持や予想と無関係である。真の理由-動機は全くの想起であり，その企図が構成された時点よりも常に後にある〈今このように〉の時点から，真の理由-動機は自己のニュアンスの地平，陰と陽を受け取るのである。

　私たちはそのような理由-動機の解釈の典型的な1事例を，ある遂行的

90　上述の第1章第4節54頁をみよ。

行為に先立つ取捨選択過程に関する私たちの分析において既に承知している。そこで判明したことは，意識の持続経過の内部では，行為者には自分が取捨選択を行う2つないしそれ以上の可能性は「与えられて」いないということであり，また一見したところ並存しているようにみえるこれらの可能性も，実際には順次異なった企図を遍歴することと解されうるということである。「取捨選択が行われた」後は，もちろん選択が自由に行われる様々な可能性が並存していたかのようにも思われるし，現に行われた決断の構成にはある「規定因」が存在していたかのようにも思われるのである。このような問題設定が仮象問題であることは承知しているが，しかしこれまでのところ立ち入ってこれを追求してはいない。今や私たちはこの現象をも説明する地位にある。それらの間で取捨選択されるすべての可能性や特定の企図の選択に導くすべての規定因は，回想的眼指にとって真の理由・動機としてみえてくる。これらのものは私がその中で，前現象的に生きている限り，決して明確に縁取られた体験としては現れない。これらの明確に縁取られた体験は，回想的眼指が過去完了時制的に持続内での実際の企図に先行する意識体験に目を向ける際に私が行う解釈にすぎないものである。またそれぞれの過去完了時制的な解釈も，解釈が行われるその時々の〈今このように〉に規定されるのであるから過去完了の諸体験を，企図を構成する重要な理由・動機として際立たせることもまた，当の構成された企図の後の〈今このように〉という1時点から，私がその特別の注意の構えによって，その企図に先立つ諸体験にふり注ぐ，光の円錐に依存しているのである。

　異なった領域においても私たちは同じような問題に直面する。第16節において触れた問題選択とその選択の一部をなす解釈図式の構成という問題がそれである。この連関は次のように動機連関として捉えられる。自分自身の体験の思念された意味について問う場合，私はこの所与の体験を自分の経験の全体連関の中に位置づけることを意図している。したがって私はある「目的」の計画を企図するのであり，またその解釈図式の選択自体も，私の過ぎ去った体験と同時に私の経験の全体連関に注目を向ける注意変様によって規定される。一度問題の選択が行われると，これは私の自由な活動であるけれども，今度はこの私が過去完了時制的にこの問題を設定する諸根拠について，したがってこの問題選択の理由に

ついて問うことが可能となる。私たちがたった今目的-動機と真の理由-動機との関係について述べたことのすべてが，この際より高い準位の段階における問題選択と，解釈図式の選択という全複合にも当てはまる。ある具体的体験を彼の経験の全体連関に組み入れようと計画するものは，自分の解釈の目的-動機である問題に従ってこの自分の行動を方向づける。その際彼は問題解決にとって重要な事項を彼のその折々の経験の中で貯えたすべての解釈図式のうちから選択するのである。しかし問題の設定そのもの，つまり自己解釈の目的-動機の構成は，真の理由-動機に基づいて行われる。この真の理由-動機は，それ故専ら過去完了時制的に振り返られるだけである。この入り組んだ事態は，日常生活やマックス・ヴェーバーの社会学では「利害関心」という言葉で表現されている。いうまでもなく「利害関心」という用語は曖昧であり，これは目的-動機をも同時に含んでいる。自分のある体験についてその思念された意味を問う者は，この第一の意味に対して「関心」を寄せている。なぜならこの思念された意味は，ある特定の問題と意味連関にあるからである（「のため」という利害関心）。だが同時に彼はこの問題そのものに対しても関心をもつことができる（「だから」の利害関心）。この場合その問題は既に与えられており，それが興味深いとか重要であるという確認が，ともかくある事後的な解釈の結果であり，またそうでありうる限りにおいて，これは一種の倒逆論法 hysteron proteron である。

　以上をもって私たちは孤独な私における動機の意味連関についての考察ならびに有意味的なものの構造についての考察を終り，本来の社会的な意味領域である他我の解釈に方向を転ずることにしよう。

第3章　他者理解理論の根本特徴

第19節　自然的見方における他我の一般定立

　第2章では時間意識の分析を基にして，詳細とは言えないまでも孤独な精神生活の中での意味構成過程の大要を明らかにした。そこで今度は一般に〈他者理解〉Fremdverstehen の言葉で表される，社会的世界における特殊な意味付与に目を向けよう。孤独な私の分析から社会的世界の分析へと考察を移すに伴い，孤独な精神生活における意味現象の分析の際に用いた厳密な現象学的方法を脇に置き[1]，そのかわりに人々の間で日常生活を送る際や社会科学に携わる際にそうするのが習慣となっている，素朴に自然的なものの見方において社会的世界の存在を捉えるのである。同時に孤独な私の意識の中で他我がいかに構成されるかという固有の超越論的現象学の問題設定に立ち入ることを一切断念する。どのような課題がこの研究に生れ，どのような根本的意義がこれに与えられ，反対にどのような難点があるかについては，フッサールが『形式論理学と超越論的論理学』の中で指摘している。しかしながらそこでは具体的問題には触れられていない。そこで要請されている分析を行ってはじめて一般に〈君〉Du の「意味」[2]に関する問いに回答を与えることができる。さしあたりここではっきり言えることは，（フッサールの論述[3]からも推論されるように）一般にある世界の構想には「各人」および「他者」の1つの最初の意味が基礎になければならないということである。マックス・シェーラーは同じ思想を論文「認識と労働」の中で次のように表現して

---

[1] この点については第1章終わりの「注釈」74頁以下を参照せよ。

[2] フッサール『デカルト的省察』（フランス語版）*Meditation Cartésiennes*, [*Introduction a la Phenomenologie,* Paris: Colin 1931] 特に「第五省察」は，この問題の重要性をきわめて透徹した分析によって提示し，この問題の解決にとって重要な手がかりを与えている。

[3] [Husserl, *Formale und transzendentale*] *Logik,* S. 212.

いる。「同時代世界と共同体の現実は，はじめに君-領域ならびに我々-領域として，生命のある自然や死せる自然のようなあらゆる自然に対して先行与件である…さらに『君』とある共同体の現実は，一般に〈自分自身である我〉という意味での『私』の〈実在〉Realsein とその独特かつ個体的な『自己-体験』に対して先行与件である[4]。」

既に述べたように，各私の主観性における君の構成と結びついている，殊に厄介な諸々の問題についてはそのままにしておかなければならない。したがって，どのようにして君はそもそもある私の中で構成されるか，自己観察はその可能性からすれば他我の観察に先行して与えられるか，精神物理的主体性である「人間」はある超越論的自我を指示参照し，この超越論的自我の中で超越論的他我が既に構成済みであるか，果たしてまたいかなる方法である間主観的普遍妥当の認識は，超越論的自我における超越論的他我の構成によって可能であるか，等々については，私たちは問わない。この種の分析は一般に認識論やさらに認識論を介して間接的には社会科学にとってもきわめて重要であるが，私たちの問題状況としてはこれらを考慮の外においても罰せられることはなかろう。

それ故，私たちが分析の対象にするのは，素朴に自然的態度をとる人間である。彼は社会的世界の中に生まれ，同時代人 Nebenmensch の存在も他のあらゆる自然的世界の対象の存在も同じように，これを問題のないものとして受け入れている。私たちの目的にとっては，君もまた一般に意識をもつこと，それが持続すること，君の体験流は私のそれと全く同じ原型式を示していること，これらの洞察で十分である。また同じく言えることは，君の意識の志向的能作によってのみ君は君の体験を知るということ，したがって反省的注意作用の遂行によってこれを知るということである。この反省的注意作用は原則的に君のその時々の〈今このように〉の時点によって注意の変様を被り，それは私の意識の流れにおける体験の場合と同じである。要するに，君は私と同じように君自身の〈老い〉を体験するのである。

したがって第 2 章において孤独な意識についての研究，しかもさしあ

---

[4] [Max Scheler,] *Die Wissensformen und die Gesellschaft,* Leipzig, 1926, S. 457f.

たり何よりも各・私の意識について行った研究の一切が，この君の意識についても同様に当てはまるのである。志向の能作によって君もその意識に意味を付与するのである。他我も持続における自己の体験流からはっきりと縁取りされた体験を特別な注意作用において際立たせ，さらにこの体験を意味連関の中に収納することによって，この体験を自己解釈するのである。君も複定立的に構築する諸作用を1個の反省的眼指で1つの単位として把握できるし，あるいはいろいろな意味連関を層状に堆積することもできる。かくして，私のそれと同じようにその時々の〈今このように〉のしるしを帯びている，君の経験世界を構築することもできるのである。君はその体験を解釈することによってそれに意味，しかも「思念された意味」を付与するのである。

私たちは既に第1章[5]の諸研究において，他者の思念された意味を捉える際に直面する様々な困難を指摘した。既に述べたように，他者の思念された意味を捉えるという公準は満足できず，最大限に解釈した場合でもそれは1つの極限概念にとどまる。私たちの時間分析はこれが実行不可能であることの真の理由を最初に明らかにした。「他者の思念された意味の把握」という公準は，要するに，他我の体験はある自我によって，その他我が自分の体験の自己解釈を行うのと同じような仕方で，解釈することができるということを意味している。ところで，既にみたように，この自己解釈は一連のきわめて複雑な幾重もの層をなし，様々に結びついている意識の諸作用において遂行される。私は，これらの意識の諸作用を注意作用において眺めるが，この注意作用はその注意変様を含めてその注意作用の〈今，このように〉に依存する。したがって，観察者は他我自身がそうするのと全く同一の注意作用において，しかもこの注意作用の同一の注意変様において，この他我の体験を眺めることができるという公準は，理屈に合わない。彼，観察者は，このためにその他我の体験の思念された意味が自己解釈の過程において構成された，すべての他我の複定立的に遂行される総合と，これに対するすべての注意を，「知っている」ことを前提にするからである。しかしながらこれらの「知識」

---

[5] 上述した第1章第5節67頁以下および第1章第6節の「注釈」74頁以下を参照せよ。

は，観察者自身の体験，観察者の自己体験の一連の反省的作用の中でのみ成り立つものである。観察者はここで個々の体験，原印象，反省作用，能動的自発性，幻想体験等をその観察者の意識の中で，〔他我のそれと〕同じ順序で，また同じ未来予持と過去把持の暈をもって現前できなければならないことになる。さらに観察者は，観察される者の過去のすべての体験を自由に再生できなければならず，彼は，全体として観察される者自身のものと同じ体験を同じ順序で体験し，同じ仕方でこれに注意しなければならない。しかるに，このことは観察者の「デュレ」である意識流が観察される者の意識流と全く同一であること，別言すれば観察者と観察される者は同一人物でなければならないことになる。この命題も既にベルクソンが『意識の直接的与件に関するエッセー』[『時間と自由』としてわが国では知られている：訳者]の中ではっきり言明しているところである[6]。それ故「思念された意味」とは基本的に主観的なものであり，原理的にいって体験者による自己解釈に結びついているものである。それはそれぞれの私の意識流の中で専ら構成されるのみであるから，それぞれの君には本来接近できないものである。

この結論からは，理解社会学の可能性のみならず，他者の心的状態の理解可能性までも全く拒否されてしまうようにみえる。しかしこれは決してそうではない。自我（私）には他我（君）の体験が原理的に接近不可能であること，あるいは他我の体験に注意する自我には，この体験が無意味であることが，これによって主張されているわけではない。これまでの考察でわかったことは，むしろ他者の体験に付与される意味は，意識の中で他我が自己解釈の過程を通して構成する〈思念された意味〉で

---

6 これについて Husserl, *Ideen zu einer reinen Phänomenologie und phänomenologischen Philosophie* (1931) S. 161「これに加えてさらに詳しく調べていくと次の点が明らかになる。同じ内容をもつ2つの体験流（2人の純粋自我にとっての意識領域）は考えられないということ，同様に…一方の自我の特定体験がまるごとそのまま他方の自我の体験には決してなりえないということである。専ら同一の内的性質をもった体験がこの両者に共通でありうる（たとえ個別にみれば同一であるわけではないとしても）のであって，決して完全に同一の暈(ホーフ)をもっている2つの体験であるということはできない。」

はあり得ないということのみである。

　自分自身の体験の自己解釈と他者の体験を捉えることの違いを明らかにするために、フッサールの超越的に方向づけられる作用と内在的に方向づけられる作用との区別を引合いに出そう。「内在的に方向づけられる作用、もっと一般的に言えば、内在的に関連している志向体験ということで理解しているのは、その志向諸対象が一般的に存在するとすれば、この種の作用の本性として、志向諸対象が作用そのものと同一の体験流に属していることである。」…「超越的に方向づけられるとは、それらに属していない志向体験のことである。たとえば…別の体験流をもつ別の自我の志向体験に方向づけられる作用のことである[7]。」もちろん、超越的であるのは、他者の体験流に向けられる作用のみに限定されない。他我の身体についての体験、さらには私自身の身体についての体験、そして精神物理的単位としての私の自我そのものについてのあらゆる体験もまた超越的である。そうであるとすれば、一体他者の体験に向けられる超越的作用とは、どんな特殊な性質をもつのかが問題になってくる。ここで言えることは、他者の体験を「知覚する」という場合、知覚することで私たちが理解しているのは、妥当な知覚、最も厳密な意味での直観ではないということである。むしろこれは自分の眼の前にあるものとしてある事物なり出来事を把握する、直観による思い込みを意味している。フッサールが「知覚」という言葉を、知らせを受けとることの特徴づけのために用いるのは、まさしくこの意味においてである。「聞き手は語り手がある心的体験を表明しているのを知覚し、またその限りで聞き手はこの心的体験を知覚するのである。しかしながら、聞き手自身の方は、語り手の体験を直接体験することはないし、聞き手の知覚は『内的』というよりはむしろ『外的』なものである[8]。」とはいえこの知覚の概念を、しるしによるシンボル的表象のそれに対置される例の知覚概念、つまりある事物が直接に直観される超越的知覚と混同してはならない。なぜなら私たちは、他者の心的体験の把握を専らしるしによるシンボル的表象

　7　*Ebd.*, S. 68.

　8　[Husserl,] *Logische Untersuchungen*, Ⅱ, 1. S. 34.

において行うからであり,しかも他者の体験を表現する場[9]として他者の身体を媒介するか,あるいは最も広い意味での人工物,つまり私自身や同時代人の産出過程に引き戻してその存在を関係づけられる外的世界の1対象を媒介とするかによって,これを行うからである。

そこで私たちは,他者の心的体験のしるしによる把握という観念を明らかにしなければならない。私たちが素朴に自然的態度において私たちの他者についての経験ストックを細かに調べてみると,これには他者の身体についての体験,他者の行動や行為の経過についての体験,あるいはこうした経過の結果についての体験,さらには人工物についての体験といったものが見出される。さしあたり,私たちは他者の行為経過の解釈についてのみ語ることにしよう。この他者の行為経過という言葉は若干の説明が必要である。他者の達成的行為についての私たちの体験は,他者の身体の動作についての知覚にある。私たちは自己解釈の過程でこれを意味あるものと解し,しかも「他者の身体」として私たちの経験に,外的世界の事物における変化として解している。ところで他者のこの身体は,君という意識の充満した持続経過を参照しており,この持続経過は彼の存在のあらゆる瞬間において他者の持続の〈今このように〉としてこの身体に関係している。そのようなわけで他者の身体の動作は,ただ対象的事物世界の現れとして知覚されるだけでなく,他者がその持続流の中で他者の身体の動作に関係づける,その体験のしるし(シグナム)としても捉えられるのである。思念の眼指は,他者の身体の変化を知覚することによって君の体験に向けられ,またそれらの変化が君の体験のしるしである。したがって他者の体験のこのような把握の仕方にとって重要であるのは次の点である。他者の身体の動作は,他者の体験の〈しるし〉Anzeichenと解され,それはまた他者である彼も目を向けることができる体験のしるしであると解されることである。というのも他者の体験は他者自身の持続経過のうちにあり,この持続経過でこの体験に注意することにより,それ以外の体験から明確に区分された体験としてこれを際立たせることができるからである。他者は,この体験を複定立的に分節された諸作用の中で意味連関をきちんとつけることができ,この体験を自己解釈に付

---

[9] これについては第1章第3節45頁以下を参照せよ。

第3章　他者理解理論の根本特徴　161

することもできる。観察した他者の身体の動作は，単に他者の体験のしるしであるだけでなく，他者が「思念した意味」を結びつけているような体験のしるしでもある。それでは，他者の身体の動作についての解釈者によるこのような解釈はいかにして行われるのであろうか。これはもっと詳細に研究すべき対象であろう。だがここでは以下のことを確認するだけで十分である。世界についてのしるしによる経験は，その都度の〈今このように〉におけるあらゆる経験がそうであるように，一致するのであり，また私たちがこれを全く一般的に経験一般についてすでに確認したのと同じ仕方において，「ストック」しているということである[10]。

これに対して「体験」は「内在的認識の対象」と等しいのであるから，体験概念は本質的にそれぞれの私の体験のみを把握するといった反論が，ここで当然予想される。したがって一般に他者の体験の超越的把握は矛盾である。なぜなら超越的に把握しているものはまさに体験のしるしであるにすぎないし，私はこのしるしから他者の一定の心的体験を推論するからであると。しかしこのような見方に対しては次の点を強調することが重要である。他者の体験の表現の場としてその身体をしるしとして把握する際に問題となるのは，決して通常の意味における推論や判断でなくて，むしろ根拠のある解釈による特殊な志向作用である。この特殊な志向作用において私たちが注目するのは，身体という直接目に触れるものではなく，むしろこれを媒体とした他者の体験そのものなのである[11]。

---

[10] 第2章第15節127頁以下を参照せよ。

[11] Husserl, *Méditations Cartéssiennes*「経験される他者の身体は，その身体の様々に変化しながらもたえず一致している振る舞いをとおしてのみ，実際には身体として確証されるが，この場合，この振る舞いは心的なものを〈付帯現前〉[「間接呈示」とも訳される：訳者]的に指し示す物理的側面を有している。したがっていまやこの振る舞いは，原的経験において，心的なるものを充実するものとして現れねばならない。このようにして他者の身体はこの振る舞いの局面から局面への絶えざる変化の中で現れる。もしも身体が，このような振る舞いと一致しない場合には，その身体は仮象の身体として経験される。…他者は，このようにして原的には充実されえない経験，即ち，原的には自らを与えないけれども，しかし指し示されるものを経験の一致によって確証する，あの基礎づけられた経験において経験されるのである」(a.a.O., S. 144)。

日常生活世界では私も君も超越論的主観ではなく，精神物理的主体として姿を現わす。そこではちょうど私の身体に他者の身体が—もちろん私の身体にこれを照合させた上で—対応するように，私の体験流を照合すれば，私のそれぞれの体験流に他者の体験流が対応している。この場合他我を私自身の自我に照合できるのは，私の身体が君にとっては他我の身体であるように，私の体験流は君にとって他我の体験流であるからである[12]。

第 20 節　他者の体験流と私自身の体験流の同時性（続き）

私が自分自身のある体験に目を向けようとすれば，その体験に向けた反省的注意作用が必要となる。この場合，私はその経過している体験にではなく，専ら既に経過し生成した体験に眼指を向けているのである。この事情は各自の体験に向けるどの注意作用にもあてはまり，君が君自身の体験に向ける注意作用にも当てはまる。これは，君もまた君の経過し生成し去った体験作用にのみ眼指を向けることができるという意味である。他者の体験についての私の体験もまた依然として各私的体験である。しかしこの各私的体験が志向対象とするのは，ある他者が彼の生の流れに内在的体験として体験している，その他者の〈くしるし〉(シグニティブ)によって把握される1つの体験である。私自身の体験の方に目を向けるためには，私は反省作用でこれの方に注意しなければならない。しかしながら他者の体験を眼指に入れるためには，その他者についての私の体験に反省的注意作用を行う必要はない。他者が反省的注意作用を行わず，他者には前現象的で，決して明確に区分されない他者の体験についても「ただ眺めやる」ことで私は把握することができる。したがって私は，私自身の体験を専ら経過し生成し去った体験として眼指を向けることができるだけであるが，他者の体験についてはその経過を眺めることができる。これは，君と私とはある特殊な意味で「同時的」であること，両者は「共存する」こと，私の持続と君の持続とは「交差する」ことにほかならない。もちろん以上のイメージは空間領域から引き出されたものという理

---

[12] これについては Husserl, *Formale und Transzendentale Logik,* S. 210 を参照せよ。

由からして既に不十分である。しかしながらこのような空間的世界を引き合いに出すことはそれなりの深いわけがある。ここで〔自我と他我の〕2つの持続が同時的であることを論ずる際に見逃すことのできない点は，私たちが素朴な自然的世界観によって自己の体験流や他者の体験流に（現象学的還元を行わずに）注目するときには，必ず自我と他我を，精神物理的単位として受け止めているということである。

「同時性」をここではベルクソンが著書『持続と同時性[13]』において展開している意味で理解してよいであろう。「私の意識からみれば1つであっても2つであっても，違いのない2つの流れを，私は〈同時的〉と呼ぶ。もしそれらに分割されない注意を向けるのであれば，私の意識はこれらの流れを単一の流れとして知覚できるし，反対に両者の間を分けるのであれば，私の意識は両者を区別することができる。さらにもし両者を2つの別個のものに分割せずに，その注意を分割しようとすれば，私の意識はこの両者を一方では1つのものとしながら，他方では両者を相互に別のものとすることもできる。

したがって私たちは他者の持続経過と私たち自身の持続経過に対してこの両経過を含む統一的作用に目を向けるのである。この同時性は数量化でき，分割でき，また空間的に計測できるような物理的時間の同時性ではない。今しがた同時的と特徴づけたばかりの，2つの持続の共存は，むしろ君の持続の構造が私のそれと同じであるという本質必然的な仮定の表現である。君は事物とは異なる仕方で持続する。なぜなら君は自分が老いることを体験し，この事態からその他の一切の君の体験が構成されてくるからである。事物の持続は決して「デュレ」ではなく，むしろそれと正反対なもの，客観的時間の経過のうちにとどまることである。これに対して君の持続は，私の持続がそうであるように，純粋な「デュレ」，つまり自己自身を体験する連続的で，多様で，しかも不可逆的「デュレ」である。私は私の「デュレ」を，君が君自身の「デュレ」を絶対的現実として体験するように，（ベルクソンの意味での）絶対的現実として体験するのみではない。加えて君に私の「デュレ」が絶対的現実とし

---

[13] [Henri Bergson,] *Durée et Simultanéité, A propos de la théorie d'Einstein*, duuxième édition, Paris 1923, S. 66.

て与えられるように，私には君の「デュレ」が絶対的現実として与えられる。私たちが２つの持続の同時性によって理解しているのは，専らこの事実—共に老いるという事実—に他ならない。それ以外の同時性の基準を求めようとするやいなや，２つの持続の経過は，純粋に時空的な連関へと転じ，現実の「デュレ」は想像的時間へと転じてしまう。ところでベルクソン[14]が私や君によっても，その他の誰によっても体験できない時間と解しているものは，まさにこれである。しかしながら私の意識や君の意識にとって自分のデュレと他者のデュレ，さらに各人のデュレは，体験可能であるばかりでなく，体験された純粋かつ現実的デュレでもある。

したがって私はここで直ちに次のように述べることができる。君とは私がその作用遂行に目を向けることができる意識であって，この意識の経過について言えば，それは私の意識と同時に存在しつつその都度異なった〈今このように〉として経過するということである[15]。君さえも全く注目しない体験にも私はまた目を向けることができる，たとえば君の前現象的体験，もしくは君の基本的に直接的体験。私の前に１人の語り手がいるとしよう。この場合語り手の言葉だけでなく，語り手の身振り，声の調子なども私の解釈に先立って与えられているのである。もちろん，これらの徴候を解釈する際，私は常に既に述べた私自身の体験の自己解釈という仕方でこれを行うのである。しかしながら私の視線の方向は，常に君の体験にあるのであって，私が知覚し，しるしとして解釈したのは，他ならぬこの君の体験にとってのしるしなのである。私が私の体験の中でこのしるしから見出すあらゆる意味連関は，君の然るべき体験が君の意識の中で占めている意味連関からその本来の権能を得ている。こ

---

14 [Bergson, *Durée*] a.a.O., S. 88 など。

15 類似したものとしてはフッサール *Méditations Cartésiennes* がある。「Au point de vue phénomélogique, l'autre est une modification de <mon> moi…必然的に，それ（他者）は，その意味構成によって私の最初に客観化される私の，私の始源的世界の，志向的変様として，あるいは私の自我の変様として現れる，他者は現象学的には私の自己の変様として…」(a.a.O.,S. 144)。

の意味連関は君の持続経過の中で位相的且つ複定立的に構成される[16]。

　以上で述べたことは，意識の中でより高次の総合の構成を遂行する他我の複定立的作用を，自我が同時的に理解するということに他ならない。そしてこれこそ動機的理解と対比して直接的理解を語る際に，ヴェーバーが念頭に置いている理解の様式なのである。この同時性の重要な点は，単に身体的な共存にあるのではない。ただ私の直接世界の〈隣人〉Mitmenschだけを目下直接に理解できる，即ち，隣人の体験経過に目を向けることができるということである。しかし同様に私に伝わっている〈先代世界の人間〉によるすべての産出物，工芸品や文化対象，たとえば記念碑，音楽，絵画，学問その他何であれ，これらの産出物をも私は私自身の持続経過と，これらの作品を創り上げた他我の持続との準同時性において，理解できるのである。社会的世界の個々の領域でのこの理解がいかなる変様を被るものかを，私たちはさらに詳しく調べてみよう。

　他者の持続経過と自我（私）の持続経過との同時性は，以上で明らかにしたように，次のように解されてはならない。私の〈今，ここ，このように〉において私にとって先行与件の世界は，疑いもなく，これと対応する（共存するといわないまでも）君の〈今，ここ，このように〉において君にとって先行与件の世界である，と。何故なら君についての私の体験

---

[16] フッサールは*Méditations Cartéssiennes*において全く異なる観点から同じ結論に到っている。「いまや再び他者経験の場合に立ち返るならば，他者経験は，その複雑な構成の中で，現前化の仲介による，上述の結合に類似した１つの結合を行っている。即ち，その結合とは具体的な私の間断のない生き生きと流れる経験，つまり私の始源的領域と，この領域の中で現前化される他者の領域との結合を行うのである。他者経験は，この結合を次の同一化の総合によって行う。同一化の総合とは，始源的に私に与えられる他者の身体と，ただ異なる現れ方において付帯現前される他者の身体とを同一化する結合である。そして，そこからさらに進んで他者体験の総合は，始源的に与えられ確証された自然と，それと同時に付帯現前的に与えられ，確証された自然とを同一化する総合にまで広がる。このような同一化の総合によって，私の私（*mon moi*）（および一般に私の自我エゴ）と他者の私モアとの，私の具体的生と他者の志向的生との共存，私の実在性レアリテと他者の実在性との共存が根本的に樹立されるのである。要するに，１つの共通の時間形式が根源的に樹立されるのである」（*Méditations Cartéssiennes*第55節, 108頁）。

も，私によって君に帰せられる環境もどちらも，私自身の〈今，ここ，このように〉の指標を常に帯びており，他者の〈今，ここ，このように〉の指標を帯びていないからである。私は，私の〈今，ここ，このように〉から解釈の特性を受け取る，1つの直接世界を君に属するものと仮定しており，与えられた〈今，ここ，このように〉では，君と私の超越論的作用内容は厳密に同一であることを前提している[17]。直接世界という日常生活の自然的世界把握においては少なくともこの通りである。私はこの直接世界では自分の見た机があなたの見た机でもあると思っている。どのような変様をこの仮定は社会的同時代世界や先代世界，さらに後代世界の領域において被るものか，これも同様に明らかにされねばならないだろう[18]。

以下において私たちは上述した他我の一般定立の妥当性を，他者理解という具体的問題によって証明しなければならない。しかしながら，これまで述べたことからも，他者体験の意味解釈という現象を明確に把握する際に非常に重要であると思われる，いくつかの結論を導き出すことができる。

---

[17] フッサールは*Méditations Cartésiennes,* S. 151以下は同じような結論になっている。フッサールは〈間主観性的自然〉Nature intersubjektive という概念を鋳造する。この概念は私たちの周囲の世界の概念に相当し，〈ここ〉hicの様相における統覚と〈そこ〉illicの様相における統覚の間に鋭い区別を設ける。この自然的物体[＝他者]は，その際，何よりも先ず，この illic(そこ)にある物体の中におけるその支配的活動を，そして間接的にその他者にとって知覚的に現象する自然におけるその支配的活動を付帯現前するのである——ここにいう自然とは，このそこにある物体[＝他者]が属するとともに，私の始源的自然でもあるところの同一の自然である。それは同じ自然ではあるが，私自身が他者の身体物体の代わりにそこにあるかのような現れ方をする際にのみ，それは同じものである。[その物体は同じものであるが，私にはillic(そこに)として与えられ，彼にはhic(ここ)として，即ち中心的物体として与えられる，そして]「私の」自然の全体は他人の自然の全体と同じものである。このような自然は私の始源的領域において，私の現前の多様な様相における同一的統一として——絶対的なhic(ここに)における〈ゼロ点〉としての私の身体を基準として変化していく方向性のもとにおける同一的統一として——構成されるのである。

[18] 本書第4章第33節または第4章第41節をみよ。

私の体験の自己解釈は，私の全体連関から行われる。この全体連関の中に，私の経過した持続において構成済みのあらゆる体験は，構成された意味連関として収納される。あらゆる私の体験はこのように構成された意味連関に変形されて（少なくとも可能性として）私に現れるし，ある程度私の意のままにすることができるのである。たとえば，私は自分の体験を再認や再生において直接現前化するし，場合によっては既に構成済みの意味連関からこれを構築した体験に目を向けることもできるということである。その他何であれ私が自分の体験を（少なくともこれが自発的能動性から生ずる場合には[19]）自由な再生において反復できるということも重要である。自由な再生という意味は，ある任意の局面を顧みないままにできるし，以前には顧みなかった別の任意の局面に注意を向けることもできるということである。とはいえ私の全体としての体験流，私の体験を満たしている豊かな持続経過の連続は，原則として私の自己解釈に常に開かれているのである。

ところでこの言明は，私の解釈に委ねられている他我の体験流には，いかなる場合にも妥当しない。言うまでもなく，君の体験流も1つの連続である。しかし私はこのうちの非連続的部分を把握するにすぎない。その他者の体験流のうち根本的にはその断片しか私が知りえないことは，既に証明済みである。もしもそうでなければ，観察者と観察される者とは等しくなってしまう。これに加えて，その他者の体験流の断片が私の経験の中で秩序づけられる意味連関も，その他我がその体験を経験的に把握しているものとは違っているはずである。なぜなら，たとえ私自身がある他我の意識の中で所与の〈今このように〉において構成される全意味連関の完璧な知識をもち，その他我のその都度の全経験ストックを私が意のままにできるとしても，次のように言うことはできないからである。他者の持続のうち私によって先行して経験している諸分節，他者の意識のうち私が「知っている」経過し去った諸体験を私が収納する特殊な意味連関，これは他我がこれらの体験を収納する意味連関そのものであると。他我の注意作用は，私とは全く異なる注意の変様を基礎にして

---

[19] 表現をあまり煩雑にしないために，ここでは本質的に直接的な体験（アクツエル）については考慮外においてよいだろう。

いるのだから。そこで私たちは自分たちの「知っている」，自分たちが前もって経験して手元に持ち合わせている他者の体験流のこの部分に限って，今度はこの構造的仕組みを問題にしよう。そこで明らかになることは，他者の心的なもののあらゆる経験は，この他我についての私のそれぞれ自分自身の体験という経験に基礎づけられていることである。私の経験する他我についての体験は，この体験が志向的に関係している，その他我の体験と同時性もしくは準同時性において構成されたのであるから，私の回顧する眼指においては，他者の過ぎ去ってしまった諸体験について経験する私の諸体験と1つになって，まさしくこの他我の体験をも経験しているのである。

しかるに，その1つ1つの局面が私の意識経過とあたかも同時であり，私の持続の各〈今このように〉と他者の持続の〈今このように〉とが対応しているかのように，ともかく他者の持続経過は矛盾なしに構成されうるものだということ，これには異論がありえよう。さらに私がその持続のそれぞれの〈今このように〉において他者についての体験を経験するとともに，他者の何らかの体験をも経験しているということ，私たちはその都度他者の持続経過の経験をその連続性において手元に蓄えているということ，これは理念上の想定であれば許されるであろう。しかしながらその場合でも（まさに他者の持続のそれぞれの〈今このように〉にこの持続の各-私的体験が関係づけられうるという限りでの）これの連続性にすぎないのであって，これ（他者の持続経過）の完全な内実においてではない。というのは私によって捉えられる一連の他我の体験は，他我の唯一無比なる体験の1つのしかも可能的な（つまり私の体験が志向的に関係している部分の）経験連関を構成するものでしかなく，決して君のその都度の今を，ある〈特定のこのように〉における君の全体験を構成するものではないからである。このことは同時性においてある単一の〈今このように〉を把握する際にも当然当てはまる。したがって私たちは要約すれば次のように述べることができる。自己解釈には私自身の持続が連続的にかつ完全に先行与件であるのに対して，他者理解には他者の持続が非連続的に分節されるために決して完全には先行与件ではなく，専ら「解釈のパースペクティブ」においてのみ与えられると。

このことはまた次のようにいうこともできよう。即ち他者の心を対象

とする認識は原則的にいって常に疑わしく，自己の体験に向けられる内在的認識作用の原則的明白さとは対照をなしていると[20]。

　以上の考察は，私たちがこれから主として問題にすべき，他者の行為の理論にとってきわめて重要なものである。私によって把握される君の体験はこの君が総じて反省的眼指において捉えるものかどうか，この君の体験は君の自発的作用に由来するのだから，これは私たちの定義する意味での「行動」であるのかどうか，もしこれが正しいとすれば，この君の体験は先行与件である企図に方向づけられている行動，別言すれば行為であるかどうか，これらのことは原則的にははっきりしていない。他者の行為という概念は，この点で既にその問題が深いことを示している。つまり他者の体験の思念された意味の把握という公準そのものが原則として実行不可能なのである。そればかりでなく，果たして私によってその都度把握される君の体験にそもそも君が意味付与的に注意を向けるかどうかも，原則的にはっきりしないままである。

第21節　他者理解という日常概念の曖昧さ
　　―自己解釈作用による他者理解の根拠づけ―

　詳細な分析に入る前に，一般的にいって他者理解の概念には全く異質な事柄が含まれていないかどうかを明らかにしておかなければならない[21]。「他者理解」ということで，ある場合には一般に他我に向けられるすべての作用，したがって他我についてのあらゆる私の体験が言い表されたり，ある場合には他我の体験の把握を目指すものだけが言い表されたりしている。また（ヴェーバーにおける思念された意味の把握のように）この体験を一定の意味連関に収納することと，他者の行動なり行為を動機連関に収納することがともに，他者理解と呼ばれることもある。この「他者理解」の用語と結びついている曖昧さは，ある他者によって表明される記号についての理解が問題になる場合には，一層大きくなる。即ち，

20　Husserl, *Ideen*, S. 85.
21　ここでは，例のつねに形而上学的前提や価値論的前提に根ざしている解釈学については述べない。この解釈学は今日では　理　解（フェルシュテーエン）という術語のもつ合理的概念把握とは反対のものとして特徴づけられている。

ある場合には記号自体が「理解され」，他の場合には他者がこの記号の措定によって一般に思念している事柄が理解され，最後に，その記号をまさに今ここのこの関連で用いることによって他者が思念している事柄が理解されている。

　これらの意味層の1つ1つをすべて解きほぐすことができるように，私たちは一般に理解という最も広い概念を問題にすることから始めるのがよいであろう。最も広い概念での理解は，一般に意味と相関しているということができる。そのわけはあらゆる理解が意味のあるものに向けられ，理解されるもののみが意味があるからである。孤独な私の領域においてこの有意味性の概念にいかなる含意があるかは，前章で論じた通りである。この語義に従えば，私たちが「私による各自体験の自己解釈」という標題のもとに要約したすべての作用は理解の作用であり，既にみたように，いずれの自己解釈もそれに基礎づけられている，有意味性の把握作用の様々な下位層も「理解」と言い表されてよいであろう。

　自然的態度における人間は，世界の自己体験について解釈しながら，この世界を理解している。それは彼を取り囲んでいる生命なき世界についての体験であり，彼を取り囲んでいる動物や隣人という生命ある世界についての体験でもある。そのようなわけであるから他者理解の第一の概念は，私の隣人についての私の体験の自己解釈と一致する。私が向き合っている君は1人の隣人であり，映画スクリーン上に映る映像のようなものではないということ，したがって持続と意識を備えている者だということを，私自身の君についての体験を自己解釈する1つの作用によって私は経験するのである。

　第二に，自然的態度における人間は，隣人の身体として認識されるこれらの外界の事物が様々に変化するのを知覚する。その際彼は生命なき外界の事物の変化を解釈するのと同じ仕方で，これらの変化を解釈することができる。つまりこれらの出来事や経過についての彼の体験を自己解釈するのである。しかし，この第二の他者理解の概念も依然としてなお孤独な精神生活における意味付与を越えていない。

　第三に，方向転換がはじめて行われるのは，その知覚される諸経過がある他者の意識——この意識は「〈他我〉alter egoの一般定立」によって私自身のそれと同じ構造をもっている——の諸体験とみなされる場合である。

他者の身体に知覚される諸経過は，この場合ただ私の意識流におけるこの経過についての私の体験として把握されるだけでなく，また—しかも同時性において—，それらには君の意識経過における君自身の体験が対応している。この君の体験はいかなる特殊な種類の体験であるか，君の回顧的眼指はこの体験をどのような意味連関に収納するのか，これはさしあたりどうでもよい。ここで理解されることは，君の身体上に知覚される諸経過が一般に君の意識にとって1つの体験であるということのみである。

　第四に，君によってこの体験が組み入れられる，意味連関についても問われてよい。既に私たちは，この問いかけは語の正しい意味における「思念した意味」の把握には至り得ないことを知っている。把握されるのは，無限のプロセスを辿って近づくことのできる「他者の思念した意味」という，この極限概念の常に「近似値」にすぎない。

　君が自分の体験を意味連関に収納するという発言も非常に曖昧である。たとえば知覚される他者の身体の動作は企図によって生じたのであるから，「…のために」という1つの動機連関のうちにあるのか，それとも企図によらない単なる「反射的行動」にすぎないのかという問いは，既に他者の体験の意味連関を参照している。これに加え，誰もが考えるのはもう1つの問い，君が自分の遂行的行為のうちに組み入れている「経験図式」についての問い，たとえば，この特殊な行為が〈今，ここでこのように〉遂行される，その動機連関を問うことである。こうして他者理解の概念には多岐にわたる問題があるという一応の概観が得られる。最も重要な課題の1つは，この真の他者理解の構造連関に洞察を加え，他我の体験についてのあらゆる真の理解はいかに他我についての私自身の体験の自己解釈の上に基礎づけられるのかを明らかにすることである。

　以上の分析では，直接世界における1人の他我が生身の姿において先行して与えられる領域に専ら関心を限定してきた。このために他者理解は他者の身体における諸経過の解釈に基礎づけられるものと仮定してきた。しかし少し考えればわかることであるが，これで調べがついたのは社会的世界の多くの領域の1つにすぎないということである。なぜなら人間はまた，その自然的世界観において直接生身の姿で自分と向き合っていない同時代人についての経験をも有しているからである。人間は（彼

を取り囲んでいる)直接世界について知るばかりでなく,(もっと隔たった)同時代世界についても知っている。その上人間は自分の歴史的先代世界についての経験とかこの同時代世界ならびに先代世界の人々についての経験とかも有している。人間は,他者による産出作用を参照する事物に,記号体系やその他の文化対象を含む最も広義の人工物に取り囲まれているのに気づいている。このような人工物を人間は先ず自分の経験連関に収納することによって解釈する。しかし人間は,このような人工物を産出した人の意識における体験経過や,産出活動の「目的」,さらにはこれが他者の意識に占める意味連関をいつでも,もっと突っ込んで尋ねることもできるのである。

これらの複雑な事象はすべて綿密な分析において記述されるものでなければならない。以下ではここでの主題である「社会的世界における他者理解」に専ら関わる限りで,これを問題にしたい。この際私たちは初歩の問題から始めて,固有の他者理解の先行与件である自己解釈の作用についてすべて解釈しなければならない。さしあたり問題を簡単にするために次のことを前提しよう。即ち,その行動が理解されるべき他我は,直接的かつ生身の姿で,直接世界の中で観察者に向き合っているということである。先ず表明機能のない遂行的行為を分析し,次いで記号による表明の達成的行為を分析するが,その際私たちは人間行動の若干の領域から例を選ぶことにしよう。

表明機能のない「人間行為の理解」の例として,私たちは木樵の活動をあげてみよう。

木が伐採されるのを理解するとは,第一に次のような事態を意味しうる。

眼指が専ら幹をたたき割る斧,斧によって木が砕ける様子などの「外的出来事」に向けられているということ。観察者がこれらの外的出来事だけに眼指を向ける場合には,概して「他者の心」との参照も他我との参照もみられない。出来事が直接人間の活動によって引き起こされるのであれ,機械によるのであれ,あるいは「自然の力」によるのであれ,それは原則的に同じことである。もちろん,観察者がこの出来事を彼の経験の全体連関に組み入れて,たとえばこれを「木を伐採する」という言葉で命名することによって既に1つの意味付与,最広義における理解

第 3 章　他者理解理論の根本特徴　173

作用がそこには生じているのである。このような「理解」は，第 2 章で詳しく論述した仕方で行われる，その知覚された出来事についての観察者自身の体験を自己解釈することに他ならない。観察者は出来事を知覚し，これらの知覚を複定立的に構築する総合において組み立て，これらを観察者はある単定立的眼指において振り返るのであり，彼のこの 1 つの単位にまで形づくられた一連の体験を，彼の経験の全体連関に組み入れて，これを一定の言葉で言い表すのである。しかし私たちの例では観察者は，言ってみればまだ木樵を全く知覚しておらず，むしろただ木が伐採されることを知覚してその知覚した経過を「木の伐採」として「理解する」だけである。大事なことは，既に出来事のこうした判断が解釈のその都度の〈今このように〉における観察者の手元にある経験の全体連関によって規定されていることである。紙がどのように製造されるかを全く経験したことのない人は紙の製造に至る様々な出来事を，彼の経験の全体連関に収納することができないであろう。なぜなら彼にはそのために必要とされる解釈図式が欠けているからである。したがって紙が製造されているという判断を下すこともできないであろう。このことは既に確認したように，体験を経験連関に収納するあらゆる場合に全く一般的に当てはまる。

　第二に，木が伐採されるのを理解するとは，次のような事態をも意味しうる。他者の身体と呼ばれる，外界の 1 つの〈事物〉にいろいろな変化が生ずるのを知覚すること。この場合，その他者の身体は生命あるものと解され，その他我は暗黙に総じて諸体験を体験すると解される。しかし，その他者の持続経過における果たしてどのような特殊な体験がその他者の身体のこの特殊な動作と対応するかについては，何も問題にされない。そもそも「行為」（企図によるある行動）が目の前にあるのか，またこの行為にはどのような「動機」があるのかについても何も問題にされない。観察者がその他者の身体の動作をどのように解釈するにせよ，この場合その他者の身体についての観察者自身の知覚を自己解釈する以外に何も行わないのである。彼は，先ず外界のこの事物が 1 人の他我の身体であることを確認し，次いでそれが変化すること，どのように変化するかを確認するのである。

　第三に，誰かが木を伐採するのを理解するとは，次の意味でもありう

る。当の「外的出来事」が眼指に捉えられるのではなく，行為する人間としてのその木樵の体験に注意することである。この場合の問いかけは，「どんな出来事が外界で起っているか」ではなく，「他者はこれを行う際どのような体験をしているか」である。彼はそもそも先行の企図による自発的活動から行為しているのか，もしもこれが事実であれば，彼は何のためにこの行為をしているのか，彼の目的・動機は何か，彼にとってこの行為はいかなる意味連関にあるのか等である。これらの問いは，その出来事の事実そのものにも，その身体動作そのものにも向けられていない。そうではなくて事実上の出来事や身体動作は，観察される者の持続におけるある一連の体験の〈しるし〉として捉えられるのである。観察者の眼指はその〈しるし〉自体に向けられるのではない，それがそのためのしるしであるもの，したがって観察される者自身のその体験経過に向けられる（真の他者理解）。

ごく簡単にではあるが，記号による表明の理解にも，これと同じような意味層があることを示すことができる。ドイツ語を話しているひとの理解について例に選ぼう。観察者はその眼指を以下の事柄に向けることができる。

　1　その話し手の身体の諸動作に。この場合観察者は，自分のその都度の〈今このように〉の経験連関を基にして彼自身の体験の自己解釈を行う。先ず彼は彼の相手が1人の同時代人である（映画のフィルム上の映像でない）ことを確認し，次いでこの同時代人によって行われる身体の動作が行為として解釈できることを確認する。

　2　専ら音声という聴覚による知覚だけに。知覚される音声が（蓄音機のようなものによるのではなくて）話し手によることを，聞き手が確認すれば，ここでは同じくただ聞き手自身の知覚の自己解釈がみられるのみである。

　3　聴覚によって知覚されることの特殊な音節分けに。観察者は，話し手の行為によって（あるいはまた蓄音機によって）発される音声が，一定の音節を示していることを確認する。それとともに観察者は，彼によって観察される話し手が（場合によっては，この音声を発する蓄音機が）話しているのであり，「大声を出し」たり，「歌っている」のではないことを確認し，かくして観察者はこの知覚された音声をある国語の言

葉として解釈するのである。観察者は，それ故自分の経験を基にして，知覚された音声を一定の図式に，この場合はドイツ語の図式に関係づけるのである。そしてこの図式の内部ではその表現（言葉の音声）は，「…のための記号」，一定の語義を表す記号となるのである。ドイツ語の全図式とのこの関係づけは，眼指がその語義自体に向けられなくても行いうるものである。しかもそれは，解釈者の経験連関の〈今このように〉において彼にも同じように与えられている基準に従って行われる。たとえば私が外国に旅行していて，その国の言葉がわからない場合でも，眼の前にいる2人の人物は互いに話し合っているのだと解釈することができるし，彼らがその国の言葉を使っていると解釈することもできる。私が観察している話し手はもちろん同時代人であり，スクリーンに映し出されるフィルム上の人物などではないとか，彼らは分節された音声で言葉を話しているといった解釈も行うのである。その上，これらの「言葉」と呼ばれる音声形象が，ある特定の上位図式における「…のための記号」であると確認することもできる。その他この図式自体についても，それがいかなる一般的形式のものであるか，つまり何語であるかを述べることもできるし，語義そのものがよくわからなくても，それがたとえばハンガリー語だということもできるのである。

　すべてこれらの解釈は，完全に観察者の自己体験の自己解釈作用であり，依然それらは観察される者の体験の把握には向っていない。

　観察者はさらに以下のことを「理解する。」

　4　語義の記号としての言葉。この場合にも観察者は，記号を先行経験している記号体系（解釈図式），たとえばドイツ語に関係づけて，専ら自己解釈作用を行うにすぎない。ドイツ語の知識によって観察者は"Tisch"という言葉の記号に，おおよそかくかくの性質で，一定の使用目的をもっている特定の調度品という表象を結びつける。その際この言葉が同時代人，蓄音機あるいはオウムのいずれによって語られるかは原則としてどうでもよいし，観察者がいつ，どこで，いかなる連関において，その言葉が木版ないし鉄版文字で印刷され，書かれているのに気づくかということも原則としてどうでもよいことである[22]。その客観的記

　22　同様のことはフッサール「第六の論理的研究」3. Aufl., Bd. II, 2. Teil, S.

号の解釈が専らある客観的記号体系の内部で行われるにすぎず，その記号措定者が当該の記号措定によってどのような機会因的（本質的ではないとしても）意味を思念しているか，つまり「記号を用いる人にとってそれは何のための記号であるかが問われない限り，結局，語義の記号としての言葉は，依然としてその解釈者の自己解釈の対象に専らとどまるのである。これらのすべての解釈はその解釈者の自己解釈であると私たちがいう場合，看過してならないことは，これらの解釈が行われる，その解釈者の全経験連関に，その観察される他我についての先行知識のすべても含まれるということである。

　ところで観察者は「真の他者理解」に方向を転ずることもできる。

　5　話し手の意識経過のしるしとしての，したがってその措定された意味としての語義に眼指を向けることによって。しかも観察者は(a)話し手は，彼が述べることで，何を思っているのかについて問うことができるし，それに(b)話し手がそのことを今，ここで，その話しかけられる者に述べる（表明する）ことで何を考えているのかについても問うことができる。この問いの狙いは〈他我〉の意識体験にあり，真の他者理解にある。前者は，表明された記号がその表明者にとってどのような意味連関にあるのかを尋ねることであり，後者は表明者の動機自体を尋ねることである。以上行った分析は，私が聞き取った言葉を（他我によって表明されたものとして）自己解釈において把握してはじめて，この行為者の問いを立てることができるということ，したがってあらゆる真の他者理解は理解する者の自己解釈作用の上に基礎づけられるということをはっきりと示している。

　すべてこれらの分析は，言うまでもなく例示にすぎない。私たちの例で示した重要な事項に立ち返る機会を私たちはしばしばもつであろう。ある他我に関連するどのような解釈作用がその解釈者の自己解釈作用とみなされるのかを，ここでかいつまんで要約しておこう。先ず，観察される者が1人の同時代人であって，映画のスクリーン上の映像ではないということが，観察者には観察される者の身体に対する観察者自身の知覚の自己解釈において専ら明らかになる。同様に，あらゆる「外的」行

89にもみられる。

為経過の解釈，したがって他者の身体動作や他者の行為の結果についての解釈もまた，専らその解釈者の自己解釈作用において行われる。鳥が飛ぶとか木々の枝葉がそよいでいるとかを解釈するように，解釈者は，これらの外部の行為経過を他我の意識経過に注目せず，純粋に彼の経験の全体連関からこの経過自体を解釈するのである[23]。他我に知覚されるすべての表情の動きも，同じように解釈者の経験連関から専ら解釈されるし，他我が表明の際に用いる記号も，その記号の措定者が抱く記号の機会因的意味でなく，一般的意味が専ら問われる限り，同じである。

これに加えて，しるしとして外的経過をとおして経験した他我の意識経過の解釈が「他者理解」と呼ばれるが，これこそまさにこの用語の本来の意味である。これらのいずれの解釈も，他我の意識経過が表わす〈しるし〉($シグナム$)を自己解釈によって解釈することを前提している。解釈者はしかし自己解釈を行うことでは満足しない。解釈者は―言うまでもなく彼の経験の全体連関に基づいて―，彼にとって諸々のしるしとしるしによって表わされるものとの間に成り立つ意味連関に，他者の意識における特殊な意味連関も対応することを知っている。たとえば，解釈者が以下のことを問う場合，彼はまさにこうした意味連関に目を向けているのである。木樵の意識には何が起こっているのか，どのような意味を木樵はその活動に結びつけているのか等。あるいはもっと正確に言えば，どのような仕方で木樵は自発的能動性の彼の意識体験に注意しているか。さらに，相手は，これを行うことで私に話しかけ，今ここでこのようにすることで何を思念しているのか，何のために相手はこれ（目的-動機）を行い，また相手はこれに対してどのような理由（真の理由-動機）を挙げるであろうか。この機会に相手の口から述べられた言葉は何を意味するのか。これらすべての問いは，解釈すべき体験が他我にとって有する意味連関に向けられたもの，位相的に築き上げる他我のこの体験の構成についての問いと，他我がみずからこの体験に対し行う単定立的回想につ

23　すべてこうしたことは言うまでもなく，一般定立 Generalthesis の内部においてのことである。この一般定立によって身体（$ライブディング$）と呼ばれる外部世界の事物は「生命ある他者の身体」としてまさに「ある他我（$アルターエゴ$）の身体」として把握されるのである。

いての問いである。

第 22 節　固有の他者理解への転換

前節では，あらゆる真の他者理解がその理解者の自己解釈作用に基礎づけられていることをみたので，次に，私たちはこの真の他者理解そのものについてもっと詳しく分析しなければならない。この分析は，私たちの例から既にわかるように，2 つの異なる方向で進めなければならない。私たちは第一に意思疎通の意図がない他の人間の行為（木樵の例）の真の理解について調べ，次いで他者の表明行為の理解を分析しなければならない。この表明行為の理解は，ある新しい，まだ詳細に説明されていない次元，表明目的のための記号措定とその解釈が含まれている。（例としてはドイツ語を話す人の言葉を理解することがあげられる。）

第一のグループの例について調べてみよう。私たちは木を伐採するといったある達成的行為を遂行する 1 人の同時代人を観察し，その観察される者の意識における体験経過に眼指を向けるのである。この際，私たちはさしあたりこの同時代人の意識体験について彼に問い合わせる可能性がない。なぜかというと彼に問い合わせるためには，私たちは彼と社会関係に入らなければならないし，そうした可能性それ自体が再び次のことを前提にしなければならないからである。つまり他者が私たちによって措定された一定の記号を私たちの意識経過のためのそれとして理解することができるように，私たちも言語のような一定の記号を通じて，他者の一定の意識経過を理解することができるという前提である[24]。このような事態は，表明の伝達と表明の受取り行為の分析において専ら明らかとなるが，それとは別に調べてみたいと思う，前述の第二の事例群の中で解釈される。

もう 1 つの前提として仮定しておきたいことは，私たちが既に自己解釈において外的世界における出来事として解釈した当の知覚された経過以外にその観察される者については何も知らないということである。そ

---

[24] ここで依然として十分に明らかにされているとは言えない語法でヴェーバーの用いている＜社　会　関　係＞(ゾツィアーレベツィーウング)概念は，以下（第 31 節）において詳しく分析される。

第3章　他者理解理論の根本特徴　179

れ故私たちの例では，前述の自己解釈によって観察される者が1人の隣人であり，彼の身体の動作が遂行的行為を意味し，それが私たちによって「木の伐採」として認められる1つの遂行的行為であることを，私たちは知るのみである。しかしそれ以外のことについては，ほかならぬ当の同時代人について何の「先行知識」も持ち合わせていない。

　それでは私たちはどのようにしてその観察される者の意識における体験経過を捉えるのであろうか。その他者の達成的行為を外的世界の経過として知覚し解釈する。私たちは，この達成的行為から，その行為者がそれを構成した一連の意識体験を想像によって再現することができる。この知覚し解釈した達成的行為を私たちによって指定すべき1つの達成的行為であるとして企図し―想像の中で，この達成的行為を遂行するのであるが―，その際その企図に従って方向づける遂行的行為に，私たちの意識体験を志向的に固定する。私たちは他者の達成的行為の目標を私たち自身の達成的行為の目標として企図し，続いてこの企図に方向づけられる遂行的行為の経過を想像する。その際，私たちが観察するのは次のことである。私たちの遂行的行為の企図は未来完了時制的に当の遂行的行為全体を経過したものとして指定すること，ここで想像される達成的行為の遂行は（専ら想像の様相においてであるが）企図の過去把持や再生を伴っていること，さらに想像によって実行される遂行的行為は先行的に企図された達成的行為に対して充実もしくは非充実の様相に立つこと等々である。

　想像の中で企図する，その他者の達成的行為の目標を一歩一歩こちらに引き寄せることができるのだと，ある自分の追体験的遂行的行為をただ想像する代りに，私たちは自分の遂行的行為のある経過し去った諸体験の再生を行うこともできる。この自分自身の遂行的行為は，「事実として」ある先行的に企図した達成的行為の目標に方向づけられていたのであり，しかもその観察される者がこれより彼の遂行的行為を方向づけるのと等しいある達成的行為の目標に方向づけられていたのである。この2つの場合は相互に次のように区別される。第一の場合は，ある行為目標の想像による企図に従って，私たちが同じ行為目標を有するある達成的行為を想定するならば，私たちも「当然経験する」であろうと想像される体験の経過に志向的に固定するのである。第二の場合には，これに

対して，観察者が今しがた措定し，それを今度は私たちが再生において現前化する「同じ」達成的行為を「事実として」既に措定しているということである。

私たちは，その行為者の立場に身をおいて，しかる後にこの観察したのと同じような遂行的行為を営む時の私たちの意識体験をその他者の意識体験と同一視することによって，私たちはいってみれば人物の取り替えを行うのである。だが，これによって私たちは周知の「投射による」感情移入理論と同じ誤りに陥っているように思われる。なぜなら私たちは明らかに私たちの意識の経過にその他者の意識経過を仮定するからであり，この仕方では私たち自身の意識が明らかになるにすぎないので，その他者の意識の方は明らかにならないから，いわば一種の〈4個概念〉Quaternio terminorum に陥ってしまうように思われるからである。もっと詳しく調べてみると，私たちの記したことは感情移入理論が捉えていることとは何も共通していないことが明らかになる。というのも，私が私自身の体験を構成するのと同じ仕方で，同時代人であるそれぞれの君が君の意識体験の構成を行うことは「〈他の私〉fremdes Ich としての君の一般定立」であるからである。それにこの共通性はみかけの共通性にすぎない。なぜなら投射による感情移入の理論は，感情移入という事実に基づいてはじめて生命ある同時代人の現存に対する「盲信」に至るのに対して，私たちは〈他者の持続経過の一般定立〉から出発するからである。したがって私たちは，自己解釈の中で行われる判断，「これは1人の同時代人である」が含意している事柄をはっきりさせたにすぎない。その他我の彼自身の遂行的行為についての体験は，同じ達成的行為の目標をもった私たちの（想像もしくは再生による）遂行的行為についての私たちの体験とは原則的に別ものである。これはもちろん私たちには全く自明のことである。なぜならある遂行的行為の思念された意味は，既に明らかにしたように，原則的に主観的なものであり，それは各自の意識経過にのみ近づきうるものであるからである。感情移入の理論が陥っている誤りは，次の点にある。第一に，それは超越論的現象学の方法でのみ獲得しうる自我の意識における他我の構成を，素朴にも感情移入から導き出そうとし，その結果感情移入の中に他ならぬ他我の存在を認識

する源泉を認めてしまっているということである[25]。第二に，それは私自身の意識経過と他者の意識経過とが構造的に同一であるとの確定を大幅に逸脱し，他者の意識の特殊な様態に関する認識を媒介できると僭称していることである。しかしながら表明機能をもたない他者の遂行的行為の意味について私たちの言及できるすべてのことは，君の一般定立の中に既に含まれている。

　以上の分析結果を要約すれば次のようになる。私たちは他者の達成的行為の目標，言い換えれば，他者の目的-動機を，ある仮定された遂行的行為の自分自身の目的-動機にして，次いで中和化の措定によって，この目的-動機に方向づけられる自分自身の遂行的行為の模擬的実行を，実際の他の行為者による遂行的行為の諸体験のための解釈図式として用いるということである。しかしながら誤解を避けるために，ここではっきり一言しなければならない。すべてこれはその他者の達成的行為の経過をその遂行後に反省によって分析することを意味するにすぎないということである。体験が同時である場合には，生き生きした志向性が観察者にともに与えられており，観察者はある仮定上の体験や先行した自分の体験に対する一切のこうした注意をいちいち行うことを必要としないであろう。彼の目の前でその他者の遂行的行為が位相的に築き上げられる。自我と他我との同一視は，そこでは先行与件としてある共通のものと仮定される達成的行為という目標から遂行的行為の個々の局面へと後退しつつ行われるのではない。むしろ自我は，前進しながらその遂行的行為の個々の局面において，その他我の豊かに捉えられる体験経過と，共通の〈我々〉において一体化するのである。これについては後に[26]もっと立ち入って論ずるつもりである。

　以上のすべての考察は，他者の遂行的行為として観察者に委ねられている，外的世界における経過以外には何も観察される者について観察者が知らないという限定条件のもとで行われた。明らかなのは，この限定条件がその観察した他者の達成的行為を孤立させ，その達成的行為を前

25　この点と感情移入理論の批判については，Scheler, *Wesen und Formen der Sympathie*, S. 277ff. を参照せよ。

26　以下の第4章第33節245頁を参照せよ。

後の連関から切り離し，観察者ならびに他我の体験経過としてある連関からこの行為が切り離されていることである。私たちが行ったのは，その前後が観察者には知られていない，一巻のフィルムの小断片でしかないような，いわば「動く他者の身体」という外的世界の事物についての無数の瞬間写真ないしは連続写真のようなものである。私たちが観察される者のその都度の〈今このように〉について経験していること，私たちが自己解釈の中でその観察した経過の事実とか観察した身体の動作の事実とかを解釈すること，これは確かにある同種の達成的行為の目標の想像による企図を私たちに可能にする。しかしその観察される者の諸体験はその都度の〈今このように〉を越えて私たちには近づくことができる，たとえばその観察した遂行的行為の目的が単に中間目標にすぎないような，最上位の達成的行為の目標を私たちが知っている，あるいは私たちの経験に基づいて「同じような状況にある」観察される者の経過した一連の体験を知っているのである。かくして私たちによって他者の達成的行為のモデルとして想像の中で企図される遂行的行為は，確定性の高いものとなる。マックス・ヴェーバーの例に戻れば，木樵がその活動を職業によって，つまり報酬を期待して行うのか，それとも気晴らしのためにそうするのかを知れば，私はこれにより木を伐採するという木樵の具体的行為の目的-動機を，あるもっと広い意味と動機連関の中に収納することができる。この場合私が自分自身の達成的行為の企図を想像することで他者の意識経過の適合的モデルを構成できるが，それは専ら以下のような場合なのである。私によって企図されたものと想像できる遂行的行為を，私がある意味連関やある動機連関──この連関も同じようにその知覚した，〈今このように〉において知覚しうる，遂行的行為の事実性を飛び越えているが──の中に収納する場合である。別言すればこうである。私たちはこれまでの論述において遂行的行為の単位が専らその企図の幅において構成されることを知っている。観察者としての私は，その観察される者について彼が私に単純に提供するままに，彼の達成的行為の事実という外的経過以外の何も知らなければ，彼の想像する意識体験を私が事後的構成の遂行において，私の観察した達成的行為に通じるような，そうした遂行的行為のみを専ら私は予め企図されたものとして仮定することができる。しかしこの企図を基にして想像した私の遂行的行為が他

者の遂行的行為には「不適合」のままであることを避けようとするなら，私はこの他我に関する私の先行知識を基にして一般にこの達成的行為が組み込まれるあらゆる意味連関を後から想像して，「会得」しなければならない。私たちはこの不適合性の概念になお再三繰り返し立ち戻りながら，この概念の他者理解の理論に有する意義を十分心得ることにしよう。

第23節　表現動作と表現行為

今分析したばかりの達成的行為の場合，次の点が特徴的である。行為者はなるほどその遂行的行為によって外的世界に働きかけようとしているが，物理的世界にある変化を引き起こすことがその遂行的行為の目的-動機であるが，この場合彼はこの遂行的行為によってその意識体験を「表現する」ことを望んでいないということである。「表現する」という用語には二重の意味があり，もしここで他者理解の分析が〈表明行為〉Kundgabehandlungにも施されるべきであるならば，この意味をはっきりさせておくことが必要であろう。表現の遂行的行為のもとに私たちは先ずある人がその意識内容を，自分自身のためにこれを確認する（たとえば日記をつける）ためとか，これを他者に伝達する（表明する）ためとかいうように，「外に向かって投射する」遂行的行為と解することができるであろう。双方の場合とも企図による真の遂行的行為がみられる。その目的-動機は，社会的世界では表現内容が他我によって表明として受け取られることであり，また孤独な自我の世界では自分自身が後になって知らせを受け取る目的で表現内容を確認しておくことである。〈表現行為〉Ausdruckshandlungから——心理学ではそのように呼ばれている——〈表現動作〉Ausdrucksbewegung が区別されるのは，表現動作にはコミュニケーションの意図がなく，これには「他者なり自分自身に対してなり，何らかの『考え』を明確な仕方で言明する」という意図も欠けていることになる。この場合には私たちの定義するいかなる真の遂行的行為も存在せず，あるのは単なる振る舞いだけである。自発的能動性に基づくこの振る舞い行動には企図というものが欠けている[27]。結果としてこ

27　Husserl, *Logische Untersuchungen*, Bd. II, S. 31.

れにはまた，あらゆる真の遂行的行為にみられる目的-動機が欠けているのである。この意味での「表現動作」には，たとえば私たちが会話している際に何の気なしに行っている表情とか身振りがある[28]。

他者の意識経過の表現の場として他者の生命ある身体が眼の前に与えられている観察者は，それが表現動作であれ表現行為であれ，この身体上のあらゆる表現を他我の体験のしるしとして捉えることができる[29]。とはいえ，この主張にはさらに解釈が必要であろう。

ヴェーバーの言うように，顔の表情，怒声，非合理的動作の中に現れている怒りの発作を私が理解するとき，ここでもいろいろのことが思念されている。他者の活発な身体という表現の場におけるこのすべての経過を私が怒りの発作として解釈する場合，私はそこで他者の身体と呼ばれる，この表現の場から，私が知覚したことを専ら自己解釈しているだけであり，木樵の身体の動作を私が木の伐採として解釈した，まさにあのやり方でこれを行っているのである。続いて眼指の転換，これは同時性において君を直接に把握する，生き生きした志向性の点では，はじめの解釈と内的に絡み合っているが，これによってはじめて，私は活発な身体のこの経過に，君の特殊な体験，「怒り」という興奮（感情）をつけ加え，真の他者理解を行うのである。真の他者理解へのこの転換は，私が私の経験においてそのような感情を知っているから専ら可能となるのである。―私の気分の内的能動性や気ままな想像において―私がこの感情そのものを体験しているとか，私が他者の意識における感情の経過をその「表出[30]」によって経験しているとかがこれである。したがって疑いなく観察者には表現動作が意味連関にあるわけであるが，このことは表現動作が他者の体験のしるしとなる観察者にとってのみ言えるのである。これに対して観察者は，その人から知覚する当の表現動作が果たして当人にとって1つの意味連関にあるかどうかを言明することはできない。なぜかというと，これが事実であるのは，その他我がこの表現動作

---

28 *Ebd.*
29 これについては上述の第1章第3節45頁以下を参照せよ。
30 これに関してはもちろん〈同時代世界〉の分析がはじめて必要な解釈を与えることができる。第4章第37節271頁以下を参照せよ。

第3章　他者理解理論の根本特徴　185

の位相的構成に目を向ける場合にのみ限られるからであり，こうしたことはもともと直接的（専ら前現象的）体験である表現動作がいかなる反省にも近づきえない場合には不可能であるからである。

　表現動作はさしあたりただ観察者にのみ意味をもち，その表現動作が観察される当人には意味をもたない。まさにこのことによって表現動作は，表現行為から区別されるのである。表現行為は観察される者の意識経過の中で常に意味がある。表現行為は，常に真の表明［の達成的］行為であって，記号措定者自身によるのであれ，他者によるのであれ，これは常に解釈のために措定されるからである。

　外的経過の事実は，それ故他者の身体に観察された表現が表現動作なのか表現行為なのかについてのいかなる根拠も解釈者に与えない。これを確定するには，専ら別の経験連関に基づいてのみ可能となる。私たちが日常生活の中で，ある同時代人について知覚する表情や身振りは，ある俳優の表情や身振りと同じ事実としての外的経過を示している。しかし，私たちに先行与件である経験連関から，後者の場合には，その俳優の表情や身振りを彼が表現すべき体験のために措定される記号とみなすのであるが，日常生活においてはこの同時代人の身振りが果たして記号として措定されたものか，それとも表明機能のない単なる表現動作にすぎないのかを，私たちは疑問に残したままである。この点をはっきりさせようとして，この表現動作が想定された記号であったかどうかを問題にすれば，私たちは以下のことを調べてみなければならないであろう。この動作を行っている人は，予め企図した計画に従って行為を措定したのかどうか，彼の行為の計画には観察者による解釈も一緒に企図されていたのかどうか，また全体としての意味連関の複合はさらに別の（「主観的」）意味連関の1つの構成要素にすぎないのかどうか，つまりその企図された記号措定は，さらに別の範囲に及ぶある意図された遂行的行為の中間目標にすぎないのかどうか等である。要するに，私たちは観察される者が記号の措定へと駆り立てられた動機について問わなければならないのである。

　表現行為の理解にとって，それらの表現行為がある身振りの措定にあるのか，ある音声連関（言葉）のそれにあるのか，それとも身体から切り離されたある人工物の建立にあるのか，これは原則としてどうでもよ

い。何れの表現行為も，ある人工物が措定されることであろうと，ある身体動作が措定されることであろうと，記号についての1措定である。そこで以下において私たちは記号の本質を把握しなければならない。

第24節　記号と記号体系

さしあたり私たちは〈記号〉Zeichen もしくは〈象徴〉Symbol の概念を，〈しるし〉Anzeichen もしくは〈きざし〉Symptom という一般概念から区別しなければならない。これは既にフッサールによってその『論理学的研究Ⅰ』で行われているものである。しるしによってフッサール[31]は，一方の存在についての確信が他方の存在についての確信のための非理解的動機として体験される意味で，それの存続が他の特定の対象なり事態の存続を指示するものと解している。私たちの問題に関してこの定義から明らかになることは，しるしをしるしの付けられるものへの指示として解釈する人の経験的意識の中でしるしとしるしの付けられるものへの指示との関係が専ら構成されるということである。

ある確信の動機としてのしるしというフッサールの特徴づけは，私たちが「ある遂行的行為の動機」と呼んでいる意味連関と無関係であることは自明である。フッサールによってそのように呼ばれる動機も確かに意味連関にちがいないが，私たちの用語ではそれは前経験的作用において構成された，少なくとも2つの解釈図式の間の意味連関なのである。だがしるしを解釈する際にはこの連関に目が向けられないから，そのためにその「動機」は「非理解的」である。したがって〈しるし〉と〈しるしの付けられるもの〉との関係は形式的関係であり，一般的関係であって，それは特殊な構成様式の存在にまで戻って照合はしない。このことはまた明らかにフッサールの見解とも合致している。生命なき世界の対象も生命ある世界の対象もともにしるしとなることができる。地質学者にとって地表のある地層は一定の鉱物が存在することのしるしであり，数学者にとってある代数方程式が奇数の次数であることは，その方程式が少なくとも1つの実根をもつことのしるしである。これはみな，しるしの

---

[31] *Logische Untersuchungen*, Bd. Ⅱ, 1. Hälfte, S. 25-31. これについては本書第1章第3節46-47頁における論述をも参照せよ。

第 3 章　他者理解理論の根本特徴　187

解釈者の意識の中で構成された，これらの対象についての経験に基づく体験の連関である。この意味において生命ある他者の身体に知覚される諸経過は，他我の意識体験を表すしるしである。

　しるしと対置されるのが，「意味のある記号」とか「表現」，しばしば象徴と呼ばれるものである。

　先ず私たちは，記号解釈者の意識における記号機能の構成を考察してみよう。記号と記号のつけられるものとには代理関係がみられる[32]。私たちは言葉の最も広い意味において常に外的世界の1対象である，象徴に目を向けるのであるが，この場合私たちはこの象徴を対象そのものとしてではなしに，むしろそれが意味しているものの代理としてこれに注目しているのである。解釈の基礎的作用において，私たちはそれ故記号そのものではなしに，それが「そのための」記号であるような事態に目を向けているのである。フッサールは，この事情を特徴づける際に「記号と記号の付けられるものとは相互に無関係である[33]」ことがしるしの本質であることを繰り返し指摘している。明らかに記号関係とはそこで記号と呼んでいるところの外的世界の対象に適用される解釈図式の関係である。しるしによる理解の解釈作用においてはしるしづけるものがそれ自体として解釈されるわけではない。つまり外的世界の自立した対象としてのそのしるしづけるものに適合的であるような解釈図式に従って解釈されるわけではない。むしろそれは，しるしづける対象自体にではなくて，しるしづけられる対象に適合的であるような別の解釈図式に従って解釈される。ところでこの場合，ある経験対象にとってある解釈図式が適合的であるとは，その構成がまさにこの対象そのものに関して複定立的に経験する諸体験から生ずる場合を意味すべきである。たとえば，この紙の「A」というこの黒い線は，視覚的体験において構成された，かくかくの形態の図形として適合的であると解釈されることもあれば，この紙のこの黒い線「A」は，一定の表現内容を伴う「母音A」の記号としては「不適合」であると解釈されることもある。母音Aの適合的解釈図

　32　この概念についてはフッサールの「第六の論理的研究」を参照せよ。

　33　たとえば「第六の論理的研究」（Ⅱ. Bd, 2. Teile. S. 55: *Ideen*, S. 79）など。

式は，視覚的体験からではなくて，むしろ聴覚的体験から構成されるわけである。

この事態についてであるが，そのしるしづけられるものにとって適合的解釈図式が，今度はそのしるしづけるものの側のほうにも適用できることが再び予め経験されてしまい（先行知識となってしまい），それ自体が再び1つの解釈図式のもとに置かれることになり，混乱が生じる[34]。

すべてこのことは孤独な生活ならびに社会的生活における記号の解釈に当てはまる。ここでは特に次のことに注目しなければならない。つまり記号が常に「…のための記号」であるという慣用的表現には，2つの意味があることである。一方では記号は記号意義，即ち，記号が意味づけしているものの「ための記号」（記号の意義機能）であるが，しかしまた記号は，その記号措定者の意識体験という記号が表現するものの「ための記号」でもある。自然には記号は存在しない。しるしだけが存在する。記号は本質的にいって私自身なりある別人なりによって措定される記号であり，しかも記号はある意識体験を表現するために措定される。記号は常に人間による措定を参照するが故に，記号にはその措定者の意識体験に対するしるしという性質が備わるのである（記号の表現機能[35]）。

したがって1つの記号は常にある人工物もしくはある構成された達成的行為という対象である。この両者の境界は流動的である。記号対象としてのいずれの達成的行為の対象（たとえば，一定の方角を示す指）も，この遂行した達成的行為に至る，遂行的行為の経過を逆にたどることができる。しかしこの遂行的行為がある完結した達成的行為の対象性（身振り）になるか，あるいはある人工物（たとえば☞のような「道しるべ」）になるかは，原則的には重要ではない[36]。

---

[34] この2つの解釈図式の上位に位置する解釈図式は，フェリクス・カウフマンのいわゆる関係づけの図式(2)に対応する（Felix Kaufmann, *Das Unendliche in der Mathematik und eine Ausschaltung*, Leipzig und Wien 1930, S. 42）。

[35] ここで主張される見解が「第一の論理的研究」および「第六の論理的研究」においてフッサールが定式化しているものとどの点で異なっているかは，容易に気づかれることであろう。

[36] この限りで私はハンス・フライヤーが行為の人相学的側面と物質的な外

第3章 他者理解理論の根本特徴　189

　ある解釈すべき記号は，ある他我による措定に再び関係づけられなくてもよい。むしろある根拠づけられた解釈作用において意味されるもの自体に直接目を向けるためには，解釈者は彼の経験により，意味するもののための解釈図式と意味されるもののための解釈図式との間に存立する，総合的意味連関に関する知識で満足する。解釈者は，外界の自立した対象としての意味するものを考慮することも，私自身なり他我なりによるこの意味するものの措定を考慮することもないのである。この場合解釈者は記号の意義機能で満足する。

　そこで「記号」は次のように定義されよう。記号は達成的行為の諸対象性もしくは諸人工物であるが，これらの達成的行為の諸対象性もしくは諸人工物は，それらについての諸体験から外部世界の自立した諸対象性として構成した例の解釈図式によっては解釈されない，もしくは物理的世界の諸対象のそのような体験のためにその時々の経験連関に蓄えられた解釈図式（適合的解釈図式）によっては解釈されない。むしろその解釈図式は特殊的先行経験の諸体験によって別の（不適合的）解釈図式の中に収納されるのであり，その解釈図式の構成は他の物理的対象物もしくはイデアールな対象物についての経験的作用の複定立的措定によって実行される。既述の通り，意味されるものに適合する解釈図式を意味するもの自体に適用できることは先行的に経験しているのであり，この先行経験が再び解釈図式として機能するのである。私たちはこの解釈図式を記号体系と呼ぶことにしよう。記号体系とは記号解釈者や記号措定者にとって，その記号が収納される解釈図式間の意味連関であるとここでは理解することにしよう。

　しかしながら「ある記号が収納されている連関」という表現は多義的である。もちろん，諸記号の間に1つの連関が客観的にあり，その連関がいかなる意味解釈作用からもいかなる意味措定作用からも独立であるとは決して言えない。なぜなら有意味的なものの間の連関は当然それ自体1つの有意味的連関であり，それは措定されるか解釈されるかのいず

　部世界における行為の対象化との間に行っている根本的区別を承認することはできない（Hans Freyer, *Theorie des objektiven Geistes*, S. 29ff. をみよ）。

れかであるのだから。したがって厳密に受け止めれば，記号そのものの間に1つの意味連関があるのではない。むしろその記号の有する意義の間に，即ち，その記号が「そのための記号であるもの」，したがってその記号を措定する ego cogitans の諸体験もしくはその記号を解釈する ego cogitans の諸体験との間に1つの意味連関が存するのである。しかしながらこの「意義」は専ら記号を介し記号において把握されるのであるから，これらの記号の間にも1つの連関が成り立つ。他でもなくまさにこの連関を私たちは「記号体系」と呼ぶことにしよう。

記号体系は，これを先行知識として持ち合わせている人にとって，既に経験している記号の間のより高次の意味連関として呈示される。このような人にとってドイツ語はドイツ語の各言葉の意味連関であり，地図の記号体系はこの地図の各記号の意味連関であり，記譜法は楽譜に記譜できる一切の意味連関である等である。

ところで，1つの記号が1つの記号体系の一部であるという経験は，その記号が何を意味するか，それはその記号措定者のいかなる意識体験の表現であるかを知ることとは別の事柄である。私が速記法の記号体系に習熟していなくても，記号で埋め尽くされている1枚の紙が速記録であることは確認できる。たとえ私がトランプ遊びの規則を知らなくても，カードがこの遊びを構成する全規則体系の記号，つまりトランプのカードであることが理解できる等々である。ある記号を記号体系に収納することは，まさにその時々の経験の全体連関に従って行われるのである。この場合私の経験にそのような記号体系が存在しており，その構成の基準についての先行知識があることで十分である。私が個々の記号の記号意義を知っているとか，私がその記号体系を「いかに運用するか」は必ずしも必要としない。たとえば，「これは漢字である」という判断は，この文字とか漢字が一般に「わかる」ということとは切り離して下すことができる。

措定された記号である以上あらゆる記号に意味があり，それ故原則として理解可能である。総じて意味のない記号あるいは理解不可能な記号について語ることは背理である。言えることはただある記号が1つないしそれ以上の先行与件である特定の記号体系との関連で意味がないということだけである。しかしこれは，その記号の先行与件である記号体系

と体系上馴染まず別の記号体系の一部であることを意味している。たとえば，特定の音声結合なり文字結合が無意味であるかどうかは，いかなる場合にも誰によってもただちに決めることはできない。それが無意味であるかどうかは，ただ最広義におけるある特定の「言語」の内部において決定されるのである。発音すら全然できないような文字符号の集積ですら「コードという意義」をもちうるし，この解釈図式を考えに入れて措定されたり，他者の解釈に委ねられたりするのである。これだけにとどまらない。たとえばBamalipという文字結合なり音声結合は，ヨーロッパの諸言語の記号体系の中では無意味のように思われる。即ち自分の経験において専らヨーロッパの諸言語の記号体系をみている人は，いかなる意味もこの記号と結びつけない。しかしこの主張は，みかけだけ正しいにすぎない。というのはBamalipという記号が形式論理学の格の名称，いわゆるスコラ学の第4格の第1様式を意味する名称であるということを既に知っている人は，たとえばドイツ語の記号体系の内部においても，この記号にふさわしく且つ正確な意味を認めるであろう。

したがって記号意義は一定の記号体系の内部で予め経験されなければならないのであり，ある記号についての「経験した」とは一体何を意味するのかが問題になる。どのような仕方で<Bamalip>という音声ならびに文字結合が，ある特定の格を表す記号であるという経験を獲得したのかを調べてみてわかるのは，論理学の教科書やある「教師」を通じて，私たちはこの音声統合の意義が，それを一部に含む<しるしの体系>の中の<しるし>であることを経験したということである。「経験した」とは，私たちが眼指に捉えたもの，私たちの例では観念対象である「三段論法の第4格第1式」，これを再び用いる際にはBamalipという音声結合を記号として措定しなければならないという意味である。ある記号の理解（もっと詳しくいうと，ある一定の[記号]体系からその記号を解釈することの可能性）は，私たちの意識内容の表現としてこの記号によって行った過去の措定作用に遡って照合することである。

どの記号体系もそのようなわけで私たちの経験の1つの図式であり，しかも二重の意味でそうなのである。第一に，それは1つの表現図式である。つまり記号は自発的能動性においてであれ，あとで再び遂行する想像においてであれ，既に少なくとも一度は意味されるもののために措

定されたものである。第二に，それは解釈図式である。つまり私は当該記号を既に以前から意味されるもののための記号として解釈してきたということである。この区別は重要である。なぜなら上の例が示しているように，私自身がこの記号体系を〈表現図式〉Ausdurcksschema として用いなくても——これを他者が表現図式として用いることを知りさえすれば——私はその記号体系を〈解釈図式〉Deutungsschema として認めることができるからである。〈孤独な私〉の世界の中ではある記号の表現図式はその解釈図式と当然ながら一致する。私がたとえば私の記録を暗号で書くとすれば，この暗号は何よりも先ず私によって措定された記号である。私がこの暗号を創り出し，これを私の記録のために用いるからである。しかしながら今度はこの暗号で私の記録を読むとか，この暗号で新しい記録を書きとめるとすれば，この暗号は私の解釈図式となる。

　ある記号体系に，例えば，ある言語に熟達しているとは，この体系における個々の記号の記号意義を，明瞭に把握しているということである。このことが可能となるのは，その記号体系とこれに属する個々の記号が，前もって経験された作用の表現＝解釈の図式として知識という形態で存在している場合だけである。解釈＝表現の図式としてという２つの機能において，記号は何れもその構成に先行している諸々の経験を参照している。表現＝解釈図式としての記号は，それが表示している，この記号を構成する例の体験によってのみ，理解することができる。記号の意味は変換可能性，つまり，その記号を別の既知の事態に置換できるということに存する。この記号の意味は，意味されるものが組み入れられる経験の図式そのものである場合もあるし，別の記号体系である場合もある。言語学者のメイエ[37]は，この点を言語の領域で見事に解釈している。「ある未知の言語の意味は感じによって捉えることはできない。伝統のとぎれてしまったある言語の原点を理解するには，これを自分が既に精通している言語に忠実に翻訳したもの，信頼しうる二ヶ国語のテキストを所持するか，あるいは問題の言語が自分のよく知っている１つもしくはそれ以上の言語に非常に似通っているものでなければならない。換言すれ

---

[37] Vossler, *Geist und Kultur in der Sprache*, Heiderberg 1925. S. 115 からの引用。

ば，それがもともと既に知られていなければならないのである。」

　言語が「既に知られている」というこの事態は，記号意義が記号を用いる人のその時々の〈今このように〉において既に経験された過去の諸体験の沈殿物として蓄えられているということにある。ある言語に習熟するとか，一般に記号体系に習熟するというのは，過去の諸経験をもとに話し手が——たとえ入り組んだ意味合いのものであれ——既に手に入れている1つの解釈図式にこれを一定の仕方で収納することであり，同様にこの手に入れている構成された経験の諸対象を再び構成的能動性[38]へと何時でも変換できること，解釈図式として経験される記号体系を表現図式として使用できることなのである。

　今や私たちは「ある記号にある意味を結びつける」という表現で何が意味されているかという問いに対して回答を与えることができる。言うまでもなくこの表現は「行動に意味を結びつける」という表現とは別の事態を指している。後者が隠喩にすぎないことを私たちは序章の考察[39]において明らかにした。ある記号にある意味が結びつけられるのは，その記号の記号意義が既に与えられている記号体系の中で捉えられ，しかも記号措定者のみならず，これの解釈者もこれを行う場合である。そこで次に明らかにしなければならないのは，ある記号が一定の記号体系に属していることを確定する前提には何が含まれているかである。記号措定者や記号解釈者から独立に，ある記号をそれが指しているものに一義的に共属させることができる限り，その記号はその属する記号体系内で「客観的意味」をもっている。この命題の内容をつぶさに吟味してみると，その言わんとすることはこうである。即ち，この記号体系に「習熟している」人は誰でも記号のもつ記号機能において意味されるものを理解し，これを誰がまたいかなる関連で用いているかは重要ではないということである。記号を先行経験の意識内容にまで必ず引き戻すことができること，これが解釈者に対してこのような解釈[図式]＝表現図式に通ずる構成的総合の反復遂行を可能にするのである。このようにして記号体系の

---

[38]　上述第2章第14節126頁を参照せよ。

[39]　上述第1章第6節72頁を参照せよ。

内部において記号に「再三再四」の理念が備わるのである[40]。

しかしながらこの場合，先行経験の記号体系内部の記号は，この記号についての経験が構成される，その経験している諸体験への注意の遂行後にはじめて理解されると言っているのではない。その反対である。記号は，先行経験の諸体験のための真の解釈図式として，その記号がその中で構成される，経験する私の諸体験に対して，一定不変である[と言ったのである]。

記号解釈者の自己解釈過程において把握される，記号のこの客観的意味と対比されるのは，その記号措定者の意識経過の〈しるし〉としての記号の表現機能である。つまり表明者にとってその表明された記号がおかれている意味連関である。1つの例でこの事態を説明しよう。

外国語のある語彙の意味を知ろうとするとき，私は1冊の辞書の助けを借りる。私は，その語彙の客観的意義対象性が2つの記号体系（言語）に並列してある諸記号を見てとれる，一覧表の助けを借りるのである。けれどもこの辞書に含まれているあらゆる語彙の総体はもちろん1つの言語ではない。辞書は専ら表現の客観的意義を含んでいるにすぎず，この客観的意義は，発言者やその発言の事情を顧慮しなくても理解できるものである。この場合には，フッサールのいわゆる「本質的に主観的で機会因的」という表現を思念していない。この本質的に主観的・機会因的表現については，前の箇所[41]で述べられている。「左」，「右」，「ここ」，「そこ」，「これ」，「私」のように，本質的に主観的・機会因的表現はもちろん辞書の中に見つけ出せるし，これらは原則的に翻訳可能である。しかもこの表現を用いる主体との一定の関係を表わす限りで，こうした表現はまたある客観的意味をもっている。私がこの主体の時空的固定化を一度行ってしまうと，本質的に主観的・機会因的表現についても，私はその表現が告げるものは客観的に意味があるということができるのである。これに対してあらゆる表現は，フッサールの意味でそれが本質的に主観的・機会因的であろうとなかろうと，表現の措定者にも表現の解

---

[40] Husserl, *Formale und Transzendentale Logik*, S. 167 ならびに上述第2章第14節123頁以下を参照せよ。

[41] 上述第1章第5節61頁を参照。

釈者にも，客観的〈意義〉Bedeutung とならんで，通常客観的意義をこえて，その他にある主観的・機会因的〈意味〉Sinn を有する。はじめに私たちは主観的構成要素について考察してみよう。ある記号で他者に何事かを告げようとするとか，ある他者からこの記号で何事かが告げられるという場合，記号を用いる者はこの記号にある特殊な意味を結びつけている。この特殊な意味は，先行知識という仕方でこの記号によって構成されている，経験的作用の特殊な性質の中にその源泉をもつ。これらの背後の意味ないし副次的意味が，同一核[42]である記号の客観的意味を包みこんでいるのである。このことは，1個人の言語世界と同様，全体としての1言語共同体の言語世界にも関連している。「悪魔的(デモニッシ)」という言葉がゲーテにおいて意味していることは——この言葉がゲーテの世界像において中心的意義をもつことに注目したのはヤスパース[43]であるが——，ゲーテの著作全体からはじめて解き明かされるものである。またフランスの言語や文化の歴史的発展を研究してはじめて「文明」という言葉の含む主観的意味が明らかになる[44]。ヴォスラーは，この考え方を言語史全体にあてはめて，次のように述べている。「私たちがある些細な言葉の発展を研究してみると，その中にはそれを用いてきたすべての人々の精神生活がある特殊な仕方で沈殿し，結晶している[45]」と。しかしこの些細な言葉を「研究する」ことができるためには，これを用いてきたあらゆる人々の精神構造に関する先行知識を，私たちの経験の中に見出すことが

---

[42] そればかりか私たちはこれに加えて次のように言うこともできる。即ち，ある記号の客観的意味の把握は原則的に実現されない1つの要請にとどまる，と。この要請は，当該記号の意味における主観(ズブイエクティフ)的構成要素，ならびに機会因(オカジォナル)的構成要素が，合理的概念形式によってできる限り明瞭かつ明確に説明されなければならないことを意味しているにすぎない。語りが正確であるというのは，この主観的・機会因的意識のすべてが事情に応じて十分に説明されている場合のことである。

[43] [Karl] Jaspers, *Psychologie der Weltanschauung*, 3. Aufl., Berlin 1925, S. 193ff.

[44] [Ernst Robert] Curtius, *Frankreich*, BandⅠ, Stuttgart 1930, S. 2ff. を参照せよ。

[45] [Karl] Vossler, *Geist und Kultur in der Sprache*, [Heiderberg:] 1925, S. 117.

できなければならない。記号指定者によってその〈記号化されるもの〉は（またそれと1つになって記号も），経験的作用の特殊な仕方において構成され，この特殊な仕方がその記号に例の主観的意味を付与するのである。そこで解釈者は，その記号指定者を完全に理解するためには，客観的記号意義のほかにこの主観的意味をも解釈しなければならないのである。

　副次的意味（言外の意味）の第二の構成要素として，主観的意味には機会因的意義が付け加わる。この機会因的〈意義〉は，用いられる記号の連関からおのずと生じてくるものである。私はある話し手を理解するとき，話し手が語る個々の言葉を解釈するだけでなく，話と呼ばれる，構文論的に結合し分節した言葉の順序全体をも解釈している。この言葉の順序の中でそれぞれの言葉は，まわりの様々な言葉や話の全体連関を通して特殊な〈意義〉を帯びてくる。しかし厳密に言えば，私がある言葉を理解するというのは，私があらゆる文の成分を単位として意味解釈してしまってからのことである。なぜなら私は私の解釈時点における経験の全体連関からのみこれを理解するからである。話の中では，位相的に組み立てられ，そこから意味解釈や意味措定における個々の構成作用の方にも目が向けられるような1つの総合が構成されるのである。この総合はそれ自体意味連関である。話の解釈者の場合もこの話の措定者と同様に，話の組み立ては段階的に積み上げられる総合作用の中で行われる。この微妙な違いをドイツ語は2つの複数形，つまり，〈ばらばらの単語〉と〈文章としてまとまった言葉〉のうちにきわめて正確に捉えている。したがって次のように言うことができるだろう。ばらばらな言葉が話の連関の中で手にする例の機会因的〈意味〉とは，まさにこれらのばらばらな言葉を文章としてまとまった言葉にするものに他ならないと。例の意味ある全体は，文章としてまとまった言葉からなるものである。ばらばらな言葉は，話の全体連関から特殊な〈意味〉が生ずることによってのみ，この有意味的全体の中に入るのである。

　ところで，個々の記号（言葉）の機会因的意味が捉えられるような総合，上位の意味連関，上位の解釈図式とは一体何であろうか。話の単位とは，その話し手の側からみれば，彼の統一的達成的行為としての記号措定の「単位」に基づいている。したがって，達成的行為の単位につい

て述べた一切のこと[46]は話の単位についても当てはまる。話の単位は意味措定者の企図においてのみ構成されるのであって、それが企図され完了されない限り意味解釈者には、原則として適切な把握ができない。解釈者は話し手によって思念されたことの近似値を専ら手に入れるだけである。この近似値はその時々の〈今このように〉における話し手についての先行知識に依存する。このことは少なくとも話を築き上げる間はそうである。というのは話の「客観的」把握もまた話が完了してはじめて行われるからである。ここで話とは、1つの文章、1冊の書物、ある作家の全集あるいは全体としてのある文学の傾向など、意味解釈者にとってその時々の最終的解釈図式である。そうである以上この最終的解釈図式は常に〈事実問題〉quaestio facti にとどまる。

　記号の主観的・機会因的意味に関する私たちの論考は、常に範例的意義をもつにすぎない。またこの論考は、客観的意味と主観的意味との対比という全く一般的問題に関連したものであり、これを私たちは大雑把であるがほぼ学び知ったわけである。私たちはこの問題を以下でもっと詳細に扱わなければならない。

第25節　意味措定と意味解釈

　前節において記号の異なる機能を知った。記号は、第1にその意義機能において捉えられうるものであり、この意義機能は解釈者に対して自己解釈の過程の中で、既に経験済みの記号体系にその記号を収納することで構成される。しかし解釈者は、記号が表現機能として話の連関における1成分として有する記号の主観的・機会因的意味についても問うことができるのである。これは、措定されたあらゆる記号解釈に対して、全く一般的に当てはまるものである。私自身の措定したある記号を、次に私が解釈しなければならないとしよう。この場合この解釈する〈今このように〉からその記号措定を構成する私自身の意識の複定立的作用に、一条の眼指を向けることによって、私はその記号の主観的意味について解釈することができる。君によって措定された1つの記号を私の単定立的

---

[46] これについては上述第2章第9節100頁以下を参照せよ。

振り返りによって，私は主観的意味において捉えることもできる。記号措定が構成される他者の意識体験には，ある同時代人がある記号で思念していることの解釈には，2つの構成要素が含まれている。一般に当の記号の意義についての経験（したがって客観的意味における経験），および当の記号の主観的・機会因的意味，意味措定者の体験における意味連関によってこの記号に生じてくる「意味の外縁」もしくは「背後の意味」についての経験という2つの構成要素である。例として会話を私たちの分析の根拠にあげよう。会話にあっては，意味措定者によって位相的に構成される意識経過は，意味解釈者によって同時に把握されるものである。解釈すべく彼に提出されている措定的意味を，解釈者は決して構成済みの既成の単位として受け取らない。むしろこの意味は，解釈者の眼の前で複定立的に構成される意味措定作用において構成され，また意味解釈も複定立的に編成される作用の中で位相的に構成される。解釈者は，措定作用の進行している間はこれについての意味解釈を構成的に遂行しているのである。その話が続く限り話しかける人と話しかけられる人とは，複定立的に構築される作用遂行を体験しており，この作用の過去把持や未来予持が，再生や予想と交錯しながら，濃淡様々な陰影をなして相互に入り混じり合った1つの箱の中でつながり合っているのである。両者は，単定立的単位としてのこうした作用に交互に目を向けることもできる。私に話しかける人の話の意味は，彼と私にとってその話の個々の文の中で構成されるのであり，個々の文の意味も，位相的に構文論的に時間の経過の中で措定される語句によって構成される。それ故，話しかける人や話しかけられる人にとって話とは文の意味連関であり，文とは言葉（語辞）の意味連関である。

　記号措定者の意識作用についての真の他者理解は，非伝達的達成的行為の真の他者理解（先の第22節を参照せよ）と全く同じような仕方で同時性あるいは準同時性において行われる。解釈者は解釈される記号のその知覚される措定を自分によって措定すべき遂行的行為として企図し，この措定を想像する場合には解釈者はその意識体験をこの企図によって方向づけられる遂行的行為に意図的に固定させることができる。したがって解釈者は，他者が措定する記号の主観的意味を，あたかもこの記号が彼によって措定された記号であるかのように解釈するのである。もち

ろんこの解釈の中には記号措定者の固有な表現図式や表現の習慣について解釈者がもっている経験の全体が含まれている。主観的意味への注目は何れも既に経験的に与えられている，〈今このように〉における記号措定者についての先行知識全体をその解釈者は参照するのである。またこの先行知識は，記号措定の間に同時的もしくは準同時的に増大する諸経験の過去把持的確認によって絶えず拡げられる。

同様のことは，記号措定者に対しても当てはまる。こちらは意味解釈者によって理解されるために記号を措定するのである。しかも措定すべき記号は，その客観的意義機能において理解されるだけでなく，意味措定者の体験のための表現としても理解されなければならない。つまり聴き手が話し手の話で言われている事柄を追体験的に理解できるものでなければならないのである。話し手の方は，その話を企図する際，聴き手が解釈のときに位相的に構築していくはずの意味連関を未来完了時制的に先取りする。この際話し手は，意味措定者である彼が，他者によって措定されしかも彼の解釈に委ねられている記号をいつものとおりに解釈する，例の解釈習慣に従って，自分の措定すべき記号を解釈するのである。その場合話し手は，聴き手についてのその特殊な経験を通して彼のものとなる，あらゆる解釈図式をも考慮に入れているのはもちろんのことである。

ところで，意味措定者が意味解釈者の意識における構築的作用に一条の視線を向ける場合，彼は専ら意味解釈の想像においてこれを行うのであり，この想像は期待の特性，予想の特性，多かれ少なかれ虚的未来予持の特性を帯びている。意味解釈者による実際の意味解釈は，意味措定（より正確には意味措定者による意味解釈）と充実ないし非充実の関係にある。意味措定者による解釈の予想は，必然的に曖昧なものである。というのも解釈者による現実の解釈作用は未来に横たわり，未定であるからである。

意味解釈者は事情が異なる。彼には他我の意味措定が経過し生成し去った作用として先行与件である。であるから意味解釈者はただちに既にでき上がった，措定されて構成済みの記号から，主観的表現機能の方に目を転ずる。措定者の意識における記号の構成的構築によりその記号が受け取る主観的意味に達するためには，解釈者は確かにその措定作用の

想像による追体験を行って，意味措定者の企図を問い返さなければならない。しかしながら意味解釈者はその企図を既に遂行され，経過し去り，実現された措定作用から眺めるだけである。意味解釈者にとって，解釈者の解釈に委ねられている意味措定者の企図は，既に遂行された意味措定作用と充実ないし非充実の関係に立つことはない。意味措定者の企図は，解釈者からみれば，意味措定作用に先行しており，その企図は意味措定作用によって充実し・・・たかし・・なかっ・・・たかのいずれかであり，企図が意味措定作用を充実することはない。解釈者は措定された記号から過去完了時制的に意味措定者のこの記号措定に先行した企図の方を振り返るのである。

意味措定作用は意味措定の企図そのものと充実ないし非充実の関係にあるが故に意味解釈者にとっても，はたして実際に遂行した措定作用が意味措定者の企図（解釈者によって適合的に理解されるべき）を充実したのかしなかったのかどうかは，依然不確かなままである。だからこそ解釈者によって，想像による構成において解き明かされた意味措定者の企図も，曖昧で不確かなのである。なるほど意味措定者がまさにその遂行的行為（意味措定）によって企図を充実しているという前提が事実に合致していれば，不確かなものは何もない。だがこの前提自体は必然的にそれ自体不確実な様相の中におかれている。

この点についてもっとはっきりさせるために，私たちは事柄を別の言葉で例をあげて説明することにしよう。意味措定者は「私が語りかける人は，話の内容を私が把握するのと同じように把握するとすれば，私の考えをはっきりと一義的に表現するためには，かくかくしかじかの語句を選ばなければならない」と自分に言い聞かせる。また意味解釈者は「私がいつも結びつけているような意味を，意味措定者がその語句に結びつけているとすれば，彼はこの語句を使ったのであるから，かくかくしかじかのことを言おうとしたのだ」と自分に言い聞かせる。先ほど述べた意味措定もしくは意味解釈が他者の解釈図式や表現図式と再帰関係にあることは，この事態から説明されよう。

意味措定者が企図された記号措定に用いる解釈図式は，要するにただ単に自分自身の解釈習慣に依拠するだけではなく，他者の解釈習慣とも関連しているのである。私が何かを告げ知らせる意図で私の書いた文章

を通読する際，言うまでもなく，私は，他者が書いた個別の文章をいつも私が私の解釈習慣に基づいて読んでいるように，これを解釈する。しかしながら私の執筆の目的は，書いた文章を読者に理解してもらうためであり，しかもその文章の客観的意味連関，つまり私の用いた語句の語義や文章自体の構文論的構造ばかりでなく，その文章の主観的意味連関をも同様に理解してもらうためである。読者は，単に私の文章の連関において個々の語が意味しているものを当然理解しているばかりでなく，私や私の意識にとって当該文章がどのような意味連関にあるのかをも当然理解しているはずである。さらに読者は，この記号によってそれが表現しているもの，たとえば私の判断を追体験によって当然判断できるはずである。とは言うものの，たとえ私がこれらを全部考慮したとしても，私の書いた文章がこの私の企図した目標（起稿の目的-動機）を引き起こすのに，ある時点で役立たない結果になることはありうるであろう。

読者はその独特な解釈習慣によってあれこれの語を「誤解する」かもしれないし，あるいは企図された文章からは私の表現しようとする思想が読者に「明らかにならない」のではないか，つまり読者は判断内容を記号の事後的判断による解釈によって追体験できないのではないか，などと私は恐れるのである。その場合私が恐れているのは次のことである。もしかしたら読者は，その文がその客観的意味内容（文章の記号的意義）によって，さらに私の構築する意識体験の表現としてのその主観的意味によって，企図に従って収納される意味連関の解釈を，私の意味措定とは適合しない図式によって行うのではないか，と。読者が経験のうちに見出されるその他の数多くの解釈図式のうちからこうした図式を選択するのは，たとえば，読者の記号に対する解釈上の注意の「偶然の」注意変様によって条件づけられるからである。

他方，読者が執筆者の表現図式を把握できるわけはこうである。読者は，想像の中で読者自身がその文章を書き，執筆中の自分の意識体験の経過を志向的に固定し，この構築的作用の措定に先行した企図を振り返ってみるからである。読者は想像の中で築き上げる意識体験の経過とその中で推論される企図を文章自体の構成された判断対象と比較することによって，両者の一致ないし不一致を確認できるのである。読者は「この文章の執筆者が言おうとしたことは，確かに自分にもわかるが，執筆

者はその目標を達しえずに，別のことを言っている。私ならその文章の代わりに他の表現を選んだであろう」ということができる。しかし読者が以前の経験によって執筆者の表現習慣の詳細な知識を有する場合には，以下の判断に達することもできるのである。「執筆者がこの言葉を用いるとき，彼の言おうとすることは私には非常によくわかる。けれども，この文章を読む第三者が，同じことをこれによって理解するかどうかは疑問だ」と。この場合には読者は文章構築作用の再構成を三重に行ったことになる。第一に，読者の解釈習慣からの再構成であって，これによって文章の明確な理解が彼に得られるのである。読者のこの解釈習慣の中には，第二に，彼の以前からの経験で熟知している執筆者の表現習慣が含まれている。そこで読者は，たとえ読者である彼が執筆者の表現図式として前提している例の解釈図式をどうしても用いることができない場合でさえも，その文章の構築作用や企図が執筆者に対してもっている意味連関の方に目を向けることができるのである。第三に，読者は自分の解釈図式のうちから執筆者の表現習慣に関する既知の経験を取り除いて，その執筆者の先行与件である独特の表現図式について何も知らない人が，これを行うかのように解釈を行うことができる。つまり読者はこの場合，この文章の平均的もしくは類型的読者という他者の解釈図式に関する読者の経験に基づいて解釈を行うということである。

　以上の分析は，全く一般的に記号措定および記号解釈のいずれの作用にも当てはまるのはもちろんである。これらの分析から明らかになったことは，意味措定者や意味解釈者によるある記号の主観的機会因的意味の把握は，君に関する先行知識，この君の解釈習慣や表現習慣についての先行知識に依存し，またこの君が記号に注意する注意変様に関する彼の知識にも依存しているということである。この場合，相手が自我に先行与件である匿名性の程度はとりわけ重要な意義をもつ。私たちの例では特に直接世界の社会的意義における記号措定と記号解釈が分析された。しかしながら記号措定と記号解釈は，加えて社会生活のその他の領域においても，同時代世界あるいは先代世界の社会的解釈においても行われるのである。これらの領域は，やがてみるように相手が徐々に匿名化することによって特徴づけられる。それ故記号措定と記号解釈の理論は，社会的世界のすべてのこうした領域において異なった変様を被るのであ

る。これについては第4章での私たちの考察が詳しく確認するはずである。とは言え，ここでモデルとされた直接世界の社会関係においてさえ，私たちが第19節で既に取り扱った思念された意味の把握の公準が満足されえないことは明らかである。解釈者によって把握される主観的意味は，せいぜいのところ意味措定者の思念された意味の近似値にすぎないのであって，この思念された意味そのものでは決してない。なぜなら，これは把握の視座と君の解釈図式に関して必然的に常に断片的先行知識とに依存しているからである。これは君による意味解釈を企図において先取りする意味措定者に対しても当然当てはまる。

以上の論述で私たちが分析したものは，専ら表明者がその表明でもって告げ知らせること，つまり表明された内容である。加えて表明自体も，他我がそれを解釈しなければならない，1つの有意味的行為である。

第26節　表明の意味連関—要約

表明者が表明（表明されたものではない）によって何を思念するかという問いには，表明の受け手の側における表明された記号の客観的意義の解釈と主観的表現機能の解釈とが先行しなければならない。いずれにしても，表明者が表明するということで思念しているものを解釈する際には，先ず表明者の目的・動機に注目するのである。なぜなら，表明者の側では表明が常にある企図された遂行的行為の内側でのみ思念されており，その行為目標は表明の作用の上に伸びており，その結果その表明はまさしくこの企図された行為の目標によって動機づけられるからである。この事態はあらゆる表明行為にとって重要である。私が君に話しかけるのは，それが専ら君に理解してもらうためであれ，君の方にある特殊な行動を喚起するためであれ，私はある目的のためにそうするのである。あらゆる表明は表明の受け手の側での受信によって，しかも目的という仕方で動機づけられているのである。

私たちはこの事態を表明の受け手の側から，したがって意味解釈者の側から考察してみよう。表明者が意味措定自体でもって（意味措定された内容ということではない。この内容の解釈は記号を解釈図式ないし表現図式に引き戻すことに尽くされる）何を思念しているかについて問う

場合，意味解釈者は，実際には表明者の目的-動機を解釈することを意図している。君が私に何を話そうと，今ここでこのように君が私に話しかけるのは，私に一定の行動を引き起こさせるためであったり，あるいは専らこれによって私が君を理解するということであったりする。もしも私が君の意図をともかくも知ろうとするのであれば，その場合には私は，君が私に話していることで追求している計画について，何のためにという企図としての遂行的行為の基礎にある目的-動機について問わなければならない。

　表明の目的-動機を問うことは，表明の受け手の特権では決してない。たとえ表明の受け手でない場合でもあらゆる意味解釈者は同じような考慮を行うことができるからである。私は，たとえば，社会的直接世界における観察者として，「局外の第三者として」，会話を交わしている2人の人物の言語が私にわかる場合には，その2人の会話をともに解釈することができる。何を引き起こそうとして表明がなされたのかという，達成的行為の目標を知ろうとするのであれば，私はその表明の目的-動機を尋ねることができるし，またそうしなければならない。さらに自明なことは，第22節で私たちが行った分析が既に示しているように，他我の目的-動機についての問いは，表明意図のない達成的行為の解釈の場合にも提出されうるということである。観察された行為者の体験の経過は，その行為の目的からのみ把握できると述べた。つまりこの達成的行為の企図に立ち返り，その達成的行為を構成する意識作用を想像の中で再演してみることによって把握できるということである。表明意図のない達成的行為の場合には，言うまでもなく完了した達成的行為は遂行的行為の企図において定めた目的を充足したものと解釈される。私はその遂行された達成的行為がある範囲に及ぶ企図の中間目標にすぎず，ある上位の達成的行為の目標を引き起こすための手段にすぎないことを知っている。そこで私は，他我の意識体験の解釈を他ならぬこの上位の達成的行為の目標から行い，そのために単位として把握される遂行する達成的行為が措定されるわけである。

　目的を調べることだけでなく，どんな場合でも私は，行為者（表明者）にとって目標設定と目的-動機の構成化とがそこから生じた真の理由-動機を問うことができる。このことはもちろん，私がこの目標設定を予め

知っていることを前提にしている。別言すれば，述べうる動機についての問いは目的-動機や企図の解釈が行われていることを既に前提しているということである。理由-動機について私が問う場合には，既に構成済みの対象として他者の目的-動機の主観的意味連関を先ずあらかじめ決めてしまって，そこからこの主観的意味連関のもとにある基層の構成過程を問うのである。しかしこのことは，私が観察する観察される者が「目的」の意味連関の基礎としての例の基層を，したがって真の理由-動機を，意味連関として実際に体験していることを意味しないし，観察される者が，私の解釈によれば目的-動機を構成した複定立的構成作用の方に一条の視線を実際に向けているとか，あるいは専ら向けることができることも意味しない。まさにその反対である。行為者（意味措定者）がその遂行的行為の理由-動機（意味措定作用）一般に眼指を注ぐということにはいかなる明確な根拠もない。確かに行為者は，私が行為者の目的-動機の構成された意味を解釈した後で，その企図の理由-動機として私が解釈するような体験や作用の中で生きている。しかしながら行為者は通常このような体験や作用には注意しないのであり，これを行う場合には彼はもはや行為者としてではなくて，専らある独自な作用において，しかもその際にはこの行為から独立し，切り離された形で彼自身の遂行的行為の解釈者としてこれを行うのである。またその解釈の手続きは，自我が大抵の場合（常とは言えないが）他我と比べて，経過し去ったみずからの持続についてはるかに豊かな徴候と知識を意のままにしている点では異なるが，他我による意味解釈の手続きと一致している。

　私たちは社会的世界の様々な領域における目的-動機と理由-動機の関係をさらに詳述しなければならない。ここでは専ら他者理解の概念の中に含意されている複雑な意味の諸層について，ある記号の措定がその記号措定者にとってもつ意味連関を分析する必要上，かいつまんで明らかにするだけにとどめたい。なぜなら記号がその記号措定者に対して意味連関があるという主張には解き明されなければならない多様な事態が含まれているからである。

　第一に記号措定者である私には，当の記号が記号となるべき体験が意味連関にある。なぜならこの体験もまた位相的構築において構成され，これにも私は1つの単位として眼指を向けるからである。

第二に，私の措定する記号は，既にある記号体系の中におかれ，それ故同様にある意味連関の中におかれている。なぜならある記号の措定にはこの記号の属する記号体系の把握が先行していなければならないからである。記号は，それが措定される以前に解釈されていなければならない。記号措定に先立つこの記号解釈もまた，特殊な種類のある意味連関に至る複定立的に編成された体験の1つの総合である。即ち，その〈示されるもの〉について経験している体験の意味連関と記号対象としての記号について経験している体験の意味連関との間のある独自の経験的作用によって1つの新しい総合が，他ならぬ記号のいわゆる関係づけの図式が作り出されるのである。

　第三に，あらゆる記号措定作用は1つの遂行的行為，1つの表現行為である限りで，記号の意味措定作用自体が記号を措定する私にとって1つの特殊な意味連関である。一連の個々の位相的に構成される遂行的行為の体験を一条の視線が達成的行為として見ることによって，あらゆる遂行的行為は1つの意味連関を形成するのであるから，どのような表現の遂行的行為もそのような意味連関であるわけである。このことは，ある記号のいずれの措定もそれ自体が，即ちある意識内容の純粋な表現が，すべて1つの表明作用であるという意味ではない。孤独な精神生活の中でも表現としての記号は存在する。しかしこれは表明としての記号ではない。

　第四に，「達成的行為としての記号措定」という意味連関は，言うまでもなく「表明行為としての記号措定」という上位の意味連関を基礎づけることができる。しかし，さしあたりこれはまだ表明の個々の受け手を何も考慮していない。

　第五に，ところでこの表明の受取人，受信者も，ある拡大された意味連関において表明自体に再度関係されうるものである。表明はこの場合受信のためだけになされるのではなく，むしろ表明によって一定の態度決定や行動を引き起こそうとするものである。

　第六に，この表明がこの受け手に対して今，ここで，このように結果するという事情は，ある特殊な目的-動機によってさらに広い意味連関に収納することができる。

　これらの意味連関はすべて解釈者に原則的に開かれており，解釈者に

よって方法的に解釈されうるものである。解釈者がこれらの主観的意味連関のうちのいずれについて問うかは，彼の関心布置，したがって彼が一般にそのために措定された記号の意味解釈を行う問題に依存している。既にみたように[47]，問題の取捨選択は，最終的には専ら注意作用のその時々の〈今このように〉における attention á la vie に還元しうる，自由な自発的注意作用において遂行されるのである。

　これらの意味連関はすべて解釈に原則的に開かれている，と今しがた述べたが，この命題は若干の限定を必要とする。再三述べているように，社会的世界の構造は決して同質のものではない。同時代人や同時代人によって措定される記号は，多種多様な仕方で私たちの先行与件である。記号ならびに記号によって示される他者の意識体験には多様な接近の途が私たちに開かれている。それどころか解釈のためにいかなる措定された記号も与えられていない場合でも，純粋に1つのしるしだけを頼りに他者の意識をみやることもできるのである。たとえば，私たちがある工芸品を，これを製作した人の意識体験にまで立ち返って解釈する場合がそれである。

第27節　主観的意味と客観的意味——産出物と証拠

　真の他者理解にはどのような通路が開かれているかを私たちは知った。解釈者は自己解釈において他者の活発な身体についての彼の体験を解釈し，あるいは他我による産出にまで立ち戻る，人工物についての彼の体験を解釈する。解釈者は，それ故真の他者理解を，他者の意識体験が表われる，諸々の〈客観化〉Objektivation によって行うのである。これらの客観化は，構成された達成的行為の対象化したもの(遂行された動作，身振り，もしくは達成的行為の成果)であったり，人工物(狭義の記号とか外界の生産された諸対象，道具，記念碑など[48])であったりする。これらの客観化すべてに共通しているのは，私自身によるにせよ，君によるにせよ，専ら1人の理性的存在者の措定によるものであることであ

47　上述の第2章第16節138頁以下および第2章第18節153頁を参照せよ。
48　この術語をハイデガーは〈用具的〉ツーハンデン存在である，例の外部世界の諸対象のために用いている。Heidegger, *Sein und Zeit*, Halle 1927, S. 102.

る。客観化はある遂行的行為の産出物であり，行為の産出物であり，またそれが産出物である限りで，これを遂行的行為において産出した行為者の意識にとっての証拠でもある。証拠のすべてが必ずしも記号であるわけではないが，記号はみな証拠でもある。ある証拠が記号となるためには，準拠図式としてのある記号体系の中にこれが収納されうるものでなければならない。この前提をすべての証拠が満足するとは限らない。たとえば工具などの器具は，なるほど記号ではないがそれは1つの産出物である。またそのことの故にこれは，この器具を製作したり，あるいは問題の自然対象を用いてこれを器具にしたりしている人の意識経過にとっての証拠となるのである。しかし外的世界の事物だけが証拠ではない。作製される工具ばかりでなく，遂行的行為の中で産出される達成的行為，判断の中でなされる判断成果，表明の中で産出される表明内容なども証拠である。

　主観的意味と客観的意味の問題は，あらゆる種類の証拠に及んでいる。即ちその人による産出物が産出されたものとして先行与件である場合，この産出物はある場合には現実的ないし観念的対象としてその産出者から切り離して解釈されたり，あるいはまた彼の意識の構成的措定においてこの対象を産出する人の意識経過のための証拠として解釈されたりするのである。産出されたものが産出物として対象それ自体として解釈されることは，解釈者がこの対象についての彼の経験中の作用を自己解釈においてその手元にある解釈図式のうちに包摂するということである。ある産出物が証拠として把握されることは，これに加えてその産出物が産出作用から構成される産出者（私自身とある他我）の構成的意識作用の方に眼指が向けられるということである。

　客観的意味と主観的意味とのこの関係については以下でもっと詳しく触れなければならない。私たちがある産出物の主観的意味について述べるのは，産出者の体験の証拠となる産出物に対してその体験が有するか有した意味連関を一瞥する場合である。即ち，その産出物の措定者のこうした体験が構築された複定立作用を，私たちの持続の同時性ないし準同時性において追体験することができる場合である。

　私たちは他者の諸体験を，しかもそれらの経過に関して，あたかも他我の意識の中でまさに段階的に組み立てられて構成されていくかのよう

に，ある他者の持続のその時々の直接的〈今このように〉として，眼指に捉えている。産出物とは，この産出物によって証拠づけられる，ある君の特殊な体験のしるしである。これらの体験は，産出者の意識にとっては意味連関のあるものである。これを私たちはある特殊な明証性によって知り，私たちは真の他者理解によって他者の意識における構成経過に目を向けることができる。

　これに対して私たちが客観的意味を述定できるのは，専ら産出物自体，つまりその産出されたもの自体の既に構成された意味連関に限られる。そこでは他者の意識の中の複定立的構築作用におけるその産出物の産出過程は顧慮されないままである。産出物とは本来の意味で産出されたものであり，もはや産出作用の流れにはなく，専ら過去完了の経過としてこれを引き合いに出せるある完了完結したものである。だがその産出物それ自体は経過ではない。そうではなく産出作用の生成し去った諸経過からその沈殿物として生じた，1つの存在者(Seiendes)である。もちろん産出物の客観的意味の解釈もまた，私たちの意識の中で段階的に構築される複定立作用において行われるが，その意味解釈は産出されるものについて経験している体験を解釈時の〈今このように〉において解釈者のもっている経験の全体連関へ収納することに尽きている。解釈者である彼は，産出物されるものの産出過程も君の意識の中で複定立的構築作用において行われたことや，産出物がまさにこの作用にとっての証拠であることを全く念頭においていない。なるほど解釈者は基本的洞察において産出物がみな産出作用によることを承知しているし，彼は，そのつもりになれば産出物がその体験にとって証拠となるような意識の方に眼指を向けることができるのである。しかしながら，彼はまさにこの眼指の方向をとらないで，その産出物の措定に通ずる構成過程を未定のままにするのである。客観的意味はそれ故解釈者の意識にとって1つの意味連関にあるにすぎないのに，主観的意味はそれとならんでまたそれに加えて，措定者の意識にとっての1つの意味連関を参照するのである。

　主観的意味連関はそれ故，次の場合に存在するのである。ある客観的意味連関において存在しているものが，ある君によって彼の側で意味連関として産出された場合である。しかし主観的意味を参照するだけでは，君がその複定立的体験を収納する意味連関の特殊な性質や，この体験そ

のものの相・在については何も述べられていない。

　産出物の措定者が自ら位相的に構成する意識経過を解釈が捉える場合,それが同時性もしくは準同時性において行われることを私たちは既に述べた。真の同時性は,この場合よくあることとは言え1つの特殊ケースである。真の同時性は社会的直接世界と結びついて,解釈者の眼前で産出物が産出される有様をともに体験することを前提している。たとえば会話がそうである。会話の場合は話の聴き手は話し手の段階的措定作用を居合わせて一緒に遂行し追体験している。準同時性の一例は,一冊の書物を読む場合にみられる。この場合にはあたかも作家の措定作用が読者の眼指でなされているかのごとくに,読者はそれを追体験するのである。あらゆる人工物の,ある器具の産出化過程も同様に準同時的経過において想像されるものである。しかし私たちは,産出物を措定する君の位相的に構成される体験を同時性もしくは準同時性において眺めることができるという主張は,君の中で体験一般が構成されることを私たちが把握できるといっているにすぎない。構築物がどのように把握されたのか,どのようにこの構築がなされるのかについては,何も言及されていない。この問題の最終的解釈は,もっと後の箇所で(即ち社会的同時代世界と直接世界の問題および純粋の〈我々関係〉の問題の説明のところで)はじめて行うことができるものである。とはいえここでも既に指摘できることがある。主観的意味への注目は,何れもその産出物を措定した特定の君についての先行知識を前提においていることである。つまり私たちが主観的意味について問う,したがってある産出物がその証拠である他我の意識体験について問う場合,私たちは眼指を1人の体験の方に向けるのである。その際その産出物が証拠である当の体験は,これを体験している君にとって1つの意味連関に立ち,またこの君はその持続のあらゆる今の時点の相・在において1人の独特の君であり,私たちは君を1人の独特の君として経験しているのである。この君は代替できない君であり,他の君によっても,さらには他の時点の持続の当該の君によってさえも代替されないものである。

　これに対して,私たちの目の前に与えられている産出物の客観的意味の方は,決してある独特の君の,ある独特の体験の証拠としては解釈されない。むしろこの方は既に構成済みの,措定された,ある他者の持続

におけるあらゆる持続と意味連関から解き放たれ,「一般的意義」をもった対象として把握されるのである。確かに解釈すべきものにとってそれが1つの産出物であるという主張は,既にそれを産出したある君との照合を含んではいるが,しかし客観的意味について問う場合には,例の〈他我が思っている〉alter ego cogitans とその体験を全く考慮に入れていない。認識する他我の持続経過とその体験内容,その相・在を形づくるもののすべて,そしてその個々の独自性も未定のままである。非人格的人(誰か,ある人)の背後に隠れてしまうからである。この匿名的な「人」とは,その相・在が私たちの眼指によっては捉えられない,ある君の現存在もしくは過去の現存在に対する呼び名に他ならないのである。その産出物の客観的意味について何も変えることなしに,私とか各々の実際の他我とは理念型とか各人とかを,彼に代えて入れることができるのである。主観的表現を越えてこの客観的意義へと導いた構成経過について私たちは何も述べることができない。というのはこの匿名人はいかなる持続もないし,私たちがこの人に付与する時間は,1つの想像上の時間,つまり原則的に体験不可能な時間であるからである。だからこそ産出物の客観的意味は,私たち解釈者には,この産出物が指定されたと想像されるいかなる任意の意味連関に対しても不変であり続けるのである。その限りで産出物の「意義」には,「等々」および「繰り返される[49]」の理念化がみられ,その限りでこれは誰がいつこの産出物を指定しようと,それとは無関係である。産出物は,この産出物へと移行する産出作用が構成された,それぞれの個々の持続から,さらに一般には持続からも切り離されている。客観的意味とは,産出されたものの現に経験している体験を解釈者の経験の全体連関の中に収納することに他ならない。

　この考察から以下の点が明らかとなる。ある産出物の主観的意味の解釈は,何れも解釈者が経験を有し,その構成的意識作用を解釈者が同時性もしくは準同時性においてフォローできる,1人の独特の君を参照していることである。これに対して客観的意味はすべての君から切り離され,これとは無関係である。私たちはこのアンティテーゼをなす定式化をもっと後の箇所で両極対立として明らかにし,詳しく規定する機会を

---

[49] 第3章第24節191頁以下および第2章第18節153頁を参照せよ。

もつことを強調しておかなければならない。主観的意味の把握と純粋な客観的意味の把握の間には，一連の中間段階がみられるのであり，これらの中間段階はまた直接世界，先代の世界，同時代の世界および後代の世界からなる社会的世界の独特の構造を根拠づけるのである。私たちはこれらの異なる世界の分析にこの研究の第4章を設けて，これらの分野のそれぞれにおける匿名化過程を特に調べなければならない。主観的意味と客観的意味の両極対立は，そこでは意味解釈の問題発見的原理の理念型的定式化として現れるであろう。けれどもそうするためにはもっと詳しい研究が必要となる。

第28節　精神科学に対する主観的意味と客観的意味の理論の若干の応用に関する補説

　前節で私たちの展開した産出物の二重の解釈可能性の理論が，精神科学―もちろんこの精神科学のみではないけれども―において有する重要な意味をここで指摘しなければならない。私たちは先ず文化対象の名のもとに要約されるすべての対象，国家，芸術，言語などの観念的対象について述べよう。これらの観念的対象はみな，私たちの理論によれば産出物である。何故ならそれらは同時代人による産出過程を参照するからであり，それらがまさにこの同時代人の意識経過にとっての証拠であるからである。それ故すべての文化対象は二重の仕方で解釈することができる。1つの解釈は，今現在の同時代人としてあるいは歴史における後継者としての解釈者の前にみられるような既存の構成された対象としての産出物に関係するものである。これらの対象物は素朴な記述や理論的彫琢において，この種の産出物である国家一般の，芸術一般の，言語一般の本質的認識の対象とされうるものである。

　しかしこれらすべての産出物は，これらを指定した人の意識経過に対する証拠としても解釈することができる。この場合，きわめて複雑な文化対象は通常多種多様な問題提起を可能にする。国家は，国家秩序に方向づけられる人々の，したがって国民の様々な達成的行為の総和として解釈されうるし，あるいはそれは，歴史対象として歴史における達成的行為の諸経過の結果としても解釈されうる。それはまた支配者もしくは

複数の支配者の一定の国家観からの具体化としても解釈されうる。ある時代の芸術は，この時代における一定の芸術意欲の表現としても解釈されうるし，あるいはすべての芸術創造に先行しこれを最初に規定する世界の一定の解釈，つまり一定の「見方」の表現としても解釈されうるであろう。さらに芸術は，学派の継承とか世代の継承の際にみられる，以前から存在している時代様式の再解釈によって行われる，歴史的発展としても解釈することができる。すべてこれらの様々な可能性は数多の解釈のうちの若干の例にすぎないし，これらの解釈のそれぞれにはその対象の特殊な解釈図式や特殊な意味付与が対応しているのである。

既に述べたように，ある産出物の意味内容は，この産出物がその証拠である産出作用に対して一定不変であり，このことはまた産出者の意識経過が把握される匿名性の程度によっている。純粋人の理念化は，その産出されたものを「等々」の理念化と「反復可能」の理念化において把握することをはじめて可能にする。この主張を私たちは経済現象によって例示しよう。理論経済学の命題，たとえばいわゆるカタラクティクの諸命題は，疑いもなく人間の達成的行為を対象にするが，しかし産出物としての達成的行為であって，産出作用としての遂行的行為ではない。この命題の意味内容は専らこの達成的行為を解釈者の解釈図式，理論経済学者の解釈図式に包摂することによって構成される。確かに眼指の中で把握されるどの経済の達成的行為も，そこで経済活動を営む1人の人間を参照するものではあるが，この行為者は完全に匿名的であって，総じて私とか君とか1人の起業家とかあるホモ・エコノミクスとかではなく，むしろある一般的な人だけが対応している[50]。これこそまさにこれらの命題に再び与えるかの「普遍的妥当性」をもつかということの理由である。もちろん経済活動を営む人間自身を眼指の中で捉え，その意識経過を調べることもできる。この場合は言うまでもなく理論経済学ではなくて，経済史なり経済社会学を扱っているのである。後者は，マックス・ヴェーバーが『経済と社会』の第1部で方法的には従来これと匹敵

---

50 〈ひと〉Man というこの概念がさらにどのように解釈されうるのかを，以下の第4章第39節の同時代世界の匿名性に関する諸考察が明らかにしている。

するものがないような例を提供しているが，そのような仕方において行われるのである。とはいえ，これらの科学〔経済史や経済社会学：訳者挿入〕の言明にはいかなる普遍妥当性もみられない。というのはこの言明は特定の歴史的個人の経済観念や経済の遂行的行為の諸類型を参照しており，産出された経済の達成的行為はこれの証拠となるものだからである。

　この問題提起の重要事例を他の諸領域から引用するために，私たちは固有の解釈科学，即ち文献学と法律学における主観的意味と客観的意味の厳格な区別のもつ重要性に触れなければならない。文献学的解釈は，特定の言語圏の特定の時代に属するある語の客観的意味を調べなければならないのか，あるいはこの語がある特定の作者や，ある特定圏の言語仲間が用いる際の主観的意味を調べなければならないのか，はたまたこれが話の連関の中で有する機会因的意味を調べなければならないのかどうか，この点にあらゆる文献学の1つの主要問題がある。あらゆる法律家は一方で文献学的もしくは法律学的解釈規則に基づいて法体系内の条文としての法令の地位を考察する仕方と，他方で「立法者の意思」について問うことの間には違いがあることをよく知っている。これらの区別はすべて，既にみたように，産出物の客観的意味と主観的意味の相違に帰せられるのである。

　もう1つ述べておこう。眼の前に見出しうるもの一切にある主観的意味を探し出そうとする努力は人間の精神の中に非常に深く根ざしており，どの対象の有意味的解釈も，それをある意識によるある有意味的措定にまで連れ戻すことが可能なのだということに強く繋がっている。一切のことが端的に産出物として，またしたがって，これを産出したその意識の経過のための証拠として解釈されうるということである。世界は神の創造作用を証拠だてるその産出物として把握される。また人間はその生がその存在と意識の証拠となる被造物として把握される。ここではこのような—厳密な学から離れた—問題圏についてはただ示唆するにとどめる。いずれにせよ主観的意味と客観的意味の問題は，すべての神学や形而上学に通ずる入口なのである。

第4章　社会的世界の構造分析
－社会的直接世界・同時代世界・先代世界

A　序論

第29節　問題の予備的考察

　第3章では他者理解の理論の主要な特徴を捉え，さらに私たちの他我体験に基づく他者の意識体験の把握を一般的に考察した。〈隣人〉たちによって活気づけられる個別の〈私〉の世界が社会的領域という用語で思念されるとすれば，私たちは 'Du'［君］を仮定する限りで社会的領域の中に既に踏み込んでしまっている。しかしながら，隣人たちの間で生活する人間が立っている社会的世界は決して同質的世界とは言えず，むしろ多様に分節されている。そして社会的世界の諸領域や諸分野の何れも他者の意識体験の特殊なあり方であると同時に，本来他者理解の特殊な技法でもあることを，私たちはこれまでの考察の中で機会あるごとに指摘してきた。

　以下では，社会的世界のこうした構造的構成を調べなければならない。いかにしてこれらの構成が一般的に可能であるか，統一されかつ分節された社会的世界を想定する本来の権利はどこから導き出されるのか，さらにこの構造的構成のいかなるものが他者理解を分析する基盤として役立つのかを調べなければならない。そうしてはじめて私たちは，明瞭に際立たされた社会的諸領域における他者理解の様々な在り方を記述することができる。

　しかしながら，これだけでは本研究の目標は，何も達成されない。これまでの考察で明らかなように，どの社会科学に対しても〈思念された意味〉の問題から専ら他者理解の科学方法論をめぐる重大な問題が生じてくる。なぜなら他者の意識体験は，既述のとおり，日常生活における素

朴な把握では，社会科学におけるこれの取り扱いとは異なった仕方で解釈されているからである。私たちの課題はこうである。自然的世界観によって生活している人間が社会的生活世界を通して構成し，あらゆる社会科学に素材としてそれ自体先行与件となる諸々の範疇と，社会諸科学が他ならぬこの先行的に形成された素材を秩序立てる別の諸範疇とを区別することである。

とは言うものの，ここで日常生活世界圏と社会科学圏とは重なり合う。なぜなら日常生活においても私は，隣人とその行動に体験的にではなく反省的に注意を向ける場合には，ある意味では「社会科学者」だからである。人間として私はこれらの人間と一緒に生きている。私は隣人を私の直接世界のうちにみる。また隣人の現存在と相・在についての私の体験は，この今，私をこのようにとり囲んでいる世界についての体験一般と同様に，私の持続の〈今このように〉の一部をなしている。この世界が空間である限り，それは他者の身体や動作をもとり囲んでいる。しかも他者の身体と動作は単に物理的生理的対象としてのみならず精神的物理的対象，つまり他者体験の表現の場として与えられる。さらに〈君〉の一般定立に従って私は単に隣人を体験するばかりでなく，ともに生き，ともに〈老いる〉のであり，私は彼の持続経過を私自身のそれと同じように目を向けることができる。ともに生活し，ともに老いる，生き生きとした志向性はそれぞれの今から新しい今へと私を運び，君の意識体験にふさわしい眼指を向けることによって，私は理解作用自体に目を向けなくても，隣人を「理解する」。なぜなら私は君を体験し，ともに生き，単に私の世界であるばかりでなく君の世界でもある世界をともに体験し，他者理解作用そのもののうちにまさに生きるからである。そこでは君の体験は私に「接近可能である」。私の解釈に開かれているばかりでなく，君の現存在と相・在において疑いなく私に与えられている。これは定義の厳密な意味においてそうである。なぜなら君の特殊な意識体験を理解する構成作用のすべての基層，意味解釈や表明の受け取りや他者の動機への遡及等のあらゆる作用，要するにこれまでの研究において分析したすべての事象は―隣人とともに生活しながら―隣人を体験している私には，全く眼指のうちに入らないからである。これらの事象は，問題の表面には現れず，深層に沈んだままである。なぜなら私の生への注意―この言葉

の意味は「生き生きした志向性」ということでこれまで思念されたものに他ならない——は，この深層自体の解釈にいかなる関心も寄せていないからである。しかしながら，私は，そのつもりになれば，この深層が問題なく所与のものではないと思うことができるし，これを問題にして，他者理解そのものの個別的作用を眼指のもとに捉えることもできる。たとえば「私は本当に正しく君を理解しただろうか」「君は何か別のことを考えているのではないか」「君はこれらの行為で一体何を言おうとしているのか」と自問する場合である。——こうした問いかけはすべて，私が隣人との日常生活の中で多少とも明示的に繰り返し自分に行っているものであり，そうする必要に迫られるものである。これらの問題を提出することによって，しかしながら私は，君をその特殊性において体験している，君の特殊な体験をありのままの占有において体験している，私のこの「生き生きした志向性」から飛び出してしまい，私の「生への注意」はおのずと変化し，私の関心はまさに例の，問題なく所与のものとして顧慮されないままであった，深層の方に向かったのである。隣人とともに生きながら隣人を体験しているのではなく，私は「隣人について熟考している。」この場合私は，社会科学者が常に振る舞うように振る舞っているのである。社会科学者が実際に（社会科学者として，社会科学者も言うまでもなく隣人の間にいる人間であるが，そのような人間としてではなく）他者の意識体験に接近する際，その意識体験は専ら思考対象として見出されるものであって，素朴な占有において見出されるものではない。以上のことから社会科学とその範疇の問題は，社会的世界における生（活）という標題のもとに——完璧とはいささかも言えないが——前述した例の〈前科学的〉な諸領域の中に既に現れているのである。もちろん——いかに詳しく扱われるにせよ——これらの問題を科学的に扱う社会科学は，これらすべての意味合いを明らかにする際には，社会的世界のうちで素朴にのんびりと生活している人間とは異なる説明手段を用い，異なる論理的展開を行わねばならない。

　本研究を継続してはじめて明確に区別できる社会科学の特殊な方法の問題を離れて，社会的世界における生活の諸現象に限定してみると，次のことが明らかになる。隣人の間の私の行動様式の分析には，私たちが今しがたすべての社会科学の出発点として示した，例の事態をも一緒に

把握しなければならないということである。日常生活の諸領域においても隣人は、その独特な体験とともに、単に体験されるばかりでなく思念されてもいる。隣人とその体験についてこのように考えること、その他者の意識の構成的構築の暴露を目指してこれを問い直すことは、私の反省の最終目標であるが、同様にこの考えがもっと広い意味連関のうちに収納されることでもある。私が努めて私の隣人とその体験をはっきりと理解しようとし、これによって私の今後の行為を方向づけようとする場合、あるいは隣人が一定の行動もしくは行為へと駆り立てられるように、私が行為を企図し、その目標を達成しようと、その企図において未来完了時制的に構想した手段が役に立つかどうかを私が考慮する場合である。私が自分の隣人に対して影響を及ぼす（働きかける）こと、つまり私の隣人にこの特別の意識体験を私の行為によって引き起こすように願望する場合である。

　以上のことは、ある隣人に向けたすべての行為に、目的-動機が隣人の特別な行動を引き起こすことにあるすべての行為に、必ずあるいは規則的に、〔隣人である〕その他者の意識体験の基層に眼指を向けることが先行しなければならないという意味ではない。その逆である。隣人に向かう行為者である私、他者のある特別な行動を引き起こす〈ために〉行為する私は、自分の隣人たちの間で生活し、彼らの諸体験を占有において捉える限り、生き生きした志向性によって支えられている。そのような場合この生き生きした志向性が、疑いなく所与である体験の諸基層への私の注意作用を遮るのである。

　私たちの研究課題は、まさに他者理解のこの構成の諸経過を正確な記述において顕わにしようとすることである。何れにしてもそれは、この諸基層を記述し解釈することでなければならない。したがって私たちが努めて目指すべきことは、先ず、君やその諸体験がその企図のうちに算入される、私の達成的行為を記述することである。それ故とりわけ私たちはマックス・ヴェーバーの〈社会的行為〉概念を問題にし、続いて彼の〈社会関係〉の概念を吟味することにしたい。そうすれば私の遂行的行為の企図に含まれる他者体験がそれぞれ私の意識体験と独特な仕方で再び関係することを詳しく調べることができるであろう。とは言えすべてこうした研究は社会的世界における生活の問題性をさらに分析するための

予備作業にすぎないものである。

　この問題への接近に際して考えてみるべきことは，私はともに生活している隣人に様々に姿を変えながら細分化して向き合っていることである。隣人について私は様々な解釈のパースペクティブをもち，様々な程度の親密性において隣人とその体験を体験している。これらの変様は，私が生き生きした志向性の占有において，他者の意識体験に眼指を向ける，その内容とその仕方とに関係している。もちろんすべてこのことは，私が一緒に生活している他者の場合にも当てはまる。なぜなら私の今において私をとり囲んでいる世界が君の今において君を取り囲んでいる世界と対応し，私と私の意識内容が君の今において君を取り囲んでいる世界の一部をなすように，君自身とこの私の世界についての君の意識内容が私の今の一部をなしているからである。ところでこの社会的直接世界—私たちはこれを，そう呼ぶことにする—は，多くの社会的諸領域における1つの領域にすぎない。私がその都度直接に知覚し，これに向ける私の作用によって意識される世界は，私が一般に経験する世界のうちの小さな1断片にすぎず，私の経験する世界は私の可能的経験の世界の一部にすぎないように，（他ならぬこの「世界一般」の一部である）社会的世界もまた，私の生活のその時々の〈今このように〉の断片である限りで，私の社会的直接世界の彼方には，なお他のいくつかの社会的領域が存在している。以前には私の直接世界であり，再び（少なくとも原則的には）私の直接世界となりうるような領域，これまで一度も私の直接世界に属したことがなく，それ故に私には何の経験もないが，私の可能的経験の対象である領域が存在する。私たちはこの領域を社会的同時代世界と名づけることにしよう。この世界は私と共存し，私の持続と同時に存在する。この世界はしかし私の直接世界ではない。なぜなら私はこの世界「とともに」生きるにしても，これを体験するわけではないからである。直接世界における他我を〈隣人〉Mitmensch として特徴づけ，同時代世界における他我を〈同時代人〉Nebenmensch として特徴づけるとすれば，次のように言ってよいであろう。私は隣人とともに生きながら彼らとその体験を体験するのに，私は同時代人の間で生きながら同時代人については，彼らの類型的体験経過を推測し，相当な根拠に基づいて推測するにしても，占有においてはこれを把握していないということである。それ

にもかかわらず，私は同時代人に向かって行為できるし，同時代人の行動や体験をも私の遂行的行為の目的として企図することもできる。要するに，私は直接世界と同じように同時代世界のほうにも行為や思索を向けることができるということである。これと並んで私は，私自身よりも以前にあった社会的世界，私がそれに眼指を向けることが可能である以前に，既に経過し，生成し，完了してしまったが故に，私の体験や持続とは共存せず，一度も共存することのなかった社会的世界についても知っている。これこそ社会的〈先代世界〉Vorwelt つまり歴史の領域である。この領域に私は思索を向けることができても，行為を向けることはできない。最後に，もはや私が居なくても，他我によって生きられる世界があることも知っている。社会的〈後代世界〉Folgewelt[1]である。私が彼らの独自性について何も知らず，彼らの独特の体験についても何も知らないような人たちの世界，彼らの類型的体験経過について何も知らないような人たちの世界である。彼らの類型的体験経過についてさえ私は知識がない。ただこの場合に仮定されることは，同時代世界や先代世界が類型的経過として私に教えたものが後代世界にとっても類型的であるだろうということである。私は後代世界をただ漠然と把握するにすぎず，これを決して体験することはできない。

ここで私たちが直接世界，先代世界，同時代世界ならびに後代世界について語る場合，そこでは他者が私にとって〈隣人〉，〈同時代人〉，〈先人〉Vorfahre や〈後人〉Nachfahre であること，私自身も他者にとって隣人，同時代人，先人や後人であること，これらの他者が私の意識体験にそうするように，私はこれらの他者の意識体験に常に独特の仕方で眼指を向けることができること，他者とその体験が私の行為の目標であるように，私とその体験はともに——それぞれの領域において程度の差はあれ——他者の行為の目標であり，そうでありうること，こうしたことが専ら自明のこととして思念されている。

すべてこれらの説明は社会的世界の広範囲に及ぶ例の問題点を概略し

---

[1] 〈後代世界〉Folgewelt という適切な表現は後続世界 Nachwelt という術語よりもはるかに好ましいが，この表現はシラーの教授就任演説「普遍史とは何を意味し，何を目的に研究するか」に見出される。

ようとするものでしかない。この問題点を方法的に解き明かすことが社会科学の課題である。本書は全体において，記号と産出物の意味措定および意味解釈を含む，最広義の他者理解の理論に限られている。本研究の道筋ははっきり私たちに指示されている。私たちが調べなければならないのは，どのようにして私たちのこれらの各領域についての知識はその本来の正当性を「他我の一般定立」から，つまり私たち自身の意識と他者の意識との同時性ないし準同時性から受け取るか，どのようにしてこの各世界の産出物の主観的意味に接近できるか，どのようにしてこの各世界における意味措定および意味解釈の現象は行われるか，この場合どのようにして他者の動機は把握されるか，である。続いて私たちは，どのようにしてこれらの各領域は連続的に移行し，一般に社会的世界と結びつくか，どのような領域が社会科学の考察にとって唯一接近可能であるか，その対象を適切に調べるために社会科学的考察はどのような方法を用いなければならないかを問題にしなければならない。私たちはこれらの問題についてもっと詳しく研究してみよう。

B 社会的行動，社会的行為，社会関係

第30節 ヴェーバーの「社会的行為」の概念
　　　── 他者態度と他者影響

　私たちは既に第一の予備的研究[2]においてヴェーバーの社会的行為の定義を考察した。即ち「『社会的行為』とは，行為者もしくは諸行為者によって思念された意味に従って他者の行動に関係づけられ，その経過において，これに定位している行為を意味すべきである」というものである。ここで注目しなければならないのは，ヴェーバーが社会的行為について語る場合，彼は本書第2章の分析において「行動一般」から区別したような「行為」を思念しているのではなく，行為とは行動する者の側でその行動に一般に「意味」を「結びつける」限り，内的「行動」ないし外的「行動」（この意味はまだ明瞭ではない）の何れをも意味しているという点である。そのために，この概念には自発的能動性に基づくす

---

　[2] 上述の第1章第2節38頁を参照せよ。

べての志向的作用が含まれるばかりでなく，場合によっては予め企図したもの，したがって行為でありうるし，そうではなく，むしろそもそも他我に志向的に関係しておりさえすれば，受動的に心に浮かんでくる意識体験もすべてこの概念に含まれるのである。

　私たちの用語にあくまで忠実であるために，社会的行為ないし社会的行動から出発する代わりに，志向的にある他我に関係している意識体験から出発するのがよいと思う。しかしこの場合には私たちはまさに他我としての他者，つまり生，持続ならびに意識のある同時代人に関係している意識体験を専ら理解しようとしているのであり，外的世界の物理的事物としての（したがって他者の意識体験の表現の場としてではない）他者の身体に専ら向けられる諸作用をも理解しようとしているのではない。このような志向的にある他我に関係した諸体験が意識のうちに自発的能動性の形式で現れる場合，私たちは社会的行動と呼び，これらが予め企図される場合，社会的行為と呼ぶことにしよう。それ故社会的行動は，意識と持続を有する他我としての1人の〈君〉に志向的に向けられる，あらゆる「態度決定的」特殊な私作用をも含んでいる。たとえば共感や反感の感情，エロチックな態度，さらに他の情動活動のすべてがこれにあたる。すべてこうした意識体験は，ヴェーバーの挙げている例によれば，疑いもなく社会的行為である。他方この社会的行為は，ある他者の行動に「定位した」行為という彼の定義によって，予め企図した行動をとることに限定されている。なぜなら〈定位〉Orientierung とはまさに専ら企図によって生じうるが故に，ある予め企図した行動のみが定位されるからである。その場合でも「ある他者に向かって予め企図した行為の何れも」が社会的行為であるわけでは決してない。もし私が他我の意識経過に目を向けずに，ただ物的対象としての他者の身体に対して行為するのであれば，私の行為についての意識体験は，上の定義の意味では決して志向的にある他我に関係しているのではないし，それ故私の行為は社会的行為とは言えない。明らかにこれはヴェーバーの見解でもある。2人の自転車乗りの衝突は，彼によれば，まだ社会的行為ではないけれども，それから生ずる和解のようなものは社会的行為である。麻酔がかけられた患者に手術を行う医者は，確かに「その患者の身体に対して」行為するのであるが，彼もまたヴェーバーの意味では社会的には行為し

ていない。隊列を組んで行進している兵士が，前列の兵士に歩調を合わせつつ，自分の身体の動作をこの兵士に定位することも同じように，社会的に行為しているとは言えない。なぜなら彼はその行為を（通常）前列の兵士の意識経過に従って定位せず，ただ外的世界の対象としてその前列の兵士の身体に定位しており，他者の意識体験の〈しるし〉としてのこの身体のある一定の相・在に定位していないからである。

　ところで〈志向的にある他我と関係している意識体験〉というこの私たちの解釈をもってしてはヴェーバーによる社会的行為の定義の内実は尽くされない。というのはヴェーバーの定義によれば，とにかく社会的行為はその他者のある行動に有意味的に関係しているべきものであって，その他者の現存在なり相・在におおよそ有意味的に関係しているべきものではないからである。ここでいくつかの難点が生ずる。その 1 つは，ヴェーバーの行動の概念が，上述のように，全く不明確であることにある。行動は彼によれば，有意味的である必要はない。確かにその場合次のような解釈が成り立つかもしれない。他者の行動に定位するには，私たちの〈他我の一般定立〉に既に含まれている事態，つまり君は持続すること，君は特殊な体験とその体験についての意識をもつことがまさに理解されているのである，と。仮にそうであるとすれば，社会的行為は他者の行動に従って定位されるべきだという公準は，その自分の行為が外的世界の対象としての他者の身体に関係しているのではなく，むしろ〈他我〉の持続経過とその他者の持続経過において構成される意識体験とに関係しなければならないことを意味するにすぎなくなる。この君が（私たちの用語で言うと）実際に行動するかしないか，したがってこの君が事実として自発的能動性から意識体験を生み出すか生み出さないかは，全くどうでもよいことになる。

　フリッツ・ザンダー[3]は，マックス・ヴェーバーの社会的行動の概念について鋭い，しかもしばしば当を得た批判を加えている。ヴェーバーの定義に従えば，「ある他者の行動についてのどの知覚も既に社会的行為であるという」であり，この概念は，あまりにも広く，加えて不正確であ

---

[3] "Der Gegenstand der reinen Gesellschaftslehre", In: *Archiv für Sozialwissenscaften,* Bd. 54, 1925, S. 329ff., 特に S. 335.

るから，社会学の対象規定には不適切である，と[4]。ザンダーの引用している例には教えられるものが多々ある。疑いもなく他者の意識経過の理解による知覚も，ある他者の行動に有意味的に関係した，これに定位した行為であり，これはヴェーバーの定義によれば，1つの社会的行為である。同じく私たちの用語によれば，志向的にある他我に関係した意識体験は，真の他者理解があること，他者の意識経過への着目が実際に行われていることを前提している（これに対して総じて他我についての自己体験の単なる自己解釈作用は，志向的にある他我に関係した諸作用ではないという）。ある他我に関係した意識体験は自発的能動性から生ずるのであるから，私たちの定義に従っても同じく社会的行動が問題になり，この行動が予め企図した行動である場合には社会的行為が問題になるのである。たとえば，ある他者の意識経過を観察するために，私が他者の意識の方に目を向ける場合がこれである。この場合その他我に対する知覚上の注意作用（およびその一部である注意の諸変様）の目的-動機は，その行為の目標である，この他者の意識体験を理解することに尽きる。この場合には確かにその他者の意識体験を把握することが私の行為の目的-動機ではあるが，これに加えて，他者の意識体験を引き起こすようなことは，私の行為の目的-動機ではない。すべて志向によってある他我に関係した意識体験という根本事態のための例として、ここでは他者知覚の分析を行った。その場合これらの意識体験は行動や行為であってもよいし，そうでなくてもよいのである。これらの意識体験は何れも他者の持続に対する私のある独特な態度によって特徴づけられている。この他者の持続は1人の体験者であり意識の持ち主である，〈君〉の一般定立に基礎づけられている。私たちは他者の持続経過に対する私のこの態度を〈他者態度〉Fremdeinstellung と呼ぶことにしよう。他者態度は専ら〈社会的〉gesellschaftlich 諸領域において遂行しうる。なぜならこれは超越論的他我の措定のみならず〈内世界的〉mundan 他我の措定にも同じよう

---

[4] ザンダーの論証と私はすべての点で同一の見解であるわけではないが，ここでは残念ながらこれについて立ち入って吟味する余地はない。とは言えどこで私がザンダーの見解と異ならざるをえないか，読者には容易に認められるであろう。

に基礎づけられるからである。とは言え他者態度は1人の〈君〉の現存在措定に専ら基づくのであって，相・在措定［「しかじかである」と意味付与すること：訳者］に基づくものではない。他者態度は一般に君が生き，持続し，そのようにして体験をもつことを前提にするが，この体験はいかなる体験であり，いかなる意味合いにおいてこの体験が生ずるかは，未定である。さらに他者態度は基本的には一方だけに生じうるのである。確かにある他我に関係していることは他者態度の本質に属するが，この態度そのものとその経過は，他ならぬその他我が同じように彼（彼女）の方から他者態度をとることには全然左右されない。だから他者態度はまた外的世界への何らかの性質をもった作用にはつながらない。表明行為や表現行為も，記号の措定や解釈も他者態度には重要ではない。他者態度は原則的に言えば，君と関係している私のすべての態度決定的作用を含んでいる。愛情や憎悪のような感情活動も含まれる。だが，他者態度のすべての作用を社会的作用と呼ぶことが目的に適うかどうかは，もちろん疑問とされてよい。

ところでヴェーバーが社会的行為に「他者の行動への有意味的関係づけ」という言葉を用いる場合，彼が考えているのは明らかに前述の最広義における他者態度作用ではない。彼の念頭にあるのは，当の社会的行為とある他者の行動との特殊な関係であるように思われる。ヴェーバーにとって，社会的行為があるというのは，専ら次の2つの場合である。(a) 社会的行為者が，その行為によって他者のある特別な行動を引き起こそうと意図する場合，行為者の目標が他者の意識経過に一定の影響を与えようとすることにある場合，あるいは (b) 他ならぬこの社会的と呼ばれる行為が他者の行動によって引き起こされる場合，他者の経過した行動を知覚し解釈することが自己の行為の真の理由・動機となる場合，この何れかである。ヴェーバーの社会的行為の概念は，以上の2つの事態をカヴァーしている。というのもこの社会的行為は，ヴェーバーによれば「過去の，現在の，あるいは将来に対して予期される他者の行動に定位され[5]」うるものであるからである。ここには，既に繰り返し指摘したような，二重の概念の絡み合いが新たに現れている。ヴェーバーは，

---

[5] *Wirtschaft und Gesellschaft,* S.11.

将来の他者の行為に定位することと過去の他者の行為に定位することを区別しないし，真の理由-動機と目的-動機を区別しない。それ故に彼は全く異質な事態を1つの基礎概念のうちに含めてしまっているのである。そこで私たちは，さらに分析を続けなければならない。

　志向的にある他我に関係した諸作用は，それらが達成的行為である限り，予め企図した自発的行動である限り，他者の特定の意識体験を引き起こすため，即ち他者に〈影響を及ぼす〉Wirken ためという目的-動機のもとにおくことができる。私たちはこのような社会的行為を〈他者影響〉Fremdwirken という用語で表現することにしよう。あらゆる他者影響は他者態度の内部において，しかも社会的行為として行われるが，だからと言って他者態度や社会的行為がすべて他者影響であるとは言えない。他者影響が自発的能動性に由来する予め企図した社会的諸作用，私たちの上の定義に従えば真の社会的遂行的行為に限定されるのは，容易に理解できることである。社会的行為によってある他我の意識経過に影響を及ぼすためには，私はその他者の持続経過に眼指を向けなければならない。また私は彼の中で構成される意識体験を未来完了時制的に私の達成的行為の企図において，私の行為の最終目標としてまたはもっと広い意味連関における手段として，予想という仕方で想像していなければならない。私の企図した他者影響の最終目標は，たとえば，私の遂行的行為の目的-動機がその他我によって理解されることに尽きる場合，その他我のある意識体験である。私が君によって理解されるばかりでなく私の遂行的行為の企図の中にこの君のある特定の行動を含めて想像する場合には，その他我の意識体験は手段ないし中間目標である。これに対して正確な意味での社会的行動には企図の特性が欠けている。既にこの理由だけからしてこれは他者影響ではない。「私がお前を愛しく思うたとて，お前には何の関係もあるまい！」という有名なゲーテの台詞[『若きヴェルテルの悩み』にあるグレートヒェンの言葉：訳者]は，徹底して他者影響を断念している，他者態度の感情活動の一例である。

　ヴェーバーが社会的行為概念のモデルとして用いたのは，明らかに他者影響と後に述べたいと思う〈社会的影響〉soziales Wirken である。この前提を承認するなら，ヴェーバーの定義は苦もなく私たちの用語へ適合的に翻訳される。社会的行為は他者の行動に有意味的に関係づけられ

るべきであるとは，この場合，社会的影響者は，この彼の影響をまさに他者態度において遂行するが故に，構成的に築き上げる他我の諸意識体験に注意を向けなければならないという意味である。社会的行為者がその行為を他者の行動の経過に有意味的に定位するとは，この注意作用がある特殊な動機連関において生ずるという意味であり，この場合，他者の諸意識体験は影響者の企図において未来完了時制的に先取りされていなければならない。

　この解釈はしかしながら自分自身の行為が〈…のために〉という仕方で動機づけられる，将来的他者の意識体験の予期を含んでいるにすぎない。社会的行為は過ぎ去った他者の行動にも定位すると，ヴェーバーははっきり強調しているのであるから，彼に従って，他者の諸意識体験への注意作用が自分自身の行為の真の理由・動機として機能する場合にも，社会的行為は存在するのである[6]。ところで私たちの真の理由・動機の研究は，その意味連関は既に経過した動機づけられた意識体験から専ら構成されることがわかっている。その際，ある遂行的行為のある真の理由・動機への関係づけは経験における「準則」として蓄えられることはもちろん可能である。これは全く一般的に妥当し，その動機づけの体験がある他我と関係していたかいなかったかとは無関係に妥当する。どの場合にも遂行した行為の後にはじめて，少なくともその行為の企図を遂行した後にはじめて，私たちはその行為の真の理由・動機の意味について問うことができる。ヴェーバーから一例をあげると，私がある過去の攻撃に対して復讐すると仮定してみよう。この場合私の計画は攻撃によって「動機づけ」られ，この攻撃に対する復讐であるという意味が一般に述べられる以前に，既に企図してしまっているのである。過去の攻撃を「無視」す

---

[6] GZ-Akt(他者の未来の行動に方向づけられる作用)と GV-Akt(他者の過去の行動に方向づけられる作用)というザンダーの区別も同様である (Gegenstand der reinen Gesellschaftslehre, a.a.O., S. 361)。即ち，「GZ-Akt にとって重要であるのは未来の他者の行動，つまりある未来の他者の社会的作用に方向づけられていることである。しかし今から論考される社会的作用にとって重要であるのは，過去の他者の行動へのある志向的関係，つまり，過去の他者の社会的作用へのある志向的関係を含んでいることである。なぜなら私たちはこれを〈GV-Akt〉と特徴づけたいからである。」

べきか，それともこれに「正反対の行動をもって応える」べきか，私はためらうこともありうる。その上私はこれをあっさり受け入れてしまって，想像上の様々な企図を想像の中であれこれ自由に遍歴して，1つの選択を行うようなことをしない場合もありうる。私の態度決定の社会的特性にとっては，これが一旦行われてしまえば，それが他者の行動によって動かされたのか，それともある他の事情で動かされたのかは，もちろん決定的なことではない。私がある自然事象の代わりに他者の行動に反応するから，私の「反作用」が社会的行動となるのではない。この私の態度決定における志向対象が予期による他者の行動であるからこそ，それは社会的行動となるのである。

それ故〈他者に影響される行為〉fremdbewirktes Handeln ─過去の他者の意識体験への注意作用によって「真の…だから」という仕方で動機づけられる行為をこのように呼ぶことにしよう─この行為を，他者影響と等置したり，並列したりすることは認めがたい。だからと言って他者に影響された行為という概念がいかなる他者態度をも前提しないという意味ではもちろんない。むしろその総合的理由連関を形づくる際に他者体験に注意を向けることによって，私は疑いもなく志向的に他我に関係した諸作用を遂行しているのである。その理由連関自体も注意の諸変様に依存しており，その注意の諸変様は私が過去完了時制的に目を向ける，その他我についての私が経験する様々な体験に，以前に遂行済みの他者態度により次第に増大するのである。しかし私が理由・動機について問う場合，私が他者態度の作用を遂行した以前に，私の遂行的行為は既に企図済みであったのである。まさにこのことの故にこの遂行的行為自体は志向的に他我に関係した作用ではなく，社会的行動でもないのである。企図した遂行的行為と，構成した企図に向ける例の特殊な注意作用ないし真の理由・動機の意味連関がそこで構成される，遂行した達成的行為に向ける例の特殊な注意作用とは，それぞれ別の事柄である。他者に影響された遂行的行為の場合，確かにその理由・動機の意味連関は他者態度において行われる。しかし他ならぬこの遂行的行為自体はそうではない。社会関係を問題にする場合に，私たちはもっと詳しくこの事態について取り上げなければならないだろう。

ヴェーバーによる社会的行為の根本概念の検討によって得られた成果

を概観してわかることは，次の点である。私たちは，ある他我と志向的に関係した意識体験の概念から出発して，社会的行動と社会的行為を経て，社会的影響へと至る1本の連続線を引くことができた。私たちは何の理由もなしに他者影響を，他者態度によって特徴づけたこの連続線上のその他のすべての分節に対置したのではなかった。この相違の重要性を私たちは，社会的世界における意味措定ならびに意味解釈の諸事情を振り返ることによってはっきりさせよう。

　第3章の最後の節（第28節）において主観的意味について述べた。私たちは，他者の意識経過のための証拠として解釈するあらゆる産出物にこの主観的意味を認めるのである。主観的意味へのいかなる着目も，専ら他者態度において行われ，この他者態度からのみその固有の妥当性を引き出しうることを，今や私たちは知っている。あらゆる産出物，暗々裡にはあらゆる記号は，他者態度の〈外〉からみると，私の経験的世界の構築において私にとって客観的意味を有している。しかしながら私がこの産出物をある他者の意識体験のための証拠として解釈する場合，私は他者態度の作用においてそれぞれの産出物に注目することができる。この場合他者影響の作用においてと言わずに，私たちは他者態度の作用においてと意図的に述べている。というのもある書物を読んだり，ある思索過程を熟慮したり，ある道具の由来を尋ねたりする場合，私は確かに他者態度においてその産出物の産出者に注意を向けていたが，にもかかわらず私は彼に影響を及ぼしえないからである。

　私自身が産出物を産出する場合，たとえば有意味的記号を指定する場合，事情は異なる。確かにこの産出活動や意味措定活動は，必ずしも社会の領域において行われるとは限らない。私自身のためだけに考案する暗号という例で，私たちは孤独な私の諸領域の中での記号の意味措定というケースをみた。同じことは自分自身のためだけに作る道具とか，自分自身のためだけに作成する記録などについても当てはまる。しかし私は社会の諸領域の内部で，ある他我のために産出物を措定するのであり，その場合には私は他者態度の1作用を行っている。しかもそれは特殊な性質のもの，つまり常に本質的に他者影響となるものである。他者態度における記号の意味措定とは〈表明作用〉に他ならないし，この表明作用の目的は表明の受け手の特殊な意識経過を引き起こすこと，理解される

ことである。それ故すべての表明作用は社会的影響であり、すべての表明の受取りは他者態度において行われると主張することができる。記号措定および記号解釈についてたった今述べたことは、ニュアンスの差はあれ、社会的諸領域におけるあらゆる産出物の措定および解釈に対して一般に当てはまる。その産出活動が表明の意図がない時でさえ、そうである。私は、他の人たちの使用する、ある道具を考案する場合、この道具の使用から引き起こされるはずのこれらの人たちの意識体験（たとえば彼らがこの対象物は「…のための道具」であると認めること）を、私の行為の最終目標として、未来完了時制的に企図において先取りしている。

次に論証しなければならないのは、前節で区別したそれぞれの社会的領域の内部で他者態度および他者影響を構成する構造がある特殊な変様を被るということである。このことは、それぞれの社会的諸領域において他者態度および他者影響が関係づけられる、他我の匿名性の程度に最も顕著に示されている。ヴェーバーによれば、社会的行為が関係づけられる「他者」は、「個人、知己または不特定の多数者もしくは全く未知の者[7]」であるかどうかは全く未定のままである。ヴェーバーはまた、私の社会的行為が関係づけられる他者との知り合いの質によって、その「方向づけ」がどのように変様されるかについても述べていない。私たちにとっての根本問題は、他者態度と他者影響が直接世界と同時代世界では異なった形態をとることをきめ細かく研究することである。とは言え、私たちが上で与えた一般的諸規定のもとに、すべてのこうした変様を包摂することは可能である。

第31節　ヴェーバーの「社会関係」の概念
　　　　　　　－態度関係と影響関係

　第30節の諸規定は、他我の意識体験とはどのような性質のものであるかについて何も述べていない。私は他者態度においてこの他我の意識体験に志向的に方向づけられたり、私はこれを他者影響によって引き起

---

[7] *Wirtschaft und Gesellschaft*, S.11.

こそうと企図したりする。他者態度は君の現存在に基礎づけられているのであり、この君の独特な相・在に基礎づけられているのではないと、私たちは述べた。とりわけすべての他者態度の作用も他者影響の作用も基本的には一方的なものである。他者影響および他者態度の概念（ヴェーバーの社会的行為の概念もそうであるが）は、眼指や行為が向けられる他我が、彼のほうから他者態度をとらねばならないということもこれには含まれていない。しかしながら既に他我の一般定立から言えることは、私が君の意識体験に対してそうするように、君もまた適切な眼指を向けさえすれば、私の意識体験の構成的位相に注目することができるのである。なぜなら私は、隣人である君にとって、隣人であるからである。そればかりではない。君はその上私の次のような意識体験の構成的位相、つまり志向的に君と関係づけられ、そこで君の意識体験についての私の経験的作用が構成される、私の意識体験の構成的位相にも注意を向けることができる。それは丁度私が、そこで私の意識体験について君の経験的作用が構成される私と志向的に関係した君の意識体験に、私の注意を向けることができるのと同じである。あらゆるこれらの可能的注意作用について私は知っており、君も知っている。私たち双方はこの知識を計算に入れ、これに基づいて社会的行動、行為あるいは影響を「方向づける」のである。

多数の人々の行為がその経過において相互に方向づけられることを、ヴェーバーは〈社会関係〉Soziale Beziehung という用語で表現している。この社会関係のもとに彼は「その意味内容に従って順次に相互に態度づけられ、またそのようにして方向づけられる、多数の人々の行動」と理解し、さらにこう続ける。「したがって社会関係はある（有意味的に）言明できる仕方で社会的に行為が営まれるチャンスのうちにのみ存する。この場合このチャンスが何に基づくかは、差し当たりどうでもよい[8]」と。

ヴェーバーがある社会関係の存立を、ある有意味的に言明できる仕方で社会的に行為が営まれるという点に専ら認める場合、ヴェーバーの社会学の根本概念のほぼあらゆる規定に一貫してみられる、序論的研究において既に強調した不明瞭さがここにも見られる。この不明瞭さの因っ

---

8 *Wirtschaft und Gesellschaft,* S.13, §3.

て来たる原因は，社会的世界の日常生活の中で主観的に注意が向けられる他者の意識体験の把握と，この先行与件である社会的世界の客観的社会科学的解釈との間の不十分な区別に求められる。社会的行為の営まれるチャンスは，社会的世界における行為者の方にあるのか，それとも私たち観察者，つまり社会科学者の方にあるのか。一方でヴェーバーは「行為者が相手から（おそらく完全に，あるいは部分的に間違って）この相手のある一定の態度を自分に（行為者に）対して前提しつつ，しかも自己自身の行為をその行為の経過や関係の形成に対して影響を与え，おそらく与えるであろう予期に方向づける限り[9]」，2人の社会的行為者の行動は相互に関係していると述べている。ここでは，いわゆる主観的チャンスについて，即ち，彼の行為を双方的交互的態度の予期に基づいて方向づける，ある行為者の意識体験について彼は述べているのである。これに対し同じページにはこうも書かれている。「社会関係の『存続』は，このチャンスの存在のみ―即ち意味適合的行為が生じ，これを離れては何もないという多かれ少なかれ大きな蓋然性の存在のみ―を意味する。したがって『友情』とか『国家』が存在しかつ存在したということは，ただ専ら，私たち（観察者たち）にチャンスがあるとか，あったとかと判断することを意味し，特定の人間による特定の態度に基づいて平均的に思念された意味からしてなお示しうるような仕方で行為が営まれていると判断することを意味するのであり，それ以外の何物でもない」と。このチャンスの概念はもちろん社会関係にある当事者の一方もしくは双方の意識における意味連関（主観的チャンス）と関連しているのではなく，外側に立っている観察者，つまり社会科学者のある判断の内容（客観的チャンス）と関連しているのである。したがって，ヴェーバーには社会関係の2つの概念があるということになる。第一に，行為者がその行為を相手の意識経過に方向づけると同様に，相手もその行為や行動を行為者の意識経過に方向づけるであろう，とある社会的行為者が仮定し，推測し，前提する場合，既に〔社会関係に〕必要な相互の態度づけが存在している。第二に，2人もしくはそれ以上の行為者のこのような交互の方向づけが行われているとか，行われたというふうに，ある観察者が

---

[9] *Wirtschaft und Gesellschaft*, S.14, 4項.

判断する時,この時はじめて相互の態度づけが存在する。
　この2つの事柄は決して一致しない。というのも観察者には社会関係が存在すると思われる場合でも,社会関係の中の行為者もそのような関係が存在していると考えるかどうかは,全くもって確かではないからである。反対にそこで生活している,少なくとも生活していると行為者が思っている社会関係が,観察者には一般にわからないことだってありうる。私たちは,何を根拠にすれば一方で観察者が,他方で社会関係の中の生活者がその社会関係の存立を確定できるかという諸基準について問わなければならない。
　外側に立っている例の観察者にみられる事態から始めよう。これを私たちはヴェーバーに従って社会関係の存立のための「客観的チャンス」と呼んだ。外側に立っている観察者には観察される者の意識体験の様々なしるしがみられる。観察される者の身体は観察者にはこの意識体験の表現の場であり,他者の身体動作の経過は自発的能動性に基づく他者体験のしるしであり,他者の産出物はそれを構成する産出者の意識経過の記号である。2人もしくはそれ以上の観察される者の意識体験が相互に関係し合っているという表現は何を意味しているだろうか。この場合明らかに観察者の眼の前にあるしるしは,観察された意識経過と対応関係にあること以外何も示していない。たとえば,観察者は,観察される者が外部世界で協同作業や共同活動のために一緒になっているのを見るとか,Aによって措定されたある達成的行為の経過に続いてBのある達成的行為の経過が生ずることを知覚したりする。しかし観察者にはこれらの外的達成的行為の経過は,単に行為者たちの意識経過のしるしでしかない。〈自己解釈〉において生ずる外的出来事の解釈に従って理解しつつ,観察者はこの意識体験が観察される者にとって存立しうる意味連関を把握するのである。即ち,その目的-動機と理由-動機,彼らの行為の目標,さらにこの目標が中間目標であるにすぎないなら,より上位にある意味連関などを把握するのである。このような意味連関の構造を想像によって追体験しながら,観察者は,まず一般に社会的世界について,次に観察された状況布置のその時々の今における観察される者の独特な相・在について,観察者の経験の全体連関と一致するような解釈の結果に至るのである。このことは,1人の他我あるいは多くの特定他我の個別的意

識経過の観察が問題であるのか，それとも平均的ないし類型的意識経過が問題であるのかを問わず，全く一般的に妥当する。観察される者が観察者の直接世界，同時代世界あるいは先代世界の何れに属するのかということとも無関係である。あらゆる場合に観察者は観察される者に他者態度の注意作用を向けており，まさにこの他者態度がはじめて主観的意味の把握を可能とするのである。

それ故観察者はしるしから，これが当の意識体験のしるしであるような，観察される者の意識体験を問い返し，さらに観察者はしるしの〈対応関係〉Korrespondenz からある社会関係の存立を問い返す。しかしながらしるしの対応関係は観察者にとって，観察される者の意識経過が実際に相互に関連しあっているとか，観察される者のそれぞれが事実として他者態度の作用を行っているとか，この他者態度の作用が相互的で両面的であるとかといったことに対する客観的チャンスではもはやない。既にしるしの対応関係という概念には，こうした事態は経過し去ったものの間でのみ確定されうるということが含まれている。反作用があってはじめて，この反作用はそれに先行する作用と対応していることが確認されるのである。対応関係がみられるという言明は，それ故本質的に，過去完了時制的な過ぎ去った諸経過に関する言明である。もちろんこのことは，対応関係の同時性における確認を排除しない。なぜならこの対応関係の存立は経験の反復可能な準則として，既に構成された解釈図式として観察者の意識の中に蓄えられており，彼の「手元にある[10]」からである。

ある社会関係の存立のためのこの客観的チャンスは，観察者によって確定しうるが，その認識可能性の程度は様々である。それは次の事情による。意識体験にとってそれがしるしである，当のしるしをその意識体験に割り当てる可能性は(暗々裡には，その場合両者の間の対応関係も)，当の他者意識の独特な相・在についての様々な段階の先行知識を前提にしていることであり，言ってみれば，様々な解釈可能性の程度があるということである。協同の仕事や作業をしている隣人を私が観察する場合，私には作用と反作用の経過のうちに，一方の理由・動機を他方の目的・動

---

10 この語については上述の第3章第27節207頁注48を参照せよ。

機に割り当てる可能性のうちに，ある社会関係の存立が最大に明白となる。私が表明[の達成的]行為を，したがって記号措定を—これらの記号措定の解釈図式はその表明の受け手ではない私にも理解できる—ある対応関係の存立のためのしるしとして設定する場合も同様である。もっと一般化して言うなら，他者影響が生ずるあらゆる社会関係—このような社会関係を〈影響関係〉Wirkensbeziehung と呼ぶことにしよう—は，他者態度の作用しか生じないような社会関係—以後これを〈態度関係〉Einstellungsbeziehung と呼ぶことにしよう—と比べてより大きな解釈可能性があるということである。私に観察されている2人が相互に同情もしくは反感を向けているかどうか，あるいはそのような客観的チャンスがあるかどうかは，彼らの間にある影響関係が存在することの確認よりもはるかに確実性が乏しい。この種のあらゆる確定は，要するに観察者が観察される者に向ける，他者態度の親密性の程度に依存する。両者の間には無数の解釈可能性の段階がみられる。ある社会関係は，たとえば，相互的他者影響の諸作用に基づいてはいないが，ある同じ種類の社会的行為にしっかりと基づいている。その行為がある共通の解釈図式（言語，法秩序，芸術観，流行，生活習慣がこれである）に方向づけられているような場合である。この社会関係の存立のための客観的チャンスをしるしの対応関係に基づいて確定しようとすれば，その場合の確定は1つにはその解釈図式そのものについての観察者の先行知識と，2つには観察される社会的行為者たちの企図の中にその解釈図式が取り入れられることについての観察者の先行知識とに結びついている。

　ある社会関係が存在するというこの推定—これが他ならぬ客観的チャンス概念の意味である—はどのようにして確実な判断へと移行しうるのか。たとえば回答者Bが質問者Aに回答したのだから，作用と反作用は「予期通りに」経過したということ，これは確かにある社会関係がみられるという推定を蓋然的に行っている。しかし確実だと言い切ることはできない。相互的他者理解が実際にあるかどうかを解釈できるのは，社会関係に身をおいているAとBだけである。AがBに対する他者態度においてAの行為をとったと伝え，同様にBもAに対する他者態度においてBの行為をとったと伝えることによって，これは可能となる。観察者は観察される者に質問することによってはじめてある社会関係の存在

を確かめることができる。しかし質問をすることによって彼はもはや観察者ではなくなり、彼自らが回答者と社会関係に入ってしまっている。とは言うものの観察者のある社会関係の存在に関する蓋然性判断、可能性判断、推定判断は、その本来の権能を社会関係の中に身をおいている人に対して質問できるということから引き出すのである。この質問可能性こそ直接世界の観察に特殊な1特徴であるが、これについては後でさらに明らかにされるであろう。

観察者のためのある社会関係の存在の基準が明らかになったのだから、今度はこの関係の中に身をおいている者のために同じような研究を行わなければならない。

社会的世界における生活者である私にとって1つの社会関係がみられるのは、次のような場合である。即ち、他者態度作用において私が相手に向かい、私は相手の特殊な意識体験、私の注目している相手の私に対する他者態度を確認する場合である。私は相手が対応する他者態度を確認することができる前に、他者態度の作用を行っていなければならない。

相手のこの他者態度は多様な仕方で現れる。相手が他者影響を私に行い、これに私が注目する場合もあるし、あるいは私が相手の方を向くと、私が相手に他者態度の作用を行う前から相手が私に態度をとっていたことを確認する場合もある。この2つの場合とも、社会関係は私自身の注意作用によってはじめて構成される。反対に私が相手に対して他者影響を意図することもありうる。この場合には私の企図は相手が他者態度において私に注目する時にはじめて実現される。だがすべてこれは、実際のところ社会関係の中に身を置いている者にとっての社会関係の特殊な与えられ方の記述というよりも、むしろ社会関係そのものの樹立、あるいはヴィーゼの適切な表現を用いれば、接触行為や接触状況の記述である。

社会的世界における生活者は、二重の仕方である他者に生活者が志向的に関係づける意識作用に、その他者が生活者に向ける他者態度の作用が対応しているのを確かめることができる。生活者はこの相互に順次に関係づけられる意識体験のうちに生きることもできれば、社会関係から抜け出て、他ならぬこれに注目することもできる。第一のケースがみられるのは、次の場合である。私が他者態度において相手に向かうと、こ

第4章 社会的世界の構造分析 237

の相手が私に対して他者態度を向ける。それと同時に私は，この態度において志向的に相手に関係づけた私の作用を，相手が知っているという事実に気づく。このような場合には，私も君も，我々も社会関係そのもののうちに生きている。またそれは相手と関係づけられた，生き生きした志向作用のためである。この作用が私や君を，さらに我々を今から新しい今へと相互態度の特別な注意変様において運んでいく。したがってその中に私たちが生きる社会関係は，私に他者態度を向けている相手としての他者を直接目の前に有することによって私の他者態度が被る，注意の変様によって構成されるのである。

以上に記述した作用を私たちは「生き生きした社会関係」と呼ぶことにしよう。この生き生きした社会関係は様々な変様において現れる。生き生きした社会関係の純粋で豊かな形姿は，後にもっと詳しく示されるように，直接世界の君の身体が先行的に与えられていることと結びついている。そのようなものとしてこの社会関係は，生き生きした直接世界の関係ないし純粋な我々関係である。この生き生きした社会関係から，社会的直接世界の領域に属さないすべての他者態度の作用，主観的意味のすべての解釈の仕方，同時代世界と先代世界への注目のすべての可能性は，その始源的で本来的権限を導き出すのである。第4章での研究の主題は，純粋な我々関係から同時代世界や先代世界の社会関係を導き出すこと，およびこれ自体が可能であることの理由を方法的に明らかにすることである。

ところで社会的世界の中で生活する私は，この社会的世界から脱け出て，これを観察し考察することにより，これに私の注意を向けることもできる。この場合私は，他者態度において行った私の作用やこの作用が捉えたもの，したがってその他我が私に向ける他者態度を，過去完了時制的に振り返り，そのようにして私は私自身の観察者としてある相互的態度の存在に対する〈客観的〉チャンスの確認をある意味では判断することができる。たとえば私の方で他者影響を試みたとしよう。この場合，私は私の経過し去った，他者の意識体験の誘発をねらった遂行的行為が成功するか失敗するかによってはじめて，相手が私に対して一般に他者態度を遂行したかどうかの決着をつけることができる。もちろん私の社会的影響の企図は，他者がそのような作用を遂行するであろうという未

来予持を伴うものであった。だがこの未来予持が充実されてはじめて，私自身の達成的行為の観察者としてある社会関係が存在することを私は「正当に推定する」ことができる。この場合私の態度は，ある局外にある観察者の態度と同じものである。同様に私にとって，相手が私に関係づけるある他者態度の存在，ある社会関係の存在は，単なる1つの客観的チャンスにすぎず，それ故に関係自体は様々な程度において認識できまた解釈できる。言うまでもなくこの点私の自己観察と外部の第三者の観察との間にはある非常に重要な相違がみられる。なぜかと言うと私が私の企図を回顧する際には，行為の目的-動機が確実に先行与件であり，動機の意味連関も私の回顧する眼指にはただ曖昧模糊として絡み合った形姿でしか与えられないにしても，再生される追体験によって，これを何時でもはっきりさせることができるからである。私は企図が適えられたかどうかを行為の経過によって確認することができる。企図の虚的未来把持が行為の遂行において捉えていたものを私は選り分けることができる。さらにその気になればいつでも，他者に対するこの私の行為がそこでは単に中間目標にすぎない，もっと広範な意味連関に眼指を向けることもできる。最後に，ある特殊な注意作用によって，私が他者措定において他者に向けた作用の被った注意の諸変様にも注目することができる。自己観察のこの複雑な諸過程には，第三者による観察の場合と同じ解釈可能性の原理がみられる。ある社会的影響関係の構成は，私にはある態度関係にすぎない構成よりもはるかに理解しやすく，またこの両者の間には多様な段階の洞察がみられる。

　以上において私たちは社会的世界の生活者のための社会関係の基準を調べた。そこではヴェーバーが明らかに社会関係の概念に含めている，例の第二の事態がまだ論じ尽くされていない。つまり，社会関係の中で「行為者」がその「行動」を方向づける，その社会関係の存立のための主観的チャンスの契機についてである。ある社会関係内部のあらゆる行動がその社会関係の存立に方向づけられているというのは決して正しくない。私たちは，相手方の他者態度を基本的前提としてもち，志向的にその関係相手に対して向けられる諸作用を，ある社会関係の内部で他者態度において行われるその他のあらゆる作用から厳密に区別しなければならない。私たちはこのことによってはじめて，ある行為者は相手に関し

第4章 社会的世界の構造分析　239

て自分に対する一定の態度を前提にしながら，これに行為者の行動を方向づけるという主張にはどのような意味が含まれるかをはっきりさせることができる。

　このことを分析するためには今しがた行った態度関係と影響関係との区別は非常に重要である。態度関係の例として，私たちは相互影響という形で現れてこない恋愛関係を調べてみることにしよう。この場合，そのような態度関係がチャンスとして一般にみられるという恋人や観察者によってなされる確認，それともう1つの言明，この態度関係において遂行される作用はこの関係についての知識に方向づけられるという言明，この両者ははっきりと区別しなければならない。相手が果たして，どのように，私に対して態度をとっているかについて知ることは，それ自体決して相手に向ける私の愛の態度の前提ではない。私が相手の態度について知っている事柄の一切は，単なる1つの随伴的知識である。なぜなら他者が一般に私に対して態度を示し，私に概して注意を払い，私の愛の注意を拒んだりあるいはこれに応えたりするということは，私にとって事情によっては望ましいことかもしれないが，場合によってはどうでもよいことであったり，全く望んでいないことであったりするからである。したがってこの例が示すように，態度関係の作用にとっては，相互態度のある，なしに関する知識によってそれが方向づけられることは重要ではない。このことは，他者のそうした態度の誘発も私にとって行為の目標ではないとか，私がそうしたことを生じさせようともしないとか，私の影響の成功・不成功によって方向づけることもないとかをもちろん意味しない。この場合純粋な態度関係は，ある全く異なった事態が基礎となって1つの影響関係へとまさに転換するのである。影響関係が現れるのは，ある行為者の側でこの影響が目指す相手も，これに反応し，少なくともこれに注意するであろうことを予期して，他者影響の作用を措定する場合である。したがって影響関係は相互影響，つまり相手が措定する，私を目指す社会的影響や，単なる行為を前提にしているのではない。むしろ専ら前提にしているのは，相手が行為者の私に対して他者態度の1作用を行い，私に注目し，私を眼指に捉え，私の措定した産出物を私の意識体験の証拠として解釈すること等である。他者は行為者の私にそれ故行為によって対するには及ばない。彼はただ一般に私に注意しさえ

すればよいのである。前提されているのは相手のある特別な注意の態度であり，この態度が当然あらゆる相手の意識体験を変様するのである。

どの影響関係もこのような理由で基本的には社会的影響に基づいている。この社会的影響の企図は他者の意識体験の誘発を目標としつつ，相手に他者態度がみられることを前提にしている。しかしながら他者影響の何れの作用も，影響関係の中で，あるいは一般に社会関係の中で行われるのではない。さらに他者影響の何れの作用も，他者が他者態度において私の方を向いていることによって方向づけられるのでもない。むしろ他者影響とは，そのような他者態度が相手の側に欠けており，それ故にこの影響の発起人としての私が観察も見向きもされないままにとどまるということ，まさにこのことに方向づけられるのである。しかしこのようなケースは純粋な他者影響の1つの派生的形態のみを例解するものであり，行為者の私がそこでは匿名的なままであろうとするケースであり，私が隣人たちに隣人としての態度をとるのではなく，むしろ他者の意識体験の産出物としてある達成的行為を措定するだけで，いつ，どういう事情で，誰が，この達成的行為を措定したかについては，どうでもよいというケースである。

とは言え他者がこの影響の効果を私によって[11]誘発されたと体験することによって他者影響が方向づけられる限り，そこには1つの影響関係が常にみられる。というのも私に対する相手の特別な注意の態度は，目的-動機として私の他者影響の企図の中に組み入れられているからである。この相手の特別な注意を向ける態度こそ，他ならぬこの私の他者影響の目的措定であり，その最終目標なり中間目標である。かくして意味措定の何れの作用も相手による意味解釈を予期しながら行われ，意味解釈のこのような予期はもっと広範な目標連関に組み入れられ，その内部で意味措定が生ずるのである。かくして社会的影響関係とは1つの動機連関であり，しかも間主観的動機連関である。他者の他者態度が自己の

---

11 この場合私が私の相手を生身の個人として体験するか，それとも理念型として体験するかは，直接世界の影響関係であるのか，同時代世界の影響関係であるかに応じて変化する。これについてはたとえば第4章第34節253頁以下および第4章第40節302頁以下を参照。

他者影響の動機であることが，必然的に影響関係の構成の一部をなしている。次に私たちはこの動機連関の固有の構造を調べることにしよう。

第 32 節　影響関係の動機連関

　私の遂行的行為を君が理解すればただちに君は一定の行動に駆り立てられるであろうと私が企図において想像する場合，私が想像していることは，君による私の遂行的行為の解釈が君の一定の行動の動機（それも理由・動機）となるということである。たとえば君に私がある質問をする場合，私の目的・動機は君にただわかってもらうということだけでなく，君の回答を得ることでもある。君の回答が私の質問の目的指定〔何のために〕である。私の質問に先行する企図において，私は想像によって次のことを企図してしまっている。私は既に質問を出してしまったこと，君は私の質問の意味を理解したこと，私の質問の意味がわかればこれに君は回答するであろうこと，想像され予め企図されるのは，君が回答するであろうということである。何を君が回答するかは，この意味連関（質問と予期される回答）の中ではもちろん未定であり虚的なままである。そのような想像は何れも，出来事の予期される経過は予め抱かれた企図と適合するかもしれないという１つの感情活動によって導かれる。これは全く疑いのないことであり，このことはたった今用いた「予期」という用語についても言えることである。しかし私の遂行的行為（つまり質問）が君に一定の反作用を引き起こすであろう，として想像上で行われる判断は，この判断がまさに最初に基礎づける願望から切り離しうるし，別個の考察に付しうるものであることはもちろん当然である。それ故私たちは例の感情活動を考慮の外において，専ら次の点について分析してみることにしよう。即ち私によってある社会関係（とりわけある影響関係）の内部で措定される遂行的行為がこの遂行的行為の受け手にある一定の行動を引き起こすということで一体何が意味されているかである。

　質問と回答の例を続けよう。質問者はその企図において未来完了時制的に回答者が回答するであろうと想像する。質問者はそれ故その質問が回答者にとってある回答を与えるための１つの真の理由・動機であると想像して，それに見合うように質問を整えるのである。この主張は先の

私たちの分析結果[12]と矛盾しないだろうか。先の分析結果によれば，理由-動機は常にただ回想的眼指において，過去完了時制的に経過し去った，動機づけられたものから把握されるからである。この異論には次のように反論することができるかもしれない。質問者はまさにその企図において未来完了時制的に，1つの回答（その内容はもちろん虚的で不確定にとどまっている）が得られたものと想像しており，だからこそ質問者にはこの経過し去ったものとして想像された回答者の与える回答に対して，質問者の理由-動機は過去完了時制的に既に経過し去ったものとして現れるのだと。しかし，正確な分析はこの結果に満足することはできない。一体どうして質問者は，「提出する質問が予期される回答に対して真の理由-動機の関係に立つ」と仮定することができるのか。質問者のこの予期は，疑いもなくすべての質問の1前提を形成している。というのは，回答者の回答は質問を理解することによって動機づけられるであろうし，そのような「チャンス」が存すると判断すること自体，再び質問者の遂行的行為（つまり質問者が質問を提出すること）を目的という仕方で動機づけることになるからである。質問者がこの「チャンス」の存在について「知る」仕方は，その他の知識が質問者の経験の中に蓄えてあるのを知るのと全く同様である。質問者が知っているのは，回答者から質問者にその都度与えられる回答が他者の質問を通して真の理由という仕方で動機づけられたことである。回答者が回答したのは，回答者が質問されたからである。また回答者のみならず，回答者の知っている他者も，質問されたから回答したのである。質問は回答に対する1つの真の理由-動機であるという一般的準則は，質問者の一般的経験連関の先行与件なのである。

いうまでもなく質問者には次の点の直証を欠いている。それは，質問者が想像の中で仮定している真の理由-動機について，回答者はその回答を示す際に（一般にそうしたことが起こり，回答者に対してある回答をさせようという企図が適えられる場合に）実際に眼指のもとにあるかどうかという点である。この直証を質問者は回答者による回答の提示の後にも手にしない。確かに予期された経過が生じたということの中には質

12　上述第2章第18節148頁以下を参照せよ。

問者の企図の充実や，この企図につきまとっている虚的未来予持や予想の充実がみられる。しかし，回答者はその回答のある真の理由・動機としてその質問に注目したのかどうか，質問者が回答として解釈する回答者の表明は質問を「もとにして」生じたのか，あるいはそれとは「無関係に」（つまり質問との意味連関なしに）生じたのかどうか，さらにその表明は一般に「回答」として思念されたのかどうか，こうしたことは未確定のままである。回答者がある回答を与える場合，質問者がこの質問について思念したことを解釈した上で質問者に向かってある事柄を表明しようと，これを行うのかどうかである。質問者に向かってある表明行為を措定するという企図は，真の目的の連関において自由な自発性から行われる。確かにこの企図には質問を理解していることが，質問者への他者措定が先行しており，表明行為も確かに，質問者が表明の内容とその質問の提出とにある意味連関を仮定していることに方向づけられている。しかもそれは，質問者がその達成的行為を想像によって先取りした回答者の意識体験に方向づけるのと同じような仕方で方向づけられているのである。しかしながら質問と回答の間の真の理由・動機の意味連関は，回答者の意識にあっては，質問への回答という既に生じた企図とこれに先行している質問の解釈作用とに向けられる，特別な注意によってのみ構成されるのである。この注意作用を回答者は，一般的に言えば，もちろん行為者としてではなく，自分自身の行動についての再度の自己解釈過程で行いうるのである。この事態は，私たちが前に考慮の外においた随伴的感情の諸活動を引き合いに出してこれを補完すれば，きわめてはっきりする。その場合には，私たちは質問者の側には回答を得たいという願望を，回答者の側には回答を与えようという性向を確認する。しかし，回答者はたとえ回答を与える場合でも，回答者のこの性向にはほとんど眼指を向けない。回答者の回答しようとする準備態勢は回答への企図を理解し，回答を行った後にはじめて回答者に回答の理由・動機として現れる。質問の中に理解された願望は，この性向を誘発する真の理由・動機として現れるのである。

　次の点にはなお細心の注意が払われてよいであろう。回答という概念はその回答に先行した質問を前提にしている。またこの概念は，時間的に質問の後でなされる回答者の行動が，その質問者の側では自分の質問

に対する回答であると解釈されることを前提にしている。以上で行った質問と回答という対比は，私たちがもっと簡単な例によって詳しく分析してきた意味措定と意味解釈の厄介な過程が重なり合い絡まり合っている，高度に複雑な事態を省略したものでしかない。何れにしてもいかなる意味で質問が回答の理由‐動機であり，回答が質問の目的‐動機であるといいうるのかについては，実にはっきりと示されている。大事なことは，影響関係の中である君に向かう行為者は，彼自身の遂行的行為の目的‐動機を予期される相手の行動の真の理由‐動機として先取りし，また逆に各自の行動の真の理由‐動機として相手の目的‐動機の方にも眼指を向けることができるということである。この洞察は非常に重要である。なぜならこの洞察は生活の技術のみならず理解社会学も，もちろん概念的にさらに洗練された仕方においてであるが，他我の動機の探求に用いる方法を示しているからである。

　社会関係におけるどの影響も行為者に関係した相手の他者態度を前提とし，その場合には自分自身の目的‐動機が相手の真の理由‐動機として措定されているのである。だからといってこの連関が行為者に多少とも明示的に与えられているという風には言えない。どちらかと言えば，これに適切な注意作用を行いさえすれば，行為者はいつでもこの連関を説明することができるということである。しかしこのような説明は社会関係の内部にではなく，その外側において生ずるものである。行為者は社会関係から脱け出て，社会関係における行為者の行為を自己解釈という仕方で解釈しなければならないのである。あらゆる場合と同じようにここでも，影響関係における〈他者行為〉Fremdhandelnを構成する動機連関は経験連関の中に蓄えることができる。それは，遂行的行為が向けられる特別な君の特別な行動の仕方についての経験であり，類型的他者影響への類型的反作用についての知識でもある。行為者はこれらの経験の中に蓄えている諸準則を心得ている。これらの準則は行為者に〈疑いの余地なく〉与えられ，しかも行為者には〈問題とならない〉が故に，彼はこれらの準則の構成的意味発生に最初は全然注意を向ける必要もない。君についての経験の蓄えは個々の社会的領域において異なる。それに応じて予期される反応の主観的チャンスが妥当する範囲もまた異なる。影響関係の動機連関もその本来の正当性を直接世界の社会関係から汲み取るの

であり，これに対してあらゆる他の影響関係は単なる変化形態であるにすぎない。私と君が，つまり我々がそこで生きている，直接世界の影響関係の生き生きした志向性のうちにある場合，その意識が私の影響作用の企図の中に取り入れられる，真に同時的で生身の君を先行与件とする場合，事実上私自身の目的-動機と他者［である君］の理由-動機とは，相互に補い合いチェックし合いながら，相互に順次に関係した他者態度の対象に融合する。

　以上の調べにより社会的世界の構造分析に通ずる途が切り拓かれた。私たちは社会的直接世界の領域およびこの世界にとって本質的な純粋我々関係から始めよう。

C　社会的直接世界

第33節　社会的直接世界と我々関係

　君が私と時間的にも空間的にも共存している場合，君について私は，君は私の社会的直接世界に属しているという。君が私と空間的に共存しているとは，私が君を＜まぎれもなく＞leibhaftig，しかもその当人として，この独特の君として体験しており，君の身体をこの君の豊かな諸徴候の表現の場として体験しているということを意味する。君が私と時間的に共存しているとは，私が真の同時性[13]において君の意識経過に眼指を向けることができること，君の持続が私の持続と同時であること，私たちが一緒に老いることを意味している。したがって直接世界の状況は，私たちがこのことを第3章第20節において「他我の一般定立」の中で明らかにしたように，他者の持続経過と自己の持続経過との真の同時性において基礎づけられている。この状況には他我の空間的直接性がつけ加わる。この空間的直接性によって君の身体は豊かな徴候において表現の場として私の眼前に与えられるのである。時間と空間の直接性は直接世界の状況にとって本質的である。他者態度と他者影響のすべての〔志向〕作用，同時に直接世界の状況の下にみられるすべての態度関係と影響関係も，直接世界における君の時間と空間の直接性というこの根本事態に

---

[13]　これについては上述第3章第20節162頁以下を参照せよ。

よって特殊な刻印を帯びる。

最初に，私たちは直接世界の状況の生活者がこの状況を構成する仕方を考察してみよう。生活者が直接世界の状況に気づくということは，既に志向的に直接世界の君に対して向けられている意識体験，直接世界の他者態度，言ってみれば，〈君態度〉Dueinstellung を前提にしている。これがどのようなものかをまず記述しなければならない。

なによりも君態度は，全身的に私に与えられている独特の君の純粋な現象形式として特徴づけることができる。君態度は，私が直接世界の人間を隣人として（君として）認め，同時に彼に生を，つまり意識を述定することによって専ら構成される。しかしこの言い方は事態を正しく扱っているとは言えない。ある述定的判断が問題ではなくて，君がある自己として体験される前述定的経験が問題なのである。したがって直接世界の君態度とは私がそこで生活する限り，私が君の現存在を本来の[14]自己という様相において経験する特別な志向作用のことであると定義できる。本来の自己という様相におけるすべての外的経験は，経験されるものが時間と空間の直接性の中で全身的に先行与件であることを前提にしている。

私たちははっきり言うが，直接世界の君・態度はある他我の現存在に関係づけられるのであり，必ずしも君の相・在に関係づけられるのではない。というのも，君・態度の概念はそれ自体ではまだこの君の特別な意識体験をその眼指において捉えることを含んでいないからである。「純粋な」君態度としてこの概念は，生命のある有情の君の真の現存在との志向的関係それだけでもう構成されるのであり，そこでは君の相・在は未決定のままであり，少なくとも未定のままでありうるのである。もちろん「真の」君態度という概念は1つの形式概念，1つの理念化の産物，フッサールの用語[15]では1つの「理念的限界」である。というのも私たちは直接世界においては君をいつも1人のそれぞれ独特な君としてその独特の相-

---

14 この根源性オリギナリテート・原初性はもちろん第一次的プリメール・基本的という意味ではない。というのは他者の精神生活は私にとって現実の直接的知覚において原則的に接近可能ではなく，むしろ，フッサールの術語では，第二次的・派生的なものであるからである (Husserl, *Logik*, S. 206)。

15 *Ideen*, S. 138.

在において体験しているし，私たちの体験した直接世界の他者態度は決して「真の」君態度ではなく，その都度与えられるある現実性や具体性の程度とそれの相関物であるからである。

ところで，隣人の君に向ける私の〔注意〕作用は，君が一般に私に注目する限りで，私自身が君にとって隣人であるということによって特徴づけられる。君がこれを行うかどうかは，君がその直接世界に向けている，注意作用の基本的態度に再びかかっている。かくして直接世界の君態度は一方的あるいは相互的でありうる。それが一方的であるのは，私が君に注目するのに，その君が私の存在に目をくれない場合であり，相互的であるのは，私が君にするように，君もまた真の君態度において私に向かっている場合である。このようにして君態度から直接世界の社会関係が構成される。この社会関係の基準がその中に身をおいている者にとって，どんなものであるかは，第31節で扱った通りである。〈互いに態度づけられる者〉がその相手をそこにおいて体験する，直接世界の社会関係は「真の我々関係」と呼ばれてよい。「真の我々関係」の概念もまた1つの極限概念にすぎない。体験される直接世界の社会関係は，その都度我々関係のある特殊な現実化と具体化の諸段階であって，それは「内容の充実した」我々関係である。この事態を1つの例によって明らかにしよう[16]。

1羽の鳥が飛ぶのを私と君が見つめる場合，まず「鳥が飛ぶ」という私の意識の中で構成した対象は私にとって自己解釈によって把握できる1つの意味を有し，また君も同じことを「鳥が飛ぶ」という君の構成した意識体験によって言明することができる。しかし私も君も，またその他の誰も，飛ぶ鳥についての私の体験が飛ぶ鳥についての君の体験と同じであるということはできない。実際，君と同様，私もその種の企ては見込みのないものとみなさなければならないだろう。なぜなら自己自身の意味と他者の意味とを一致させることは決してできないからである。

それにもかかわらず，鳥が飛ぶ間にも私と君は〈老いる〉のであり，私の持続と君の持続は君にとって同時であったように，君の持続と私のそれは私にとっても同時であった。さて，私は飛ぶ鳥の方を向きながら，

---

[16] 上述第3章第19節157頁を参照せよ。

君もまた飛ぶ鳥の方を向いていることを君の身体のしるしによって私が知覚することはありうる。その場合私は，君と私，つまり我々が1羽の鳥が飛ぶ間，私の意識の位相の経過と君の意識の位相の経過とを私は並列的に関係づけているからである。しかしその際私は，君の意識の中で飛ぶ鳥の私の知覚と「対応している」体験が一般に経過しているという以外のことを前提していない。君の意識位相の内容，その意識位相の特殊な仕方を私は全く未定のままにしているのである。君が君の老いを体験する1人の隣人であること，また君は私が知覚したものに目を向けていたこと，こうしたことを知ることで私は満足しているのである。それと同様のことを君はこれと対応する眼指を向けながら私について述べることができる。つまりこの私は君にとって隣人であり，また私の意識の位相を君は飛ぶ鳥についての君の意識体験の経過に並列させているということである。我々は鳥が飛ぶのを見たということを言明する資格を私や君に与える上では，ただこのことだけで十分なのである。

　我々という基本関係は，私が社会的直接世界の中に組み込まれていることによって私の先行与件であり，またこの我々のうちに含まれている君や，我々の同時代世界の一部としての私の直接世界についての私のあらゆる経験も，この基本関係から，はじめてその本来の権限を手にするのである。この意味で，我々についての（直接世界での）経験が一般に世界についての私の経験を基礎づける[17]とシェーラーが主張する場合，彼は賛同されてよい。もちろんいかにしてこの我々が超越論的主観によって構成されるのか，いかにして精神物理的君が私の精神物理的私に遡及して参照するのかは難しい現象学的問題であって，これについて論考することはこの研究の枠内では私たちは断念しなければならない[18]。しかし，他我の超越論的構成についての問題をさらに探求しなくても，私たちはある所与の日常（内世界）的生活の君という前提から出発して，この君についての経験の構成を真の我々から記述的に把握することは可能

　　17　*Die Wissensformen und die Gesellschaft*, Leipzig 1926, Ⅱ；*Erkenntnis und Arbeit*, S. 475f.
　　18　これらの扱い方についてはフッサールの「第四省察」および「第五省察」を参照。なお上述の「注釈」74頁以下も参照せよ。

である。

　もう1つの事例として私たちは社会的直接世界におけるある影響関係をとりあげる。それはコミュニケーションを意図した記号の措定と解釈である。この主要事例によって，いかなる仕方で君についての諸経験は我々のうちに根ざすのかを説明しよう。主観的意味連関と客観的意味連関について論じた際に，わかったことは次の点である。客観的意味連関において私に知覚されるものを越えて君の意識における主観的意味連関を構成する諸作用の方にその眼指を向けるのは，君が［意味］措定し，［意味を］築き上げる諸作用を私が［意味］解釈し［意味を］築き上げつつ同時性において捉える時である。我々はこの同時性をともに年老いつつ体験するが故にその限りで，我々は同時性の中で生き，原則として生きることができるが故にその限りで，主観的意味連関「における」生（活）も可能である。だが我々関係自体は主観的意味連関と混同されてはならない。主観的意味という言葉は専らある産出物の解釈に用いられ，その産出物を私たちはある他我の諸措定作用の証拠と解釈するのである。専らこの構成する諸措定作用について，これらがある主観的意味連関の中にある，その意味措定者の意識にとってもある意味連関の中にある，と私たちは言うのである。記号を君の［意味を］措定し，意味を築き上げる意識体験の証拠として解釈しながら，私はこの君の意識体験自体の方へ目をやることができる。ところである主観的意味連関のこの把握の根源的権能は，専ら現実的我々関係ないし潜在的我々関係から導き出すことができる。けだしこの我々関係においてのみ君はその持続の独特の瞬間において1人の自己として体験可能となるからである。この知見を私たちはまた次の命題に表わすこともできる。君の主観的意味連関における生は直接世界の関係の内容充実した我々における生としてのみ可能である，と。

　この命題は，他者理解のあらゆる層に妥当する。その層の中とその層を通して主観的意味への注目が行われるのである。というのも（なによりもまず直接世界の）君についての私のあらゆる体験は，それが一致するにせよ一致しないにせよ，再び我々の領域に属し，この君への注目は，私の自己解釈の中で捉える一般に君についての客観的経験連関や，私が目を向けたその時々の独特な君についての客観的意味連関を再び拡大す

るものだからである。このように我々という分割されないこの1つの流れは，絶え間のない多様な生成と生成し去る内容に満ちている。その限りで分割されない我々の1つの流れは，連続的経過における私の持続と等置される。とはいえこれは1つの比喩でしかない。けだし〈我々〉は持続の中ばかりでなく，空間の中でも起こるからである。また他者の身体は，他者の持続と同じように，我々のうちにもある。他者の身体はその他者の意識の諸体験のためのしるしの担い手であり，それは表現の場である。それにもかかわらず「我々」という体験は持続を超越したあらゆる体験のうちで私の持続に最も近いところに位置しているということができる。

　「我々」のうちに生きる限り，私は全く本来的に我々の持続のうちに生きている。持続の中の私の体験について反省するには，私はこの持続からある程度脱け出て，距離をおき，その絶え間ない流れをせき止めなければならない。それと同じように，君と私，したがって我々は，「我々領域」のある体験を眼指に入れるためには，直接世界の社会的世界から脱け出さねばならない。この社会的世界の中で我々の注意の諸変様が，あらゆる我々の独特な体験内容を我々に基づいて形を変えてしまっているからである。「我々」を眼指に入れるためには，我々関係において直接君に向けていた我々の注目を，この君から離れて，ある特殊な仕方において我々そのものに注意を向けなければならない。我々は直接世界の社会関係において，しかもただそこにおいてのみ，我々のうちに生きるのであり，この我々に関する反省が行われるや，私たちはこの我々から脱け出るのである。そして孤独な私の分析の中で既に現象的時間について述べたことの一切が，より高次の段階で妥当する。我々に向ける注意作用も，我々体験の諸位相が既に経過し去り，我々そのものが既に構成済みである限りで専ら生ずるのである。この注意の向け方には，全くのもつれ合ったものから明確なものまでのあらゆる段階がみられる。それは各自の体験に対する注意の向け方と同じように，あらゆる段階の意識性を仮定することができる。しかし私が我々に注目して注意を向ければ向けるほど，それだけ少なく私は我々のうちに生きることになり，それだけ私はまた全くの与件である君を体験することも少なくなる。というのはただ我々のうちに生きてこそ，私は1人の生き生きした存在である君に

向かっていたからである。我々について反省するや，私は君をただ経験諸対象のある全体連関としてのみ捉えるのである。

私たちは我々関係の概念を以上のように明確にしたのだから，以下では直接世界の我々関係があらゆるその他の社会関係から区別される，特殊な諸特徴について詳述することにしよう。

第 34 節　直接世界の社会関係の分析

前節で私たちは，他我の空間的・同時的直接性（無媒介性）によって直接世界の他者態度や直接世界の影響関係が被る特殊な際立った特徴を調べた。その際君態度と我々関係を他者態度や一般に社会関係から区別した。それとともに直接世界の他者態度や直接世界の社会関係の分析のための出発点も手に入れたわけであるが，この分析自体はまだなされていない。

もし純粋な我々関係が総じて社会関係の 1 変様にすぎないのであれば，それは直接世界の態度関係ならびに影響関係と同一視することができるであろう。しかし厳密に言えば，純粋な我々関係は，直接世界の他者態度や直接世界の影響関係の先行与件である。純粋な我々関係を構成するものは，直接世界の他我がその中で志向的に 1 人の自己として把握される，その相互的な純粋な君態度に他ならない。とはいうもののこの純粋な君態度はその本性からして総じてただ君の現存在に関係するにすぎず，君の特殊な相・在には関係していない。私たちが自らを現に存在するものとして，しかも向き合うもの（相手）として本源的に経験しているということが，既に純粋な我々関係を構成しているのである。しかし社会関係の概念の方は，これに加えて相手が私に向けている他者態度の特殊な相・在についてのある特殊な知識を必要とするものである。この知識は他者態度において把握される。君の私に対する他者態度の特殊な様相を，社会的直接世界の中に身をおいている場合，私は相互に関係し合っている我々の意識体験の生き生きした志向性によって把握するのであり，この意識体験の中で私や君，つまり我々は生きている。

純粋な我々関係と直接世界の社会関係との間の今しがた特徴づけた基礎づけの連関は，我々関係から脱け出してこの〔我々関係〕そのものに

目を向ける者にのみ明らかとなる。しかしながら，そのうちにしかもその生き生きした志向性の中に生きており，我々関係を純粋な〔我々関係〕として，虚的事態として体験せず，他ならぬ我々関係のうちに生き，しかもその独特な現実化と具体化のその時々の充実した形姿のうちに生きる者には決して明らかとならない。別言すれば，「純粋な我々関係」は直接世界の状況を記述的あるいは論理的に把握しようとする者のための1つの極限概念にすぎず，我々関係自体のうちに身をおいている者のいかなる特殊な体験もこれとは一致しない。この特殊な体験は，〈我々〉をある分割されない作用においてその具体的な豊かな形姿における唯一無比性と反復可能性として把握するからである。

ところで現実の我々関係のこれらの可能かつ実際にも行った諸体験の具体化の諸相は，相互に同じ体験の直接性を帯びているとは決して言えない。それらは私たちの生への注意作用の強さが異なるにつれて変様する。それらは親密性の程度によって様々である。そして，それらは私たちの解釈パースペクティブに多少なりとも活動の余地を残しているのである。その結果として現実の我々関係における君への志向的作用も中心的に他者体験に向けられたり，多少とも周辺的にこの他者体験の外的現れに向けられたりするのである。

すべてこうした区別は，態度関係が問題であるのか，それとも影響関係が問題であるのかとは全く無関係に成り立つ。具体化と現実化の諸段階をすべてまたぎながら，私は生きているし，私は我々の中で我々を介して君を1人の自己として，しかも私に態度を向けている自己として体験しているのである。その際体験の近さは実に様々である。2つの階梯の直接世界の社会関係の具体化，閨事における君の占有と会話における君の占有によって，私たちはこの事態を明らかにしてみよう。私は我々を2度私の意識の異なる深層において体験し，私の自己が2度異なる親密性の領域でこの体験の中心となるばかりでなく，私は同様に2度君を他我としてこの君の自己の異なる深層において体験する。先に用いた「体験の近さ」という用語は，相互-に向けて-いたという私の体験に関係するばかりでなく，私が向けた君の体験にも関係している。それ故に体験の近さの程度が様々であることは，我々関係そのものの述定，というよりも我々関係がその都度具体化される直接世界の態度関係と影響関係の

述定なのである。

　同じことはその時々に具体化の諸段階が示す現実化の様態についても言える。私は君とある会話に「加わったり」「加わらなかったり」、会話を「集中的に」行ったり「それほど集中せずに」行ったり、「緊張して」行ったり「ゆったりと」行ったりする。私たちはこの会話において「話しを表面的事柄にとどめ」たり「最も私的事柄にまで立ち入る」こともある。

　以上に概略した体験の近さという問題は、直接世界の関係が同時代世界の関係に移行するに伴って非常に重要となってくる。同時代世界の関係については後に考察しなければならない[19]。とはいえ、あらゆる直接世界の社会関係に特徴的である基本的特性を一般的記述において把握することが重要である。

　直接世界の社会関係における他我は、生身の姿で最大の徴候充実において私に優先して与えられていることから出発する。たとえば、他我の措定する記号がその記号の記号意義ならびに表現意義において私に優先して与えられるし、この記号に基づいた様々な意義ばかりでなく、抑揚、身振り、「表情」などの、その他の徴候充実も同様に私に優先して与えられる。私の持続の各瞬間には、私が目を向ける他我の持続のある瞬間も対応するから、私は私自身の体験よりもはるかに大きい充実性において君の意識体験に接近できる力を原理的にもっている。私は私の過去の一切を、それらが一般に現象として明確に境界づけられる体験の中で把握できる限りで「認識」する。しかし我が身そのものに、生身の姿で居合わせるとか、〈今このように〉の充実性において「与えられる」とかは私にはできない。それは私が〈今このように〉の充実性において生身の姿で生きているからというより、私がただ過ぎ去った自分の体験の方に回想によって注意を向けるからである。これに対して直接世界の君は、この君の過去について私は何も知らない場合でも、〈今このように〉という充実性において私の目前に生身の姿で居合せている。

　君についてのこの直接世界の経験を手がかりとして、私は一般に君、および私が向き合っているこの特殊な君についての私のすべての先行知

　19　これについては第4章第36節264頁以下を参照せよ。

識を作り出すのである。君についてのこの手元にある経験には，君の解釈図式や解釈習慣，君の用いる記号体系，疑う余地のない君の目的‐動機や理由‐動機についての経験をも含んでいる。その際の君とは一般に同時代人であったり，今，ここでこのように私に向き合っているこの特別な隣人であったりする。直接世界の社会関係では君の〈今このように〉についての知識の充実性はあらゆる瞬間において同じ充実性のうちにあり，そこから私に一般に君についての新しい解釈図式が生長してくる。私の君についての経験の蓄えは我々のそれぞれの瞬間ごとに豊かとなり，それは絶えざる修正によってもまた変化する。直接世界の社会関係では君に志向的に関係している個別的作用はばらばらにあるのではなく，むしろあらゆるそうした関係もまずはこのような作用の連続の中で構成される。しかもそこでは態度関係は他者態度作用において，影響関係はまた意味措定と意味解釈の作用において構成される。君についてのすべての経験作用は私にとって意味連関であり，これは多様な姿をとる。ある時は一般に君についての経験という意味連関であり，ある時はこの特別な君についての経験という意味連関である。ある時は今，ここで，このように存在しているこの君についての経験という意味連関である。これらの意味連関は，私が単定立的に私の体験の構築的位相に目を向けるだけでなく，また君の意識体験の構築的諸位相に目を向ける限りにおいて，「主観的」である。さらに，私が君の意識経過に目を向けるのと同じように君も私の意識経過に目を向けるということ，したがって私が話し，行為し，企図し，君に対して企図することの一切が，君にとっては客観的意味連関におかれているばかりでなく，私によって話され，私によって行為され，私によって企図されたものとして主観的意味連関にもおかれているということ，このことの直証を私は得ている。そして再びこの主観的意味連関も，君は私についての体験を君についての私の体験と再帰的に関係づけて，これを以上のように知っているということ，これもまた，今，ここに，このように居合せている君についての私の経験の意味連関の一部となる。私の君についての経験の中にまさにこの知識が含まれているが故に，この知識は私の企図や私の遂行的行為を規定し，この両者が私にとって有する意味連関をも規定する。ところで私は，君が私の意味連関のこれらの変化を知り，これらの変化がまた君にとって意味

連関であることを知ると，今度は再びそれによって私を方向づける等々。相互に順次に基礎づけ合っている，君の意識への注目のこのからみ合い，言ってみれば，私の姿が映像として映し出される，磨き上げられた多面鏡の中をこのように覗き見ること，これが一般的には直接世界の社会関係の特殊性をまずもって構成する。直接世界の君についてのすべての経験が基礎づけられる，純粋我々関係は，しかし直接世界の社会関係の中で反省によって把握されるのではなく，むしろ素朴に体験されるが故に，これらの個々の映像は区別されず，単位として眼指に運ばれるのである。1つの単位のうちに私は私自身の意識の位相的に築き上げられる諸体験と君の意識における位相的諸経過とに同時に目をやり，この両経過をある単一の経過として，とりわけ共通の我々の経過として体験することができる。

　この事態は直接世界の状況にとって，とりわけ重要である。その他者の企図や他者の遂行的行為の作用遂行を「共に体験する」中で，私は直接世界の社会関係において他者の企図が他者の遂行的行為によって充実されたりされなかったりする，あらゆる事態をも共に経験できるのである。我々関係から脱け出る場合には，私は他者の企図が充実可能性の客観的チャンスを判断によって判定することができ，私が直接世界の社会関係の中で生きる場合には，このチャンスが他者の遂行的行為によって実現されるのを私は共に体験することができる。

　さらに直接世界の社会関係にとって重要であるのは，私の〈周囲〉Umgebung[20]と君の周囲とが一個同一であることである。私はまず私のそれぞれの自分の周囲と対応する，ある周囲を君に専ら準備する[21]。ここ，直接世界の社会関係において，しかもここにおいてのみこの前提は当てはまるが，その場合でも，私が直接世界の中ではるかに高い確実さで，私が見ている机は君が見ている机と同じである（しかもあらゆるニ

20　周囲によってここでは私にその都度占有において先行与件となる外部世界の区画が理解されている。周囲はそれ故に生命のない物的外部世界のこれに該当する区画ばかりでなく，生命のある外部周囲，とりわけ社会的直接世界，たとえば記号と記号の体系のような，あらゆる産出物のこれに該当する区画をも含んでいる。

21　第3章第20節164頁を参照せよ。

ュアンスの変様があっても同じである）と思うことができる限り，さらにある同時代世界やある先代世界の君に対してすらこのように思うことができる限り，これが当てはまるということである。それ故に私は，直接世界の社会関係においては共通の周囲に属するある事物を「そこにあるこれ」，「そこにあるこの机」と指示し，周囲の中にある対象についての体験のこの同定によって私の解釈図式と君の表現図式との適合性をコントロールする立場にあるのである。これは実際の社会生活にとってきわめて重要な意義をもっている。少なくとも一個同一の直接世界の対象がこの体験の対象である限り，私の体験の自己解釈をそれぞれの君の体験の自己解釈と等置することを私は正当と思うからである。

　私の周囲と君の周囲，したがって我々の周囲は，ある統一した共通の周囲である。我々世界は私の私的世界や君の私的世界ではない。それは我々の世界であり，我々にそこに優先的に与えられている，一個の我々に共通した間主観的世界である。やっとここから，直接世界の社会関係から，我々における共通の体験から間主観的世界は構成可能であり，ここから間主観的世界はその本来の固有の権能を受け取る[22]。

　我々関係において成り立つ周囲の共通性は，結果として私が絶えず他者の意識体験について私の解釈の産出物を検証する立場に置かれることになる。直接世界の社会関係において，ただこの関係においてのみ，君は原則的に質問可能である。しかも君が共通の直接世界に割り当てる解釈図式について質問できるばかりでなく，この君の体験の自己解釈についても質問できるのであって，そのようにして君についての私の経験連関は修正され再び絶えず拡大され豊かになる。というのは君の体験の私の解釈が君の自己解釈と一致したり，それからはずれたりする私の経験が，一段と高い意味層において再び我々の領域に属することになり，これがまた一般に君やこの特別の君についての私の客観的経験連関をおし広げることになるからである。

　君と私が1つの直接世界の社会関係にあるという確認とともに，君と私がそれぞれの自分の意識の〈今このように〉に向けた，特殊な注意の諸

---

[22] 同様の意味で，フッサール『デカルト的省察』第55節149節以下を参照せよ。

第4章 社会的世界の構造分析

変様について述べた。それと同時に述べたことは，君にとっても私にとっても我々の生への注意がその都度互いに関係し合っていることで変様してしまうということである。というのは直接世界の君が，何らかの仕方で常に，私の方に目を向けている場合にはじめて社会的関係が存在するからである。しかしその場合その直接世界の状況から各自の諸体験や各自の諸経験に向ける君や私の一切の注意作用は一定の注意の諸変様を被る。ある直接世界の社会関係のどの当事者も相手の方に向ける，この特殊な注意の変様は，直接世界の影響関係にとって特に重要性を帯びている。どの影響関係においても行為者は相手のうちに相当数の真の理由・動機や目的・動機が問題なく不変のものとして与えられることを前提としている。以上のことを行為者は，彼が向って行為する，この特殊な君の行動の経験や一般に君の行動の経験に基づいて前提するのである。問題なく与えられていることを前提として，この不変の動機に従って，行為者は当面その行動を方向づけるのであり，この仮定した動機が果たして相手の意識経過における動機づけの意味連関であるかどうかは問題にされない。ここに直接世界の影響関係の特徴が見られる。直接世界の影響関係は，相互の動機連関そのものの特殊な構造のうちにはなく，むしろ他者の動機の特殊な推論性のうちにある。直接世界の影響関係においても，私の遂行的行為の企図の中に含められた他我の行動は，想像によって企図されるにすぎない。それは専ら予期される他者の行為であり，虚的で非充実の未来予持の性質を帯びている。他者の行動は，私によって予期される行動と充実・非充実の様相の関係におかれる。しかし特殊な注意の変様のおかげで，つまり我々関係において私に対する相手の注意作用と相手に対する私の注意作用とが被る特殊な注意の変様のおかげで，私は直接世界の社会関係において他者の意識の中の動機連関の構成をともに体験し，この動機連関を見つめることができるのである。私は，その時々の〈今このように〉において私が見つめる君の意識体験を，君と同様君とともに，君の将来の（未定の予想によって予期される）体験に対するある真の理由・動機において措定する。君は私の動機連関に従って君の行為を「方向づける」。しかもこの「自己の方向づけ」は直接世界においてまさに「ともに体験する」という特殊な仕方で生ずるのである。直接世界の我々関係において，どのように君は私に反応するか，どのよ

うに君は私の措定した意味を解釈するか,どのように私の目的・動機はそれに対応する君の行動の理由・動機を呼び起こすか,こうしたことを私は「ともに」体験しているのである。常に私は,他者の将来の行動についての私の企図と他者によって実際に遂行される行動—この行動によって私の企図した想像が充実されたりされなかったりするが—との間で年老いる。そうしながら私は他我についての新しい体験と経験を手に入れ,このことによって必然的に私は単に企図した事態とは異なる注意の変様において実際に経過し去った事態を見つめるのである。しかし直接世界の社会関係において年老いたのは独り私だけではない。我々は〈共に年老いた〉のである。そして私は単に君の将来予期される遂行的行為についての私の空想ばかりでなく,この君の遂行的行為の君の企図における構成過程にも目を向ける。その上私は,「眼前」で経過する,この君の遂行的行為自体にも,また君の企図した遂行的行為,したがって君の達成的行為にも目を向けるのである。これによって私の空想ならびに君の企図が達成されたり,あるいは達成されなかったりするが。この全過程の間私は,君と同じように君の持続経過と私の持続経過とを同時性において眺めている。つまり私は君とともに,その点を何ら反省することなしに,内容の充満した我々の中で生きているのである。ある統一的で不可分の流れの中で,私の持続は1つの単位として君の行為の企図とその企図の君の達成的行為による事実上の達成とを包括する。私の持続のこの一面は,私が我々という仕方で目にとめる君についての体験で継続的に満たされ,同じことを君は君自身と私に関する君の持続について言明することができるのである。私はこのことにも目を向けたり,認識したりするのである。

第35節　直接世界の観察

　私たちは直接世界の状況の根本特徴を最も純粋な形式において研究するために,これまで直接世界の社会関係を調べてきた。しかしこの分析は補足の必要がある。なぜならこの分析では自我[私 ego]が他者態度においてある直接世界の他我[alter ego]に向かいつつ,この他者態度が一方的なものであることを承知している,私の直接世界の他我に対する特

徴的態度を何も論じていないからである。このような他者態度のうち特に興味深いのは，直接世界における他者の行動に対する観察者の態度である。事実これを分析することは，研究をさらに継続するにあたって，社会科学における社会的世界の経験的データがどのようにして得られるかを理解する鍵となる。一般に他者の行動の解釈はどのようにして得られるかについては，本書の第3章において基本的に明らかにした。ここでの問題は直接世界において観察者が観察される者に対してとる特殊な君態度を調べることである，もしくは，その観察者の解釈図式が直接世界の社会関係において用いられる解釈図式とどのように異なるかを確かめることである。

　直接世界の社会関係では君態度は相互的関係であるが，他方他者の行動の直接世界の観察の場合，君関係は一方的関係である。直接世界の観察者の「行動」は観察される者の行動によって「方向づけられる」のに，その観察される者は観察されていることについて何も「知ら」ないか，「それに無関心である」という場合を仮定してみよう。その場合私たちの問題はこうなる。どのようにして観察者は観察される者の意識体験をその位相的構成において把握することができるか。観察される者の身体は，観察者にとっても直接的表現の場である。観察者は，観察される者に目を向けながら，彼についての知覚をその意識経過の〈しるし〉Signa として解釈することができる。その場合観察者はその知覚した経過（観察される者の身体における諸経過や，彼の措定した産出物，たとえば記号など）をその観察される者の意識体験の証拠として注目する。観察者は知覚した〈しるし〉の客観的意味連関を知ろうとしているのではない。その主観的意味連関を知ろうとしているのである。直接世界の観察者は，その産出物を産出する過程と，その他者の意識体験の構成—その産出物がそれの証拠である—とを，ある分割されない唯一の〈眺める〉作用において把握することができる。なぜなら観察者の前でその他者意識の諸体験は，同時的に観察者の持続とともに—その産出されるものの客観的意味連関が構成される観察者の持続とともに—経過する他者の持続の中で築き上げられるからである。

　社会関係の中に身をおいている者と同じように，直接世界の観察者は，他我が生身の姿において，最大の徴候充実性をもって，優先的に与えら

れる。観察者の持続の各瞬間におけるその他我についてのどの経験も，その君についての観察者の知識を豊かにする。観察している自我（私）の周囲はその観察されている他我の周囲と呼応し，そこには観察される者の周囲の体験と観察者のまさに同一の周囲の体験とが適合的であるような，一定のチャンスが成り立つのである。だがこのチャンスは—直接世界の社会関係における場合と異なり—原則的にみて確実に転換できるわけではない。直接世界の社会関係においては共通の外部世界のある対象を直接参照することによって，私は私の体験と他者の体験とが一致しているかどうかを，いつでも任意に吟味することができるが，社会関係の外部にある直接世界の観察では，—観察者である私の役割と，観察される者との社会関係に立っている相手としての私の役割とを私が転換しない限り，—その他者の体験についての私の解釈をその観察される者の自己解釈によって検証することはできない。君はその観察者が観察者である限り本質的に質問不能である。他面において直接世界の観察は，同時代世界の観察とか先代世界の観察に対して次の点ですぐれている。この観察は通常直接的かつ無媒介的に君に質問することのできる，ある直接世界の関係へと移行可能であり，そのようにして他者体験の解釈結果が検証可能であるからである。

　観察される者に対する観察者の君態度は一方的なものであるから，観察される者の体験が観察者に対して有する主観的意味連関と，観察される者に対して観察者の体験が有する，この観察される者の側での主観的意味連関とは，いかなる対応もみられない。それ故，直接世界の社会関係において自己の意識内容が相手の意識内容として解釈される幾重もの反射や射映がこれには抜け落ちている。観察される者の行動は観察者の行動が方向づけられる蓋然性あるいは確実性とともに，相手の意識体験が被る特殊な注意の変様の蓋然性あるいは確実性も増大する。彼はこの相手の注意の変様をみずからの注意の変様と比較することができる。またこれによって直接世界の社会関係における行為者はその相手に注意を向けるのである。観察者には他者意識の注意変様に至る通路が欠落している。少なくともこの点に関する限り，観察者は観察者の意識に眼指を向けても何らの解釈も得られない。観察者は観察される者の行動に働きかけて「影響を及ぼす」立場にもないし，観察者の目的-動機を，他者の

理由-動機として想像しながら企図することもできない。観察者は他者の実際の行動から，他者の行為がその企図を充実しているかいないかのいかなる結論も引き出しえない。いやそれどころか観察者は（たとえばある「表情の動き」の観察の際）果たして他者の側で一体行為が企図されたのかどうか，したがって他者の行為が存在するのか，他者の単なる挙動が存在するだけなのかさえ，極端な場合には決めかねるのである。観察される者の動機を解釈しようとする観察者は，［以下のように］間接的にこれに対する通路を見出すのみである。

（1）観察者は，その観察したものと同種の，それ以前に彼自身が産出した，ある行為の経過を再生して，そこから観察者の経験の中にある，そのような行為の目的-動機と理由-動機の関係についての一定の準則を見出す場合である。次にこれが観察者の経験の準則であるだけでなく，君の経験の準則でもあるということを所与と仮定し，それから観察者が〈今，ここで，このように〉この行為をとるとすれば，どのようにこの同種の行為を自分は解釈するであろうか，というように他者の行為を解釈するのである。自己の仮説上の動機をこのように他者の実際の動機として読み込むことは，すばやく行うこともできるし，なぜ他者はそのように行為したのかを一歩一歩後から再考によって行うこともできる[23]。

（2）観察者が経験の中に同種の行為に関するいかなる準則も見出せず，そのために観察者の仮説上の動機を観察される者の実際の動機として考えることができない場合もある。この場合でも時には，この他者の独特な君についてのこれまでの経験によって観察される者の目的-動機と理由-動機を推論することができる。たとえば火星人が講堂と法廷と教会堂を歩き回ったとしよう。火星人にはこの3箇所すべてが全く同じ外観を呈しているように見えるであろう。火星人が観察される者の行為を解釈しようとしたところで，この行為の目的-動機と理由-動機は何も述べられないはずである。しかしながら観察者が観察される者についての

23　前者をヴェーバーは〈直接的理解〉，後者を〈動機的理解〉と呼んでいる。実際にはしかし，この動機の変化がすばやく一掴みのうちに生じるのか，それとも一連の判断に基づいて生ずるのか，これは構造的にいかなる相異ももたらさない。ここにも〈直接的理解〉と〈動機的理解〉というヴェーバーの区別の弱点がみられる。

先行経験によって，ここでは教師が，そこでは裁判官が，あちらでは牧師がその職務を掌っているということを知っている場合には，彼は観察される者についての先行経験から行為の動機を推論することができる。

(3) とはいうものの観察者が観察される者についておよそ何の経験ももたないか，不十分な経験しか持ち合わせていない場合もありうる。この場合観察者に目的・動機を解釈する途として残されているのは，専ら行為の実際の結果から行為の目的・動機を逆推論することである[24]。観察者は言ってみれば effectum pro-efficiente[活動している作用に代わって遂行した結果を]の隠喩としてその全経過を解釈しなければならない。

以上にみた動機理解の3つのタイプはそれぞれ蓋然性の程度が異なっている。解釈が生き生きした我々連関から離れるに従って，疑いなく所与とみなされている事態が事実その通りかどうかは，ますます疑わしくなる。たとえば，観察される者が牧師であるという知識だけでは，彼が壇上で公衆に向かって話をするのを見て観察される者は説教していると仮定するには不十分である。実際に行われた達成的行為から先行与件となる企図の遂行的行為の目的・動機を推論することは，さらに疑わしい。ともかく現実になされる行為が場合によっては企図を実現しないこともありうるからである。

真の理由・動機の場合，事情は異なる。これは直接世界の社会関係においても，経過し去った，動機づけられた達成的行為から，過去完了時制的に他者のこの達成的行為以前に横たわっている動機づけの体験が回想される時にのみ把握される。この解釈は，直接世界の社会関係から直接世界の観察へ移行しても変わらない。ただし観察者には観察される者の体験が社会関係における相手方と同じ充実した徴候において与えられない場合は別である。

ある社会関係の直接世界の観察は，[個別的行動の観察より] いっそう複雑ではあるが，原理的には全く同じ仕方で行われる。そこでも問題なのは，一般に社会関係，〈今，ここでこのように〉観察される特定の社会

---

[24] そこで，しばしば先ず対外的結果から，ある観察された行為の〈単位〉が推論される。これは，とりわけ刑法理論が行為についてとる方法である。なお，Felix Kaufmann, *Strafrechtsschuld,* S.86 を参照せよ。

関係，さらにこの社会関係の相手についての観察者による経験である。しかし観察者によるある社会関係の解釈図式は，その社会関係の観察される相手の1人による解釈図式とは決して一致しない。これは，観察者における注意変様が基本的に当の社会関係の中のその相手の注意変様とは別のものであるという単純な理由によるのである。さらに，観察者は社会関係の中の双方の相手の意識経過が〈今，このように〉において同時に存在するのに，社会関係の中に身をおいている人には互いに相手の意識経過しか存在しない。さらに観察者には好都合な場合がありうる。観察者は社会関係の一方の相手について他方の相手よりも多くの経験をもち，この彼の解釈図式について社会関係の中にある者より詳しい情報を得ている場合である。議論に加わっていない傍聴者が，議論している者たちの気づいていない議論の「すれ違い」に気づくことがあるのはこのためである。これに対してその観察者には，一方の目的-動機が明確に推定できない限り，社会関係のこの目的-動機を他方の相手の真の理由-動機に解釈し直すという可能性は，同じように欠けている。

　以上，社会関係の観察について述べたことの一切は，そこに身をおいている人の表現図式が観察者には解釈図式として入手できるという前提で妥当する。これが実際そうでない場合には，観察者は解釈図式の欠けている部分を，他者の目的-動機を理解する際の上述した手順に類似したやり方で，観察者の経験から補うことができる。これについての詳論は必要なかろう。

D 社会的同時代世界と理念型

第36節 社会的同時代世界の問題への移行

　私たちは社会的直接世界の内部で我々関係が具体化する種々の段階について論じた。そこでわかったことは，社会的直接世界における君の〈独り占め〉Selbsthabe[占有]は親密さと強さと体験の近さによって変化するということである。体験の近さは我々関係そのものの直接の述定である，と私たちは述べた。なぜなら私は直接世界の状況の独り占めにおいて把握している君を私の自己のより周辺的層あるいはより中心的層

において体験するばかりでなく，私は直接世界の他我を体験するにあたり，その他者の自己におけるその都度異なる深層をも把握しているからである。それぞれの体験した直接世界の状況には，それがたとえ周辺かつ体験の近さがごく僅かであるにしても，基本的にはある一定の具体化と現実化の段階がみられる。電車に乗り合わせている隣の人や「隣のテーブルの紳士」にも私は直接世界の君態度において注意を向けている。これに対し「純粋な」君態度と「純粋な」我々関係とは，空間的時間的直接性において，生身の他我が素朴に優先的に与えられているということの限界概念であって，これはその時々の現実化ならびに具体化の段階についてそれ以上のいかなる内容規定も含まない。これらは基本的に体験不可能であり，理論的考察による１つの抽象の産物にとどまる。しかし異なる角度からみれば，純粋な君態度や純粋な我々関係は，直接世界の中に姿を現している他我の理解のうち体験から最も遠い，即ち最も周辺的理念上の限界ケースとして解釈することもできるであろう。

　直接世界の内部で示される体験の近さが大なり小なり周辺的であるような態度の成層は，いってみれば直接世界の限界をこえて，生身の姿と空間的直接性の彼方にある同時代世界の状況へと続いている。直接世界と接する中間段階は，徴候充実の減少と，君の姿が私に与えられる，その解釈パースペクティブの活動する余地が縮小することによって特徴づけられる。私は友人と微笑を交し，握手をして別れを告げる。それから彼は遠ざかっていく。しかしなお彼は聞こえる範囲内にあり，私に大声で呼びかける。次いで私は次第に遠ざかっていく彼がなおも合図をしている姿を見ることができる。遂に彼は私の視野から消え失せる。この場合どの局面で直接世界の状況が同時代世界の状況へ移行したかを述べることは不可能である。もう１つの例をあげよう。目と目を交しながら行われる会話が電話の会話，手紙の交換，第三者によって伝えられる報告などによって次々に取って代わる状態を考えれば，ここでも純粋な直接世界の状況が同時代世界の状況へと徐々に移行していく様子が辿られる。どちらの場合にも，直接世界の君が私の解釈のパースペクティブから見える徴候充実の総体が次第に減少して生身の姿の個別的徴候群だけが維持されることになる。私たちはこの直接世界の状況の多様な変異や変化について語ることができる。その１つが同時代世界である。私たちはか

くして直接世界と同時代世界とは矛盾する対立ではなく，むしろ対極的なものであるという認識を手にする。

　社会的世界の形式学の課題とは，社会的直接世界のこのような変化の諸変様を，その特殊な意味内容に照らして調べることであると言ってよいだろう。接触の状況，殊に同時代世界が直接世界へ転換されるような接触の状況の探求，および人間行動の「結合」と「分離」の探求，要するにヴィーゼの「関係の学」全体は，この問題設定において社会的世界の形式学としてその固有の権能を得る。それは疑いなくヴィーゼの最大の功績であり，最近またこの問題を理解し，その解決に貴重な貢献を行ったザンダー[25]の最大の功績でもある。

　本書は社会的世界のこのような形式学の全範囲にわたる展開，いわんやこの問題の解決を目的とするものではない。とはいうものの，同時代世界の状況の記述に立ち入る前に，この世界が直接世界からどのようにして構成されるのかについて多少とも明らかにしておかなければならないだろう。

　日常生活の実際では一般に直接世界の状況の同時代世界の状況への移行という問題は明らかにならない。私たちは普通私たち自身の行動や他者の行動が，大きな，その時々の〈今このように〉を超越している，意味連関の中に組み入れられているのを承知しているからであり，ある体験された社会関係や観察された社会関係が，直接世界の特性を帯びているのか，それとも同時代世界の特性を帯びているのかという問いは，一般には問題とならないからである。これに対するもっと深い理由としては，直接世界の状況は，よしんばそれが過去へと沈み込んでしまい，再生的に追体験されるだけであるとしても，それでもなおこの状況の本来的に構成的標識一切は保持されており，ただこれに過去という時間特性が付加されるにすぎない，という事情があげられる。私たちに生身の姿で与えられる君，私たちがその相-在を独り占めのうちに把握してきた君，私たちが愛したり，憎んだり，反省したりしながら向かっていた君がもは

---

[25] これまでその真価が十分認められているとは言えない，ザンダーの一般社会学（*Allgemeine Gesellschaftslehre*, Jena 1930）がこの問題を論じている。

や目の前に存在しなくなると，この君は，構造的に異なる解釈パースペクティブにおいて，私たちに与えられることになる。しかしこのことは通常殆ど意識されることはない。というのは私たちの回顧する直接世界の君についての過ぎ去った諸体験が過去の時間特性を帯びているのでなければ，直接世界に居合せていた時に私たちが愛したあの君と，私たちが依然として愛している君とは，後者の君は直接世界にもはや居合せていないのだから「異なった」君になってしまっていること，またこの君に対する私たちの態度あるいはこの君についての私たちの経験が変化してしまっていることをすぐには理解できないし，それどころかきわめて矛盾してさえいるように思われるからである。にもかかわらず，過去のものであっても，直接世界のあらゆる標識や本質的特徴が保持されている直接世界の状況の再生と，志向的にある同時代世界の他我に向けられる意識作用そのものとの間は鋭く区別されねばならない。私が君と直接世界の我々関係にあり，[再帰的鏡像の生き生きした志向性 Intentionalität]においてこの他ならぬ君の相-在を体験した時，つまり，私が同時性においてこの君の体験の構成的構築に目を向けることができた時，君は生身の姿と直接性において私の目の前に存在していたのだから，君の徴候の充実は，私の意のままの解釈となり，絶えず補正され豊かになり，この君についての私の諸経験は移り変わっていたのである。君に対する私の注意の特殊な変様により，純粋な我々における私の生により，具体化と現実化の様々な段階において例の私が生きた，我々関係の継続は生じたのである。我々の流れは，継続的な絶えず千変万化する内容で満たされた1つの経過であった。我々の流れは，私の持続と君の持続とを均一化し，私の持続がそのうちの一部でしかないような我々の持続であった。こうしたことのすべてが妥当するのは，私が我々の流れのうちに生きたという限りにおいてであり，他我が直接世界において私の先行与件である限りにおいてである。しかし今や私の隣人である君は私の同時代人となっている。私はもはや今の君の自己を「占有」しておらず，今しがた居合せていた君の自己を占有しているだけである。なるほど私とともに同時に君は〈今，このように〉において存在しているけれども，しかし私はもはや君のこの新しい〈今，このように〉については何も知らない。私の直接世界の〈純粋な我々〉から脱け出して以来，君は老

いて，新しい注意変様において新しい様々な体験をして，君の経験が増大するたびに，新しい総合が行われるたびに，君の関心状態が変化するたびに，君は異なる君となる。とはいうものの日常生活の実際の中では，私はこうしたことをすべて考慮の外においている。私が見慣れている君の姿は相変わらずである。隣人である君について直接世界の状況において手に入れた諸経験の総体を，私は変化しないものと見積っている。これは同時代人である君についての新しい特殊な経験がこの経験連関と矛盾し，これまで当然の所与と仮定していた事柄が問題となることがない限り，そうである。これが事実であるとすれば，私は同時代世界における同時代人としての君に目を向けているのである。〔私が目を向けているのは〕もちろん1人の同時代人である。以前の直接世界の我々関係において我々が共通に互いを1人の自己として体験しており，私がそれに基づいて特殊な独特な経験を有する同時代人，同時代世界における他の成員と比べてより豊かなより徹底した強烈な経験をもっている1人の同時代人である。

この例としては，ヴェーバー[26]によって「意味適合的である（とみなされ，それ故そのように予期される）行動が継続的に反復されるチャンスのある」社会関係があげられる。結婚とか友情は特に直接世界の社会関係として，しかも独特の体験の近さをもつ社会関係として解釈されるのが常である。これは次のような事態と関連している。私たちはここでも，ある達成的行為の，一連の達成的行為の，実際の経過を恣意的に単位として把握しており，この単位がその思念された意味からも，つまり行為者の企図においても単定立的に把握されたかどうかという点については何も考慮していないということである。

結婚や友情は，上述したより厳密な概念規定に従えば，一部は直接世界における社会関係であり，一部は同時代世界における社会関係であるといった，多様な時間に分割される諸状況から成り立っている。それ故，この種の諸社会関係を「継続的」社会関係として特徴づけるのはきわめて不適切である。不連続と反復可能性とがこの結婚や友情の「反復的」関係の基準とみなさなければならないからである。しかしたとえば友人

26　*Wirtschaft und Gesellschaft*, S.14, 第4項。

関係にある2人がこの2人の友情について語る際に＜思念される＞ことを調べてみると、私たちは次のような事態を区別することができるのである。

1　Bとの友情について語るAは、AがBと我々関係のうちに過ごした一連の直接世界の社会関係を回想している。一連の直接世界の社会関係と述べるわけは、AがBと一緒に過ごした直接世界の状況の個別的体験のうちに、Aは「独りぼっち」の、そもそも我々関係に入らずに過ごした時とか、CやDやNといった他の隣人たちと我々関係の中で過ごした時とかのAの持続の流れの諸経過を見出すからである。

2　Bとの友情について語るAは、次のことをも思念している。一般にAの行動あるいはAの特定の行動は直接世界の状況の外にあってもBの純然たる実存、Bの現存在あるいはBの相-在に方向づけられ、Bの予期される特定の行動にも方向づけられるということ、これである。さらに、AはBに対して同時代世界の他者態度をとり、それどころかBとの同時代世界の社会関係に入り、この社会関係が再び態度関係や影響関係となることもありうる[27]。たとえば、AがBに対して何がしかの遂行的行為を措定しうるのは、Bはこの達成的行為に出合い次第、Bはそれを可としてAに対して一定の行動をするだろうとAが予期するからである。非継続的な様々の直接世界の社会関係のうちに挟まれる、このような同時代世界の社会関係の特徴は、純粋な直接世界の社会関係におけるように、行為者は相手が態度決定するその構成作用をともに体験することはなく、むしろその他者が行為者に対してある一致した態度をとるであろうと予期するにすぎないということにある。直接世界の社会関係の行為者たちは、これを術語風に表現するなら、相互に態度を取りあっているのである。同時代世界の社会関係の中の行為者たちは、双方の行為が相互に関係づけられているということだけを予期する。しかしこの予期は、さしあたり全く一方的なものであり、他者の行為を想像してみるだけであって、それが実現されるか否かは行為者によるある特殊な志向作用の中で後になって知覚されるのである。かくして同時代世界の社会的行為

---

[27]　社会的同時代世界において態度関係および影響関係が被る特殊な諸変様についてはもちろんもっと詳細に記述されなければならないであろう。

では行為者の想像の中でのみ相互に関係しているという事態が成り立つのに対して，直接世界の社会関係において相互に関係するということは，双方の行為者のどちらも我々関係のうちにまさに生きることによっておのずと経験される。ここにもまた当然ながら多種多様な移行がある。私が友人「について」「考え」つつ，その友人と「心の中で対談する」時，また私の措定する行為について私が「友人は一体それを何というだろうか」と自問するような時，あるいは私が「友人のために」とか「友人の代わりに」何かをするような時，これら3つの事例は専ら「Bに対する私の友情」という同時代世界の社会関係の3つの異なる程度を表わしている。

　3　BとのFriendshipについて語るAは，Bとの直接世界の社会関係の回復が（技術上の障害を一応考慮の外におくなら）いつでも任意に起こりうるものと思っている。この場合Aは，友人BがAと同様にいつでも嘗て共通の我々の中で体験した体験を喜んで再生するだろうということを当てにしている。ここには私たちが全く別の領域，判断領域において既に学んだことと似通った経過がみられる。「知識」の分析において私たちは次のことを証明した。知識は既に構成済みの判断対象の合計から築き上げられているが，この知識の蓄えは，いつでも自由な追行において反復の利く活動に転換しうるということである。Bに対する友情についてAが語る際にも，Aはこれを同じように特定の体験群を過去の経験済みの体験群として取り出してくる。しかしそれとともにAは，記憶という仕方でAに与えられる例の経過し去った我々の体験が，ある共通の追行による直接世界の我々へと移されることも当てにしている。当然ここで重要なのは，我々の中で経験される特殊な体験ではなくて，むしろそれ自体として再生しうる直接世界の我々そのもの（たとえば親しい会合の場合など）の体験である。

　私たちは以上において直接世界の状況が同時代世界の状況へ移り変わる姿を取り扱った。だがこれによって私たちは同時代世界と直接世界とが共属し合う境界領域を，ひとわたり眺めたにすぎない。社会的同時代世界の固有な領域に接近すればするほど，君はいよいよ疎遠な体験へと移動し，いよいよ匿名的となる。社会的同時代世界のこの領域は，幾重にも成層化している。今の私には同時代世界であるが，再び私の直接世

界となるような私の嘗ての直接世界がある（居合わせていない友人 A）。私の直接世界の嘗ての直接世界，私にも（君にも再び）直接世界となりうる君の嘗ての直接世界がある（私は顔見知りではない君の友人 N）。やがて私の直接世界になる予定であって，現在同時代世界の経験を有する私の同時代世界がある（X 教授の書物を私は既に承知しており，やがて X 教授と私的に知り合う予定になっている）。その存在を，専らある類型的機能経過の関係づけの点として理解している，私の同時代世界がある（投函した私の手紙を配達すべき郵便局員）。その機能，場合によっては組織機構について私が知識をもっている，私の同時代世界の社会集合体がある。この場合，この集合体を構成する特定の諸個人は，原則的に言えば彼らについての直接世界の経験が私に得られないわけではないが，実際には匿名のままである（ドイツ帝国議会）。原則としていかなる直接世界の経験も得られないような，その本質からして匿名的に経過する，私の同時代世界の意味措定作用としての客観的意味連関がある（「商法の規定」，「フランス語文法」）。最後に人工物，最も広い意味での道具がある。これは証拠としてこれを措定した知らない人の主観的意味連関に立ち返って照合できる。これはすべて同時代世界が次第に匿名化する過程と，相対的に近い体験から絶対的に疎遠な体験への漸次的移行過程についての諸事例である。

　同時代世界の独特の経験の仕方と同時代世界の同時代人についての体験の特殊な構成を，私たちは次に調べなければならない。

第 37 節　理念型としての同時代世界における他我—彼ら関係

　同時代世界の状況には次の特徴がみられる。他我の生身の姿は，時間と空間の直接性において私に与えられない。しかし私はそれにもかかわらず私と他我との共存を知り，私の意識体験と他我の意識体験とが同時に経過していることを知っている。この知識は常に間接的である。同時代世界の他我は，私の眼の前に 1 人の自己として現れることは一度もない。この他我は，それ故，私にとって直接世界の状況におけるこの語彙の勝義の君ではない。〈隣人〉[彼は私にとって場所と時間が一緒のひと Mitmensch]ではなく，むしろ私が[彼とは]純粋な我々関係に立たない，

単なる〈同時代人〉[時間は一緒で場所が隣接のひと Nebenmensch]である。もちろんこのことは，その同時代人が私の嘗ての隣人であったことや，将来私の隣人となるかもしれないと考えることを排除しない。私は嘗てその同時代人と真の我々関係にあったとか，そのような関係になるかも知れないことを排除しない。私が将来いつかの機会にその同時代人と直接世界の関係に入るかも知れないと考えたり，この直接世界の状況を想像しながら予想の中で企図したりすることも，以下の事情を変えるものではない。この私の企図のその時々の〈今このように〉において私の志向的意識体験が向かう他者は，1人の同時代世界の他我であり，直接世界の他我では決してないことである。

そこで私たちは同時代世界を構成する仕方を問題にしながら，「他者態度」と「社会関係」という概念が同時代世界において被る諸変様を明らかにすることにしよう。同時代人は私には間接的にのみ接近できるにすぎず，同時代人の意識体験は類型的把握においてのみ接近できる。

直接世界の状況と同時代世界の状況を対比すれば，この事情は非常にはっきりする。直接世界では私は君をその独特な〈今〉の独特な〈このように〉における1人の自己として把握する。私が〈我々〉の志向的作用のうちに生きる限り，豊かな徴候を帯びている君に私は近づくことができる。〈我々〉のその時々の具体性と現実性の程度は千差万別であるが，君は1人の自己として，君自身としてとどまり，またそれとして把握することができる。我々の持続のうちに生き，君と同じように年老いながら，私は君の千変万化のすべてと君に生ずる意識諸体験のすべてを経験する。これが我々関係のその時々の現実的具体化の諸段階において一般に現れる場合，私はこれを直接的に且つ占有的に経験するのである。

同時代世界の状況では事情は全く異なる。〈同時代人〉の君は，私にとって生身の姿で前述定的経験において把握される1人の自己として直接的に決して予め与えられない[君の占有が先行与件ではない：訳者]。同時に経過する持続の独特にして個性的である共存者である君の現存在すら占有的に把握できない。直接世界における理解は，ある個性的君の原経験を基にしており，その君の相・在は我々関係の具体化の様々な段階において把握される。これとは反対に同時代世界の我々関係は，他我についての一定の相・在の間接的措定を基にするだけである。その君に述定され

る諸機能を判断して推論するだけである。

　この間接性の概念を明らかにするために，どのようにして同時代世界における君の存在の経験を手に入れるのかを調べてみよう。同時代世界の１つの構成の仕方については詳説した。それはある先行の，自己が体験した直接世界の状況から導き出されるということである。この結論は以下の点にある。ある隣人についての直接世界で得られた全経験の総括，したがって彼の相-在についての我々関係から得られた全知識は，同時代世界の同時代人に転用できること，また以前に生身の姿で把握された君は，我々関係が微弱化するにつれて次第に同時代人へと転じてしまうことである。したがって私にはこの同時代世界における同時代人の間接的体験があるだけである[28]。というのも私は，君の意識経過を推論するからであり，しかも直接世界で経験した君の相-在があらゆる変様に対して一定不変であり[29]，また君はあれ以来年老いて，新たな体験で豊かになっているという理由からして既に君の相-在が被らなければならない変様に対しても一定不変であるとみなすことによって，君の意識経過を推論するからである。しかしながらまさに君のこの新しい体験について私はいかなる知識も持ち合わせていないし，持ち合わせているとすれば，それは同じく間接的な別の源泉に由来する知識にすぎない。

　同時代世界のもう１つの所与の状態は，私の直接世界の君の過ぎ去った直接世界としての同時代世界である（たとえば，友人が私の知らないその兄弟について会話の中で言及すること）。これは詳しく分析してみると，たった今記述した第一の構成の仕方の変種にすぎないことがわかる。ここでもまた私は同時代世界の他我をその相-在の１類型において把握しているのである。しかも私は，過ぎ去った直接世界の諸経験について他者が行う不変指定を一緒に遂行する再生の力でそうするのである。ところで私自身の過去の直接世界の再生から同時代世界を構成する際には，

---

[28] 社会的直接世界の把握を特徴づけるために用いられた〈直接性〉という概念は，まさにフッサールのいう〈第二次的根源性〉を含むものである。

[29] これについては―理念型の匿名性の問題の場合と同様―フェリクス・カウフマンによる，不十分ではあるが，基本的に重要な定式化を参照せよ (Felix Kaufmann, "Soziale Kollektiva", In: *Zeitschrift für ationalökonomie*, Ⅰ. Bd. S. 294-308)。

私は我々という君とともに過ごした具体化の諸段階の豊かさの中で，君の相・在を眼指に捉えることができる。これに対して他者の過去の直接世界から私の同時代世界を構成する際には，その他者の（私の友人の）表明作用が私の頼りである。またその他者の過去の直接世界（兄弟）は，他者が表明を行うや否や他者の同時代世界であるだけでなく私の同時代世界でもあることになる。第一の場合には，私が君の体験を占有的に経験した，私自身の過去の直接世界の君の特殊な相・在を一定不変として措定したのである。第二の場合には私の同時代世界の構成は，ある直接世界の他我（私の友人）がその嘗ての直接世界であり今や我々の同時代世界である君（私の友人の兄弟）の意識体験について行う不変措定を一緒にしかも事後に遂行するという媒体をとおして行われる。

　以上に記した構成の仕方は，私たちが自分自身の過去の直接世界のないし同時代世界の諸経験を通して同時代世界について知っているすべてのことに関係しているし，他の人たちの証言で彼らの過去の直接世界が明らかになるすべてのこと，したがって友人や先生から，さらには書物や匿名の情報から，私たちが社会的同時代世界について経験したすべてのことにも関係している。このように構成した同時代世界の経験が，直接世界の君についての本源的把握からその根源的権能を導き出していることは一目瞭然である。とはいえ引用事例によって，同時代世界に関する私の知識の可能性がすべて汲み尽くされるわけではない。事物の世界の諸事象や諸経過，現実的・観念的対象，諸道具，諸文化対象，諸制度，行為経過等のあらゆる種類の産出物，これらの私の経験も私の同時代世界[30]を指し示している。なぜなら私はこれらの産出物一切を，これらを措定した人たちの意識経過の証拠として解釈できるからである。その意識経過の証拠である，産出物からの他者の意識経過のこうした推論もまた，―少なくとも一般にある他我についての―先行の経験，なによりも直接世界の経験に基づく，1つの間接的推論である。私に先行与件である産出物はまさに1個の完成された産出物である。直接世界の我々関係の場合私はこの産出作用そのものに立ち会いながら，これを純粋な我々

30　この産出物が参照できる先代世界は，もちろんここでは除外されることになる。

においてともに体験し、かくして産出者の意識の複定立的構成の諸経過に目を向けることができる。しかし同時代世界ではこの複定立による作用遂行の所産だけが私の手元にある。他者の構築的意識作用の同時把握を遂行できる直接世界での経験が私にないとすれば、既に構成済みのものが一歩一歩これを構成する経過に解消できるという経験が私にないとすれば、私は外的世界の事象あるいは出来事を同時代世界の産出物として解釈することはできないであろう。君との指示参照なしには、私の周囲にあるその他の事物や出来事と同じように、それは1個の自然物や自然事象になってしまう。私たちが先に〈他我の一般定立〉と呼んだこと、つまり君も持続する、しかも私とともに同時性において持続するということは、専ら我々関係において本来体験可能であり経験可能になるからである。だがこの場合にも私は同時代世界の他我については、一般に君もしくは特殊な君について以前に経験している諸作用に基づく間接的経験を専ら有するのみである。直接世界の君を私は1人の自己として経験したのであり、それを前述定的経験という例の根源の深層において経験したのである。同時代世界の君は決して1人の自己として経験されないし、決して前述定的経験において経験されない。むしろあらゆる同時代世界の経験は述定的経験であり、これは一般に社会的世界に関する私の経験の蓄え（明確さや曖昧さの程度や段階は実に様々であるが）の解釈と判断によって行われる。

　しかるに間接的に遂行されるその[同時代世界の]他我に向ける態度も、他者態度であり、各種の他者態度、素朴な他者態度や社会的行動、社会的行為や社会的影響でありうる。志向的にある同時代世界の他我に関係した諸作用を直接世界の君態度との対応において〈彼ら態度〉Ihreinstellungという術語で特徴づけ、この彼ら態度の本質を次に述べることにしよう。

　彼ら態度という術語はこの志向的に同時代世界の意識経過に向けられる作用の最も重要な特徴を既に示している。君態度において捉えられる他者の意識体験は、本質上一個同一の持続経過、私と我々関係にある隣人の持続経過である。それは主観的意味連関にある。ある特殊な君の持続経過の一部であるということだけで、これは既にその君の特殊な体験である。これに対して同時代世界の他我の体験は、大なり小なり匿名性

を帯びる経過として私に現れる[31]。私の経験的諸作用が，ある唯一の実在的持続経過の中で構成される他者の意識諸体験に関係することは，私の社会的同時代世界の経験の本質ではない。なぜなら1人の具体的個性的君の現存在，事実として体験した他者の持続とその持続の中で構成される意識の諸内容は，同時代世界の態度の対象ではないからである。その他者の意識体験がある実在的持続経過において構成し得た主観的意味連関ではなく，むしろ一般に社会的世界に関する私の経験，一般に他者の意識体験に関する私の経験が同時代世界の態度の対象であるからである。この意識体験がある唯一の他者の持続に属するか否かはどうでもよい。それ故，私が判断や推論によって同時代世界について知ることは，私にとって基本的には[32]客観的意味連関にあり，専らそのようなものでしかない。私が同時代世界の経験を有する他者の体験は誰の意識の中で構成されるか，またいかなる特殊な〈このように〉において構成されるか，私はこれを原則として決定しないでおくのである。この他者の体験は，それが構成された主観的意味連関から切り離して考察されるのであるから「再三再四」という理念性を帯びている。これは類型的他者の意識体験として把握され，またそのようなものとして原則的には同質的で繰り返しのきくものである。同時代世界の他我の単位は，もともとその他我の持続経過において構成されるわけではない。（というのは同時代世界の他我が実際に持続するかどうかは，それ自体きわめて厄介な，なお詳細に調べる必要がある，1つの問題だからである。）むしろそれは私の持続経過の単位において君に関する私の解釈作用の総合によって専ら構成される。この総合は一種の再認の総合である。この総合において，私は志向的に他者の体験に向けられる私自身の意識体験を，単定立的に眼指のうちに捉えるのである。この他者の体験は1人の他我の体験，個々に特定される多数の他我の体験あるいは匿名の他我の体験でありうる。私はこの再認の総合によって同時代世界の他我に関する私の経験を人格の理

31　これについては以下の第4章第39節292頁以下を参照せよ。
32　それにもかかわらずこの本来の客観的意味連関の概念に，私が主観的意味連関において目を向けることができる，ある同時代世界の，自分の体験を体験している他我の概念がどのように連結されうるかは，人格の理念型に寄せられる次の段落で詳説されるであろう。

念型として構成する。

　一連の相互に入り組んだきわめて複雑な客観的意味連関に主観的意味連関が置き換えられることと軌を一にしながら，同時代世界の相手が漸次匿名化する事態の生ずることを明らかにしなければならない。他者の意識体験に関する私の経験——これが1人もしくは多数の他者の持続経過であるかどうかは問わない——は，再認の総合によってはじめて理念型として構成される。しかしこの再認の総合は，唯1人の君の特殊な相-在をその生き生きした持続のうちに捉えるのではない。再認の総合は，他者のその時々の〈今このように〉における一切の変異と変化を通じて同種であると不変措定する。それ故人格の理念型は，その人格の理念型に関与して，それと私が生き生きした君関係に入りうるような，1人の具体的他我の理念型とか多数の具体的他我の理念型とは一致しないのである。

　このことがまさに人格の類型の「理念性」を形づくり，「理念型」というヴェーバーの術語を正当化する。

　この命題の意味は以下の段落を辿る中ではじめて明瞭となるはずであるが，若干の例をあげてこれを説明しておこう。私は1通の手紙をポストに投函し，それから私の行動を，私の同時代世界の構成員（郵便局員）がこの手紙を一定のやり方で取り扱うであろうということ，たとえばこの同時代人は，私の宛て名によって表明されている，ある人に手紙を届けてほしいという願いとして解釈するし，実際に手紙を届けるであろうということに方向づけている場合がある[33]。この場合私は当該の1人もしくは複数の同時代人を一般に個人として眼指に入れない。私は彼らを知らないし，彼らといつか知り合いになることもない。マックス・ヴェーバーは，支払いの手段としての貨幣を受け取るのは，同時代世界の他の構成員たちが彼らの側でもまたこの貨幣と呼ばれる金属の小片を支払手段として受け取るはずだからという主観的チャンスに基づくと述べている。ここで述べられているのは，専ら同時代世界のある類型的行動に

---

[33] 同じ例をフェリクス・カウフマンは論文「社会集合体」(Soziale Kollektiva, a.a.O., S. 299) において，人間の行為が意味的に方向づけられうる匿名的経過を特徴づけるためにあげている。

対する一定の〈彼ら態度〉のことである。もう 1 つのヴェーバーの例[34]を引用しよう。私が特定の行動をとったり，思いとどまったりするのはそうしないと巡査がやって来て私を留置場に収容するためであるという場合，私が私の（理念型的に人格化された）同時代世界と一定の社会関係に入っているのである。

　上の例で私は行為者として常に郵便局員，貨幣の受取人，巡査などの他者がある一定のチャンスに従ってとる行動を考慮している。私は，何れの場合にも遂行的行為の企図の際には，想像のうちにこうした他者をみやり，〈彼ら〉に―行為し影響を及ぼし―態度をとり，場合によっては〈彼ら〉と態度関係や影響関係に入ったりする。しかし社会関係にある私の相手は，その個性的相・在においては現出せず，むしろまさに「郵便局員」，「貨幣の受取人」，「巡査」として現出する。私は彼らにある特殊な行動，特殊な機能を付与する。専らそのような機能の担い手である限りで，彼らは同時代世界の態度において私に〈重要〉relevantであり，したがって類型として，しかも理念型として重要である。どのように〈彼ら〉はその行動を体験するか，いかなる注意変様において彼らはその行動に注意を向けるかといったことを，私は全く意に介さない。私のこれまでの以前の経験によれば，そのように「類型的」な仕方で行動する「人々」が存在するということ，そこから私は出発するのである。「郵便局員である」，「貨幣の受領人である」等々といった，この行動（他者の意識の構成過程から切り離された行動）は，私にとって，差し当たり根源的には客観的意味連関にあるにすぎない。それ故社会的同時代世界に対する〈彼ら態度〉において，私は生身の自己としての諸個人を相手とするのではなく，「彼らのような人々」，「彼らと同じような人間」，要するに「類型」を相手にしているのである。

　ところで，他者の行動を類型的に把握することと同時代世界の社会経験とを単に等置してしまうような誤りに陥ってはならない。いかなる同時代世界の経験も，確かに他者の行動の類型的把握であるが，しかし類型化の手順は同時代世界だけに限定されない。先代世界の解釈も再認の

---

[34] Weber,"R.Stammlers Überwindung der materialistischen Geschichtsauffassung," In: *Ge. Aufsätze zur Wissenschaftslehre,* S. 325.

類型化による総合において行われる。人間の行為経過の類型や他者の人格理念型に関する諸経験も一般に社会的世界に関する経験の解釈図式であるから，これはまた，直接世界の君態度において隣人に向う私が，社会的直接世界の生き生きした我々において一緒に持ち込んでいる，例の経験の蓄えのうちにも含まれている。それ故以前に経験した理念型は直接世界の解釈図式でもあることになる。ただ真の君態度では，それらは我々という生き生きした志向性によって引き裂かれ，それによって変様される。理念型的解釈図式は，いわば私が直接世界の君に当てはめる虚的形式である。この虚的形式は，我々関係のその時々の具体化と現実化の諸段階によって充実されると同時に，その類型的本性も失われる。類型的相-在の代わりに，繰り返しのきかない自己として我々関係の具体的現実化過程が総体において現れてくるからである。1つの例によってこの事態を説明しよう。

　直接世界の状況でも私にとって時折多数の他我は先行与件であるが，この多数の他我の意識体験には私は眼を向けることができる。この直接世界の〈彼ら〉は原則的に君，君，君…に解消でき，それぞれの君と私は〈我々〉という仕方で関係する。たとえば，3人の隣人が直接世界にあり，彼らが一緒にカード遊びをしているといった相互に社会関係にあるのを私が見出す場合，私は遊び手のそれぞれの意識経過に私の眼指を向けることができる。この場合私は1人の君として，しかも1人の独特の君として，それぞれの君に眼指を向けているのである。この君態度によって私が経験するのは，単に私の観察される者がカード遊びをしていることだけではない（実を言えば，これは私の体験の自己解釈に他ならない）。私は遊び手のこのゲームに対する特殊な注意作用の有様，彼の注意変様，この彼の行動が取られるもっと広範囲な意味連関なども経験しているのである。もちろんこの主観的意味連関が確定される諸部分は遊び手のそれぞれによって異なる。

　我々関係から脱け出て，私はいわば3人の遊び手を私の直接世界から同時代世界へ押しやることもできる。その場合私は〈彼ら〉について，たとえば〈彼ら〉Ihr〔「あの方たち」，「あのものたち」，「あれら」という常用語に親和する：訳者〕はカード遊びをしていた」というような類型的言明をすることができる。厳密に解すれば，この言明は「カード遊び」

という特殊な行為が遊び手個人のある特定の体験経過に適合し，これと意味連関に立つ限りで，それぞれの遊び手個人の意識経過と関連するにすぎない。だから，あらゆるカードの遊び手の行為はゲームの規則上妥当なものとして観念される秩序に「定位して」いるのである。しかしこの主張は，私が見ている私の直接世界の3人の他我だけに妥当するという性質のものでは決してない。むしろこれは私の同時代世界に見られる理念型「カードの遊び手」一般に妥当する。カード遊びをする人はいつでも誰でも，妥当とされるゲーム規則の秩序に常にその行為を方向づける[35]。私の観察するAとBとCが「ゲームの遊び手」の理念型に適合する限り，またその限りにおいてAもしくはBもしくはCを1人の自己として私が眼指に捉えない限り，それぞれの自己の意識経過や特殊な主観的意味諸連関としてのそれぞれの諸体験の方に私が目を向けない限り，AとBとCが「彼らのように」つまり「彼らカードの遊び手のように」振る舞う限り，先ほど述べた言明はAにもBにもCにも妥当するのである。しかしAの現実的体験は何れも，Bの持続経過の任意の瞬間における任意の現実的体験とは一致しないし，Bと通分することもできない。なぜならAの体験とBの体験はそれぞれ異なる，生き生きした真の持続に属し，ただ1回きりであり，反復不可能であり，相互に重なり合うことはできないからである。ただ類型的なもののみが同質的であり，しかもこれは常にそうである。私は再認の類型化による総合の中で一種の匿名化の作用すら行う。その体験を私は，その体験が具体的君から体験される，私の生き生きした真の持続から，引き離すことによって。

　これと逆の場合もありうる。彼ら態度において把握した理念型の意識経過は，再認の類型化による総合において客観的意味連関として構成される。この客観的意味連関が主観的意味連関に転換される場合である。この転換が生ずるのは，客観的意味連関を君の具体的意識経過に適用して，この君はここにいるこの「ような」人間であり，そこにいる彼の「ような」人間である，君の行動はここにあるこの「ような」行動であり，彼らの「ような」行動であるというように，私が解釈する場合である。

---

[35] 妥当するものとして前提されている例の規則を「意識的に」犯すような〈ペテン師〉でさえ，このゲームの規則に従っているのである。

これは，同時代世界の類型化的態度においても〈彼ら〉が持続し意識を有する他我として把握される根源的理由である。もちろんこの場合の他我は，体験が〈占有〉において把握される他我ではない。述定的判断や再認の総合によって把握される他我である。直接的にではなく間接的に，ただ一回きりの繰り返しのきかない他我としてではなく再三再四の理念性において把握される他我である。同時代世界の匿名性の特性もまさに次の点に存する。「再三再四」の理念化によって〈彼ら〉は具体的〈君〉の系列には解消されえないこと，また同時代世界のそれぞれの〈君〉はある類型的〈彼ら〉と適合し，〈君〉の体験経過が〈彼ら〉の体験経過という類型的性質を帯びる限りにおいてのみ関連があること。同時代世界の君は再認の総合において「彼らのうちの1人」の類型へと変化するのである。そこで「人格の理念型」の本質と構成について問題にしなければならない。

第38節　理念型的解釈図式の構成

　前節では他者の行動の類型化的把握とは以前に経験した他者の意識体験を再認の総合によって不変措定することであると記述した。他者の行動の理念型という一般に用いられる表現は曖昧である。ある場合には先行与件である客観的意味連関の，産出物の，達成的行為の経過の，人間の行動がそこに表現されている現実的・観念的対象の〈類型化〉的把握をこれは意味する。そのように定式化すれば，これらの産出物に関する体験の自己解釈作用一切が「他者の行動の理念型」であることになりうる。しかもこれらの産出物は，その証拠となる他我の意識体験の方に眼指が向けられないままでも，この種の理念型である。というのは，一定の体験契機を再認の総合において不変措定することを私たちは類型化の基準として示したが，このような不変措定であれば，現に経験している体験をその時々の手元にある解釈図式に分類することも，すべての抽象化・一般化・形式化や理念化の作用も―この作用がどのような対象と関係するかを問わず―それとして示すことができるからである。「理念型」の術語を，経験を解釈図式に組み入れることという一般的意味で用いる限り―ヴェーバーが初期論文でこの概念に与えている定義もまさにこれである―，ここには勝義の社会科学の問題はみられない。なぜならその場合，

第4章 社会的世界の構造分析 281

たとえば気象状態とか生物の発達系列等の自然事物や自然の経過に関する理念型もありうるからである。理念型のこの概念がどの程度適切にこの種の現象を解釈する際に常用される諸構成概念を変換できるか, これについてここで吟味しようとは思わない。むしろここでは勝義の社会科学の問題に研究を限定したい。

この場合でも「他の人間の行動の理念型」という表現には2つの意味が含まれている。第一は特定の産出物を措定する他我に関する理念型であり, 第二は当該産出過程そのものの理念型あるいは他の人間の意識における産出過程のための記号として解釈される当該産出物に関する理念型である。ここでは前者を人格の理念型, 後者を実質の理念型あるいは経過の類型と呼ぶことにしよう。もちろん経過の類型と人格の理念型との間には密接な関連がある。なぜなら, 私がある一定の仕方で行為する者の理念型, たとえば郵便局員の類型を構成する場合, そこには暗黙のうちに彼の遂行的行為の経過の類型が客観的意味連関において前提されているからである。反対に私は経過の類型から人格の理念型への移行を実行する場合もある。私がある客観的意味連関から, ある達成的行為の経過から, もっと一般的に言えば, 何らかの産出物から, 当該の産出物がその証拠となる, この産出物の措定者の意識体験に目を向ける場合, したがって先行与件である客観的意味連関からこれに適合する主観的意味連関を問い返す場合がこれである。その際注意しなければならないのは以下の点である。どの人格の理念型も基本的にはそれに先行与件である経過の類型に基づいているが, この経過の類型は, これと適合的に関係する人格の理念型とは独立のも（全く客観的意味連関）であるということである。

言語学の分野では人格の理念型構成の最初の出発点は動詞の機能を名詞化して用いる言葉に見ることができる。この意味ではそれぞれの participium passivi〔受動分詞〕が達成的行為の事実の理念型であると同じように, それぞれの participium activi〔能動分詞〕は人間の遂行的行為の一定経過の人格的類型化である。Agens agit, ut actum fiat〔行為者は行為を遂行する, 達成的行為が生ずるために〕である。これによって他者の行動を理念型によって把握する2つの方法が得られる。1つの方法は, ある actum〔達成的行為〕の類型から出発し, ある類型的 agere

〔遂行的行為〕（ある類型的 actio）を経て homo agens〔行為する人間〕という人格の類型について問うことである。もう1つは逆に homo agens〔行為する人間〕という人格の類型が彼の actio〔遂行的行為〕において把握され，そこから類型的 actum〔達成的行為〕について問う方法である。したがって私たちは2つの課題を論じなければならない。第一に，ある先行与件である達成的行為の経過[36]のうちのどの契機が類型的なものとして際立たされるのか，またいかにこの所定の経過の類型からこれに適合する人格の理念型は推論されるのか，これについて問題にしなければならない。第二に，例の先行する類型づけによる諸構成によって私たちの経験の中に既に存在している人格の理念型から出発して，この人格の理念型に適合的である特殊な[遂行的]行為の仕方を問題にしなければならない。第一の問題は，その類型の構成―最初に，経過の類型の構成，次いで人格の理念型の構成―を一般にその具体的先行与件である達成的行為の経過から目指すのである。これは，類型的なものの発生に関する問題であり，諸経過の類型化の可能性に関する問題である。第二の問題は，既に構成された人格の理念型から将来予期される行為に着目することである。これは「人格の理念型の自由」の標題で論じられる問題である。

　私たちは第一の問題圏に目を向けよう。そしてある行為者の人格の理念型的把握は，何れも基本的には[その人格の理念型に]先行する達成的行為の経過についての理念型的把握に基づいているという命題についてさらに詳しく説明しなければならない。

　ある達成的行為の経過を類型的に把握するとは，みたように，再認の総合にある。解釈者は自分が経験している体験について自己解釈する際に，この再認の総合を行う。この再認の対象は客観的意味連関において明らかになるような[達成的]行為経過の目的-動機と理由-動機である。というのは同じような手段を用いて同じような行為目標を実現する，同じように繰り返される行為の経過，同じような目的-動機，あるいは（こ

---

[36] 便宜上の理由から私たちはここでは専ら達成的行為や達成的行為の経過を例にして，以下の問題を取り扱うが，この問題はすべての種類の産出物と産出の経過にも当てはまるものである。

第4章　社会的世界の構造分析　283

れが問題発見的理由から当を得ており，先行与件である，解釈者の私に興味を引く問題の解決のために好都合である場合には）同じような真の理由連関がその都度行為者の諸体験に割り当てられるからである。これらは一定不変であると仮定される。その行為者の生き生きした意識の中で，しかもそのように行為する人なら誰でもいつでも経験するような，あらゆる変様に対して一定不変であるとして措定される。それ故，類型的動機からある人格の理念型はその人格の理念型にとって類型的［遂行的］行為をやってみせるが，この類型的動機は，個人が実際の〔遂行的〕行為を体験する，その持続の〈今このように〉に対して一定不変なのである。また類型的動機は，そのように行為するものが，誰であるかを問わず，この自分の意識体験の方を振り向く，あらゆる注意の変様に対しても一定である。さらにこれは，各行為者にとって主観的に先行与件となるこの意味連関の基層とその上に構築される層のすべてに対しても一定である。先行与件である［達成的］行為の諸経過とその経過の中で実現した［達成的］行為の諸目標から出発して，理念型的解釈は，この達成的行為に通ずる遂行的行為の基礎となる，目的-動機と理由-動機に結びつくのである。解釈された達成的行為は繰り返されうるものであり，したがって類型的として評価されるから，その漸次的遂行のうちに達成的行為が構成された，その遂行的行為の目的-動機も不変として，類型的に設定される。以上のようにして得られたこの類型的行為には，この行為とある主観的意味連関に立つ１つの意識，他我の意識が関係づけられる。即ち，この彼の類型的達成的行為に，しかもある類型的注意変様において向かっている，他我の意識，要するに人格の理念型が関係づけられるのである。

　この人格の理念型は，それ故，事実として経過し去り生成し去り完成した達成的行為から過去完了時制的に類型的意識体験が推論されることによって，再構成の過程で創り出される。またこの達成的行為に至る遂行的行為は，この類型的意識体験の中で構成されたものであり，繰り返し構成されるものである。もちろん，この意識体験はまさしく過去完了時制的に把握されるわけだから，時間的には遂行された達成的行為に先行するものと想像されている。しかしこの意識体験に欠けているのは，直接世界において現実の私や現実の君が遂行的行為を構成する過程に伴

う，あらゆる虚的未来予持や予期である。類型的に把握される達成的行為は，人格の理念型の想像される類型的遂行的行為とは充実・非充実の関係に立たない。なぜなら類型的遂行的行為は，先行の経験から構成されるのであり，まさに先行の達成的行為ならその遂行的行為を充実するにちがいないのであるから。類型として措定される行為者の想像された意識経過には，一方での類型的行為と，他方での類型化されない行為との間のあれかこれかの間の選択，選り好みと動揺といった事態は決して見られない。類型的行為者の動機は一義的である。その遂行的行為の目的-動機は，遂行された達成的行為であり，またその達成的行為の実際の遂行からその類型化は出発する。同時に達成的行為は，類型として措定される人格の意識経過の最上位にある目的-動機である。類型として不変措定される達成的行為は上位の行為目標に対して手段関係に立つ場合もありうる。これは，経過の事実がより広範な意味連関の部分連関であるような場合である。この場合にはこの上位の連関と関係づけられる意識経過は，その上位の意味連関の構成をも築き上げることができるように，類型化して構成されなければならない。しかしこのことは類型を構成する者が客観的意味連関として眼指のうちに捉える達成的行為の分節は，ある部分連関ではなくて，むしろそれ自体が上位の意味連関でなければならないということを意味している。同じことは真の理由-動機についても言える。この真の理由-動機について一般に問われる場合，行為者に関係づけられる類型的意識経過は，ある類型的体験，目的-動機の発生を条件づける体験をも含めなければならない。

　したがって人格の理念型の構成においては，所与の客観的意味連関に対してこの客観的意味連関が動機として体験される意味連関となりうるような意識が探求されなければならない。そこではこの意識は遂行的行為を段階的に築き上げつつ複定立的作用のうちに構成したかもしれない1つの意識であり，まさしくそのことによって達成的行為から遂行的行為への，客観的意味連関から主観的意味連関への眼指の転換を行いうる，1つの意識である。

　ここにはまた日常生活の実際と同様，社会科学が「単位」行為の概念をいっそう深く行為者の意識体験にまで遡って追求すべき理由を当然のこととして無視できる深い理由も示されている。人格の理念型の構成技

法は，実質上理念型として先行措定される[達成的]行為の経過，即ち，一定不変として経験される達成的行為の経過が動機の意味連関となりうる主体を構成することに他ならない。客観的意味連関の中で観察している私は単位として示されるもの，つまり類型とみなされる他者の達成的行為が一般に人格の理念型の意識の中で1つの主観的意味連関に逆変換されるのである。人格の理念型はこの客観的意味連関の単位に基礎づけられ，そこから一般に人格の理念型がはじめて導き出されるのだから，単位的[統一的]連関でありうるわけである。

この「他者の遂行的行為」の単位は1つの客観的意味連関であり，これは実際の経過全体のうちから解釈者が抜き出す，ほんの一部であるにすぎない。これは繰り返し力説されるべき点である。他者の達成的行為の単位として把握されるもの，「事実性の充満」から選び取られ，ある客観的意味連関の中におかれるものは，その時々の特殊な問題状況に依存し，さらにその時々の特殊な利害関心に依存している。私の先行知識を基にして私はこのような広い意味連関の中に現に経験している体験を組み入れる。したがって他者の遂行的行為の外的諸経過を経験している体験の意味は，問題によって規定される。同様にその達成的行為の断片が達成的行為の「単位」として把握されるか，それの意味連関として把握されるかも問題によって規定される。さらに，いかなる動機がその経過にとって類型的に不変であるとして措定されるのかも問題によって規定される。実際の他者の達成的行為の経過による区切ごとに，異なる人格の理念型が対応する。その場合不変措定される動機は主観的意味連関としてこの人格の理念型の意識に体験されなければならない。そこで人格の理念型もまた常に問題によって規定される。人格の理念型は特定の課題のインデックスをもち，この課題に回答するために構成される。人格の理念型は，その時々の問題状況によって規定される客観的意味連関に依存するが，この客観的意味連関は人格の理念型の手を借りて主観的意味連関として解釈される。かくして理念型構成においては遂行的行為の主観的意味連関と客観的意味連関との統一は人格の理念型の定義によって再び作りだされるのである。

この事態を一般に理念型論や同時代世界の理解の理論は見逃している。そこでは次の点が考慮されていない。これらの理論によって構成される

人格の理念型が専らそのような理念型であるのは以下の事情による。人格の理念型は，ある先行与件の理念型的［達成的］行為の経過の創始者として，この経過に適合する意識の諸体験一切が付与されるということ，いわばある特定の［達成的］行為の経過のためにある意識のモデルが構成され，そのモデルにはこの遂行的行為の体験が，その客観的意味連関と一致する主観的意味連関，つまり動機的意味連関に立ちうるということである。ところがこれまでの理念型論は事態を逆にしており，そのために理念型はまるで「自由な存在」であるかのように扱われる。そしてこの自由な存在が，その明らかに自発的であると仮定される遂行的行為に，いかなる意味を付与するかを調べることが重要であるとされる。その際，これまでの理念型論は，「達成的行為の経過の諸限界」の客観的認識可能性に依然として固執しながら，その行為する理念型にそれにもかかわらず，その理念型のものとされる遂行的行為の意味付与の自由を認めてやるという点ではなはだ素朴なのである。理念型を構成する社会科学も，同時代世界について何度も繰り返し理念型を構成する日常生活の実際も，言わばこのような仕方で分業を行っているのである。両者は，人間の遂行的行為の先行与件的経過を勝手に諸単位に括ることを一方で差し控えながら，他方ではしかし両者が選び取った遂行的行為の部分に「ある意味を結びつける」ことを，両者が構成した理念型に委ねているのである。常にこうした手続きをとりながら理念型論や同時代世界の理念型が矛盾に陥らない理由は，理念型はその性質上両者によって選びとられる遂行的行為の部分と，その「客観的」意味連関と同等である，意味連関だけが複定立的に築き上げる諸作用において「結びつく」ように，うまく調整されるからである。この場合自家撞着は，そのようにして産出される理念型は生きているのではなく，みかけの生を営むにすぎないという点にある。理念型には実際いかなる持続もみられない。理念型に付与される持続は想像上の持続である。理念型は，私や君や「我々」やその他誰によっても体験できない虚構の時間に「生きている」。理念型に付与される体験は，先行与件の客観的［達成的］行為を他者の複定立的に築き上げた意識諸体験のよくまとまった主観的意味連関として，とりわけ動機連関として把握するのに前提とされる体験に専ら限定される。だがこの［達成的］行為の経過は，以前に経験しており，その限りで先行所与であり，

でき上がり，生成済みである。社会科学や日常生活の現実が為す任意の選択によって，その行為の目的-動機や理由-動機も一義的に規定されている。そのようなわけで「その行為にある主観的意味を結びつけることができる」と想像して人格の理念型にあるとされる「自由」は，実際には単なるみかけの自由にすぎない。行為者の理念型というのは，構成的に築き上げる諸作用において複定立的に体験しなければならないが，これを社会科学はこの理念型に付与した達成的行為の限界づけにより，既に前もって単定立的に眼指に捉えてしまっている。かくして社会科学が理念型の意識体験に関してその理念型の遂行的行為によって言明できるすべての事柄は，vaticinium ex eventu〈出来事の後の予言〉である。人格の理念型の「自由」という幻想は明らかに第二の上に示した，ある既に構成した理念型から予期されうる，可能な将来の[達成的]諸行為についての問題提起に由来している。ある先行与件の理念型のものとされる行動がどのように行われるかは，単なる推測，虚的未来予持を帯びた予期にとどまる。またその理念型から予期されうる遂行的行為は，理念型の構成によって確定された，経験において先行与件である〈…のため〉の目的-動機に対して充実あるいは非充実の関係に立つようにもみえる。とりわけ，具体的同時代世界の他我 A をある人格の理念型（たとえば，吝嗇家）と照合して「A は吝嗇家である」，そうだとすると彼は慈善を支援するようなことはしないにちがいない，と私が判断する場合がそうである。もちろん A が支援を乞われた場合に結果がその通りかどうかは未定である。しかし詳しく考えてみると，この場合問題は「吝嗇家」という人格の理念型の行為が自由で未定であるか，ないかではなく，むしろ A が吝嗇家であるという判断が的中しているかいないかである。もちろん「一定の」動機を理念型的に不変措定することも，これと関連する人格の理念型の構成も，現実の同時代世界の経験（や直接世界の経験）によって再び実証されたり，修正されたりする。さらに直接世界において私たちは，君態度において他我の新しい経験を手に入れる度に，他我に対する解釈図式を変更したり訂正したりするのを知っている。しかし直接世界の理解には我々関係のおかげで生身の他我の真の持続も彼の自発的活動における事実上の自由も先行与件であるのに，同時代世界の他我がその姿を現す理念型には，基本的に真の持続も自由もみられない。何故

なら理念型的に捉えられる他我の予期される遂行的行為の言明は，必然的に未定にとどまり，その言明は基本的にチャンスの特性を帯びるが，これは人格の理念型の自由について何も意味していないからである。ここでは次の点を理解することが重要である。ある人格の理念型と同定された行為者は，達成的諸行為を主観的意味連関として理解するために当の理念型が構成された，そのような達成的行為をまさに遂行する限りにおいてのみ，その行為者は類型的に行為するということである。状況が異なれば，彼の行動は類型的行動ではなくなる。モリエールがアルパゴンをある情事に掛り合いにする時，アルパゴンが類型的吝嗇家であるという事情は，アルパゴンの恋愛関係の特殊性や類型的性質に関するいかなる推論も許さない。この恋愛関係はむしろ類型的なもの，つまり吝嗇家であることを超越する。それは類型超越的である。とはいえアルパゴンが類型的吝嗇家として認められるや否や，いくつかの解釈図式をただちにこれに適用できる。もっと一般的に言うなら，人格の理念型は，眼指に捉えた人格の理念型が参照する，その他の蓄えられた［ストックされた］諸理念型を基礎にして構成されうる（また大抵の場合そうである）ということである。いわばこの現下の人格の理念型の下層を形成する，これらの先行形成の理念型に立ち戻ることができるし，問題提起に変更があれば，軌を一にしてその理念型の変更も行うことができるのである。しかしこのような変更がはっきり意識して行われることは珍しい。むしろその新しく作られた理念型は—それが一個同一の語で特徴づけられるところからして既にそこから導き出される，最初に使用した理念型と，素朴にも同一視されるのである。この場合当然ながら，その理念型には完全に自由が備わっていて，1つの理念型がその類型的遂行的行為を超越することができ，いわば同時代世界の無時間性から脱け出して，持続の充実した1人の君であるかのようにみえてくる。この場合，その理念型が少なくとも類型的に行為を遂行しないところでは，あたかも1個の自由な存在，即ち，あれかこれかを選ぶことができ，その遂行的行為がその存在と同時代世界の関係にある隣人たちには未確定である，1個の自由な存在でありうるかのような外見を示す。しかしながら理念型的行動が自由であるというこの幻想は，事態を論理的に突き詰めていくと成り立たない。どこでこのような幻想が常に生れても，それはその理念型

がその類型的行動を超越するということの1つの徴候ではない。そのようなことは全くの背理である。むしろ，その理念型を作り出した人なり，その具体的達成的行為現象をある先行与件の理念型に割り当てることを行った人なりが，つねに，問題の変更によって必要とされる理念型構成の変更を何もしなかったことの1つの〈徴候〉Symptom なのである。これもまた，それぞれの解釈者がその解釈の本質，つまり行為者の一定の類型的意識経過の真の目的-動機と理由-動機を混乱させる原因ともなることからして，たった今素描した幻想なのである。自分の作った彫像が生き物になるというピグマリオンの寓話は，素朴な人間が社会的同時代世界を捉えていると錯覚する，その理解の成り行きの1つの譬えなのである。

以上の問題は決して同時代世界の領域にのみに限定されない。直接世界における観察者も，とりわけ直接世界の我々関係に参入している者も，他我についてのあらゆる解釈図式によって，即ち，彼が経験的諸作用において自分や他者の直接世界，同時代世界および先代世界について既に手にしている諸解釈図式によって，解釈図式としての人格の理念型や経過の理念型を含む，彼の理念型的諸構成のすべての蓄えによって，彼の対象に接近する。彼は理念型のこの蓄えを細かに調べ，類型に類型を重ねながら，絶えず問題の設定を変え，絶えず解釈パースペクティブを変えて，他我の特殊な〈今，このように〉を把握している（ただ違うのは，他ならぬこの直接世界の我々関係の場合には，相互の生き生きした志向性の故に，君へのこの接近がユニークな仕方で一般に行われるということである）。

ここには社会学の研究がこれまで顧みることのなかった広範な問題が現れている。これらの問題を取り扱うことは，本書の枠を超えてしまう。これらの問題の分析は，社会学的人格の問題に関する綿密な研究に俟たなければならないであろう。

ごく簡単にではあるが，ここで，理念型はこれを用いる研究者の問題設定や彼の経験の全体連関に従って独特の変遷を遂げることを説明しておこう。私が螺子を締めるというような，ある特定の反復作業に従事している男を（直接世界あるいは同時代世界で，たとえば，第三者の記述によって）見聞きする場合，この活動に対する私の最初の解釈図式とし

て生じてくるのは，男が2つの部品を結び合わせるために，スパナで特殊な仕事をしていることである。この仕事が自動車工場で行われていることが分かれば，私はこの部分的行為を「自動車生産」という全体連関の中に位置づけることができる。この男が自動車工場で働いていることが分かれば，私はまた，ここで「労働者」として確認された男の特定の類型的行動様式を問題なく所与のものとして前提することができる。男は毎朝始業時間に工場に現れ，仕事が終わればこの工場を去り，賃金を受け取るといったことがそれである。もっと広い意味連関に位置づけるなら，この男が工場労働者であるという認識をもとにして，私は一般に工場労働者，特に大都市のプロレタリアートについて私の描いている理念型をこの男に適用することもできる。この理念型は必要に応じてさらにもっと異なった仕方で限定することもできる（たとえば1931年のベルリンにおけるプロレタリアートの理念型など）。この男がドイツ人であり，しかもベルリン子であると私が確認した場合，この確認の意味は，経験上私が一般にドイツ人や特にベルリン子に類型的として認識する，あらゆる解釈図式をこの男に当てはめているということである。もちろんこうしたことをさらに任意に継続することもできるし，また私がその時点でそれ以上の解釈図式の適用を止めたり，観察される行動をもっと広い範囲の連関の中に位置づけることを止めたりするのは，この男を観察する際の私の問題如何によっている。したがって，はっきりと予め規定した意味での私の関心状況によるのである。そこでこの男の政治的・宗教的態度を何ほどか知りたいというのが，私の関心である場合を考えてみよう。外的事実から得られる解釈図式では，このことはほとんど何も明らかにならない。こうなると類型的仕方で押し進めることは（新しい，他の問題分野から入手されるいかなる認識も，当該行為者についての先行知識には付け加わらないことを，これは再三にわたって前提することになるので），私の理念型構成の的中するチャンスがそれだけ一層減少する危険を招くことになる。たとえば，ベルリンの工場プロレタリアートであるこの男のような人たちは社会民主党に投票するのが普通である，と私が述べるとしよう。この判断は，事実この前の選挙では大多数のベルリンの工場労働者が社会民主党に投票したという，先行与件である経験的事実（この場合は統計的事実）から得られたものである。しか

し私の観察するこの男が他ならぬ大多数のものと同じであるかどうか，確実には決して知りえない。そこにはこの判断が当たっているかもしれないというチャンスが存するのみである。この男が社会民主党系の労働組合に組織されているとか，党章をつけていることが分かったとすれば，この蓋然性は増大するであろう。理念型構成によるあらゆる解釈が本質的にチャンスの特性をもつことは，前述の通りである。自動車工場で螺子を締める作業に従事している男が「労働者」ではなくて，指導技師あるいはアルバイト学生であるといったこともありうる。ひいてはこの男が大都市のプロレタリアートであるという前提や，これと関係した「すべての結論が根拠のないこともありうる。しかしこのことは，あらゆる理念型構成はその構成時点における観察者の先行与件である経験によって規定されるということを意味するにすぎない。以上の例は意味連関，解釈図式および理念型の相関性 Korrelation をはっきりと示しており，すべてが 1 つの共通の根本問題，一般にレリヴァンス問題［関連性の問題と同義］を表現しているのである。

　日常生活の社会的実践において同時代世界の理念型が構成される限りで，これらの構成物は絶えず観察者につけ加わる直接世界や同時代世界の経験によって常に規制され，修正される。直接世界に関して言えば，真の我々関係の中で得られる，生き生きした君の意識内容に関する様々な経験が，その時々の措定作用や中和作用によって先行与件である諸々の理念型的解釈図式を変更する。同時代人に関するあらゆる経験は最終的にはこの直接世界の経験に，即ち，君とその自己の経験に基礎づけられている。しかしある同時代の他我についてのどの理念型構成も自己所与性における君に関連しないのであり，むしろある意味で君の「どのように‐である」，「いってみれば‐である」の君に関連しているといってよい。ある同時代世界の行動を類型的に解釈することは，同時代人とその行動について，あたかも彼はこの種の人間であり，彼らのような人間であるとし，彼の行動がこの種の行動であり，彼らのような行動であるかのように解釈することを意味している。同時代世界への態度は必然的に常に〈彼ら態度〉なのである。

第39節　同時代世界の匿名性と理念型の内容充実性

　彼ら態度は,同時代世界の他我をその類型的相-在として述定的に解釈を施すことによって,この他我を特殊的に把握する虚的形式である。したがって彼ら態度の作用は,人格の理念型として把握される,ある同時に持続すると想像される他我に志向的に関係している。君態度や我々関係の場合と同様,私たちはまた様々な段階の彼ら態度の具体化と現実化について語ることもできる。

　直接世界における我々関係の,その時々の具体化の段階を区分する上で,私たちは体験の近さの特性に1つの基準を求めることができた。この基準は彼ら態度の内部では不十分である。というのも彼ら態度の本質には既にある高度の体験の遠さが備わっており,これと彼ら態度において把握される他我のかなり高い程度の匿名性が対応しているからである。

　ところでその同時代世界の他我が彼ら態度において現れる,この匿名性の程度がまさに＜彼ら態度＞を無理なく具体化と現実化の諸段階として層的に区分する基準を提供する。というのも彼ら関係における人格の理念型がいよいよ匿名的になればなるほど,同時代世界の考察におけるその他者体験が組み入れられる主観的意味連関は,いよいよもって段階的に次々に積み重ねられる客観的意味連関によって転換されるからであり,それだけいよいよ彼ら関係の異なる具体化の段階で得られた人格の理念型の諸下層および客観的意味連関の方が,眼指において捉えられる具体的で現実的な彼ら態度に優先されることになるからである。

　何を同時代世界における理念型の匿名性と理解すべきなのかについて明らかにすることにしよう。他我に関する前述定的経験としての直接世界における君態度の虚的形式は,君の相-在には触れず,この直接世界の君を定立的に現存在として措定することにある。これに対して彼ら態度の虚的形式は,既に一定の類型であるが故に原則として反復して前提できる,ある他我の相-在を根拠にしている。言うまでもなく,ある相-在の判断作用による何れの解釈にもこの相-在の現存在,あるいは嘗ての現存在が共に定立される。しかし理念型的匿名性の措定は「理念化」の特定形式であり,これは時空的世界の特定位置にある特殊的君の定立によ

第4章　社会的世界の構造分析　293

る現存在措定には結びつかない。結びつくなら，それは専ら可能性としての〈現存在〉Dasein 措定である。したがって同時代世界の他我は，他我の現存在が専ら類型的相・在の個性化として措定され，しかも可能なもの，推測しうるもの，矛盾のない未定のものという様相において措定される限りにおいて，匿名的である。これが本来この術語の最初の意味である。そこでこのように(類型的に)形成される同時代世界の他我の現存在は，ただ矛盾のない信憑性という特性をもつにすぎないから，〈彼ら関係〉において企図される同時代世界へのすべての影響作用にはチャンス特性がみられるにすぎない。企図される同時代世界の他者影響の成果は，直接世界のそれよりはるかに高い程度において不確かである。

　今しがた明らかにした社会的同時代世界の相手という匿名性の最初の概念は，同時代世界の社会関係の本質を捉える上できわめて重要な意義をもつ。この概念から明らかとなる問題全体にとって重要な結論を次に論評することにしよう。しかしその前に匿名性という曖昧な概念のその他の意味をさらに明らかにしなければならない。

　第二の匿名性の概念は，理念型的図式が妥当する範囲に関係している。この範囲は，不変措定が生じる以前に経験した素材がどの範囲の「まとまり」であるかによる。ある解釈図式に組み込まれ不変措定される経験が，独特の君の相・在に関わることであるか，先行形成の人格の理念型の相・在に関わることであるかに応じて，理念型の内容充実性がより大であるとかより小であると呼ぶことにしよう。理念型の内容充実性は理念型が構成される経験の一般性の程度と逆比例の関係にあるということができる。それぞれの先行形成の理念型的基層とともに，問題なく所与のものとして受け入れられる領域が増大するという点にこれは深い根拠がある。同時代世界の相・在についての経験が取り寄せられる，この先行形成の理念型には漫然と目が向けられるだけで，もはや一歩一歩説明する注意の作用はみられない。当該理念型の構成にあたって用いられる，先行形成の理念型の数が増えれば増えるほど，この理念型の内容充実性はいよいよ減少し，これを明らかにすることはいよいよ困難になる。試みに国家，経済，法あるいは芸術のような文化対象を分析してみれば，このことはただちにはっきりするであろう。

　しかるに理念型の内容充実性は——この命題はたった今述べたことの敷

衍にすぎないが—同時代世界の彼ら関係をどの程度直接世界の我々関係に転換しうるかにもよる。それと同時にこれは類型的として把握される他者の意識内容がある他者の現実の持続経過に属するものなのか，それとも私が純粋我々において見るような，大勢の人々の現実的持続経過に属するものなのかにもよる。同時代世界の他我のあらゆる意識内容は，原則としてその相-在において思念しうるにすぎず，体験はできない。そこで同時代世界の態度を直接世界の態度に転換しうるチャンス，専ら思考可能で述定的に解釈可能なものを占有的に体験可能なものに転換しうるチャンスが増大すればするほど，それだけ同時代世界の他我の理念型はより内容充実することになる。これは次のようにいうこともできよう。ある類型の匿名性が少なければ少ないほど，それだけこの類型は直接世界の近傍へ近寄ることができる，と。若干の例がこの事態を明らかにするであろう。

　不在の友人Ｎ君について考える時，私はＮ君との同時代世界の〈彼ら態度〉においてこれを行う。たとえば私はＮ君が重大な決断の前に立っているのを知っている。この場合Ｎ君についての直接世界の経験から私は理念型「友人のＮ君一般」もしくは経過の理念型「重大な決断に迫られているＮ君の行動」を形成することができる。この理念型も依然として彼らという全くの特徴を帯びている。というのはこれは「Ｎ君の〈ような〉人間は重大な決断の際にはしかじかの行動をするのが常である」ということ以外に何も意味していないからである。それにもかかわらずこの理念型「友人Ｎ君」には高度の内容充実性が備わっており，またＮ君との同時代世界の関係は技術上の障害に留意しなければ，いつでも直接世界の関係へと転換することができる。この可能性からこの理念型を作成することの根拠がはじめて引き出され，ただそれ［作成した理念型］が現実のものとなることによってのみ理念型の検証は可能である。もう1つの例。会話の中で友人のＡ君は私に，Ａ君が最近知り合いになった，まだ私には面識のないＸ氏について語るとしよう。Ａ君はＸ氏について得た経験を不変措定し同時にこれを類型化することによって，Ｘ氏の理念型を構成する。この類型化を，Ａ君はその特殊な問題状況によって，またＡ君の過去の直接世界におけるＸ氏に関する体験を振り返る例の注意の変様に基づいて行う。私は，Ａ君によって企図されたＸ氏の理念型

第 4 章　社会的世界の構造分析　295

を判断による追体験によって自分のものにしてから，今度は，[A君とは]別のことを不変措定し別のことを類型化しながら，私の経験の全体連関のうちにこの理念型[A君によって企図されたX氏の理念型]を組み入れる。この場合私の問題設定や注意の諸変様において，私は自分の経験のすべての蓄えや世界一般を振り向いたのであり，この問題設定や注意の諸変様は私の友人A君の方の問題設定や関心状況とは必然的に別である。そこで私の解釈によって把握したX氏の理念型は，A君によって把握したものとは全く別の理念型でなければならない。それに加えてA君によって類型的に行われた判断を，私は一度も明確にはっきりした形ではもち合わせておらず，むしろ必然的にもつれ合った形のままである[37]。しかしこのことを別とすれば，私はA君の判断を「問題にする」こともできる。私の経験から友人のA君が「お調子者」であることを知っているので，私はこのA君によって類型として浮き彫りされたX氏の行動の仕方を，私の経験連関に従って類型として承認する気にはなれない。ただA君は実際に「人間をこんな風にみるくせがある」から，A君の経験の全体連関にこれが合致するのは確かであるけれども。

　同時代世界の理解という混み入った問題についての指摘は，ここでは以上で満足しなければならない。引用した2つの例は，同時代世界の我々に比較的近くにある，内容充実性の高い類型に関するものである。2つの例はどちらもただ1人の他我の持続流（N君なりX氏なり）の意識内容に関する私自身の経験や私の身につけた経験と関係している。私の不変措定した諸体験が存立した主観的意味連関，つまり，この[N君なり，X氏なりの]生き生きした持続の内部のこれらの体験の複定立的構築によって存立する主観的意味連関は，言ってみれば，これに代わるその客

---

[37] このことを既にフッサールは『形式論理学と超越論的論理学』の中で論じている。他者の判断の追体験(ナーハフェルシュテーエン)については同書51頁を参照せよ。「そのような次第で私たちは…（その他者が），しかるべくある明示的に行う言語命題によるある非明示的判断と，それに対応するある明示的判断，つまりその思念されたことの確認に基づく事後的説明とを区別しなければならない。…他者の判断が問題なのであり，そこでよしんば私が一緒に信じなくとも，私は，かくかくしかじかの内容の，その他者の信念について＜純然たる表象＞を抱くのである」等。

観的意味連関に影響が残るのである。

　私たちはこのような特徴の人格の理念型を性格学的理念型とたとえば呼ぶこともできよう。より分かりやすくするために，この理念型と習慣の理念型を対比してみよう。習慣の理念型の特徴は，同時代世界の他我の習慣的な，したがって類型として仮定される機能を専ら把握することにある。私たちが先に用いた郵便局員と手紙の投函者の例はこの説明に役立つ。郵便局員は手紙（まず第一にとりわけ私の手紙）の配達に従事する人である。この場合の理念型は今しがた述べた事例に比較して既に内容充実性に乏しい。「手紙の配達」という用語で思念される類型的[達成的]行為の経過が当然の所与とされている。「郵便局員」の理念型は，私が直接世界の社会関係に入りうる，ある1人の個人もしくは多数の個人の持続とは関係しない。この理念型はN君やX氏の理念型よりも高度に匿名的である。手紙を投函する際に私は「郵便局員」という人格の理念型に眼指を向けることすらしない。この場合私は，この人格の理念型には郵便局員の行動がおかれる特殊な主観的意味連関，たとえば彼は報酬を得て業務を引き受けているとか，業務遂行の際には特別の服務規程に方向づけられるといった主観的意味連関を，これに結びつけるにとどまる。私にとって重要なのは専ら類型的[遂行的]行為の経過である，たとえば，手紙を遠隔地に配達する取り扱い業務のような，私が比較的内容に乏しい人格の理念型に割り振る[遂行的]行為である。手紙を投函する場合，私は一般に郵便局員を目にとめる必要がない。手紙が宛て先に届くチャンスがあれば私は満足するのであり，どうしてそうなるのかは無関係である[38]。

　例に挙げた習慣の類型という概念には「行動」や「習慣」に取り組む類型学も含まれる。直接世界や同時代世界の観察において経験される外的行動様式や遂行的行為の経過[39]を不変措定することは，「実質的経過の類型」の目録に通ずるのであり，またこの経過の類型にはそれと対応す

---

[38] 私は電話の装置がどのように作動するかを何も知らなくとも，これを用いることができるわけである。既にみた例。第2章第17節141頁を参照。

[39] 社会学的方法としての行動主義に対する批判は，Mieses, "Begreifen und Verstehen" (In: *Schumollers Jahrbuch,* Bd.54, S.139ff.)を参照せよ。

る人格の理念型が結びつけられる。ところでこうした経過の類型自体の内部に私たちは一般性の程度が異なるものを区別することができる。類型は—それが習慣的である限り—多少とも「標準化」が可能である。つまり人格の理念型が引き出される行動様式は，程度の差はあれ統計的頻度を示すということである。こうした頻度類型に基づく人格の理念型の理念（別言すれば，類型的行動様式が現実の1人もしくは多数の他我の意識体験に還元できないということ）は，しかし原則として実際に確定できる行動の一般性の程度とは独立のものである[40]。もちろんある類型的行動の「標準化」を再びある予め形成された人格の理念型に照合することは可能である。例としてはヴェーバーのいわゆる「伝統的行為」があげられる。つまり「習慣的人間」という予め形成された人格の理念型に基づいた「大量のすべての慣れ親しんでいる日常的行為[41]」である。さらに「秩序の妥当性」に方向づけられたあらゆる行動があげられる。これは同時代世界の理念型の構成にあたり，特に妥当的秩序が同時代世界の類型のための解釈図式として機能するという意義をもっている。この妥当的秩序は，この標準類型を受け入れこれに自らを方向づける人の行動が，同じく同一の秩序に方向づけられる同時代世界の人々によって適切に解釈されるチャンスが高いという限りで，遂行的行為の一定の経過と一定の人格の理念型を拘束するものとして設定される。しかしどのような同時代世界の解釈もまた「根本的に重要な次の事実に注目しなければならない。〔…〕現実の人間（裁判官や官吏ばかりでなくまた『公衆』）の頭の中にある…妥当すべき（あるいは妥当しない）ものの観念が現実の人間行為の経過に全く圧倒的な，しばしばこれをほとんど支配してしまうほどの因果的意義をもっている」[42]ことである。だがこの寸評は秩序の妥当性という事態を汲み尽くしていない。たとえば国家強制装置などはどの規範秩序に対しても社会学的に第一級の重要性をもっているとい

40　この問題は第5章において因果適合性と意味適合性の関係を考察する際にもっと詳細になされるであろう。第5章第46節348頁以下を参照。

41　*Wirtschaft und Gesellschaft*, S.14,第4項。

42　Ebd., S.7. これに対してケルゼンの著作『社会学的国家概念と法学的国家論概念』における批判をも参照せよ（Kelsen, *Der soziologische und juristische Staatsbegriff*, Tübingen 1922, S.156ff.）。

えよう[43]。ここで重要なことは，秩序の妥当性に方向づけられる行動もまた私たちの意味では習慣的行動であるということだけである。そういうわけでここでの習慣的という概念は，この言葉の慣用法よりもかなり幅のあるものである。

たった今述べた人格の理念型—性格学的理念型と習慣的理念型—これの特徴は，まだかなりの内容充実性があり匿名性の比較的乏しいことにあるが，この理念型にもう1つの理念型的構成物が対置される。この方にも依然として人格的特性が現れるけれども，原則的には前者よりも匿名性の程度が高いことにその特徴がみられる。これにはまず第一にいわゆる社会集合体があげられる。社会集合体は，すべて理念型的概念構成であって，しかも社会的同時代世界の領域に属している[44]。

もちろん社会集合体の概念という大分類の中には全く異質の内容充実性の異なる類の理念型が含まれている。X株式会社の取締役とかドイツ帝国参議院議員などは，比較的内容充実性の高い社会集合体であり，またそれは当然のこととして前提されている比較的僅かな理念型に基づいている。しかしながら国家，ジャーナリズム，経済，国民，民族，階級[45]などについて語る場合，これらの集合体概念が言語の主体として，それぞれの集合名詞があたかも理念的把握において構成された同時代世界の他我であるかのようにみなされる場合もある。この表現はもちろん次のような一定の事態を特徴づけるための擬人法的隠喩にすぎない。つまり自他が全くの匿名性において生ずるので，そこではある同時代世界の行為者の意識にとって外的経過がある主観的意味連関に立ちうるといった，

---

[43] この問題についてはヴェーゲリンの優れた分析（Voegelin,"Einheit des Rechts und das soziale Sinngebilde Staat," In: *Internationale Zeitschrift für Theorie des Rechtes,* 4.Jg. 1930,S.58-89. 特に S.79ff.) を参照せよ。

[44] 社会集合体概念には形而上学的概念ないし価値論的概念，ならびに特定の認識論的根本前提が通例含まれているということは，ここでの分析では考慮されない。これについては再三引用しているフェリクス・カウフマンの論文「社会集合体」("Soziale Kollektiva,"In : *Zeitschrift für Nationalökonomie*,a.a.O.,) を参照せよ。

[45] この種の概念の分析の例としては，ミーゼスが「階級」概念について行っている批判を参照せよ(Mieses, *Die Gemeinwirtschaft*, Jena 1922,S.316f.)。

そのような行為者による逆推論が許されないということである。マックス・ヴェーバー[46]は言う。「社会学による行為の理解的解釈にとってこれらの形象はただ個々の人間の特殊な行為の経過であり連関であるにすぎない。〔…〕社会学にはもともと〈行為する〉集合体人格は存在しない。社会学が〈国家〉，〈国民〉，〈株式会社〉，〈家族〉，〈軍隊〉，それに類似した諸〈形象〉などを問題にする場合は，むしろ諸個人の現実の行為や可能性として観念的に構成された社会的行為の特定経過のことをいっているだけである。」実際国家の［達成的］行為は何れもその国家の諸機関の［遂行的］行為に還元できるのであり，それらの機関を私は理念型的に把握できるし，またそれらの機関に私は同時代世界の同時代人として〈彼ら関係〉において注意を向けることもできる。その限りで国家の概念は，社会学的にみれば，高度に複雑に成層化した，同時代世界の人格の理念型の1つの省略に他ならない。ある行為を行う社会集合体について語る時にはこの構造的編成が問題なく所与として受け入れられている[47]。その上，諸機関の匿名的諸［達成的］行為がそれとして姿を現す，客観的意味連関の事実性は，1人のあるいは多数の個人による個々の遂行的行為がある類型的意識経過に関係づけられるように，社会集合体の人格の理念型に関係づけられている。その際に次の点が完全に見逃される。個人の遂行的行為は（1人であるか多数であるかを問わず）確かに主観的意味連関として1つの意識経過に——たとえ類型的に捉えられるにしても——割り振りされるが，ある集合体の〈遂行的行為〉は，それの主観的意味連関であるような，いかなる意識も考えられないという点である。この隠喩の心理的源泉はとりわけ以下の点にある。〈ある集合体の達成的行為〉の観念（表象）には，通常なんらかの価値理念が根拠になっているということである。

いうまでもなく社会集合体の人格の理念型という言葉を避けたからといって，この形象の徹底的研究の課題が重要な社会学の課題であること

---

46 *Wirtschaft und Gesellschaft*, S.6f.
47 この問題およびヴェーバーの見解に対する批判は，ケルゼン『一般国家学』（Kelsen, *Allgemeine Staatslehre*, Berlin 1925, S.68-79）さらに〈機関〉概念については S.262-270 を参照せよ。

を否定するわけではない。その逆である。社会学の形象論があってはじめて，今しがた準則にしたような社会的世界の形式学は有効に補完しうるのである。このような社会学の理論は，とりわけ社会集合体の概念の中に含まれている理念型の成層化に関する骨の折れる分析を，その内容充実性と匿名性の様々な程度に従って記述しなければならない。この場合，ある社会集合体は一体直接世界の社会関係に基づくのか，同時代世界の社会関係に基づくのか，それともこの社会集合体を構成する社会的諸個人のこの2種類の社会関係に基づくのか，これがきわめて重要となる。さらに社会集合体の主観的意味という言い方にはいかなる正しい使い方がありうるか，ひいては諸個人の行為が他ならぬ社会集合体の行為として現れる，そのような諸個人の類型的に把握される意識体験はどの程度まで〔主観的に〕思念されるであろうか，これも調べてみる必要がある。これはとりわけ国内法や国際法の「責任問題」として大変重要な問題である[48]。さらにはどのような機能が同時代世界の行為の解釈図式として社会集合体の概念には相応しいのかも吟味しなければならない。というのもこの社会集合体の概念には習慣的態度，伝統的態度，ある秩序とかある価値の妥当性の観念などによって標準化され，類型化して捉えられる客観的意味内容が対応しうるからである。なおこの客観的意味内容に関しては，ある一定の同時代世界の圏内では当然のこととして受け入れられ，「承知されて」いるばかりでなく，また「遵守されて」いるということが前提となる。社会集合体の主観的意味概念は，この正しい意味で用いられる場合でさえ，その構造がきわめて複雑であるために，これを用いるにあたって問題の入れ替えや同時に類型の入れ替えが起こりうる危険性が益々増大するし，ひいては類型超越的行動とか理念型の自由といった仮象問題の原因ともなるのである[49]。

　社会集合体について詳述したことは，たとえばドイツ語の体系のように，私たちが「閉音節の記号体系」と呼ぶような，他ならぬ意味形象にも当てはまる。確かにこの場合も産出物と産出者との連関は解消されな

　48　これについては同書48頁以下，64頁以下，310頁以下。
　49　ヴェーバーはシュタムラー論文の中で「アメリカ合衆国」の6つの概念に見られる類型の移り変わりを示している（*Wissenschaftslehre*, S.348f.）。

い。「ドイツ語」という意味形象の客観的意味連関がこれを用いる人々の，きわめて匿名的であり且つ内容の乏しい人格の理念型に立ち戻ることは常に可能である。しかし記号体系の客観的意味連関がある類型的意識にとって主観的意味連関である，そのような類型的意識を「客観的言語精神」であるかのように虚構すること，これは不当な隠喩として斥けなければならない[50]。こうした考察の仕方が別の観点から正当とされるかどうかは，ここで調べることはできない。社会科学では何れにしてもこのような考察の仕方の余地は全くない。

同様の考察がどの文化対象にも当てはまることはさらに詳論するまでもなかろう。ある文化形象の観念対象のもつ客観的意味連関と同時代世界におけるある他我の主観的意味連関とは一致しない。とはいえ客観的意味連関であり産出物である文化対象は，その産出者としてある内容の乏しい匿名性の高い理念型を参照している。この産出者の理念型に私は〈彼ら態度〉において注意を向けることができるのである。

ところで文化対象ばかりでなく，あらゆる人工物，したがってまたあらゆる道具もまた産出物としてこの産出者への立ち戻りが可能である。しかし人工物には産出者ばかりでなく，理念型的に把握されるその利用者も参照されている。この双方の人格の理念型は全く匿名的である。道具を正しく使用する者は誰でもこの道具で類型的効果を上げることができる。道具とは〈ための・もの〉であり，目的に仕え，この目的のために産出される事物である。それ故道具とは過去の人間による[達成的]行為の所産であり，また将来の[達成的]行為の目標を実現する手段である。ところでこの客観的意味連関から，即ち，道具が組み入れられている目的-手段関係から，その道具の「意味」について述べる場合，一般に他の人間の意識が注目されずに，利用者ないし生産者の類型が注目される。たとえばザンダー[51]がそうであるが，道具の意味について，行為の意味を

---

50 同様の見方およびこれと類似のものとしてはヴォスラー『言語における精神と文化』(Karl Vossler, *Geist und Kultur in der Sprache*, S,153f.) カウフマン『刑法罪論』(Felix Kaufmann, *Strafsrechtschuld*, S.39)。

51 *Gegenstand der reinen Gesellschaftslehre*, S.370,「〈人工物〉として定義づけることができるのは，その成立を人間の行為に負う，外的知覚に与えられるすべての事物である。したがってこれらの事物は，記号としては，1

論ずるのと同じような意味で論ずることは、私見によれば、正しい表現の仕方ではないと思う。

人工物はいわば一連の匿名化の最末端に位置し、それらの匿名化を類型づけることで社会的同時代世界は築き上げられる。あらゆる理念型構成の本来の固有の機能は、直接世界の君関係における個人的意識経過の占有にある。これに関連づけながら私たちは性格学的理念型、習慣的理念型、社会集合体、文化対象、最後に道具の例を引きつつ、理念型的彼ら関係が具体化される諸段階のほんの僅かな様子を調べたにすぎない。私たちは理念型的彼ら関係の漸次的匿名化が、この彼ら関係の内容充実性の減少化と手を取り合って進行する様子を純粋に例示したのである。

第40節　同時代世界の社会関係と同時代世界の観察

直接世界の社会関係が純粋の君態度に基づいているように、一般に同時代世界の社会関係は純粋の彼ら態度に基づいている。同時代世界の社会関係の概念は、そのためにある特殊な変更を被る。一方の直接世界の社会関係は相互に基礎づけ合う君の意識に向ける眼指の絡み合いのうちに成り立つが、他方の同時代世界の社会関係者には、君が1人の自己として体験される相互的態度の事態は総じて明白にならない。同時代世界の社会関係者からすれば、同時代世界の社会関係は〈彼ら〉という匿名性において類型的に把握される相手の側が他者態度において君を見ていたというチャンスがあるにすぎない。それ故同時代世界の社会関係者は、生き生きした直証のうちに直接世界を見やる私のようには、ある社会関係の存立を体験しておらず、むしろこの社会関係の存立をただ仮説として立てるだけである。私が列車に乗れば、一定の人間が一定の因果的連関を解決して、場所の移動を行う私の目標を促進してくれるであろうと私自身を方向づける場合、私は、この人間つまり鉄道員と同時代世界の社会関係に立っている。これは、〈私のような者たち〉つまり旅客の輸送を世話することが私の経験にある「鉄道員」の類型に合致しているからであり、またその限りでのことである。同時代世界の社会関係の特徴は、

つの人間の諸行為によってしるしづけられた〈意味〉に編入される。」

したがって一方で私が私自身の行動を類型とされる他者の行動に方向づけるばかりでなく，他方で同時代世界の他我である例の人格の理念型，したがって鉄道員が彼の側でも類型とされる私の行動にその行動を方向づけているということを私が前提している点に求められる。私の行動が類型的であるということは，私が同時代世界の他我の経験の蓄え［ストック］にある理念型（つまり旅客）に概ね一致して行動しているということである。事態が複雑となるのは，同時代世界の他我のこのような経験の蓄えも，またそれと同じように人格の理念型として私が彼に現れるその人格の理念型も，再びその他我に対して類型である私によって前提されるる等々によるのである。したがって同時代世界の社会関係では私の相手が私にとって匿名的であるように，私は私の相手にとって匿名的である。私もまた相手から専ら〈彼ら態度〉において（旅客として）解釈され取り扱われるのであり，私はこのために「彼らのような人々」（つまり旅客）にとって類型的とされる行為を示さなければならないわけである[52]。

したがって私も同時代世界の彼ら関係にある相手に対して，1人の自己・私自身として対面しているのではない。私が彼ら関係を前提するという意味は，類型的に捉えられる同時代世界の私の相手が，相手の側でも私の行為を類型的行為として解釈するであろうと私が仮定することを意味するにすぎない。

それ故同時代世界の彼ら関係は主観的チャンスのうちに存するといえよう。即ち，人格の理念型として捉えられる私の相手についての私の仮定する解釈図式は，この他ならぬ他我によっても全く一致して用いられ

---

52 このような事情のもとでは直接世界と同時代世界との間に流動的移行がみられる。劇場の観客としての私は，役者にとっては私と彼は共に生身の姿で現前しながら，観客のうちの1人である限りでのみ関係があるのである。ある書物を刊行する著述家は，その読者が類型的読者である限りにおいて読者のことを考える。そのような解釈習慣や表象にしたがって彼は彼の表現図式を吟味したり選択したりするのである。あらゆるこのような関係を記述し明らかにすること，これらの関係を直接世界や同時代世界の内容に関して調べること，これが社会的世界の形式学の1つの課題であろう。この学の先駆けは［レオポルド・フォン・］ヴィーゼの関係学の中に認められるところであるが。

ること，またこの他我からみれば私もある人格の理念型にすぎないこと，これである。直接世界の社会関係における他我の諸体験への相互に基礎づけあう眼指の方向転換の多様な反映に代わって，それ故同時代世界の社会関係においては双方の相手に共通する類型化の図式に関する諸反省が生ずるのである。原則としてこの図式を検証することはできない。なぜなら同時代世界の他我は，私には決して直接には与えられず，間接的にのみ与えられるからである。したがって，相手に関係づける私の解釈図式が標準化されるにつれ，またこの解釈図式が法律，国家，伝統，その他の種類の秩序によって「規範化」された解釈図式と一致するにつれ，あるいはこの解釈図式が目的-手段関係の範疇と一致するにつれて，要するにヴェーバーの用語を使えば解釈図式がいよいよ合理的となる[53]につれて，私の主観的チャンスが，同時代世界の態度において私が遂行する行為には相手側からのそれに見合う反応が生ずるだろうとの主観的チャンスが，それだけ大となるのである。

　社会関係の上述の構成から幾つかの重要な結論が得られる。

　第一に，同時代世界の社会関係がある，なしの判断は ex post［事後に］ようやく検証されるということ，これが必然的にこの社会関係のチャンス的特性に付帯していることである。だから最初に作成される人格の理念型が適合的であるかどうか，しかも意味適合的で因果適合的であるかどうかは，直接世界の社会関係において生身の姿で捉えられる君の占有的に獲得される経験とは異なり，同時性においては検証されない。むしろ常にある新たな経験作用の中で事後的にのみ検証される。このことから，さらに次のことが明らかとなる。同時代世界の社会関係において私が他者の目的-動機や理由-動機を考慮に入れることができるのは，人格の理念型の構成において，これらの動機が不変的恒常的動機とみなされる場合に専ら限られるということである。私が同時代世界の彼ら態度において人格の理念型としての相手に配慮し，しかも「理念型としての私に関する」相手の解釈図式が「理念型としての相手に関する」私の解釈図式と適合するようなチャンスから出発する場合には，私は確かに同時代世界の相手が理由-動機を私の企図の目的-動機と関係づけている。た

---

[53] この概念については以下の第5章第48節355頁以下を参照せよ。

とえば私が1通の手紙を配達して貰うために，これを郵便局に持参するとしよう。この場合配達用にこの手紙があるという事情は，郵便局員のこれより先の取り扱い業務ではもちろん真の理由-動機となる。これに対して，私の目的-動機が一般に他者の理由-動機として解釈されうるという，直接世界の影響関係に妥当する主張は，決して同時代世界の領域には妥当しない。私がチャンスとして予期する私が用いる理念型図式と私の相手が用いる図式との一致は，ある事後の経験作用を通してもちろん確かめることができると仮定する場合でも，私の相手が一般に彼の理念型的行為の目的措定を行う際にその理由-動機に目を向けたかどうかはわからない。また実際にこれがまさに事実である場合でも，この理由-動機が類型的目的-動機に相当するかどうかは未定のままである。この類型的目的-動機は，あの人格の理念型に—即ち，私はそのような人格の理念型として彼ら態度において私に注意を向けている私の相手に現れる—恒常的不変的目的-動機として現れるものである。これはすべて同時代世界に関する私の諸経験が間接的であることから必然的に生ずる。したがって同時代世界の社会関係では占有的相手との相互的態度の代わりに，仮説上相互的と見なされる理念型構成とこれに一定不変として仮定される動機の相互連関とが現れる。ここからさらに次のような帰結が生ずる。

　直接世界の社会関係では他我に関する諸経験は〈我々〉の共通経験により絶えず変化し拡大するのに，同時代世界の社会関係ではこの事態が変様した仕方で当てはまるにすぎない。同時代世界の経験は確かに拡大しうるし，この経験は同時代世界のみならず一般に社会的世界について新たに獲得されたそれぞれの経験によって補強される。さらには〈彼ら〉の構成にいたる理念型の図式も，私がこの同じ〈彼ら〉に向ける関心状況の変化によって絶えず変化する。しかしながらこの変化の領域は，もともとの問題設定とこの問題設定によって定められた特殊な理念型構成が保持される限り，ごく限られた範囲にとどまる。もちろん関心状況が変化し，これによって問題も変化すれば，私の同時代世界の理解にかかわる理念型にも変化がみられる。

　私は君を，既に繰り返し述べたように，最初に，その〈索引〉を私のその時々の周囲から受け取る，ある周囲にだけ配置する。直接世界の社会関係の場合この周囲は純粋な我々のそれであるから，私は次のことを実

際に仮定することができる。私が知覚するものは，あらゆるニュアンスに富む変化を含みつつ，君にも知覚されるものでもあり，「ここにあるこれ」を実地に示すことで，私は私の直接世界の他我とともにこの推論が適切であるかどうかを了解し合える状況にある，と。これに対し同時代世界の社会関係では確かに他我の周囲が私のものと同一であるとは言えない。にもかかわらず，私自身の周囲と同一視しないまでも，私には私自身の周囲についての解釈を，私の想像する君の周囲に授ける傾向がある。確かに直接世界の社会関係におかれている場合には，それぞれの私の体験の自己解釈がそれぞれの君の体験の自己解釈と等置できるとする主張には，かなりの程度の蓋然性がみられるといってよいであろう。しかし一般に世界についての私の適切な解釈の1つを同時代世界の社会関係の相手に想定することは，原則的にいって曖昧である。

ところで（ここで用いられる意味での）私の周囲[54]には，私が同時代世界の彼ら関係において表現図式や解釈図式として用いるような，予め私に与えられている記号体系も含まれている。ここで再び次のことが明らかになる。いかに匿名性の度合いが彼ら関係のその時々の具体化の段階を構成する際に重要であるか，またこの匿名性の度合いと直接世界の君関係の主観的意味連関が同時代世界における客観的意味連関のシステムへと漸次置き換えられていく過程との間にいかに密接なつながりがあるかということである。私にとって相手が匿名的になるにつれ，記号はいよいよ「客観的に」用いられなければならなくなる。たとえば，私が自分の言葉に付与する特殊な意味について私の相手が知っているとか，さらに私がある上位の意味連関についてなんら明確な言明をしないのに，私がある部分的連関を挿入した，この上位の意味連関について私の相手が知っているとか，こうしたことを私は前提することができない。何れにしても記号指定の時点では，他者によって理解されるという直証は欠けているし，同時に修正の可能性，いや周知の意味での他我の質問可能性も一般には欠けているのである。というのも同時代世界の他我についてのあらゆる経験は間接的であるために記号の先行与件性と〈彼ら〉の質問可能性とは緊密に関連しあっているからである。〈彼ら〉についてのあ

54　上述の第4章第34節253頁以下をみよ。

らゆる経験は，一般には一定のそれ自体再び客観的意味連関にある記号によって専ら行われる。この場合私は，表現図式として私の用いる記号体系が，同時代世界の社会関係において私の類型として捉えられる相手には解釈図式として用いられるものと仮定している。逆に私は，この相手によって表現図式として用いられる記号体系が，今度はこれを私の方で解釈図式として用いると「思われる」と仮定する。したがって同時代世界の社会関係では一般に相手の質問可能性について言及がなされる場合，それはただ後から経験作用において，たとえばある別の既に検証済みである解釈図式を媒介することによって検証される，ある共通の解釈図式との照合であると解しているにすぎない。私が生き生きした〈我々〉の真の同時性において他者の意識構成過程をともに体験することができるような直接世界の意味での質問可能性は，したがってここにはみられない。もちろん同時代世界の社会関係は，匿名性の度合いが比較的小さい場合には次元を異にする様々な中間段階を経て直接世界の社会関係へと転換されうる。しかしその際質問可能性は，まさに直接世界にあり，同時代世界[55]にはないのである。

直接世界の領域で示される社会関係の観察とそこでの生（活）との区別は同時代世界では曖昧になる。同時代世界の社会関係の当事者もまた，生身の君に向き合って持続における君の意識経過に目を向けることができず，専ら時間を超えた〈彼ら〉，想像上の持続を備えた〈彼ら〉に目を向

---

[55] そのような中間的段階として〈手紙の交換〉があげられる。この手紙の交換のもつ社会学的機能を，ジンメルは『社会学』(Simmel, *Soziologie*, 2. Aufl.,München 1922, S. 287f.) において巧みに記述している。口頭による会話に比べて手紙の交換はより明確であったり，より不明確であったりする日常の経験について，ジンメルは次のように記している。「会話は，その会話を見えるもので囲い，だが聞きとれないものでも囲い，その上話者自身の測りえないもので囲っているが，これらのすべてをとおして，その秘密を打ち明ける。しかし手紙は，これを秘匿することができる。手紙は，他者の秘密に関わらない場合に，明確であり，秘密である場合には，手紙は不明確で多義的である。私は，他者の秘密とは彼の論理的に表現できないような情緒や存在の質と理解するが，にもかかわらず，私たちは，全く具体的表現の独自の意義を理解するためにすら，数限りなくこうした事態に立ち戻るのである」(a.a.O., S.288)。

けるにすぎないからである。同時代世界の社会関係では相手は行為者にとって彼ら連関にあるが，それは同時代世界の観察での行為者が観察者によって〈彼ら連関〉にあるのと同様である。とはいえ，ある同時代世界の社会関係を観察する場合，観察者によって用いられる人格の理念型は，その同時代世界の社会関係にある者が用いる人格の理念型とは必然的に異ならざるをえない。というのも理念型は，既に指摘したように，その理念型を構成する者の関心状況の 1 関数だからであり，しかもその構成者によって単定立的に把握される客観的意味連関がある他我にとって主観的意味連関であるとみなしうるようにという目的のために専ら構成されるからである。世界や社会的世界についてのその観察者の経験連関は，決してその行為者の経験連関とは一致しないし，同様にまた観察者の関心状況も根本的にある別の事柄である。観察者が社会関係の当事者について構想する理念型は，社会関係の当事者がその相手について構想する理念型と比べて，内容充実性に富むものであったり乏しいものであったりするし，より具体的であったりより形式的なものであったりする。また匿名性の度合いがより高いものであったりより低いものであったりする。必然的に両者の理念型は別の事柄なのである。

　さて，同時代世界の社会関係の観察者にとって関心の対象となるのは，とりわけこの関係における一方もしくは双方の行為者のこの社会関係を構成する意識体験であり，あるいは社会関係の経過そのものである。前者の場合であれば，観察者は，そのような同時代世界の社会関係にある限り，誰もが自分の目で観察できるにちがいない意識体験を備えたある適当な理念型を構成したり，あるいは既に観察者の経験の中にある理念型を参照したりするであろう。この場合，観察者は観察者自身があたかもそのような同時代世界の社会関係に身を投じているかのように想像しながら，その観察者はこの理念型に自分を同定し，これを自分の生によって充実するのである。いまや，理念型の〈定義により〉、観察者は，この同時代世界の社会関係の中に立つ者なら誰でもおのずと知覚できる，例のあらゆる類型的経験を自ら知覚できる。というわけで観察者は，この関係の性質や，その時々の理念型図式の相互関連について言明することができる。彼はもちろん単なる観察者であったのではなく，彼自身が無数の直接世界や同時代世界の社会関係に巻き込まれており，その上事

第4章 社会的世界の構造分析 309

情如何によっては彼の当の研究対象，即ち，当の行為者自身との同時代世界の社会関係ないし直接世界の社会関係に巻き込まれている場合には，このことはいっそう容易である。しばしばみられる，ある同時代世界の社会関係の観察者がこの関係にある一方の相手の方に直接世界の君態度において向かう場合も，全部これが当てはまる。

　ところで，ここには重大な危険が存する。全く素朴に，観察者によって直接世界の君態度の中で形成される理念型が，行為者によって構成される理念型とすり替えられる，あるいは，その逆のことが行われるという危険である。観察者が直接世界の君態度において行為者の方に向かわずに，むしろ同時代世界における他者の行動が一般に考察される場合，この危険はとりわけ大きい。この場合には，双方の理念型を相互につき合わせる可能性が全然存在しない。なぜならその行為者もまたその同時代世界の観察者にとって1つの理念型であり，しかもその理念型的に把握される行為者に関係づけられる相手の理念型は，いわば第二次的な理念型であるからだ。その行為者の理念型も彼の類型的達成的行為から，この場合はその相手の理念型に自らを方向づけることから導き出される。このようにして全く異なる次元の理念型的行動の成層が結果として生じる。この成層の起源と言えば，結局のところ観察者の問題設定とこれによって規定される関心状況にあるわけである。

　この事態はあらゆる経験的社会科学の手続きにとってとりわけ重要である。経験的社会科学は結局のところ同時代世界の観察者の態度を取り入れるからである。社会科学の理念型的概念構成は，やがて論評する意味適合性と因果適合性の原則に服する。理解社会学の場合にはさらに別の公準が加わる。類型的意識モデルを，社会関係の先行与件である理念型的経過に合わせて構成することである。社会学者によって作成されたある行為者の人格の理念型と折り合うように構成することである。しかしもっと詳しくみていくと，この公準は〈意味適合性〉の公準に置き換えられる。即ち，ある同時代世界の社会関係にある当事者（あるいはまたこの関係そのもの）についての理念型構成は，意識経過についてそのように構想されたそれぞれの類型とその時々の相手の類型として構成された意識経過とが折り合う場合にのみ，意味適合的に行われるという命題がここで妥当するということである。

ここで思念している事態を明確にする格好な一例を，法社会学は提供している。立法者と法解釈者，法の執行者と法に服する者などの相互の同時代世界の社会関係の記述を行う場合に，法社会学はこれらの人々の主観的に思念された意味からこの社会関係を解釈しようとする。そこで法社会学は，大変困難な事態に直面するわけである。その際，この各人物の方でその時々の相手として想像されている理念型は，法社会学者の構想するこれに対応する類型と心ならずもまぜこぜになる。法社会学者の意図する記述がうまくいくとすれば，それは次の2つの何れかであろう。1つには予め類型形成の行われる観点が，決定されている場合である。これは法社会学者が法生活の〈行為を遂行している〉諸人格の1人に自らを同一化しようとする場合である。法社会学者は，その達成的諸行為を不変であると仮定し，さらにまたその相手によるこの達成的諸行為の理念型的解釈図式をも不変であると仮定し，しかも自分をも拘束するものとして進んで受け入れてみることである。もう1つには，上述された諸解釈図式が相互に変換されうる,特殊な方法が示される場合である。前者の場合は言うまでもなく類型構成は,いかなる類型的法行為〔提訴，法適用，立法者，裁判官，弁護士，契約当事者など〕を考察全体の出発点にするかに応じて変化するものである。後者の場合社会学者による類型構成はより一般的観点で行われ，変更の原則が示されて，この変更の原則に従って，個別的解釈図式が一般的類型から導き出されるのでなければならない。本書第5章は社会科学による同時代世界の観察にまつわる特殊な問題にあてられる。

E 先代世界の理解と歴史の問題

第41節　社会的世界における過去の問題

　直接世界や同時代世界の理解の仕方について私たちは詳細に調べたので，先代世界の理解の仕方についてはごく手短に論じてよいだろう。この特殊な問題の出発点を直接世界や同時代世界に求めることは，とりわけ重要である。私が直接世界や同時代世界の他者態度を体験し，次に過去へと沈殿したこの私の体験を記憶において再生する場合，この体験の

再生は（どの再生も一般にそうであるが）、体験の経過が完全に再び構築される反復的記憶として生ずるか、記憶した事柄に一条の眼指が向けられる時の素朴な鷲掴みにおいて生ずるかの何れかである。しかし社会的直接世界や同時代世界のある経過し去った体験の再生の場合には、常に直接世界ないし同時代世界の特性がその体験のすべての特徴とともに保存されている。直接世界の体験であれば、真の我々態度による基礎づけとか生身の姿の君への志向性とかが保存されているのであり、同時代世界の体験であれば、真の彼ら態度による基礎づけとか人格の理念型への志向性とかが保存されているのである。しかしすべてこうした体験や志向性は、記憶においては過去の特性を帯びているということである。これはなによりもまず私が、それらの体験や志向性をそれぞれの私の現実的体験とは異なる注意変様において眺めているということに他ならない。しかし他の点でも直接世界ないし同時代世界についての私の体験は、ある重要な変様を被っている。現実の体験においては虚的予期であり、捉えるべき未来予持であったものが、今や記憶においては既に捉えられ実現されてしまっているのである。現実の社会関係ではチャンスの特性を帯びていたもの、なかでも私の遂行的行為が方向づけられる相手の行動は、ひとたびこの相手が予期した通りにであろうとなかろうと行動をとり、私の企図が相手の行動によって成就されたりされなかったりすると、このチャンスの特性を失ってしまう。実際のところ私はその過去完了となった企図を再生しているのであるから、企図の遂行において未来完了時制的にやがて経過しているだろうとして企図されたものも、そこでは経過し去っているし、企図されたもの自体は過去時制あるいは（例外的で曖昧であるが）現在時制という絶対的時間特性を帯びているのである。そして単定立的注意作用を向ける場合にはすべてこのような時間特性は再生される企図の遂行において企図されたものに反作用を及ぼすのである。しかし複定立的追行（追体験）の場合であっても、事実として実現したことあるいは実現しなかったことに目が向けられているのであり、その企図の再生が事実として実現されたことから生ずるということもあるし、たとえば「私はこうしようと思ったのに、ただあんなことになってしまった」というように、私が事実上の経過のその企図からの偏倚を確認するということもあるわけである。だが私が一般に私の眼指を社会

的世界の以前の経過した体験に向ける,もしくは何らかの体験の方に向けるということは,その時々の〈今このように〉における私の特殊な生への注意,私の関心ならびに問題状況によって規定されている。

こうした問題はすべてこれまでの分析においてそれぞれの箇所で詳しく論じたので,ここでは繰り返しを避けなければならない。

ここで問題となるのは,直接世界ないし同時代世界に対する社会的先代世界の境界づけがきわめて流動的であることを証明することである。流動的である理由は,それ相当の眼指を向けさえすれば,私は私の社会的直接世界ないし同時代世界についての私の経過し去った記憶によって再生される体験を,私の社会的先代世界についての体験として解釈することができるからである。ところで,このような場合でも,それらの体験そのものが構成された我々連関ないし彼ら連関の真の同時性は依然として保持されている。依然君の意識や私の意識における経過し去った複定立的諸位相の基礎的構築の方に1つの主観的意味連関においてそうしたければ眼指を向けることができるのである。この場合我々ないし彼らという仕方で統覚された君のそれぞれの〈今このように〉にはそれぞれ自分の持続の1個の同じように経過し去った〈今このように〉が関係づけられるのである。

これに対して純粋な先代世界の領域では,先代世界の他我の意識体験が私の持続の如何なる〈今このように〉とも真の同時性において関係づけられないという基準によって特徴づけられる。先代世界はともかくも私が生れる以前から既に存在したのだから。しかもこれによってこの先代世界のあり方は予め決定されてしまっている。先代世界はなんといっても根本的には経過し去った世界であり,〈どこからどこまで〉過去のものである。先代世界はどのような未来の地平も示さない。先代世界の具体的行動には未確定であるとか,全く未定であるとか,成就されたりされなかったりするとかの可能性は何も存在しない。したがって先代世界の行動は決して予期の様相では存立しえず,常にただ成就という仕方において存立するだけである。直接世界やある程度同時代世界とも異なり,先代世界には自由がないし自由があるとは考えられない。そこでは同時代世界の場合のように,類型構成による動機や経過の不変措定も必要と

しない[56]。先代世界は，原則的かつ本質的に不変的なものであり，完了し，生成したものである。それと同時に，先代世界に関してはあらゆる種類の他者態度が可能であるのに，他者影響は絶対に不可能であると言える。私自身の行為を先代世界の行動に「方向づける」という術語もまた，ここでは直接世界や同時代世界の場合とは異なる意義が付される時にのみ適切であると言える。自己の遂行的行為が先代世界の遂行的行為に方向づけられるというのは，先代世界の前々の体験が過去完了時制的にそれぞれの現実的構造の真の理由・動機として解釈されるという意味である。したがって先代世界に方向づけられる私自身の行動は，決して他者影響ではなく，むしろ前に[57]定義された意味での他者に影響された行動である。ヴェーバーによって行為の特殊な範疇として強調される伝統的行為も，これに含まれる。

そのようなわけで私たちは先代世界の領域では，直接世界や同時代世界の領域で行わねばならなかったような社会関係と観察との鋭い区別を行わなくてもよい。直接世界や同時代世界におけるように，この先代世界の領域では真の社会関係について語ることはできないからである。先代世界との社会関係として提示されるのは他者態度の一方的作用に解消可能である。そのような真の他者態度の例としてはたとえば特定の諸民族の先祖崇拝が上げられる。また先代世界との影響関係も問題になるが，それはただ次の場合である。ある先代世界の行動が往々にして他者影響として捉えられながら，しかしその場合後代世界の側では専らこれに対して態度関係の態度をとっているにすぎない。これの最も端的な例は，聖書にみることができよう。この場合，遺言状はいうまでもなく彼の行動を後継者の将来の行動に方向づけているのに，後者の行動はしかし専ら他者に影響された行動としてのみ再びその遺言者の行動との関係に立ち戻ることができるにすぎない。

上述した先代世界に向ける他者態度の重要な固有の特徴は，先代世界

---

56 それにもかかわらず先代世界は，専ら本質的に理念型において把握されるにすぎない。だが類型化においては，それ自体本質的に不変的でないものは，なにも不変的に措定されないのである。

57 上述の第4章第30節226頁以下を参照。

の経験が一般に私たちに与えられる特殊なあり方の中に，その片割れを見出す。先代世界についての私たちの知識もまた，第一に同時代世界についての私たちの知識と同じように私たちの直接世界の他我や同時代世界の他我の表明行為から取り入れられる。この表明内容は，表明者自身の前々の体験（たとえば父の子どもの頃の想い出）であったり，もしくは情報提供者の前々の直接世界あるいは同時代世界についての諸体験であったりする。ここで直接世界ないし同時代世界と先代世界との間に流動的移行が行われるということが明らかになる。というのは，自分の子どもの頃の想い出を語る私の父親は，私と一緒の直接世界の関係にあり，かつ私の誕生以前に横たわる彼の諸体験は，過去の時間特性を帯びているにもかかわらず，相変わらずこの私の直接世界にいる他我の諸体験であるからである。そしてそれにもかかわらずこれらの体験は私の先代世界の一部である。なぜなら，私の直接世界の他我がまさにこれを体験した〈今このように〉に，私は私の持続のいかなる〈今このように〉をも関係づけることができないからである。私が君態度あるいは彼ら態度を向ける，ある他我の前々の直接世界や同時世界も，私にとってはまた先代世界である。しかしこの世界を私は依然として私の同時代世界や直接世界の過去の体験として経験し，この先代世界を私はその情報提供者に向けた，君態度や彼ら態度の媒介によって経験しているのである。そして情報提供された体験は，私には，その情報提供者の主観的意味連関の中に組み入れられている，彼の諸体験のように思われるのである。

第二に，私は先代世界についての経験を，それの証拠となる最広義の記録もしくは記念碑から手に入れる。通常これらの産出物には記号の性格が備わるが，この場合，後代世界の私たちによって解釈されるために記号指定がなされたのか，それともその措定者の先行与件である同時代世界を専ら顧慮してそれがなされたのかは，原則的に言ってどうでもよいことである。

私たちの先代世界への態度が具体化と現実化の実に様々な段階で可能であることは，ここで詳細に論ずるまでもなかろう。それは，これまで特徴づけたような先代世界の特殊な経験の構造から生ずるのである。先代世界についての私の経験の源泉と言えば，それは私の直接世界もしくは同時代世界からの表明行為である以上，これらの領域に当てはまる体

験の近さや内容充実性の基準は同様に先代世界にも転用されうる。もちろん，先代世界の他者態度が示す体験の近さや内容充実性は，言ってみれば間接的なものにすぎない。なぜなら，当の私にとって先代世界の他我がある直接世界の他我もしくはある同時代世界の他我として体験した，まさしくその他我の直接世界の君態度なり同時世界の彼ら態度なりがどれだけ体験に近くしかも内容の充実したものであったかどうか，その点にこれは依存しているからである。その上これは，私自身その表明者に向けていた体験の近さや内容充実性の程度によっても規定されるからである。

　ところで先代世界の私たちの知識は，措定された記号という形で前々から与えられている限り，この記号それ自体，もしくは，この記号が意味するものは，なによりも匿名的であり，どのような持続からも切り離されている。しかしあらゆる記号は措定された記号であるから，いつでもその記号の措定者の主観的意味へ注意を向けることができ，いつでも措定者の持続経過の中でこの措定者の行為を複定立的に再構成する作用に注意を向けることができる。もちろん，先代世界の君による複定立作用は，専ら準同時性の形で捉えられるにすぎない。つまり先代世界の他我のもつ意識経過の証拠であり，また既に構成されて私の解釈の前にある経験対象が，措定作用へと分解され－この措定作用の沈殿物が経験対象である－，それがあたかも解釈作用と同時に経過するかのように想像されるということである。しかしこの場合は記号措定者が歴史研究の対象となるわけではなく，たとえそういう場合があるとしても，これは例外的ケースである。史料はただ記号措定の直接世界なり同時代世界なりを参照しており，これによって記号の証言する客観的事態は，大なり小なり内容充実性を帯びている。それは，私の同時代世界がある直接世界の他我によって表明されるその直接世界の諸体験から構築されるということ，そして私はその表明の記号を介してしかもその表明者の意識経過を括弧に入れて，私の同時代世界であるその他者の直接世界の方に目を向けることができるということと同じである。これと全く同じようにして私は，眼の前にある先代世界の記号〔史料〕をその措定者である先代世界の他我の準同時的意識経過に分解することができる。この場合私は，他我の意識経過を括弧に入れて，コミュニケーションの対象であるその

記号措定者の同時代世界や直接世界を，私の先代世界として理解しているのである。

したがって先代世界は徹頭徹尾他者の直接世界と同時代世界であり，またこの理由からそれは，私たち自身の同時代世界と同じように，様々な程度の体験の近さや内容充実性を示すのである。また先代世界の経験は常に間接的であるから，先代世界の他我は，同時代世界の他我と同様，専ら理念型として把握されるにすぎない。これにはもちろんある重大な変更が伴う。

即ち，先代世界の他我は，私自身の周囲とか私が私の同時代世界とみなしている，そのような周囲とかから根本的に異なる周囲に置かれている。直接世界や同時代世界の観察の場合には，たとえ漠然と境界づけられているだけにしても，その時々の経験連関の核心が存在しており，これに基づいて類型的解釈が行われる。この経験連関の核心は，我々であれ彼らの人格類型であれ，自我と他我に共有されているものである。そこでたとえば，「一般に私の同時代人」という同時代世界の理念型には，ある一定の経験連関が予め所与として割りあてられる。「現代文化」のように曖昧なそれ自体解釈の必要とされる術語で言い表されているのが，それである。しかるに先代世界に生きる他我が彼の〔意味〕措定ならびに〔意味〕解釈の諸現象をそこから遂行した，経験連関は，私たちの先行与件である，一般に同時代世界の経験連関あるいは一般に同時代世界の文化の経験連関とは，原則的に別の物である。したがってその先代世界の他我が彼の体験を組み入れた意味連関は，ある同時代世界の他我が，「全く同じ」体験を組み入れるであろう意味連関とは，原則的に全く別の事柄である。またその先代世界の他我の体験はこの同時代世界の他我にとって異なる意味連関にあるのだから，それは「同一の体験」でさえないのである。しかしながら次のように述べることはさしつかえない。先代世界の他我のこの経過中の体験と当の体験者〔先代世界の他我〕がこの体験に向ける態度とは，一般に人間の体験についての私たちの経験からすれば意味連関にあると解釈できる，と。「自然法則や人間の心情の同形性と変ることのない統一性こそ…はるか昔の上代の出来事が，外部からの個別的出来事の合流のもと，現在の流れの中に回帰するということ，それ故に，私たちの観察範囲にある真新しい現象によって，先史時代の

中に迷い込んでいる現象について，ある推論が行われたり，一条の光があてられたりするといったことの理由なのである」とシラーはいう[58]。シラーがここでその時代の言葉で人間の心情の変ることのない統一性と呼んでいるものこそ，人間の体験一般の本質に関する私たちの経験を総括するものと解してよいであろう。これは，私たちに先行与件である直接世界や同時代世界の経験，あるいは私たちの文化の連関を必然的に超越するものである。

　以上から次のことが明らかになる。私たちの先代世界の解釈は，先代世界がその体験の自己解釈の際に用いなければならなかった解釈図式とは異なる解釈図式に，必然的に依拠しているということである。私の体験の自己解釈と先代世界的他我の体験の自己解釈との等置は，曖昧であり，また私の同時代世界の周囲を私の周囲とを等置することよりも，はるかに高い程度で単なるチャンスという特性を帯びている。このことは，さらに，私が先代世界の経験をそれによって獲得する，様々の記号が収納されている，客観的記号システムにも妥当する。この記号体系は，いうまでもなくそれ自体完結した，既に構成済みのものであり，その限りで不変である。しかしながら先代世界の措定作用にとって表現図式であった，かの図式は，私たち後代世界のものにとって解釈図式ではあっても，全然私たちの表現図式である必要はない。そこで判然とせずにチャンス的性格を帯びるのは，先代世界の表現図式に対する私たちの解釈が適切かどうかである。1つの例をあげよう。定められた楽譜の記号体系から，どのようにしてヨハン・セバスチャン・バッハの作品に対する「正しい」解釈，作曲者自身の意図している解釈を引き出してくるか，という論争が想い起こされる。哲学史においても先代世界のある哲学者のある術語にいかなる意味を認めるべきかという論争の例には事欠かない。

58　シラーの論文「普遍史の意味と目的」("Was heißt und zu welchen Ende studiert man Universalgeschichte?")にある。またブルクハルト『世界史的考察』(Jakob Burckhardt, *Weltgeschichtliche Betrachtungen*, S.5)をも参照。「私たちの出発点は唯一恒常的であり，私たちにとって可能な中心的存在，忍耐し，努力し，行為する人間，現にあり，常にあった，将来もあるであろう人間である。したがって私たちの考察はいわば病理的であるだろう。」

先代世界の記号解釈の難しさは，同時代世界の記号解釈の有するチャンス的性格とは比べものにならない。先代世界の他我は基本的に参照できないだけでなく，同時代世界の社会関係や観察の場合には，少なくとも原則的に常に与えられている事前に行った解釈を事後の直接世界の社会関係において検証できるが，先代世界ではその可能性もまた欠落しているのである。

さらに次のような事情もある。先代世界の私たちの経験は，私が先代世界の他我についての諸経験を本質的に不断に豊かにするとは主張できない―直接世界ならそう言明できるのに―という限りで，原則としては閉ざされ完結しているということである。また同時代世界の他者態度に特徴的にみられる類型化された客観的意味連関の新しい増大による経験の拡張も，先代世界の経験の場合には，ごく限られた形でしかあてはまらない―私たちの知識から遠ざけられていた史料がたまたま偶然に発見されたといった場合である。しかしこれは，純粋に技術的前提であって，決して本質にかかわる事柄ではない。

さて歴史学の重要な課題は，歴史事実を構成するために私たちに前々から与えられている先代世界の全体からどのような事象, 行為, 記号等々を引き出し，これを科学的に解釈することができるかを確定することである。マックス・ヴェーバーのエドワルト・マイヤー[59]に関する反論は，既にこの問題に一定の解釈を与えており，それ以来歴史主義をめぐる論争は，この主題を関心の前面に押し出してきている。ここでは，これまで論じてきた先代世界の解釈から若干の結論を引き出すだけにとどめたい。

他のあらゆる課題と同じように，歴史家の課題も，私たちが関心状況という見出しのもとに分析した動機づけによっている。歴史家の関心状況もまた，歴史家のその時々の〈今このように〉に依存しており，歴史家の生への注意や，歴史家が先代世界ばかりでなく同時代世界にもそのような仕方で注目する特殊な注意変様にも依存している。個人がその体験を様々な持続の時点からそれぞれ比較できないほど多様な注意変様にお

---

[59] この点については Weber, *Gesammelte Aufsätze zur Wissenschaftslehre,* S.215-265 を参照せよ。

いて回顧するように,歴史家もまた様々な注意変様において,その対象を歴史家の「一般に社会的世界」に関する経験の総体から注目しているのである。こうして歴史家は,意味連関を変えながら,絶えず別の類型,しかも「一個同一の」事実に関する別の経過の類型や別の人格の理念型を構成することになる。歴史家の社会的世界一般に関する経験の総体には,同時代世界の経験,別言すれば歴史家の生きている時代の文化連関の経験が含まれているし,さらに先代世界一般に関する科学的経験や前科学的経験の全体が含まれている。この歴史家の経験の総体から歴史家は,自分に与えられている歴史の問題を振り返り,次いで経過した事象をその経過によって再構成する。その場合歴史家はこの再構成を意味適合的に行う。つまり歴史家はその構成が,経験全体,先代世界一般そして世界一般に関する歴史家の先行知識全体に一致しなければならないという公準のもとに,この再構成を行うのである。歴史主義はあらゆる歴史事象の重要性を歴史家のその時々の〈今このように〉に相対化する限りにおいて,正当である。しかしながら歴史主義は,先代世界の領域を踏み越えて観念的対象の無時間的(あるいは超時間的)範疇をも歴史的範疇へと解消できると想定する限りにおいて,不当である。こうすることは,歴史主義が客観的意味連関自体を問題にすることであり,先代世界の前々の知識から得た,解釈図式でありながら,歴史主義はそれだけが世界の解釈を一般に可能にするような解釈図式を問題にすることになってしまうからである[60]。

どのような達成的行為が先代世界の行為者およびその行為者の直接世界や同時代世界自体にとって重要であったのか,という問いが提出されることもありうる。しかしこの問いかけは,問題を解決しないで,これを後退させるだけである。なぜならある歴史的時代のいかなる達成的行為が行為者にとって,あるいはその同時代人にとって重要と思われたかを歴史家が確定しようとする場合には,歴史家は先廻りしてこの遂行的

---

60 歴史記述と社会科学理論との間の関連ならびにそこから生ずる歴史主義批判については, Mieses, "Soziologie und Geschichte," In: *Archiv für Sozialwissenschaften und Sozialpolitik,* Bd. 61, S. 465-512, 特に S. 489ff. を参照せよ。

行為が重要であると見なされた，その真の理由・動機を辿らなければならないからである。ところで真の理由・動機は専ら過去完了時制において推論できるものである。歴史家がこの理由・動機に関連づける場合には，歴史家は動機づけのあるもの，目標定立を既に承知していることを暗黙のうちに前提している。歴史家はある程度その達成的行為の遂行を前にした先代世界の他我と自分を一体化して，その行為者がこの状況の下で企図しえたであろう様々な企図の可能性について熟慮することができる。もっと一般的に言うならば，次のように歴史家は問題を立てることもできるわけである。仮にある一定の出来事はAでなく，代わりに他の出来事Bが生じたとしたら，この歴史的出来事は一体どのような発展を遂げたであろうかと。こうした設問の背後にはどのような暗黙の前提が潜んでいるだろうか。歴史家は，この設問の時点で，当時しかじかに実際に生じた遂行的行為がその企図を実現したという限りで，その行為者によって理解された企図を承知している。さらに歴史家は，その設問の〈今このように〉に至るまでの歴史的出来事の経過を知っている。これらすべての知識を用いて，歴史家は，次に出来事Aの選択が行われる直前あるいは発生の直前の時点に自分をおいて，それから歴史家は，あれこれとただその企図の時点における行為する人物たちの諸々の理由・動機の経験から，これらの理由・動機が組み入れられうる，ありうる可能的企図について問うのである。私たちは既に類似の問題提起を一般に選択行為の分析の際に経験している。そこで[61]わかったことは，真の理由・動機の考察において論証済みであるが，2つの可能性間のこうした推定による選択や固定して前もって与えられる真の理由・動機からの推定による出発には，当然のことながら事後解釈（エクス・ポスト）という特性が備わるとうことである。直接の現在までの歴史的経験から出発しさえすれば真の理由・動機は推定されうるし，またこの経験からのみ生じた出来事Aとその歴史的生起のその後の形成との関連性もまた判断することができるのである。過去の歴史のみが存在し，現在の歴史はすべて全くの経過にすぎず，どの行為の遂行も企図の営みも自由の中で行われ，遂行的行為そのものの中では真の理由・動機に目が向けられることもほとんどない。これに対して過去

---

61 第2章第11節107頁以下を参照。

は，基本的に不自由であり，チャンスの性質をもっていない。またあらゆる遂行的行為の真の理由・動機は，過去完了時制において，少なくとも原則的にいつでも眼指に捉えられるのである。

歴史事象の全体の流れを振り返り，これをたとえば私たちの持続における体験の経過と比較してみると，この歴史の流れには私たちの体験や私たちの持続経過に類似した，ある連続性と多様性のみられることがわかる。類似してはいるが，この両者は同一のものではない。なぜなら歴史経過自体は，体験経過のように個人の持続の中で起こるのではなく，客観的時間の中で起こるからである[62]。歴史経過はまた，匿名的出来事をも含んでいるし，歴史経過には共存と不変の要素，同質の要素や反復可能な要素がある。しかしながら歴史のこの流れは，自分らの持続の内部における他我たちの真の体験や自分らの直接世界と同時代世界についての他我たちの体験に解消できるのである。直接世界と他我たちの体験は，我々という真の持続体験において結ばれたし，同時代世界とはその真の持続体験に基礎づけられた彼らという体験において結ばれたのである。その間この我々関係なり彼ら関係なりを構成する諸個人は，原則として絶えず交替する。1つの世代が次世代に移るにつれて，直接世界が絶えず先代世界へ変転し，後代世界が直接世界となるのである。先代世界となった直接世界，他我が純粋な我々において結ばれていた直接世界に代わって，今度は後代世界が我々関係に進入してくる。いわば人類の歴史のはじめから今日に至るまでの連続した我々関係が想定されるわけである。我々関係の担い手は入れ替わり，その内容たるやきわめて多種多様であって，その上この関係の具体化の諸形式も無限に多様でありながら，それにもかかわらず人類の歴史は我々関係として終始存続している。歴史のこの見方は，たとえ形而上学的解釈の余地を与えるにしても，これは決して形而上学ではない。むしろこの見方のみが先代世界，否，一般に社会的世界に関する私たちの経験に統一的見方を可能とし，この見方のみが歴史の主観的意味連関に向ける注意作用の可能性を正当化するのである。

---

[62] Simmel,"Das Problem des historischen Zeit," In: *Philosophische Vorträge der Kantgesellschaft,* Nr. 12, Berlin 1916 を参照せよ。

歴史解釈の出発点を，経過し去った達成的行為の客観的意味連関にとるのか，それともあらゆる歴史的出来事がその中に収納される我々の主観的意味連関にとるのかに応じて，事実の歴史と人間の行為の歴史とがありうるわけだし，客観的意味連関の歴史と主観的意味連関の歴史とが存在しうるわけである。ここから歴史家は，予め歴史家の問題設定の正当性を引き出し，さらにこの問題設定がまたこれに関連する史料の選択を調整するのである。

これと関連してごく簡単に後代世界について触れておこう。本章においてざっと輪郭を示した社会的諸領域の画像は，この後代世界をもって完結する。先代世界は経過し生成した世界として常に不自由で確定されている世界であり，直接世界はその世界が自由であることにより，同時代世界はまたその世界に固有のチャンス的特性を帯びることにより，それぞれ特徴づけられるとすれば，後代世界については次の主張が当てはまる。即ち，後代世界は全く未確定で確定不可能にとどまると。私たちの行動が後代世界に方向づけられるという場合，それは一般に後代世界が存在しているということに方向づけられているにすぎず，後代世界の相-在，後代世界のその時々の〈今このように〉におけるしかじかの状態には方向づけられていない。この場合類型化の方法もまた不十分なままである。なぜならこの類型化の方法は，一般に先代世界，直接世界および同時代世界についての私たちの経験に基づいて構築されるのであり，いかなる接近原理も私たちの経験のうちに見出しえない後代世界には，これは妥当しないからである。私たちの直接世界や同時代世界が後代世界として解釈されうるのは，専ら前者の世界が私たちよりも生き長らえるであろうし，将来の後代世界が真の我々関係もしくは彼ら関係から生長すると考えられるところでのみ，私たちの同時代世界や直接世界に妥当する，解釈原理をチャンスとして後代世界にも転用することができるということである。この後代世界が私たちの〈今このように〉から隔たるにつれて，先代世界による一切の理解を基礎づける私たちの表現図式の解釈可能性も，ますます疑わしいものとなる。

以上の諸点を考慮しただけで既にわかることは，過去と現在を説明できるのみならず，未来をも当然予言できるとする，超時間的歴史法則に関する信仰がいかに誤りであるかということである。あらゆる後代世界

はそれ自体必然的に非歴史的であり，完全に自由である。後代世界は，虚的観念において（いわば未来予持において）先取りすることはできても，具象的仕方で想像することは決してできない。後代世界は企図することができない。なぜなら後代世界における私たちの様々な予期が実現されるか否かは，すべて根本的に言って未定のままなのであるから。

第5章　理解社会学の根本問題

第42節　これまでの研究結果の回顧

　前章において，私たちの意味理解の理論を簡単に要約し，この理論を最終的に具体化できる諸成果を明らかにした。私たちは，人間的行為の思念された意味というマックス・ヴェーバーの概念にみられる曖昧さから議論を始めた。行為が定義されないかぎり，「行為者がその行為に結びつける」思念された意味について語りえないことは明らかである。ところで行為の定義は，厄介な構成分析によってはじめて手に入れることができた。ここで私たちの得た結論は遂行的行為とは自発的能動性による先行的企図の体験である。したがって，特殊な性質の1つの〈注意作用〉Zuwendung によって他のあらゆる体験から際立たされ区別される1つの体験のことである。この定義によれば「その行為者が彼の行為にある意味を結びつける」という語句は，単に1つの言語的隠喩として把握されうるにすぎない。なぜなら専らその体験への注意作用の特殊な仕方がこれを行為にするのであり，この体験への注意作用の特殊な仕方がまさにその行為に間違って述定される例の意味だからである。さらに体験経過としての〈遂行的行為〉actio と実際に経過してしまった〈達成的行為〉actum との重要な区別を私たちは悪戦苦闘の末に明らかにし，企図の中で未来完了時制的に経過したであろうと予想される，企図される達成的行為の特殊な構成の仕方についても記述した。

　最初の意味概念は，それ故，全く一般的にどの種類の体験にも適用可能であることが，以下の構成分析から明らかとなった。即ち，ある体験の「意味」はある経過し去った体験への特殊な注意作用のうちに解消可能であり，これによってこの体験は持続の経過から際立たされ，「そのような」体験，「こうであり，他ではない」性質の体験となるのである。しかしながら，前述定的に前現象的体験に関連している，この最初の意味概念は，さらに拡張しうるし，また拡張する必要のあるものである。と

いうのも私たちの研究対象は、何よりもその体験者が自分の体験に、その行為者が自分の行為にまさに「結びつけている」その特殊な意味にあるからであり、また「思念された意味」という術語が使用される際には、明らかにこの特殊な意味が問題になっているからである。この意味概念の構成を調べるために、私たちは現象学の根本原則によっていつでも一条の視線において眺められる、例の一連の複定立的に構築する諸作用に注目したのであった。その上この種の諸経過には客観的意味連関があることを指摘し、次いで私たちは経験的世界の〈構成〉Konstitutionを、このような意味連関の多様な秩序からなる1つの〈構築体〉Aufbauとして分析したのである。これを機会に私たちは、経験の図式、問題なく所与として構成された〔経験の〕基層、および経験の蓄えという概念を明らかにした。また注意の変様の理論を契機にして、私たちは、問題になるものと当り前に受け取られるものとの区別が「関心状況」、その時々の〈今このように〉における生への注意に依存していることを論じた。このようにして私たちは、思惟の実際的動機づけを明らかにすることができたのである。これらの分析から遂行的行為の概念について次の確認が得られる。即ち、遂行的行為の経過もまた、遂行された経過の後に一条の視線においてまさに達成的行為として眺められる、一連の複定立的に構築される諸作用として把握できるということである。つまりその遂行的行為そのものが1つの意味連関なのである。このようにして私たちは、ある遂行的行為の特殊的意味連関がその企図の幅に依存し、ただこの企図だけがその遂行的行為の単位を構成することができるということを知ったのである。かくしてその遂行的行為の主観的意味に関する問いが重要となる。というのも、その解釈すべき意識経過を1つの単位的遂行的行為にするのも、主観的に、ただ主観的に決められるからである。客観的に先行与件である達成的行為の諸経過をその先行与件の企図に遡及せずに単位として解釈することはできないし、その諸経過をある主観的意味のせいにすることもできない。ヴェーバーにおいては〈企図した〉達成的行為と〈遂行した〉達成的行為とが区別されず、このことからある遂行的行為の意味がそれの動機と同一視されている。これに対して私たちは、その動機には既に一連の複雑な意味構造が先行与件であるとの結論を得たのであった。動機というものを私たちは動機づけるものと動機づけら

れるものとの間の意味連関として理解し，目的-動機と真の理由-動機とに区別できたのである。またある遂行的行為の目的-動機の内部にも私たちは種々の意味の層があることを示すことができたし，ある遂行的行為の〈…のために〉が未来完了時制的に企図した達成的行為と同じであり，その達成的行為のためにその一歩一歩築き上げる遂行的行為が実行されることも確認することができた。これらの分析を私たちは孤独な私の持続内部で行い，そのようにして各自の達成的行為や各自の遂行的行為の自己理解という概念に到達したのである。自己体験を解釈することを私たちは一種の総合的再認の作用，つまり注意作用を向けて把握したものを，それが相互に一致する，経験の諸図式のもとに引き戻し，組み入れる作用として理解した。

　次に私たちは，社会的世界の分析に移行した。社会的世界の中で私は1人の他我としての隣人を見出す。この存在は意識や持続を有し，私と同じように，注意の諸作用において体験を自己解釈によって解釈する能力をもち，また解釈せずにはいられない。私と向き合っているものは1人の他我であり，専らこの他我が行うあれこれの達成的行為の外的経過のみを眼指のうちに捉えるということを私が認識する場合，それはこの経過についての私自身の体験を，私の経験の全体連関の中に組み入れる作用に，したがって私の体験の自己解釈の作用に専らよるのである。ところで私がこの自己解釈の作用の領域に留まるかぎり，私は社会的世界についての私自身の体験を理解するわけであるが，しかし私はまだ他者体験の理解には向かっていない。私の社会的世界についての経験は，私の一般に世界についてのあらゆる体験と同じ仕方で統覚され，しかもこれと全く同じように，ある客観的意味連関の中に組み入れられる。しかし他我についての自己体験のある客観的意味連関への組み入れが行われると，いつもその他我の体験の方へ眼指が向けられるようになる。なぜなら知覚された経過は，この行為を措定した他我にとっても1つの意味連関にあるからである。そうなるわけは，他我の側でも，ある単定立的視線で彼の達成的行為を構成するその複定立的諸作用に目を向けることができるからである。このような眼指の方向転換が行われる時に，（私たちの選んだ術語によれば）客観的意味連関から主観的意味連関への移行が行われる時に，私たちははじめて本来の意味における他者理解につい

て問題にすることができるのである。

　主観的意味連関への方向転換は、あらゆる種類の産出物について可能である。産出物は常にこれを措定した人々の意識経過の証拠として解釈されうるからである。次に、私たちは他者体験のあらゆる経験がしるしによって得られることを理解した。あらゆる証拠やしるしのうち、私たちが特に強調したのは、それが再び1つの意味連関におかれる記号である。即ち、その記号の措定者にとっては表現図式であり、その記号の解釈者にとっては解釈図式であるような意味連関である。表現図式そのものも解釈図式そのものも客観的意味連関として解釈されうるが、その場合これらの記号を措定する遂行的行為、1人の生き生きした意識の中での構築的諸作用としての遂行的行為をすべて無視して、その解釈を遂行した達成的行為もしくは記号そのものにこれを限定するのである。しかしこの措定された記号は産出物であるから記号の措定作用へと分解され、したがってそれはある遂行的行為へと分解されうるのであり、これには遂行的行為を位相的に構築する諸作用において構成する者の意識諸体験が対応しているのである。しかしこの意識体験に目を向けることによって、記号的世界の内部における客観的意味連関から主観的意味連関への移行が生ずる。ところで「理解」という語は、一般に主観的意味連関の解釈のためにも、産出物という客観的意味連関の解釈のためにも用いられる。しかしまさにこのことの故に社会的世界の認識にとって重要な問題―この「理解」という語の曖昧さが解消されてはじめて一般に明らかとなる問題―が覆い隠されている。それは他者体験の意味と他者理解は自己体験の意味と自己理解に対して徹底的に異なる意義をもつということである。また、ある産出物に述定される意味は―何かある自然の事物のそれとは異なって―次の意味に他ならない。その産出物は、解釈者である私にとって意味連関にあるばかりではなく（即ち、私だけがそれを解釈し、この産出物が世界の事物として私の私的世界に属するというだけでなく、私たち全員にとってもある共通の間主観的世界に属するからである。したがって、それは私たち解釈者たちにとって1つの意味連関にあるばかりでなく）、同様に産出者である君にとっても諸々の意味連関にあることの証拠である。この意味では「その有意味的世界」とは（自然的世界とは異なり）この有意味的なものを措定した他我にまで立ち戻

第5章　理解社会学の根本問題　329

ることである。ただ解釈者である私たちは，私たちの体験の一切を経験図式の中に組み入れるが故に，自然的存在も有意味的存在も同じように客観的意味連関の中に含めてしまっているのである。どのような仕方で主観的意味連関としての他者の心が顧慮されうるのかを，私たちは社会的世界の観察や社会関係の分析によって明らかにした。そこで分かったことは，あらゆる他者理解が解釈者の自己解釈作用に基づくこと，ある措定された記号の客観的〈意味〉には現在の機会因的〈意義〉Bedeutungが付着していることである。私たちは記号の意義機能と表現機能を相互に区別することができたし，一大雑把にすぎなかったが一他者の解釈図式を捉えるための特殊な技法についても論考した。様々な社会的領域における動機連関の研究によって，私たちは社会的領域におけるいずれの意味措定も解釈のために行われ，いずれの意味解釈も意味措定作用に遡って行われることを確認するに至った。そしてこの動機連関の研究とともに，「社会的行為」や「社会関係」の問題に接近する糸口を掴んだのであった。

　ヴェーバーの社会的行為の概念を分析することによって，他者態度や他者影響の特質が明らかになり，私たちの分析はそこからさらに態度関係や影響関係の問題に移行した。つまり，社会関係の当事者や局外の第三者にとって，一般に態度関係や影響関係はどのような形式的構造を有するかという研究である。これによってわかったことは，他者態度の対象となる他我は直接世界の，同時代世界の，先代世界の，あるいは後代世界の他我であるかどうかによって，社会的行為や社会関係の概念は多様な変様を被るということである。次いで私たちは一般にこのような社会的世界の領域の分析に目を転じた。直接世界の社会関係においてのみ，私たちは直接君の体験経過に，現に〈今このように〉ある君の体験に目を向けることができ，他方その時々の〈今このように〉における各自の体験は自己解釈の及ばないものにとどまる。自己体験の自己解釈は，常にある過去の体験についてのみ可能なのである。続いて私たちは，私と君が我々という形で私の持続と君の持続を同時に，分かち難い眼指の中で把握できる真の我々関係について論じた。この我々関係も，多様な陰影に富んでいる。我々関係は様々な程度の現実化と具体化を示し，比較的親密な人物の体験といっても，社会関係にあるものたちには，身近である

とか疎遠であるとか,様々な体験が含まれうるのである。言い換えれば,我々関係といっても,その体験の近さの程度は様々であるということである。これに対して同時代世界における他我は生身の姿で直接私に与えられず,専ら間接的に与えられるにすぎない。他我は,いわば匿名化され,代わりに類型が現れる。それは一定の達成的行為の諸経過についての既存の経験から構成される類型である。この類型自体も再び君の生き生きした持続との近さにおいて大小の差があり,したがって内容充実性の程度も様々である。私たちは私が同時代世界の他我に関係づけられる態度のことを彼ら態度と呼んだ。なぜかと言えばこの態度はある生身の姿をもつ君の相・在にではなく「かのようである」こと,つまり理念型的に把握された他我の「あたかもの存在」を念頭に置いているからである。私たちは,このような彼ら関係の様々な諸相を分析し,「一般に私の友人N君」の理念型から様々な人工物や客観的記号体系の産出者として「人」の理念型に至るまでの,一連の次第に匿名化する理念型の連続態を記述した。他我が次第に匿名化し非個人化するにつれて,生き生きした持続からの疎隔が生ずる。相手が匿名化するにつれて,それだけますます相手は体験できなくなり,相手は思考されるだけのものとなる。それに伴って,この相手の行為について斟酌できる自由の程度も減少する。直接世界の社会関係では生身の君は自発的能動性において捉えられ,私が方向づけられる相手の将来の行為も全くのチャンス特性を帯びているのに,類型〔としての相手〕は,正しく理解すれば,不自由なのである。類型化された相手は,同時代世界から脱け出て,直接世界の関係に入らないかぎり,類型超越的には行動できない。さて,先代世界は完全に不自由であり,後代世界はいずれにしても全く自由である。第11節でみたように,正しく理解すれば,自由の問題は純粋な時間の問題であるから,この社会的世界の意味層内部でも意味は時間によって一般的に規定されていることが判明する。個人の意識領域に関しては,第2章で明らかになっている。

　以上の分析を私たちは社会関係の参与者ばかりでなく,社会的世界の観察者にも同様に施した。ここでも直接世界の観察者,同時代世界の観察者および先代世界の観察者それぞれの間には同じような相違が見出されたのであった。この相違を繰り返して述べることはもはや必要なかろう。

第43節　同時代世界の観察と社会科学の問題

　前節において改めて説明した変様に関する研究，直接世界，同時代世界，先代世界そして後代世界の諸領域において他者態度や社会関係が被る様々な変様に関する研究が，続く論考の基礎となる。これまで行った分析は，主として自然的態度の人間，社会的世界の中に生きる私たちによる，この社会的世界の把握や解釈と関連して行われたものである。社会科学固有の問題については，専ら個別的な点について暫定的説明がこれまでなされたにすぎない。社会科学固有の問題とは次のことである。社会科学にも実際に社会的世界が先行与件であり，しかもそれは私たちが生きている，まさに同一の社会的世界である。けれどもその場合社会科学者は，社会的世界における生活者が自分たちの経験を獲得するのとは異なる仕方で，この同一の基層から諸々の経験を獲得し，これらの経験を異なる意味連関に秩序立て，異なる仕方で加工するのである。

　日常経験と社会科学の経験の関係については，第4章A.序論で指摘した通りである。その際この両者を正確に境界づけることがいかに困難であるかも明らかにした。日常生活の中で私が隣人のことを想い巡らす時には，私はいわば社会科学的態度を隣人に対してとっている。しかも科学に従事する場合，私は依然として市井の人の1人にとどまる。否，科学は独り私のための科学であるにとどまらず，万人のための科学であるということ，これは科学の本質に属する事柄である。さらに科学は，ある認識共同体の諸経験と私の経験が一定の参照関係にあることも予め前提にしている。認識共同体の経験とは，私と同じように，私と一緒に，私のために科学活動を営む，他の他我たちの経験のことである[1]。そういうわけで，諸社会科学の問題は既に前科学的領域で始まり，社会科学自体は社会的世界の生活という見出しで私たちが論じた，例の一般的領域の内部においてのみ可能であり，また考えられる事柄なのである。以上のことから，社会科学の従事者は，市井の人として生活する際に収集し，日常的つき合いの中で絶えず拡張していく，その経験をもってそのまま

---

[1] これについては Husserl, *Logik*, S. 29 と S. 206 を参照せよ。

科学的経験とみなすことができる，と主張することは決してできない。むしろここで述べたいことは，社会的世界の把握についての特に科学的方法の1つの批判はいかなる点から始まるか，その点を専ら指摘することである。

社会科学がその対象である社会的世界に対してとる特殊な態度とはどのようなものであろうか。原則的に言えることは，社会諸科学は同時代世界の観察者がそうしているのと全く同じような態度を社会的世界に対してとるということである。前章において私たちは，この観察者の他者態度について詳しく分析した。社会科学自体には，事柄の性質上，いかなる直接世界も与えられていないという事情が，とりわけ社会科学者をこのような観察者から区別する。社会科学の世界は，言うまでもなく直接世界の様々な社会関係にいつも身を置いている社会科学者の世界であるとは限らない。むしろ社会科学には先代世界も与えられているのであって，歴史学にはこの世界があるのみである。このようなわけで社会科学の経験連関は，日常生活における社会的同時代世界の観察者の経験連関とは必然的に相違する。

マックス・ヴェーバーは，彼一流の明晰さと鋭さをもってこの問題を理解していた。彼は，ミュンスターベルク[2]との論争の中で，科学的心理学と「人間通(メンシェンケンナー)」の心理学との対立の深い理由を述べている。この論争で，人間通は人間全体に通じているか，全く通じていないかのいずれかであるというミュンスターベルクの主張を反駁して，ヴェーバーは，人間通とは，その人間について，何が彼の特定の具体的目的にとって重要であるかには通じているが，それ以外は何にも通じていないのである，と応酬している。「何がその人間に対して特定の具体的に与えられた観点のもとで重要となるか，これを，ある法則を追求する純粋心理学理論は，既に直接の論理的理由からして，みずからのうちに含めることはできない。これは実際その時々に考察に付される，当然ながら単に『心的なもの』だけを含んでいるのではない，生の布置状況の無限な変化に依存し

---

[2] Weber, "Roscher und Knies und die logischen Probleme der historischen Nationalökonomie," In: *Gesammelte Aufsätze zur Wissenschaftslehre*, S. 81. Ank. 1.

ており，世界に関するいかなる理論も生の布置状況をその『諸前提』のうちに汲み尽して，これを収容することはできないのである。」ここでヴェーバーの言葉に幻惑される必要はあるまい。以上の引用において特徴づけられている相違は，決して心理学の問題にだけ関係しているのではなく，根本的に科学的経験と日常生活の経験との間のそもそもの相違に関係しているのである。

　何によって科学的判断は，日常生活の判断から区別されるのか。フッサールの労作，とりわけ形式的論理学と超越論的論理学に関する研究が，これについてのかなり決定的ともいえる解釈を与えている。あらゆる科学的判断は，世界を最大限の明瞭な一義性と明晰性において認識することを目標にしている。科学的判断においては，ありのままにあり，それ以上の説明を必要としないいかなる前提も先行予件の存在も承認されない。むしろ日常生活の判断には——それが私の判断においてであれ，私が一緒にあるいは後から下す，別の他我の判断においてであれ——問題なく所与と仮定していること，それ以上に解釈を必要としないと簡単に思いこんでいること，あるいは曖昧にもつれ合って考えられていること等が含まれており，これらは一歩一歩説明しつつ明らかにされねばならないのである。

　社会的世界の生活者が通常この世界について考えている事柄を最大限に明確に説明すること，これがあらゆる社会科学の，それ故理解社会学の第一の目標なのである。ヴェーバーは社会的世界の生活者が理解や解釈を行う意味解釈や意味措定の事象を「人間的行為の思念された意味」という根本問題——これはもちろん十分明らかにされていない——から説明する試みを企図するのであるから，彼は日常生活において社会的世界について判断され，想定される事柄が，科学的手段によってはっきり説明でき，また説明されるべきであることを前提にしているのである。

　私たちは後の箇所で社会科学の分類可能性という難しい問題を取り扱うつもりである。さしあたりここでは，ヴェーバーの社会学を手がかりにして，それぞれの社会科学が対象に向ける特殊な態度，即ち同時代世界（あるいは先代世界）の観察者の態度から生ずる特殊な帰結について触れることにしよう。

　私たちは，同時代世界がその観察者には直接的〈占有〉においてではな

く，専ら間接的経験においてのみ近づきうること，またその自我はその同時代世界の他我を類型としてのみ把握できることを知っている。日常生活における類型構成に妥当することと言えば，それは類型として不変措定されるものの選択はその観察者が不変措定を行う際の〈今このように〉に依存すること，それはその観察者のこの〈今このように〉における経験の蓄えに依存すること，その観察者が一般に世界，特に社会的世界についての彼のこの知識に対してまさに〈今このように〉において眼指を向ける注意の変様にも依存することである。科学者の類型構成もまた科学的経験の全体連関，同じことだが，一般に世界についての明示的判断の全体連関を参照する。ただし他ならぬこの判断は，それが科学的判断である限り，例の最高次の意味連関，フッサール[3]の比喩を用いれば，ある科学の公理全体，基本命題，定理，その他の理論命題の一切をいわば1つの発話で包摂する意味連関の中に組み入れるのでなければならない。ところで，社会的世界の中にいる観察者が同時代世界をも組み入れる解釈図式は，社会科学者の用いる解釈図式とは必然的に異なっている。同時代世界の観察者の経験には，この特定の観察者の直接世界に関するあらゆる経験が同様に含まれている。この経験は，〈定立的〉判断作用あるいは〈中和的〉判断作用のいずれによって把握されるのか，明示的判断作用あるいは漠然とした判断作用のいずれによって把握されるのか，社会的世界の前述定的「所持」という形で専ら与えられるだけであるのか，この経験は，この観察者がそこにおいて生を営んでいる作用の生き生きした志向性によるのか，これらのことはこの特定の観察者の経験にとってどうでもよいのである。これに反して社会科学の経験連関は専ら定立的明示的判断の諸遂行，構成された理念的諸対象性に，つまり思考の諸成果に基づいており，決してある他我の前述定的な，占有的に体験される把握に基づいているのではない。それは，どこまでも同時代世界（あるいは先代世界）の経験，明示的経験であり，直接世界の経験を何ら指示・参照しない。さらに科学的経験の全体連関の中に総じて世界についての諸科学の思考成果はすべて含まれており，社会科学によって用いられる解釈図式も（単に社会的世界についてだけでなく）総じて世界につ

---

[3] Husserl, *Logik*, S. 23.

いて科学的経験のこの全体連関と両立しなければならない。そのようなわけで科学の原理的根本図式である科学的言明の表現図式や科学的説明の解釈図式は，形式論理のそれであることになる。こうして科学は常に客観的意味連関であり，社会的世界のすべての科学の主題は，一般に主観的意味連関ないし特殊な主観的意味連関の客観的意味連関を構成することにあるのである。したがってそれぞれの社会科学の問題は，どのようにして主観的意味連関の科学は可能であるかという問題に要約される[4]。

　社会的同時代世界の分析は，部分的にではあるが，既にこれらの諸問題に回答したのである。日常生活の素朴で自然的世界観において形成される同時代世界や先代世界についての人格の諸理念型により，主観的諸意味連関は客観化と匿名化の諸構成において把握可能であることが示され，記述されたのである。いずれの社会科学にも社会的世界は同時代世界もしくは先代世界として与えられるにすぎず，決して直接世界として与えられないのであるから，社会科学は社会的世界を常に類型化して，——せいぜい実質的経過の諸類型とか人格の理念型という形をとって——把握できるにすぎない。社会科学は社会的世界を常に間接的にのみ把握することができるのであり，決して社会的世界における生き生きした志向性をそのありのままの姿において把握することはできない。また類型的経験である以上，社会科学の経験，たとえ類型化による把握の対象が主観的意味連関（人格の理念型の中で生ずる意識経過のそれ）であるとしても，1つの客観的意味連関なのである。

　これに続く課題は，日常生活の諸領域において私たちがこれまで指摘した，類型化の諸法則が，社会科学の領域では一般に世界についての先行与件である科学的経験連関の特性，どのような社会的直接世界も［この領域に］欠落している［という特性］によって被る，特殊な諸変様を調べることである。

　同時代世界の観察は同時代世界の他我を把握するにあたって，観察者の経験と合致する理念型だけを目的に適うように構成する。これと同じように，社会科学者もまた主観的意味連関を把握するためには理念型を構成しなければならない。この理念型は科学的経験の全体連関と両立す

4　これについては本章第49節359頁をみよ。

336

るばかりでなく，加えて，この主観的意味連関を「動機」に即して十分根拠のある意味連関として説明するものでなければならない。社会的世界の理念型は，一方ではあらゆる科学の経験的事実と常に矛盾をきたすことなく，他方では今しがた定立したばかりの公準，つまり動機による十分根拠のある意味連関の導出という公準を満足するように構成されねばならない。あるいはヴェーバーの言葉で述べれば，社会科学，とりわけ理解社会学が構成する理念型は，因果適合的であると同時に，意味適合的でなければならないということである。いかなる役割がこの両方の概念にとりわけ理解社会学には与えられているのか，以下で吟味することにしよう。

第44節　ヴェーバー社会学における理念型の機能

私たちがヴェーバー社会学の若干の範疇に分析の目を向ける場合，考察の対象となるのは，天才的研究者の残念なことに未完に終わった主著，即ち『経済と社会』にみられるいくつかの言明である。ヴェーバーの方法論に関する見解には，比類なく「知的に誠実である」人物の場合に当然予想されるように，年月が経つうちに重要な点で変化がみられる。これらの変化の個別的見解は，ここでは断念する。1つには私たちの論述の負担をこれ以上重くしないためであり，1つにはこのテーマをめぐって既に一連の優れた労作が存在しているからである[5]。

---

[5]　Andreas Walter,"Max Weber als Soziologe", In: *Jahrbuch für Soziologie* II.Band S. 1-65; A.von Schelting, "Die logische Theorie der historischen Kulturwissenschaft von Max Weber und im besonderen sein Begriff des Idealtypus".In:*Archiv für Sozialwissenschaften und Sozialpolitik*; Hans Oppenheimer, "Die Logik der sozialwissenschaftlichen Begriffsbildung mit besonderer Berücksichtigung von Max Weber", In *Heiderberger Abhandlungen zur Philosophie* V, 1925. Freyer,*Soziologie als Wirklichkeitswissenschaft*, 1930, S. 145ff., S. 175ff., 207ff.等。ヴェーバーの人格の発展についてはさらに Voegelin, "Über Max Weber" In: *Deutsche Vierteljahrshefte für Literaturwissenschaft und Geisteswissenschaft*. Bd. III. S. 177ff. 同論文 "Gedankrede auf Max Weber," In: *Kölner Vierteljahrshefte für Soziologie Jahrgang* IX S. 1ff. 最後にマリアンネ・ヴェーバーの優れた重要な著書 *Max*

第5章　理解社会学の根本問題　337

　そこで私たちは，ヴェーバーの前述した主著の若干の引用から始めることにしよう。「社会学は社会的行為を解釈しながら理解する1科学である[6]。」「社会学は類型概念を形成し，出来事の一般的規則を追求する。個々の，文化的に重要な行為，形象，人格の因果的分析や因果的帰属を追求する歴史学とは異なるものである[7]。」「社会学は諸概念を構成し，文化的に重要な現象の歴史的因果帰属に1つの貢献をなしうるかどうかという見地からとりわけ，社会学的規則をも追求する。あらゆる一般化の科学の場合がそうであるように，社会学的抽象の特性はその概念が歴史的具体的実在に比べて，比較的無内容でなければならないということを条件としている。社会学がそのために提供すべきことは，概念の一義性を高めることである。この高められた一義性は，可能なかぎり最大限の意味適合性によって得られる。これこそ社会学的概念構成が追求しているものである。このような一義性は…合理的（価値合理的または目的合理的）概念と規則の場合に，とりわけ十分達成されうる。しかし社会学は非合理的（神秘的・預言的・霊的・激情的現象をも，理論的概念しかも意味適合的概念において捉えようとする。合理的であれ非合理的であれ，あらゆる場合に社会学は現実から遠去かり，次の形式においてこの現実の認識に貢献する。即ち，ある歴史的現象がこれらの概念の1つまたはそれ以上のものに接近している程度を示すことによって，この現象が秩序立てられる形式である。…これらの言葉で何か一義的なことが思念されるためには，社会学は自らこの種の形象についての純粋型（〈理念〉型）を企図しなければならない。この種の形象の理念型はそれぞれ自らにおいてできるだけ完全な意味適合性のある一貫した統一性を示し，それであるからこそこの完全に理念的純粋形式においてはおそらくどれも現実には現れないのである。それは真空という前提のもとで測定される物理的反作用が実際には現れないのと同様である[8]。」

　「意味（理解社会学の定義における）とは，(a)事実として，(α)歴史的

Weber, Ein Lebensbild. Tübingen 1920 をみよ。
[6] *Wirtschaft und Gesellschaft,* S.1
[7] Ebd., S. 9.
[8] Ebd., S. 9. 10.

に与えられた場合に1人の行為者によって，また(β)平均的かつ近似的に与えられた多くの場合に，諸行為者によって，あるいは(b)概念的に構成された純粋型において1人もしくは複数の類型として思念された行為者によって，主観的に思念された意味のことである[9]。」

「理解とは，これらすべての場合，次の意味または意味連関を解釈しながら把握することをいう。(a)個々の場合に実際に思念された（歴史的考察に際しての）意味または意味連関，あるいは(b)平均的・近似的に思念された（社会学的大量観察に際しての）意味または意味連関，あるいは(c)反復的現象の純粋型（理念型）のために科学的に構成される（〈理念型的〉）意味または意味連関，この理念型的構成には，たとえば，国民経済学の純粋理論によって示された概念や『法則』がある。これらは，ある特定の人間行為が，厳密に目的合理的に，誤謬や感情によって乱されず，さらに1つの目的（経済）だけに全く一義的に方向づけられた場合に，それがいかに経過するであろうかを記述する。しかし実際の行為が理念型において構成されたように経過するのは，ごく稀（取引所）である[10]。」

以上の引用は理解社会学の創立者の見方による理解社会学の理念型の機能を十分説明している。本書は，マックス・ヴェーバーの概念形成を超え出て，それと対決する必要にしばしば迫られたために，社会的世界のあらゆる科学にとってマックス・ヴェーバーの業績のもつ絶大な意義が，しばしば十分強調されないきらいがあった。再三にわたってヴェーバーは，あらゆる社会科学の中心問題である理念型の問題に言及している。既に本書は，この見方がきわめて根拠のあるものであることを明らかにした。なぜなら同時代世界と先代世界は，一般に理念型によってのみ把握されるからである。この世界における個々の経過や出来事は，直接世界の社会関係において真の我々という形で把握される生身の姿の君からは既に切り離されている。これらのものは大なり小なり匿名的であり，類型的意識経過に属している。そこにはもちろん実に様々な内容充実さのヴァリエーションがあり，ある個人の意識経過という類型と一般

---

[9]　*Ebd.*, S. 1.

[10]　*Ebd.*, S. 4

第5章　理解社会学の根本問題　339

に他の個人の意識経過という類型－それ故各人の類型と人一般の理念型－との間に考えられるあらゆる中間段階が連続しうるのである。

　ヴェーバーは理念型的領域自体の内部のこの多様なヴァリエーションを分類しなければならないと考えた。彼はそこで，ある歴史的に与えられたケースにおいてある行為者によって思念された意味，ある大量のケースにおいて平均的に多数の行為者によって思念された意味，および理念型的に把握された行為者によって思念された意味をそれぞれ区別する。ヴェーバーのこの動機は明らかである。彼は理解社会学の方法を歴史学の方法や統計学の方法から区別しようと努力するのである。この区別は，上記の諸科学が客観的意味連関の科学として捉えられ，他我の構成的意識体験を何ら顧慮しない事実上の外的[達成的]行為経過の科学として捉えられるかぎり，完全に正当である。それに歴史学とは（少なくともヴェーバーの見解によれば）事実上ある個人の個々の[遂行的]行為を問題にし，統計学とは平均的大量の[遂行的]行為を問題にするのに対して，社会学とはある純粋な理念型の[遂行的]行為を問題にするのである[11]。しかしながら，これらの諸科学が自ら「思念された意味」を解釈する程度に応じて，外的経過から出発しながら，主観的意味連関に注意が向けられる程度に応じて，この区別の根拠は見失われてしまう。なぜなら社会的世界のあらゆる科学と同じように，社会学には同時代世界と先代世界のみが主題として与えられるにすぎず，直接世界は主題にならないこと，前章の分析によれば，同時代世界と先代世界の他我はいずれもただ彼ら関係においてのみ把握され，類型として把握されること，そういうわけで同時代世界におけるある個人の行為も社会科学にとっては既に類型的行為であるからである。この点はヴェーバーも十分わきまえていた。ヴェーバーは理解社会学にはっきりと3つの意味理解の方法すべてを認めているからである。ヴェーバーのこの区別のより深い意味を調べていくと，次のことが明らかになる。同時代世界あるいは先代世界の，それぞれ3つの理解の方法には，実際，外的事象の経験的に把握される客観的経過の検証可能性の程度が異なって現れるということである。この場

11　ヴェーバーの歴史学と統計学に関する見解については既に引用したフォン・ミーゼスの論文 Mieses, "Soziologie und Geschichte" を参照せよ。

合それぞれの事象の境界には，もちろんきわめて流動的である。しかし以下のように述べることはできよう。ある個人の行動の理念型，たとえば「総じて私の友人 A 君」は，先行与件の匿名的行為経過のために構成される人格の理念型よりも，比較にならないほど豊かな経験の充実さから，（即ち真の我々の中で私が把握しているような，私の友人 A 君の相-在についての経験）から手に入れられるということ，これである。こうした現象についても私たちは，前章の分析において十分な説明を与えたと思う。社会的世界の中で生活し行為する人間は，1 個の自由な存在であり，その達成的行為を自発的能動性から成し遂げる。しかしこのような遂行的行為が経過し去り，完了し，生成し，達成的行為ができあがり完成したものとして措定されると，これはもはや自由ではなく，むしろ一義的に決定されることになる。だがその遂行的行為が成し遂げられた時には，その達成的行為は自由であったのである。その〔達成的〕行為の思念された意味についての問い（ヴェーバーの場合これにあたる）が，達成的行為の成就以前の時点にまで遡って連関づけられる場合にも，行為者は，私には理念型的把握において同時代世界あるいは先代世界の他我として接近できるにすぎないにしても，他我は常に自由に行為したのである。これに反して方法上整合的に構成される人格の理念型，類型を超越して行動しない理念型は，その行為が経過として解釈されるなり，（行為の経過の後で）既に構成済みの理念的対象として解釈されるにしても，その本質からして不自由である。

　私たちは，これまでの考察と同じように，理念型を構成することと，その構成した理念型を当の科学にとって解釈の先行与件である実際の〔達成的〕行為の諸経過のために解釈図式として利用できることの間を厳密に区別したいと思う。そこで私たちはこの目的のために，目の前に用意されている人格の理念型が将来の遂行的行為の解釈に利用できるかどうかを分析してみよう。まず私たちに与えられるのは，ある一定不変の動機が与えられ，これから一定の行為の諸経過およびそれと関連した同種の達成的行為が得られる，ある理念型である。次に私たちは，動機（企図）から完了した達成的行為までの意識経過全体を把握する，このような類型的モデルを，ある特定の，私たちの解釈に委ねられている社会的世界の中の達成的行為の経過に適用する。この場合私たちが推察できる

ことは，次の2つのいずれかである。その1つは「Nという人物は，行為 a を行った。この達成的行為 a は，理念型 A に符合する。理念型 A は，基準に従ってこの達成的行為 a′ を行う。故に，N からは a′ が予期される」である。ところで，既存の理念型モデルを特定の解釈すべき行為経過に適用するこのような判断には，どの程度の確実性があるのだろうか。このような判断は，直観的想像の中で行われるものである。そこではNの依然将来のうちにある，それ故自由な，自発的能動性から由来する a または a′ の遂行的行為が，果たして想像によって企図された理念型的図式を満足するか否かは，全く未定にとどまる。解釈図式としてある人格の理念型を実際の他者のある将来の遂行的行為に適用するということは，チャンスの特性をもつにすぎない。考察の対象をなすNの達成的行為が，理念型によって行われた判断を満足しないとすれば，Nが理念型 A に符合するという判断は，まさに誤りであり，Nの当面問題になっている達成的行為を把握できるような別の目的に適う理念型を構成しなければならない。ここで改めて考える必要があるのは次の点である。即ちこの命題は，Nが直接世界として捉えられるにせよ，これとは無関係に妥当するであろうか，という点である。Nの自由が大きくなればなるほど，それだけ N は匿名的でなくなる。別言すれば，Nが我々関係に近づけば近づくほど，Nの将来の行動を狙った理念型的構成が的中するチャンスや，これがNの実際の行為によって満足されるチャンスは，いよいよ乏しくなる。しかしN自身が，たとえば同時代世界における1つの理念型であり，それ故に不自由な存在であって，Nは専らこの類型を構成したもののおかげで「行為する」場合には，その理念型的構成は，それが方法上整合的に，意味適合的かつ因果適合的に行われるかぎり，適切である。

　ある理念型的構成を意味適合的かつ因果適合的に行うとは，一体何を意味するのであろうか。この問題は，ヴェーバーの場合，既に構成した諸々の理念型がある特定の社会的人物の将来に予期される実際の行為に適用できるかどうかには直接関係していない。むしろそれは，同時代世界や先代世界の1人あるいは多数の人物の経過した達成的行為を，類型的に関連がある行為として際立たせることと関係しているのである。ある達成的行為が類型と関連があるといわれるのは，それが恒常的で不変

であるとして定立可能である行為者の類型的動機に由来すると想定される場合である。このことは，類型的に関連があるあらゆる[達成的]行為が類型的行為者にとって反復可能であること，その達成的行為から得られる類型には「等々」や「再三再四」の理念化がみられることに他ならない。意味適合性と因果適合性の要請は，整合的動機選択に向けられており，何よりも先ず暗黙の，この動機選択によって恒常的として措定され，この動機状況から生じる，[達成的]行為の諸経過と諸[達成的]行為に向けられている。しかもその際恒常的として措定されるのは，何よりも目的-動機である。なぜなら真の理由-動機の究明は，既に所与として措定した目的-動機から専ら modo plusquamperfecti[過去完了時制的]に行われるにすぎないからである。

　では誰がある他者の遂行的行為の動機を解釈することができるのか。マックス・ヴェーバーは，動機とは行為者自身もしくは観察者にとってある行動の有意味的根拠として現れる意味連関であると言明している。私たちはこの中には全く異なった2つの事態が並存していることを繰り返し指摘した。観察者が直接世界の観察においてある遂行的行為の有意味的根拠であるとみなすものは，既に遂行した達成的行為によって成就された企図である。それは事実その遂行した遂行的行為がまた企図したものであったという暗黙の仮定から出発している。直接世界の観察では行為者は原則として問い合わせの利く存在である。しかも行為者は，その企図の幅によって彼の遂行的行為へと態度づけられる別の意味連関を，目的-動機として示すこともできる。とは言え行為者のこの企図の幅は，観察者の統制を完全に免れているものである。これに対して同時代世界においては，行為者にとって行動の有意味的根拠として現れる意味連関と観察者のそれとの相違は，事実上揚棄されている。これは観察者の側の人格の理念型が次のようにして構成されたことによるものである。つまり，類型として措定される行動の有意味的根拠として観察者に現れる意味連関は，人格の理念型にも事実その遂行的行為の主観的意味連関として現れるにちがいないと。このことは，類型ではなく，1人の実際の生と持続とを有する他者である場合でももちろん同じである。しかしこの理念型は，それに帰せられる動機が意味適合的かつ因果適合的であるように構成されねばならない。これは社会科学の根本的要請でもある。

ヴェーバーがその動機理論において論述している，この2つの術語のもとに一体何を思念したのかを，以下では考察しなければならない。

社会学は，ある具体的遂行的行為の解釈を行う場合，その達成的行為自体を先行与件として受け取り，ここから1人のそのような達成的行為の措定者の類型的動機を逆に推論する。この場合常に人格の理念型との参照が行われることは言うまでもない。しかし論述をこれ以上難しくしないために，以下では専ら類型的動機についてのみ語ることにしよう。ここでは類型的動機という言い方によって，それ自体類型的に捉えられる，ある他我の構成意識の中での主観的意味連関が思念されているということを明らかにしておけば，それで十分であろう。

第45節　因果適合性

ヴェーバーは『経済と社会』（5頁，6頁）の中で，意味適合的解釈と因果適合的解釈についての理解を，明確に次のように述べている。「有意味的に適合的とは，行動の諸構成要素の関係が，私たちの平均的思考習慣および感情習慣から類型的（私たちはこれを『整合的』と言っているが）意味連関として肯定される程度に関連し合って経過している行動のことをいうべきである。これに対して『因果適合的』とは，経験の規則に従って，事実上いつも同じような仕方で経過するチャンスが成立する程度において，出来事の継起がみられることをいうべきである。（たとえば，私たちがよく知っている計算や思考の基準に従って，計算問題を整合的に解くことは，この語法において意味適合的である。今日私たちがよく知っている基準からみて，『整合的』解答をしたりあるいは『間違った』解答をしたり，類型的『計算違い』をしたり，あるいは類型的『問題のもつれ合い』をしたりする蓋然性がテスト済みの経験の規則によれば生ずる場合——統計的分散の範囲において——は，因果的に適合的である。）したがって因果適合的説明とは，次の確定を意味する。即ち何らかの測定可能な——稀な——理想的場合には，量で示しうる蓋然性の規則に従って，ある一定の観察された（内的または外的）出来事に他の一定の出来事が生ずる（あるいはそれと一緒に現れる）ことの確定である。」

「ある具体的行為の整合的因果的解釈とは，その外的経過と動機とが的

確に知られ,同時にその連関が有意味的に理解によって知られることを意味する。類型的行為(理解可能な行為の類型)の整合的因果的解釈とは,類型的経過が(何らかの程度において)意味適合的に現れるとともに,(何らかの程度において)因果適合的として確定されうるということを意味する。意味適合性を欠く場合には,その経過の(外的・心的を問わず)いかに大きい蓋然性がみられるとしても,いかに量としてその蓋然性が正確に示される規則性がみられるとしても,そこにはただ理解しえない(あるいは不完全にのみ理解しうる)統計的蓋然性が現れるだけである。他方,社会学的認識の射程そのものにとって,最も明証的な意味適合性も,その行為が事実としてかなりの頻度または近似値(平均的な場合にまたは『純粋な』場合に)をもって,意味適合的に現れる経過をいつでも示す傾向がある(何らかの示しうる)チャンスの存在を証明するその程度においてのみ,整合的因果的言明を意味するのである。ある社会的行為の理解できる思念された意味と一致するこのような統計的規則性のみが,(ここで用いられている語義における)理解可能な行為類型,つまり『社会学的規則』である。有意味的に理解可能な行為のこうした合理的構成のみが,現実の出来事の社会学的類型であり,それは現実に少なくとも何らかの近似値として観察されうるものである。解釈される意味適合性と並行して,これと一致する経過が事実として起こるチャンスもまた常に増大するなどとは,なんとしても言えない。むしろ,これが事実であるかどうかは,いずれにしてもただ外的経験だけが示すことができるのである。」

以下の試みは,ヴェーバーのこれらの発言を私たちの理論の基本的見解と一致させることである。まず,因果適合性の概念から始めよう。因果適合性とは,経験則によればいつでも同じような仕方で経過するチャンスが成立する程度において出来事の継起がみられることを意味する。したがって因果適合性の概念は,社会科学の経験連関として特徴づけられる客観的意味連関を目標にしている。一定の達成的行為が事実として次々に起こるということは,社会的実践の中では専ら私の自己解釈に基づく1つの認識であり,また社会科学の中では科学的経験連関に基づく1つの認識である。いずれの場合でもこの認識は,再認の総合において獲得される。しかしこの認識そのものは,他我の体験とか,他我の体験

の位相的構築とか,知覚された達成的行為という事実が組み入れられる主観的意味連関とか,ある遂行的行為の「思念された意味」には一般に,まだ何も向けられていない。ある出来事が経験と一致する場合,その出来事は因果適合的であって,この出来事が一般に人間の行為にその発生を負うものか,それとも単に自然界での経過であるのかは,その際問題とならない。事実,因果適合性の概念は,一生理学者であるヨハネス・フォン・クリース[12]によって作られた概念であり,しかも―確率計算の諸問題から始まって,刑法の責任論を目指す―ある特殊な対象から独立した思考の一般的範疇として作られたものである。しかし用語上「因果的」という語については,社会学的考察からすると重大な疑問が生ずる。なぜなら社会的世界におけるいわゆる因果適合性の判断の場合には,「必然性による因果性に」属する原因-結果の厳密な関係は問題にならず,むしろ「自由による因果性」に見合う目的-手段の関係が問題になるからである。そのかぎりで出来事の外的経過,客観的意味連関などに相変わらずとどまったままで,クリースによって作られたこの一般的思考範疇[13]の意味での因果関係を論ずることは,〔社会的世界においては〕本来不可能なのである。しかしたった今描出したばかりの引用でマックス・ヴェーバーが行っているようにこの概念を解釈するとすれば,因果適合性の公準は,何よりもまず私たちが経験の一致の公準と呼んだものをまさに意味していることになる。類型的構成が因果適合的であるのは,経験則によれば,事実としてその類型的構成に一致するような仕方で行為が営まれる(さしあたりいつ,誰によって,いかなる意味連関においてかは,どうでもよい)チャンスが成立する場合のことである。

---

[12] クリース論文「客観的可能性の概念と応用」(J.vo.Kries, "Über den Begriff der objektiven Möglichkeit und einige Anwendungen desselben," In: *Vierteljahrsschrift für wissenschaftliche Philosophie*,1888, S.188. 因果適合性の概念については,この論集に寄せた彼の論文(Wissenschaftslehre, S. 266ff.)を参照せよ。

[13] この概念の1つの批判は,この連関では提示されえないが,その普遍妥当性をきわめて疑わしいものにするであろう。たとえば,この概念の刑法理論における使用可能性の問題については Felix Kaufmann, *Lehre von Strafrechtsschuld*. S. 78ff.を参照せよ。

とは言えこの定式もかなり不正確である。即ち，私がある事実上先行与件の遂行的行為から出発する場合，私がこの定式から手に入れる，どのような理念型的構成も，それ自体因果適合的であるということである。なぜならこの構成は，達成的行為のある客観的意味連関から出発して，この事実上の経過と一致する。もっと詳しく言うならば，一致しうる（類型的に把握した）その主観的意味連関を推定するからである。したがってある人格の理念型を科学的に正しく構成するためには，この構成に一致する1つの遂行的行為が実際に存在するチャンスがみられるだけでは不十分である。さらにこれに加えて次のことが要請される。即ち，こ̇の̇事̇実̇上̇の̇遂行的行為に反復可能性があること，この遂行的行為が反復ないし反復可能の遂行的行為であること，およびこの公準が科学の経験の全体連関に矛盾していないことである。ここで再び次の点が指摘されねばならない。ヴェーバーは，ある思念された意味が当然結び付けられるはずの達成的行為という1つの外的事実からまさしく出発しておりながら，以下の点については何らの顧慮もしていない。遂行的行為の単位の概念も，その思念された意味についての問いが投げかけられるや否や，専ら主観的に基礎づけられうるということである。しかしながらヴェーバーのこの誤りは，彼のその後の思考を辿ってみると，ここでは無害であることがわかる。因果適合性は，ヴェーバーにとって何よりも社̇会̇科̇学̇的̇方̇法̇の1範疇であるから，専らある同時代世界の，あるいは先代世界の遂行的行為の社会学的把握あるいは歴史的把握のみがこの公準と結びついている。このような把握は，ある外的な，社会科学によって任意に切り取られる達成的行為の経過という事実から出発して，ある人格の理念型に至る，ある理念型の構成の定立によってそもそも行われる。要請されることは，社会科学におけるこうした構成は，社会科学の客観的経験に従って一定の頻度がみられる諸達成的行為から始められる場合にの̇み̇企̇図̇さ̇れ̇る̇べ̇き̇だということである。そうであるとすれば，この公準は科学の経済的（思考経済的）理由による1つの索̇出̇的̇原̇理̇を̇意̇味̇す̇ることに他ならないであろう。この公準の意味はこうである。即ち，外的経過の類型構成が社会科学のために勧められたり，それが，社会科学の特殊な問題状況の解決のために役立ったりするのは，類型構成の出発点として用いられる達成的行為が個々ばらばらであって反復されえない

ことではなく、むしろこの達成的行為は一定の頻度で生ずるチャンスがある場合に専ら限定されるということである。そのように理解されるなら、因果的適合性の公準は、そもそも社会科学的思考の本質法則ではないことになる。どちらかと言えばこの公準の定立は歴史学の課題と対比される、社会学の特殊な課題、社会学者の関心状況から専ら説明される事柄であろう。しかるに社会学者あるいは歴史学者としてその先行与件の社会的世界の主題を科学的に取り扱うことを願うかどうかは、各人に委ねられているのである。

　ヴェーバーによる理念型構成の因果適合性の公準は、以上に加えてなお別のことをも意味している。後で述べるような理由で社会学者は、合理的行為の解釈図式、しかも目的合理的行為あるいは価値合理的行為のいずれかの解釈図式をその他のあらゆる解釈図式に対して優先させるのである。あらゆる目的合理的行為は目的-手段関係において経過する。一定頻度においてこの目的合理的行為の客観的経過を確認するということは、とりもなおさず、先行与件の諸手段と類型的目標との間の類型的目的-手段関係を調べることに他ならない。目標選択、行為者による企図目的の選択［…のために企図されること］は、理念型の構成によって手に入れられる。ひとたびこれが行われると、今度は客観的経験連関に従って、この目標達成にとって一定の手段の設定が必要になる。この場合目標-手段の設定は、客観的経験連関と一致しなければならない。ヴェーバーによる因果適合性の公準は、それ故、目的合理的行為の類型構成に際して類型として設定される手段は「一般的経験則に従って」類型として設定される目標の達成に適合しなければならないということを意味している。しかし因果適合性のこの第二の概念は、何よりも私たちが合理的行為や合理的方法の問題をとりあげることによってもっと適切な仕方で説明することができる。

　理念型構成が因果適合的と呼ばれる理由は、それが「あらゆる規則」によれば、つまり頻度の規則によれば正しいということであるが、しかしそれは常に正しくなければならないということでは決してない。ヴェーバー自身は、因果適合性の概念の例としてある類型的計算違いの蓋然性をあげている。たとえば私たちはある数による2桁の数を掛ける計算をしていると想像してみよう。その際乗数の1桁の掛算を始めたが、第

2番目の部分積を第1番目の部分積の1つ左の位に書く代りに，うっかり右の位にずらして書いてしまったとしよう。このようなやり方では間違った計算になるという結論は，因果適合的である。しかしこれはいかなる場合にも言えるとは限らない。なぜならその乗数の数が両方そろって同じ数であれば，部分積が1つ左の位へずれてしまっても，結果に影響はないからである。その上ここにはヴェーバーが述べている量によって示しうる蓋然性の理想的場合がみられる。というのも以上のようにして行った10回の掛算のうち9回が誤りで，1回だけが正しいからである。この例をさらに詳しく調べてみると，次のことが明らかになる。即ち，因果適合的と特徴づけられる経験の経過は，類型的に把握される意味適合的関係に基づいて一致すること，この場合には掛算に応用される算術や整数論の諸規則に基づいて一致することである。さらにこの命題を一般化すれば，すべての因果適合性は，人間の行為を指す限り，常に何らかの意味適合的理論に基づいていると主張することができるであろう。というのもそのような因果適合性は，ある人間的行為の類型的構成と私たちの経験の全体連関との一致を意味しており，また人間の遂行的行為についてのいずれの経験もこれを1つの意味連関（それが客観的意味連関であれ，主観的意味連関であれ）の中に収納することを含意しているから。そうである以上，因果適合的として特徴づけられる関係は，人間の行動が問題であるかぎり，一般に意味適合性の1つの特殊事例にすぎないことが明らかになる[14]。この主張は，これから意味適合性の分析に注意を向けるならば，もっと理解しやすくなる。

第46節　意味適合性

ヴェーバーによれば，有意味的に適合的とは行動の諸類型構成要素の関係が私たちの平均的思考習慣および感情習慣から類型的意味連関として肯定される程度に関連し合って経過している行動のことである。ここ

---

[14] 自然現象の経過が問題になる場合にはもちろん事情は異なる。自然現象は持続超越的であり，また時空的特性をもつ故に，まさに原理的に〈理解不可能〉で〈没意味的〉にとどまる。しかしながらここは，このきわめて入り組んだ問題である精神科学の自然科学からの区別について詳細に立ち入る場所ではない。

に再びヴェーバーの科学論全体を支配している例のパラドックスが現れる。即ち，彼は，思念された（しかも行為者の側で思念された）意味について探求する1科学の課題が客観的意味連関の確定，それ故行為者ではなく，観察者の先行与件である意味連関の確定によって解釈でき，またそうされるものとみなしている。私たちの言葉に翻訳するなら，このヴェーバーの命題は次のような意味にとれよう。即ち，ある遂行的行為の意味適合性は，その行為の経過が1つの客観的意味連関の中に組み入れ可能であるなら，既に存在するということである。詳しい分析によって明らかなように，ある客観的意味連関へのこの組み入れは，行為者の意識の構成的複定立的作用を顧慮することとは全く関わりなく常に行えるし，産出物を行為者の意識体験の証拠として解釈しなくても，これは常に行えることである。そこで残る考察は，ある客観的意味連関への組み入れがマックス・ヴェーバーの術語における意味適合的であるのかどうか，それともある主観的意味連関の中に矛盾なく算入してはじめて意味適合性の公準を満足することになるのかである。私たちは後者の仮定に立たざるをえない[15]。

　ヴェーバーの意味適合性の理論にとって，この区別は無関連であるとは言えない。なぜならヴェーバーは問題の行動が「平均的思考習慣および感情習慣によれば」類型的意味連関として肯定されるかどうかを問うているからである。だがヴェーバーがこの補足において何を思念しているのか，これは不明のままである。「平均的思考習慣および感情習慣」が何であるかは，意味適合的構成によってではなく，専ら因果適合的構成によって確かめられる。何が意味適合的であるかは，確かに社会学者によって判断されるべきである。しかしそれは平均的思考習慣ならびに感情習慣によって判断されるべきであるというのは矛盾であるように思われる。ヴェーバーがここで社会科学のこの明示的経験を，ある任意の意識内部の複定立的諸遂行に向ける専ら任意に考えうる単定立的注意作用

---

[15] 〈有意味的〉は一般にある意識の中のある体験の述語でありうるだけであるから意味適合性を論ずるこの箇所では，因果適合性の公準の際に認めなければならなかったような，精神の対象と自然の対象との間の似たような区別を行う必要はないわけである。

のすべてから，平均的思考習慣ならびに感情習慣の経験として把握しているのでないかぎり。他者の行動の意味解釈には，私の構成した理念型構成がそのように行為する者にとって 1 つの意味連関にあると私が仮定しさえすれば，それで十分である。観察者の私がこのような意味連関を，私の意識においてはこの複定立的諸作用の一々（あるいはこれに対する単定立的注意作用）が私の経験の全体連関と矛盾するという理由で作り出せない場合ですら事情は同じである。たとえば一般に現代の，あるいは専ら現代社会学者の「平均的思考習慣あるいは感情習慣」にはトーテミズムの表象世界は馴染みがないとしても，私はトーテム表象によるある未開民族の行動の解釈を意味適合的であるとして特徴づけることができる。しかしヴェーバーが意味している事態はこうしたことではない。彼は，この「平均的思考習慣あるいは感情習慣」が予め設定される人格の理念型に立ち戻って参照すること，またそれに応じて私たちの経験によって，即ち，社会科学の経験によって，特定の意味連関が同時代世界もしくは先代世界のある特定の人格的理念型に類型適合的に（類型超越的ではなく）組み入れられうるかどうかが重要であることを十分に弁えていたのである。かくして意味適合的理念型の概念のために 1 つの利用しうる規準を見出そうとする私たちの他ならぬ努力によって，私たちは再び，因果適合性の公準によってその作成が実行されねばならない，主観的意味連関と人格の理念型へ押しやられたのである。

これに対してある理念型構成をある特殊な遂行的行為に適用することが意味適合的である場合がある。それは，ある人格的理念型の意識にとって，その複定立的諸作用—そこから遂行的行為が構成される—が主観的意味連関にあり，この主観的意味連関がある他我の具体的な，私たちの解釈に委ねられる，意識にも仮定されうる場合である。もっと正確に言えば，この仮定がこの意識についてのその他の私たちの経験と矛盾しない場合である。もちろん，私たちがその体験を解釈しなければならない，この意識は，私たちが彼について有する経験によってそれぞれ，大なり小なり規定されている。以上のように解するなら，意味適合性の問題は既に構成された諸理念型をある具体的行為に適用することに専ら関係するのに，他方社会学者は人格的理念型の構成に際して完全に自由であることである。というのも社会学者はその人格的理念型がその類型的

行動を主観的意味連関として体験しうるように，その人格の理念型の意識を準備するからである。意味適合性と因果適合性の概念に関する私たちの分析は，マックス・ヴェーバーのこの2つの概念が相互に転換されうるものであることを明らかにした。因果適合的でない，いかなる意味適合的解釈もありえないし，逆もしかりである。この2つの公準は，事実その時々に与えられる経験に対して矛盾しないことと関連している。またそのように一義的に規定された経験の蓄えが前提される場合，解釈が一個同一の人物と一個同一の〈今このように〉について行われると仮定される場合，この2つの要請はいずれも必然的に満足されるか，いずれも満足されないかのいずれかとなる。ただ間違った構成によって解釈者の経験の統一性が損なわれる場合にのみ，たとえば，その経験が多数の人物,つまり多数の意識経過に割り振られたり,あるいは時間的問題で，既に意味適合的に行われてしまった解釈に，それと因果的に矛盾するような別の後から付け加えられる経験が対置されたりする場合にのみ，これらの仮象問題が一般に現れるのである。

　かくして一見したところ，それ自体「理解できない」経過が観察対象となる場合であっても，ヴェーバーの例のように，統計的頻度も因果的適合性もともに確認されているのに，意味適合性が成り立たないといった場合でも，行為者にとっては十分に意味適合的連関が成り立ちうるのである。たとえば，誰かがプラトンの著作の中に特定の語彙の現れる頻度を数えているのを観察する場合，このような行為は私たちの「平均的思考習慣および感情習慣」によれば，意味適合的に解釈できない，むしろヴェーバーの術語でいう「理解不可能なもの」である。しかし言語統計学は，誰でもその生涯の特定の時期に特定の語彙を好んで用いるものであるという前提から出発することを知り，また言語統計学に携わっている研究者がこの前提から出発して，たとえば，プラトンの諸著作の年代記について手がかりを得ようとしている等々のことを知ることになれば，その場合には彼の行為は意味適合的であり，私たちにも理解可能となる。ヴェーバーのこのような意味適合性の概念は実際に合理的行為の目的-動機に由来すること，またヴェーバーの理解可能性の概念が目的合理的行為の概念と密接に関連し合っていることをやがてみるであろう。

　その前に因果適合性と意味適合性の区別を実際に基礎づける事態につ

いて一言しよう。

　理念型的構成の適合性の公準について，私たちはこれを意味適合性と因果適合性の結合として理解したいのであるが，その意味するところは，理念型は純粋に構築されるべきであること（したがって，あらゆる類型超越的行動[16]は取り除かれるべきこと），さらに理念型は一般に世界についての私たちの経験と一致し，一般に君についての私の経験や，その君の行為を私たちが類型として考察しようとする，この特殊な君についての私たちの経験とも一致すべきであることである。さらにこの公準には類型構成の出発点として原則的に反復可能な行動のみが目的に従って取り上げられるべきであるという要請も含まれている。これが理念型の構成が問題になるかぎり，適合性公準の内容である。既に構成済みの理念型は，前述した仕方で具体的行為経過に適用できる。この場合における適合性の公準とは，具体的達成的行為の経過をこの遂行的行為の1類型に帰属させることが十分に且つ無矛盾的に先行与件の経験から説明されなければならないという意味である。しかしある行為がある類型的構成によって十分に説明されるのは，その行為の動機が類型的動機として把握される場合に限られる。その限りでこの帰属は意味適合的でなければならない。この場合における因果適合性とは，この動機が事実としても有効でありえたという意味である。もっと正確に言えば，この動機が事実有効であったという1つの客観的チャンスが成り立たなければならないということである。次に私たちは，このチャンスの概念を吟味しなければならない。

第47節　客観的チャンスと主観的チャンス

　ヴェーバーは客観的チャンスと主観的チャンスを区別する。客観的チャンスは，特定の経過や特定の行動が概ね因果適合的かつ意味適合的であると考えられ，これが客観的に，行為者の特殊な意識体験を考慮しなくても考えられるということにある。したがって客観的チャンスは解釈の1範疇である。これに対して主観的チャンスは専ら主観的意味連関に，

---

[16]　この概念については上述の第4章第38節287頁以下を参照せよ。

つまり「思念された意味」に属する。主観的チャンスは行為者の見地から未来完了時制的に経過してしまっていると想像される未来の事態を指している。主観的チャンスは最広義の予期と同義である。それ故主観的チャンスはとりわけ企図の述定であり，この企図につきものの行為目標に方向づけられる未来予持の1述語である。ある遂行的行為のどの企図された目的にも，その行為者に対してある主観的チャンスがあるのは専ら以下のような場合である。即ち，このまだ遂行されない行為は，経過してしまっているであろうとして企図される達成的行為が自己実現するために適切であろうと行為者が予期する場合である。この意味ではチャンスの特性は［遂行的］行為の〈に定位している〉orientiert-sein という術語のうちに既にはっきりと述べられている。あらゆる目的-動機は，それ故，行為者にとって主観的チャンスの特性をもつのである。

　他方，真の理由-動機には客観的チャンスが与えられるのみである。ということは，ある理由-動機が意味適合的かつ因果適合的構成により有効でありえた場合には，その理由-動機は有効とみなされるということに他ならない。ここでは行為者の立場も局外の観察者の立場も原則として同じである。行為者は真の理由-動機に専ら自己観察という1つの注意作用の中で気づくのである。また行為者は常にその企図した目的-動機もしくは遂行した達成的行為から，過去完了時制的にその出来事以前の体験，即ちその企図の理由-動機として「適合的」とみなされる体験について問い返すのである。それ故，ある真の理由-動機が適切かどうかの基準は，理由-動機として示されたものとそれによって動機づけられたもの，その行為の目的との間に，ある適合的意味連関が成り立つ，その客観的チャンスにあるのである。この判断自体は1つの客観的意味連関であり，判断されたものが的中するチャンスも1つの客観的チャンスであるわけである。

　反対に，目的-動機にはある主観的チャンスの特性がみられるという命題は，どの企図による達成的行為も事実としての行為経過による実現を必要とし，その企図者はこの実現を念頭においているということに他ならない。ただこうした判断は，その企図の時点における行為者の経験連関に基づいている。というのも行為者は，彼の遂行的行為の結果には一定の主観的チャンスがあるという判断を，そのような行為が「類似の」

事例では望ましい結果をもたらしたという経験から取り寄せるからである。彼はこの自分の計画した行為を，大過去の〈過去完了時制的〉modos plusquamperfecti に企図した諸体験とのある―その行為者の意見によれば「適合的な」―意味連関へもたらすのである。

私たちは特にチャンスの概念と科学的に，適合性の公準に従って，構成した理念型との間の関係について分析を行った。

理念型の構成に関するかぎり，適合性の公準にはある実際の他我が事実において類型的仕方で行動するための客観的チャンスがなければならないという要請が含まれている。だから既に経過し去った行動が問題になるかぎり，客観的チャンスと類型適合性とは相関的である。ところで類型的構成が将来の遂行的行為とか，まだ完了していない遂行的行為とかに用いられるとすれば，そのような類型は以下の場合にのみ意味適合的に構成される。即ち，あたかもその類型が彼の主観的チャンスを判断し，彼の行動をそれに従って調整することができるかのように，彼の目的·動機を設定する場合である。別言すれば，その企図者の側に先行与件の客観的経験に従って彼の行為目標の企図には主観的に十分なチャンスがあると思われる，そのような目的·動機を不変措定することである。「企図には主観的に十分なチャンスがある」とは，その行為目標がその遂行的行為，〈未来完了時制〉modo futuri exacti 的に経過し去っているであろうと企図において立案した，その遂行的行為によって実現されることが予期される場合である。

さて，客観的チャンス，主観的チャンスのいずれを問題にするにしても両方の場合，この概念の中に潜在性の範疇が含まれている。フッサールの『イデーン』[17]以来，私たちは潜在性には 2 つの源泉があることを知っている。1 つは命題措定〔客観を客観として措定する意識の 1 性質：訳者〕による潜在性である。これは経験的自我の定立的·存在定立的作用〔定立的とは意識のノエシス側の信念性質，また存在定立とはノエマ側の存在性格であり，両者は相関関係をなしている：訳者〕に還元できる。もう 1 つは，潜在性へと転移された中和化した意識内容[18]のことで

17　*Ideen*, a.a.O., S. 228ff.
18　この概念については，第 2 章第 11 節 110 頁を参照せよ。

ある。ここで用いた客観的チャンスと主観的チャンスの概念はともにこの2範疇を含んでいる。違いは次の点にある。一方の定立的潜在性の場合，その判断遂行はどちらかと言えば明示的で明確に行われる。これに対して潜在性へと転移された中和化した意識内容の場合は，その意識内容が適切であるチャンスが全く未定のままであるか，さもなければ当然のこととして承認されている場合である。だがこの問題は，あらゆる意味連関に先行する行為者の意識体験における注意作用の様式に再び関係する。それはその行為者が彼自身の体験に目を向ける彼の生への注意とそれから生ずる注意変様に関係するということである。仮に生への注意自体が適切な仕方で類型的に措定され，ある類型的構えにおいてその私のその体験に向ける注意作用がある全く特定の様式のもとに不変であると仮定されるなら，中和化の意識体験から生ずる主観的チャンスは排除されうるし，専ら定立的措定性から生ずる主観的チャンスだけが眼指のうちに捉えられうる。その場合に仮定されるのは，その行為者が彼の行為目標，彼の先行与件である手段，およびこの手段による行為目標を達成する可能性を定立的存在定立的作用において考慮するということ，彼はこの場合には相対的に明示的レヴェルの判断を下すということ，要するに彼は合理的に行為するということである。最後に，合理的行為というこの概念を，ヴェーバーの基礎概念の締め括りとして明らかにしよう。

第48節　理解社会学における合理的行為類型の優先

　もう一度この目的のために，私たちの行為の定義を想い起こしてみることにしよう。行為は先行する企図に基づいた行動である。その限りであらゆる行為は合理的行為である。なぜなら企図には，まさしくその行為の「ために」や「何のために」が既に含まれているからである。このような企図がみられない場合，行為者は「行為」を営んでおらず，単にある種の「行動」をとっているにすぎない。またある種の自発的能動作用すら行っていない場合には，行為者はただ体験の中に素朴に身を委ねている。しかし逆に，どの企図された行為もより高次の意味連関の中に組み入れることができる。この場合それはある最上位の行為目標を獲得するために部分行為である。ところで，この最上位の行為目標は明確に

与えられていたのに, その部分的達成的行為は曖昧ないし未確定のままに遂行されることもありうるし, 逆に, その個々の部分行為は明確に予め企図されていたのに,その最上位の行為目標や目的-動機はその行為者にも不明確にとどまることもありうる。前者の例としては「Aの場所に着くには, Bを経由し, それからC等々を通らなければならない」という明示的判断と対比的に「Aの場所に着くにはこちらの方角に行かねばならない」という判断がこれにあたる。後者の例としてある化学者は一連の分析や実験を行っている。そこから彼はある新しい知見の獲得を望んでいるからである, しかしその何かは未確定のままである。しかるに同時代世界についてのどの社会的観察も, したがってまた社会的世界についてのどの科学も, 目的に適う仕方で, 最上位の行為目標もあらゆる中間目標も同じように全く明示的明確さにおいて与えられる1つの類型から出発する。なぜなら既にみたように, 目的-動機が類型的で不変のものとして措定され, この目的-動機から達成的行為に至る遂行的行為が推論されるわけであるから, 行為目標とこれに至るあらゆる部分的行為の目標について明示的明確さが仮定される場合に, 当然そこには最大限の意味適合性があることになるからである。同じように不変のものとして措定される動機にも最も適切なチャンスが与えられることになるからである。ところでこのような類型的行為が, ヴェーバーによれば合理的行為[19]である。この際この行為が目的合理的行為であるか価値合理的行為であるかは, 原則としてどちらであってもかまわない。このような合理的行為の2つの区別は, 類型として措定された目的-動機に帰属されうる真の理由-動機にどちらかと言えば関連するものである。したがって目的合理的に (あるいは価値合理的に) 制約されるのは, 行為目標の方であって, 行為者はその関心状況によって, この行為目標にその行為を方向づけるのである。それ故に目的合理的に (あるいは価値合理的に) 制約されるのは, 行為者の問題設定とこの問題設定の解決に関連があるもの

---

[19] この概念の分析についてはグラーブの優れた研究 (Hermann J.Grab, *Der Begriff des Rationalen in der Soziologie Max Webers,* Karlsruhe 1927) を参照せよ。本書は言うまでもなく部分的にのみ一致するにすぎない。というのもグラーブの研究は, シェーラーに従って先行与件的客観的価値から出発しているからである。

として際立った体験の方である[20]。

　私たちはこの目的-手段の関係を客観的意味連関において明証的に理解できるし，またその客観的チャンスを判断することもできる。類型の適切な選択がありさえすれば，私たちは目的-手段関係の客観的意味連関を主観的意味連関に，客観的チャンスを主観的チャンスに，それぞれ等置することもできる。類型として不変措定される目的-動機に対する真の理由-動機として明示されうる問題提起がより一般的であればあるほど，これは一層妥当する。このような理由から理解社会学——もちろん理解社会学だけに限られないが——では，合理的行為の類型が優先するのである。非合理的行為がみられる場合には，これまで述べたことに従えば——部分行為もしくは最上位の行為目標が不明確であり，もつれ合っている，あるいは一般に未定のままであると理解されるだけである——そこである目的合理的類型から出発し，次いで類型的として措定された目的-動機を変更すること，つまり不変のものとして措定すべきであるものを変更することによって，1つの偏倚類型が形成され，そのようにして非合理的行為は把握されるのである。特に諸影響関係が社会学の対象であることに注目すれば，合理的行為を優先させることの重要性はただちに理解されるであろう。影響関係は，常に関係の中に置かれている人々の目的-手段の計算による相互態度に従って経過するからである。もちろん，合理的行為に限らず，同様に非合理的行為，感情的行為，伝統的行為等々の行為もまた社会学の対象であることは，ヴェーバー自身がたびたび力説しているところである。実際，後者の諸範疇をヴェーバーは，たとえば宗教社会学的論考の中で模範的仕方で活用したのであった。

　しかしながら上述した理由で理解社会学が優先させ，また優先させねばならない合理的理念型の構成は，理解社会学自体のいわゆる合理的方法とは厳密に区別しなければならない。仮にこのしばしば用いられる術語が，社会学的方法のある特殊な特徴を他のあらゆる科学に対して強調するためにあるのだとすれば，それはいかなる正当性もない。あらゆる科学は科学であるかぎり，日常生活のもつれ合った判断内容を解き明か

---

[20] 価値合理的行為の目的合理的行為への復帰可能性については Mieses, "Soziologie und Geschichte," a.a.O., S. 479 を参照。

し明確にすることによって、この判断内容を明白な判断内容に変えることを目標にしている。あらゆる科学はこのために必然的に解釈図式としての形式論理を用いている。どの科学的判断もこの理念に従って明示的に行われるのである。さらにある科学の判断対象相互の間に成り立つ意味連関や、いわゆるその科学の最上位にある行為目標としての科学の課題、さらにこの行為目標の達成に至るまでの個々の判断作用の一切、これらもまたできるかぎり明白でしかも一義的に眼指のうちに捉えなければならない。科学は衝動的に活動することができない。科学は「合理的」であるべきである。したがってディルタイの、厳密に合理的科学にいわゆる「了解科学」を対置するような間違った解釈において、しばしばみられる試みに対しては、ヴェーバー社会学における理解の方法もまた、合理的判断の行使であることを繰り返し力説しなければならない。いわゆる「了解科学」は、形而上学的前提や公理的前提から出発することによって、あるいはもはやそれ以上には正当化しえない「直観」に従い、正確な概念による所与の資料を加工する手続きとは異なる手続きによって、その認識目標を獲得できると言ってはばからない。

　確かに了解科学の公準は、歴史的にみれば、生き生きした体験の把握の際に合理的専門科学が課せられている諸々の制約を突破する要求から発生したものである。しかしながら生と思考とは根本的に別のものである。科学は、たとえその主題が生、社会的世界における生（活）であっても、それは思考の事柄にとどまる。科学は、それ故、曖昧で不明瞭な感情移入や、先行与件の価値とか、概念的にみて思考の厳密さを欠いている記述などに身を委ねることはできない。これこそヴェーバーが「理解」の社会学を1つの科学の地位にまで高めたヴェーバーその人が、あらゆる社会科学の客観性を繰り返し要請する際に、考えていた事柄なのである。

第49節　社会科学における客観的意味と主観的意味

　理解社会学の最も重要な根本概念の上述の分析により、私たちは、第43節で定式化した問題、社会科学による社会的世界の意味解釈と、日常生活の諸活動の中での他ならぬこの社会的世界の意味付与との特有の関

係の問題を再び取り上げることができる。社会的世界に関するあらゆる科学は，主観的意味連関の客観的意味連関であるということを私たちは確認した。今ようやく私たちはこの主張を十分明確にできる立場に置かれている。

社会的世界についてのあらゆる科学的経験は，社会的同時代世界および社会的先代世界についての経験であって，決して社会的直接世界の経験ではない。したがって社会科学は〈内世界的社会性〉mundane Sozialität の中の人間を，生き生きした真の持続に恵まれた君として把握するわけではない。むしろそれを真の持続も自発性もない，ただ想像上の時間（つまり誰によっても体験されえないし体験されてもいない時間）だけをもつ人格の理念型として把握する。この理念型には，類型と関連ある動機を不変措定することによって既にはじめから規定されている，そのような意識体験だけが述定される。この不変措定の方法については，理解社会学の手続きについての分析において明らかにした。不変措定は意味適合的に且つ因果適合的に行われる。社会的世界や世界一般についての先行与件的経験を常に参照するということ，また社会的世界の中で生活する私がその同時代世界と先代世界を把握する先行形成した理念型とうまく動機づけが合致するということ，これである。

社会科学では社会的世界における諸行為者は生身の姿において与えられず，ただ間接的に人格の理念型として与えられる。それ故にこの科学の課題もまた，行為者の主観的意味を専ら直接世界の社会関係の他我を理解する際の独特の仕方でこれを把握することではありえない。主観的意味の概念は，直接世界の領域から同時代世界あるいは先代世界の領域へ移行する際に様々な変様を被ることを私たちは知った。理念型構成においては，直接世界の中で占有的に経験できる主観的意味連関は，相互に段階づけられ，相互に箱詰めにされて重ね合わされている客観的意味連関の体系に相次いで取って代わるのである。だが，まさにこの構成こそ，意味措定者が意味内容を産出した構成過程の把握を可能にする。この意味内容は，解釈者である私，ないし解釈的社会科学には既に構成された対象の客観的意味として与えられる。類型化の技法によるこの構成過程の暴露は，言うまでもなく生き生きした志向的作用において行われるのでも，前述定的に行われるのでも，ある生き生きとした現実の持続

を有している意識について行われるのでもない。それはむしろただそのような意識のモデル，ただ人格の理念型について，ただ述定的に，そして一歩一歩の判断において説明的に行われる。

　人格の理念型に関するこれまでの分析から明らかになったことは，この理念型が様々な匿名性の程度を示し，この匿名性の程度と相関して様々な内容充実性の程度を示しうることである。理念型的構成においては，1人の個人の行動が把握されるにせよ，他の同時代世界における他我の行動が把握されるにせよ，さらにある匿名的「人」あるいは「各人」の行動が把握されるにせよ，常にある既に与えられた産出物からこれを作り出す産出作用の構成過程に目が向けられうるということである。それに応じて社会科学の対象領域も，千差万別の匿名性の程度ときわめて多様な内容充実性の程度からなる範囲を包括している。社会科学の概念にはある個人の歴史も理論経済学や法学もともに含められていることを考えれば，この主張はただちに納得されるであろう。その上，すべての社会科学が理念型的技法を用いて各種の産出物のもつ主観的意味連関の暴露を目標としているわけでは決してないということがある。客観的意味連関の社会科学，つまりただ実質的理念型のみを問題にし，これに対応する人格の理念型を全く問題にしない社会科学も存在するのである。このグループに属する社会科学としては，法の歴史形態を記述する法制史や，「人名なき芸術史」が，また非歴史的社会科学のグループでは「一般国家学」がその実例としてあげられる。これらの社会科学は，意味措定の構成的基層を当然の所与として前提し，この基層には全然目を向けない。これらの科学の主題は，意味措定の産出過程ではなく，この経過の中で産出された産出物である。これらの産出物は，問題なく有意味的産出物とみなされ，実質的類型（経過の類型）に編入される。

　ところで，あらゆる社会科学は類型形成の科学であるという主張は，「法則定立的」社会科学という事実に矛盾しているという異論があろう。法則定立的社会科学は，普遍妥当的であることしかもあらゆる経験に先立つ洞察や認識を媒介することが要請されている。そこで，これらの科学の特殊性格と社会的世界の主観的意味や客観的意味に対するこれらの科学の特殊な関係について理論経済学を例にとって簡単に分析してみたい。

第5章 理解社会学の根本問題 361

オーストリア限界効用学派とこれに類似した方向で作業をしている英米系の研究者，さらに数理経済学派も，厳密な科学としての理論科学に携わるという要請を徹底して標榜している。理論命題は普遍的に妥当する，つまりどの時代にも，経済的に行為が営まれるところでは，あらゆる場所で妥当する，と。こうした方向での最近の著作者たちのうちでは，ミーゼスが経済学の理論的性格を擁護する最も重要な人物とみなされている。「社会学と歴史」という既に何度か引用した論文の中でミーゼスは，理論的社会科学と歴史的社会科学との対比という問題に関してマックス・ヴェーバーを論争的態度で問題にしている。ミーゼスにとって国民経済学は社会学の一部領域，しかも最も高度に発達した一部領域であるにすぎない。ヴェーバーを論ずるにあたって，ミーゼスは「経済理論の諸概念は実際に理念型の論理的特徴を帯びているか」という問いを提起する。そして彼は次の結論に到達する。「この問いには全く否と答えなければならない。確かに我々の理論的諸概念も，『その純粋概念においては現実のどこにも経験的には見出しえない』ということが言えよう。概念はまさに一度もどこにも現実の中には見出されないものなのである。それは思考の領域に属し，現実の領域には属していない。概念は，その助けを借りて我々が現実を思考によって把握しようとする精神的手段である。それにもかかわらず国民経済理論のこの概念について，それが『一個のあるいは若干の観点を一面的に高めることにより，そしてこの一面的に強調した観点に適合するように，ここには多くあそこには少なく，ところによっては全くないという風にばらばらに分散してみられる夥しい個々の現象を，それ自体において一個の統一した思想像[21]に結びつけることによって』獲得されるという風に言明することはできない。むしろこれらの概念は，考察に付される個々の現象のそれぞれに含まれているものを取り出すことを目標にする抽象によって獲得されるのである[22]。」「マックス・ヴェーバーの根本的誤りは，社会学的命題が拠ってた

---

[21] ヴェーバーの論文 "Objektivität sozialwissenschaftlicher und sozialpolitischer Erkenntnis," In: *Archiv für Sozialwissenschaften*, Bd. 54, S. 614-656 特に S. 650 を参照せよ。

[22] Miese, a.a.O., S. 474.

つところの例外のない妥当性の要請を誤認している点に求められる。経済原理，交換関係の形成の根本法則，収益の法則，人口の法則そして他のあらゆる命題は，その前提条件が与えられる場合には，いつでもどこでも妥当するのである[23]。」

国民経済学の概念は理念型であるというヴェーバーの見解に対してミーゼスが行っている批判は，ミーゼスが上の引用において暗に指している初期マックス・ヴェーバーの定式化のとおりに「理念型」を定義するのであれば，これは疑いもなく正当である。そのように考えるならば，もちろん理念型は基本的には歴史的に与えられているものだけに適用される概念形成であることになるであろう。かくしてこの概念の形成は，考察に付される個々の現実のそれぞれに含まれているものを取り出す，「抽象」によって獲得される理論社会学の概念と対立してしまうことになる。本書で提供される理念型の推論は，私見によれば，ヴェーバーの後期の著作に既に模範があるわけである[24]が，しかしある全く別の推論である。これによれば，理念型的構成の本質は，〈今ここでこのように〉行為している私がその行為（行動）を解釈するその時々の自己解釈の変域内で一定の動機を不変措定することにある。

この不変措定はもちろん先行「経験」を参照するのであるが，しかしこれは恣意的で浅薄な〈経験主義〉Empirisismus という意味における1つの経験を参照することではない。それは1個の自己，自己自身という経験の対象についての前述定的占有において得られる経験の原地盤を参照するのである。このように理解すれば，理念型は何もある特定の構成過程やある特定の発生的原理に決して限定されない。「経験的」（〈経験〉

---

[23] Ebd., S. 480.
[24] 「1904年の理念型に関するマックス・ヴェーバーの周知の説明は，彼自身が『スケッチ的であり，それ故に恐らくは部分的に不明瞭である』と述べているように，とりわけ以下の点で断章なのである。即ち，この説明が特に彼の歴史理論の理念型に準拠していたことである。社会学への移行にともなってこの理念型の概念は完全に変化することは，大いに強調しなければならない。しかし残念なことに，マックス・ヴェーバーの社会学方法論はごく僅かな言明（*Wirtschaft und Gesellschaft*, S.10）によって暗示されているにすぎない」（Walter, *Max Weber als Soziologe*, a.a.O., S.11）。

第5章　理解社会学の根本問題　363

Emprie とはここでは外的世界の経験の総括という意味で用いられる）理念型も「形相的」（つまり本質直観的に把握される）理念型も同じように構成することができる。不変-措定されるものは，意味適合性の原則が保持されさえすれば抽象化，一般化あるいは形式化のいずれの仕方でも獲得できるのである。この私たちの理念型の見方に従うならば，理論的社会科学の諸概念や諸命題にも―したがって理論的国民経済学の諸概念や諸命題にも―理念型的性格が備わることになる。ミーゼスの引用した例―経済原理，交換関係形成の根本法則など―も同様に，この意味では理念型的構成である。ただこれらの構成は，形式化と一般化の過程において産出され，不変措定されるものを様々な予備的構成と彫琢において洗練したものにすぎない。それ故に，これには「普遍妥当性」が与えられる[25]。これらの理念型は，歴史や空間の中に位置づけられなければならないような個人としての他我とか多数の他我とかには準拠しない。これらの理念型は，ある人の，より適切には―いつでもどこでも常にそのような行為が演じられうるような場合には―各人の，完全な匿名性において経過する行為（行動）についての言明である。まさしくそうであるが故に，これらの理念型は，内容充実性も乏しい[26]。近代的国民経済学は商人の行動よりもむしろ消費者の行動，つまり「各人」の行動から出発しているのに，ヴェーバーは限界効用の命題を商人的計算に従って経過する経済行為に限定しようとする，とミーゼスが非難するのは(468頁)正しいのである。こうした見解をミーゼスがいわゆる古典派国民経済学（古典派国民経済学は，経済人の匿名性のより低い，内容充実のより高い類型を形成している）という見解であると特徴づけているのも正しい。カタラクティス命題は，これを基礎づける「理念型」が高度の匿名性を帯びているということによって，その命題の普遍性を獲得する。ここに―ミーゼスもこの点を繰り返し強調しているのであるが[27]―このカタラ

25　このことをミーゼスは，先に引用した箇所で次のように付記している。理論命題は，これらの命題によって前提されている条件が与えられる場合には，いつでもどこでも妥当する，と。
26　この術語は，第4章第39節の定義の意味で理解されるべきである。上述の292頁以下を参照せよ。
27　"Soziologie und Geschichte," S. 482, S. 486.

クティス命題の客観主義とそれらの客観性の基礎がある。しかしながら，この客観性は，客観的意味連関と主観的意味連関に関する論考において取り扱った事柄と何ら異なるものではない。そういうわけで「限界効用の法則」は，「経済行為」と呼ばれる各人の行為がその中で常に遂行される一定不変の範囲の定義による限界づけという特徴を伴っているのである[28]。

かくして私たちの見解からすれば，理論的国民経済学の factum［事実］はまさしく様々な主観的意味連関の間のある客観的意味連関という1模範である。別言すれば，それは各人が財を選好する際に，現に経済的に行為する，各人の，―私たちの意味で類型的とみなされる―意識体験に関する客観的意味連関の1範例である。もちろんこの場合，「類型」という語はその限りにおいてミーゼスが「限界効用の原理」に背く（したがって私たちの意味での「非類型的」）行為はほとんど考えられないと強調する時には，ミーゼスも同意せざるを得ないある特殊な意味を帯びている。しかしそれは，限界効用の法則が一般に純粋に形式的選好行為の不変措定としてのみ把握され，この図式にはいかなる実質的行為目標―たとえば「財[29]」の使用によって実現可能となる目標など―も考慮されない場合にのみ当てはまるのである。けれども一旦こうした事態が生じ，全く匿名的「各人」の領域から離れて，ある具体的経済人の主観的意味連関への方向転換が行われると，今度は言うまでもなく非類型的行動が語られることになる。この場合非類型的とは，経済行為の類型的とみなされる実質的目標との関連で非類型的ということである。このような行動は理論的国民経済学にとって問題連関の外におかれる。ミーゼスが言うように，理論的国民経済学の命題は「通常生じるものであるという事

---

[28] Felix Kaufmann, "Logik und Wirtschaftswissenschaft," In:*Archiv für Sozialwissenschaften*, Bd. 54, S. 614-656, 特に S. 659 を参照せよ。

[29] 〈経済財〉の概念は，もちろんいっそう詳しく分析できることは，経済学の特殊問題として考慮の外におくことができる。しかも〈欲求〉と全く同様に，この概念は〈経済人〉という匿名的理念型を突き破り，〈彼ら関係〉という異なった，より内容充実的具体的段階へと心理学的に方向転換することを含意しているのである（これについては Mieses, a.a.O.,S. 476）。あわせて Kaufman,"Logik und Wirtschaftswissenschaft," a.a.O., S. 628.

第5章　理解社会学の根本問題　365

態についての言明ではなく，むしろ必然的に生じなければならない事態についての言明」(484頁)である。

それ故この点で私たちはミーゼスの批判に同意することができるが，彼のこの批判は，一般に経済行為という事実への理念型の適用可能性に向けられているのではない。なぜなら社会的世界の科学的認識は，基本的に類型的性格を帯びる以上，どうしてこのことが排除されることになるのであろうか。むしろそれは，匿名性の程度がより乏しく比較的内容が充実しているために，不適合となる理念型を使用することに専ら向けられているのである。しかし同時に，国民経済学の認識の客観性を決定することは，主観的意味連関（たとえば「主観的価値評価」など）を科学の客観的意味連関へ組み入れることに他ならないのである。

私たちは，方法的に全く異なる1科学を例にして，即ちハンス・ケルゼンの「純粋法学」によって，客観的意味と主観的意味との対比を調べてみることにしよう。ここでは私たちの問題は次のような形態をとって現れる。「憲法が共和制であると自称すれば，それでその憲法は既に共和制であるのだろうか。憲法で連邦制だと主張されれば，それである国は連邦制であるのだろうか。法行為は通常言葉で定立されるから，それは，それ自身の意義について何かを述べることができる。このことは一般に法科学的，否，社会科学的認識の素材と自然科学的認識の素材との間の少なからぬ差異である。1個の石は『私は一頭の動物である』とは言わない。特定の人間の諸活動が主観的にもっていることを要請する，その法的意味を,はじめから客観的意味であると考えるのは不当前提である。なぜなら，一体それらが法行為であるかどうか，および法体系におけるその地位いかん，他の法行為に対するその意義いかんは，それらを解釈する図式を作り出す媒介となる根本仮説いかんによるからである[30]」。「法学は…法行為の体系の限界にある要件を，それが要求する意味と矛盾する行為，法行為でない行為，即ち非法行為として特色づけるのを断念するわけにはいかない。ここに現れている問題の研究の根源は，法理論の素材である人間の行為が，法体系の中でその行為が受け取る客観的意味，最終的にはそれが法理論によって前提された根本規範の仮説によ

30　Kelsen, *Allgemeine Staatslehre*, S.129.

って受け取る客観的意味と一致したりしなかったりしうる，ある根源的意味，ある内在的，主観的意味を背負いこんでいるという事実のうちに存する[31]。」

社会科学とその対象の固有の関係を，私たちは主観的意味連関の客観的意味連関への分類（組み入れ）として特徴づけたのであるが，上の引用にみられるほど，この関係を嚙んで含めるようにうまく定式化しているものはない。個々の法規がこの法規を制定する者にとって有する主観的意味連関は，法解釈学では，理念型的構成（私たちがこの語を用いる意味での）によって1つの客観的意味連関へと組み入れられる。この形式化と一般化という作用によって遂行される不変措定のうちに，主観的意味連関において産出されたものが法の解釈作用の客観的意味連関として表現されるのである。理論的国民経済学の領域において限界効用の法則は「経済行為」と呼ばれる行為の全領域を規定する定義上の原理となり，この法則は，個々の経済行為の主観的意味連関の科学的分類（組み入れ）をはじめて可能にする最高次の解釈図式である。それと同じように純粋法学の領域においては（ケルゼン自身はっきりと認識しているように），ある「根本規範」の仮説的定立こそは，法学にとって重要である。あるいは法学の専門用語を用いるならば，実定性という特徴を帯びている法行為のあらゆる主観的意味連関の不変領域を規定するのである[32]。他の著作[33]の中でケルゼンはこの考えを次のように述べている。「法実証主義は，憲法の手続きによって創り出されたもののみが法であるということを意味しているけれども，しかしこの特定の仕方で創り出されたもののすべてが法として解されねばならないということを意味してはいない。特に，法が自己自身に付与する意味において，これが法として解されね

---

[31] *Ebd.*, S.278.
[32] この根本規範の見解についてはハンス・ケルゼン記念論文集（Verdross 編，*Gesellschaft, Staat und Recht: Untersuchungen zur reinen Rechtslehre*, Wien 1931）での Felix Kaufmann, "Juristischer und soziologischer Rechtsbegriff," S.14-41 特に 19ff. u. S. 30f.を参照せよ。
[33] Kelsen, "Die philosophischen Grundlagen der Naturrechtslehre und des Rechtspositivismus," In: *Philosophische Vorträge der Kantgesellschaft*, Nr.31, Charlottenburg 1928, S. 24f.

ばならないということではない。ある特定の仕方で創り出された材料，しかもそれのみが一般に『法』として解されるということには，法を生み出すための最高の権威となるある根本規範の仮定が，その究極の前提となる。そして…この客観的意味付与が可能であるとすれば（これなしには法学はありえない），それは根本規範そのものでなければならない。一定の手続きで創り出される材料は，この根本規範から法としての意義を一般に獲得する。同時にまたこの根本規範から，そのようにして創り出された材料のいずれの部分が法として妥当するのかということも明らかとなる。またこの根本規範から，それ自体の主観的意味ともしかしたら矛盾するかもしれないこの法材料の有する客観的意味とは何か，ということも明らかとなる。根本規範の仮定は専ら法認識に必要な前提条件を表しているのである」。ここで主張される理論の見地からみるかぎり，以上の論考に付け加えることは何もない。ケルゼンは，根本規範が解釈図式の理念型的構成原理であり，そこから法行為の主観的意味連関がはじめて法の客観的意味連関として理解されうるのだということを，実にはっきりと特徴づけている。

　経済学と法学という社会的世界に関する最も進んだ2つの「理論」科学—国民経済学と法学—が，どのような仕方で理念型構成（ここで示されているこの術語の意味での）をその対象領域の境界づけのために用いたり，また客観的意味連関の確定のために用いたりしているのかが示された。社会的世界の「理論」科学に関して客観的意味連関の構成原理として示しえたものは，どの社会科学にも一般的に妥当する[34]。主観的意味の把握は，ある先行与件の最上位の解釈図式から行われる。この解釈図式が主観的意味連関を科学の客観的意味連関へと整序し，それは次のように行われる。即ち，この解釈図式は形成すべき理念型的構成の不変領域を確定し，そのようにして科学にとって関連のあるものと関連のないものとを仕分けするということ，これである。

　社会的世界の諸個別科学，とりわけ専門歴史学の特殊な諸問題とこれらの科学に固有の諸方法を規定し，そのようにして得られた諸成果に基づいてこれらの科学の分類を行うためには，それ自体1つの論考が必要

---

[34] これについては第3章第28節における論述を参照せよ。

であろう。分類の原理としては，何よりも，それぞれの社会科学で用いられる理念型的構成の匿名性の程度があげられるべきである。別言すれば，それぞれの社会科学の主観的意味連関に対する根本的態度である。さらに，社会的世界の諸科学は，2つの種類に分けられる。1つは，社会的世界の純粋な形式論理であって，これは諸社会関係と諸社会形象の構成，社会的世界における生活者の意識経過における行為の対象化と人工物などの構成を純粋な記述において把握する。もう1つは，そのようにして構成される社会的世界の現実的，存在論的内容自体を対象にする科学であって，これは構成された諸関係や諸形象，先行与件である歴史的・社会的諸作用，現に手元にある人工物を解釈するものである。しかし，それはこれらの産出物が構成された他者の意識経過に概して目を向けはしない。

　理解社会学の対象領域と方法についてなお一言しなければならない。この科学の課題は，社会的世界で生活している諸個人が行っている意味解釈や意味措定の諸過程を記述することにある。この記述には経験的記述もあり，形相的記述もある。個性的なものも類型的なものもその記述の対象とすることができる。日常生活の具体的状況の記述も，高度の一般的記述も可能である。これに加えて理解社会学は，社会的世界における意味措定や意味解釈の過程で構成した他ならぬ文化諸対象に，このようにして獲得した解釈図式を用いることによって接近し，これらの文化対象を構成する「意味」を問い直すことを通してこれらを「理解」しようとするのである。

第50節　結び—今後の問題の指摘

　私たちの考察も遂に最後になった。もちろん本考察は，社会的世界における意味理解という途方もない問題領域のほんの一部を扱うことができたにすぎない。ここに示された持続の分析，この持続と意味との連関についての分析から出発し，現象学的原理に基づく社会学に現れる，なおいくつかの課題が残されていることを，ごく簡単に述べておこう。私たちが本考察において繰り返し強調しなければならなかった第一の問題グループは，社会学的人格に関するものであった。君態度と彼ら態度，

我々関係と彼ら関係，生身の姿の他我と人格の理念型という見出しで議論した諸問題は，十分といえるほど明らかになったとは言えない。とりわけいかなる根拠で理解社会学は諸社会関係の形式に関する妥当な言明を行うことができると思うのかという問題は，触れずじまいである。この場合，社会関係にあるものが1人あるいは多数の個人であるのか，人格の理念型であるのか，それとも社会集合体であるのか，これはいずれであってもかまわない。私たちが個人と理念型との関係について述べたことを想い起こすならば，両者の間には全く流動的移行関係がみられる。生身の姿の個人は，あらゆる可能的な個人についての理念型の総括として把握できるし，他方それぞれの理念型は匿名的なものに姿を変えた個人についての言明として把握できるということに，私たちは気がつくのである。人格の理念型の行為に関するどの言明も，これを彼ら関係からある程度ずらして，これを1つの同時代世界的我々関係の中に置いている。反対に，ある個人に関するどの言明も，彼を直接世界の我々関係や彼の具体的相-在にかかわらずして，これを彼の「いわば…である存在」や類型的同時代世界的関係の中においているのである。

　第二のグループは，社会科学の対象領域の境界をはるかに越えるものである。それはこの考察の中で再三直面した〈関連性〉Relevanzの問題である。この問題の究極的解釈は，一般現象学の分析に基づいてのみ可能となるが，にもかかわらずこの解釈はまず社会科学の領域で始められる。私たちが理念型から出発しようと，目的-動機や理由-動機の先行与件性から，あるいは達成的行為の企図性やそれの再生可能性から出発しようと，さらには私たち自身の体験の単なる差異から出発しようと，私たちは繰り返し次のような問題に直面する。何故このデータ，他ならぬこのデータが思考による加工の際に体験の総体のうちから選び取られ，関連性があるとして重視されるのかという問題である。この問題に結着を与えることは，社会科学のあらゆる範疇にとって本質的に重要である。社会科学のあらゆる範疇は，次の暗黙の前提に依拠している。「関心状況」とこの関心状況によって規定される問題設定に根拠があるかどうかは「関連性」問題の解釈によって正当化されているということ，これである。

　第三の問題グループは，君の構成一般，あらゆる思考の間主観的構造の解釈および超越論的他我の超越論的自我からの構成を含んでいる。こ

の問題の解決と手を握り合って、世界一般に関する私たちの経験の間主観的妥当性問題の解決が得られる。『形式論理学と超越論的論理学』の中で、フッサールは既にこの問題解決の手がかりとなる論点を確定し、さらに、その究極的解決はおそらく現象学的基礎に基づく人間存在論によってはじめて与えられるであろうが、いずれにしてもフッサールはこの問題を考察の中心に置いた1研究書の公刊を予告している[35]。

他の2つの問題、即ち社会学的人格の問題と社会的世界における関連性［レリヴァンス］の問題は、マックス・ヴェーバーの著作と最も緊密に関連する理解社会学によって、ただちに着手されねばならないであろう。

---

35 この約束を部分的にではあるが、フッサールは既に『デカルト的省察』において果たしている。

解説とあとがき

本書は,Alfred Schütz, *Der sinnhafte Aufbau der sozialen Welt：Eine Einleitung in die Verstehende Soziologie* (1932,1960) Wien, Springer Verlag (1974) Frankfurt a.M., Suhrkamp Verlag の全訳である。訳出の際, *The Phenomenology of the Social World* (1967)を参照した。シュッツ夫人から「日本の皆様方へのメッセージ」をご寄稿いただいた。訳者にとって大変幸せなことであり,また資料としても重要な意義を持つと考え,これを巻頭に掲載することにした。シュッツ夫人の強いご意向によって,本訳書は故尾高朝雄教授の霊に捧げられている。本書に寄せられたシュッツ夫人からの「日本の皆様方へのメッセージ」に述べられている素晴らしい友情関係の存在を何も知らずに,本書のもつ魅力にひかれて長年翻訳に取り組んできた訳者にとって,こうした献辞をいただいて本書を刊行できることは,望外の喜びである — なおシュッツ‐尾高の関係について,近親者の目で描いた貴重な著作として,久留米都茂子『心の一隅に棲む異邦人』(信山社,2001) がある（2006.6 追記：訳者）— 。

まず著者について簡単に紹介しよう。アルフレッド・シュッツ(1899-1959) は,1930 年代にドイツ・ナチズムの抬頭によって崩壊を余儀なくされた,旧いヴィーンの文化環境を青年時代に享受できた最後の世代に属する。彼は,銀行支配人の父オットー・シュッツと母ヨハンナの間に生まれた 1 人息子であった。ヴィーン大学法学部で法律学を学んだ。ヴィーン大学では当時経済学,法律学さらに哲学の分野において数多くの傑出した学者が鋭い論陣をはっていた。経済学ではオーストリア限界効用学派の泰斗フリードリヒ・フォン・ヴィーザーの流れをくむルートヴィヒ・フォン・ミーゼスがいた。法学の領域では,純粋法学の権威ハンス・ケルゼンがいた。ケルゼンは若いシュッツにマックス・ヴェーバーの科学論への興味を向けさせた人であった。哲学ではポアンカレとエルンス

ト・マッハの流れをくむ論理実証主義者のサークルがあった。モリツ・シュリック,ハンス・ライヘンバッハ,ルドルフ・カルナップらは代表的な俊英たちであった。ちなみにシュッツの『社会的世界の意味構成』は,カルナップの『世界の論理的構成』(1928)を敷衍してヴェーバーの理解社会学を要請するという意味で,このような標題がつけられたといわれる。

　当時のヴィーン学派はいずれも新カント派的な思考様式によって特徴づけられ,ヴェーバーの科学論を議論する雰囲気があった。こうした知的環境がシュッツの研究の出発点を形成した。精密な方法によって数量経済学を構想するオーストリア経済学からは,計量的方法ではデータが確定しにくい経験的社会科学はいかなる基礎づけをもたなければならないかという問題。ケルゼンの純粋法学からは,日常的行為の規範的動機連関の実証的分析は存在するかという問題,論理実証主義の言語哲学からは,人間の表現行動を分析する場合,形式化と理念化による言語計算にはどのような限界がみられるかという問題。既にこのような問題設定の中に,シュッツの理論関心が微妙に力点移動しているのをみてとれる。シュッツは,経済,法,言語等に関する分析という明確に限定された人間の行為現象の一定区画にその主題を制限している通常の専門諸科学に対して,これらの科学の主題の枠外にとりのこされている人間行為の諸現象に目を向け,専門諸科学の変数と与件とをある共通の次元で統合しうるような問題領域を視野に収めている。社会的行為の一般理論の可能性の問題である。このシュッツの課題意識の質は,あえていえば専門諸科学の閉鎖的体系志向に対する開放的反省志向として特徴づけることができるであろう。あるいは,S・ヒューズの言葉を用いるならば,「目に見え客観的に検証できるものから説明しがたい動機づけの部分的にしか意識されない領域へ」という理論関心の主軸の移動であり,またそれは「主観的なもの」という,実証主義がこれまで残余範疇として分析の外側においた現実への関心の集中であると特徴づけることもできよう。

　シュッツの青年期を取り巻くヨーロッパの社会思想の状況は,急激な変化のただ中にあった。ヴィーンの合理主義的で実証主義的な知的雰囲気の背後には,混沌とした病める社会的退廃があった。近代的で合理的な経済秩序と背中合わせに前近代的で家父長的なハプスブルグ王朝の歪んだ抑圧的な社会構造があった。S・フロイトの精神分析の主要なクライ

アントは,そうした病める世界の中の最も弱い部分,即ち心に傷を受けた婦人たちであった。婦人たちの病は楽観的で功利主義的な社会倫理では解決できない質の問題であった。世界は合理主義の凋落と無気味な非合理主義の抬頭の狭間で喘いでいた。自明視されていた 19 世紀以来の実証主義も問題化した。社会科学者たちは,人間の複雑な意識生活に関心を向け,それぞれ手探り的なやり方でこの問題に探針(ゾンデ)を入れた。フロイトは「無意識」の心的機構の解剖に力を注ぎ,ベルクソンは空間と量の科学的論理という表層的な心的生活の深層に,「純粋持続」という深部の自我の論理があることを指摘した。フッサールも「内的時間意識」の問題に関心を寄せ,そこに自然科学の図式的秩序とは異なる主観的世界の秩序をみた。またディルタイが「内的了解」の概念を自然的事象の「外的説明」と対比させて,精神科学の独自性を強調したのも,この時代に特徴的な事柄であった。青年シュッツは,こうした時代状況を敏感に感じとった(に違いない)。『社会的世界の意味構成』を注意深く読めば,これはシュッツによるこの時代の学問的状況に対する彼なりの総括であることがわかるであろう。

　シュッツは,純粋のアカデミー人ではなかった。死の直前の数年間を除いて,彼は生涯銀行家と学者の 2 足の草鞋をはいた。平日は銀行業務に従事し,夜の時間,休日や旅先での暇をみては学問をした。いわば晴耕雨読型の自由人であった。それだけに本書で展開されている論理は純粋である。30 年代の同じヴィーンにおいて社会学者のパウル・ラザースフェルトによってすすめられていた経験的社会研究,いわゆる「社会調査(ソーシャル・リサーチ)」の存在すら,シュッツは知ることがなかった。在野の研究者であり,アメリカへの亡命者であるという彼の生活史的背景が,わが国は勿論のこと,生国のオーストリアやドイツにおいても彼の存在を久しく知ることのなかった原因の 1 つであったように思われる。ニューヨークにあるニュー・スクール・フォア・ソーシャルリサーチでシュッツに直接あるいは間接的に学んだ 1 世代若い研究者たちの活躍によって,今日シュッツの理論は復活したのである——シュッツの没後半世紀を経て,2003 年以来,従来の英語版の Alfred Schutz Collected Papers, 4 Volumes に加え,グラートホフ,ゾェフナー,スルバールらの手によってドイツ語版『アルフレッド・シュッツ全集』全 9 巻 12 冊 (Alfred Schütz *Werkausgabe,* Bd. I -Bd.

IX UVK Verlaggesellschaft mbH）が,現在継続刊行されている（追記：訳者）―。

次に,本書の内容を紹介しよう。副題が「理解社会学入門」であることからもわかるように,シュッツは,本書5章50節全体を通して,ヴェーバーの理解社会学に関する哲学的な基礎づけ作業を試みている。ヴェーバーの理解社会学は,周知のように,行為理論の提唱にその特徴がある。行為理論とは,個人の社会的行為という最も基礎的な単位にまで遡及して,複雑な社会諸現象の構造を解釈する立場である。社会的世界のあらゆる複雑な現象には,それぞれの意味がある。しかしこの意味は,社会的世界における行為者たちがその行為に結び付けている意味に他ならない。個人の行為とその思念された意味内容が専ら理解されるのであり,社会（科）学もまた個々の行為の解釈を通してのみ,複雑な構造をもった社会関係,集団現象,文化的意味表象世界の解釈への手がかりを得ることができる。ヴェーバーの理解社会学の対象規定は「社会的行為を解釈的に理解し,それによって社会的行為の経過と結果とを因果的に説明する科学」である。この対象規定にみられるほど,行為理論の立場を原理的に徹底させている社会理論は,他にみることができない。シュッツの中心主題は,このヴェーバーの行為理論の原則を承認した上で,「理解社会学に従来欠落している哲学的基盤を与え,現代哲学の確かな成果によって,この理解社会学の根本的見地に梃子入れすること」（本書73頁）にある。

第1章「予備的考察」では,ヴェーバー社会学の対象規定に準拠しつつ,本書全体を通して解釈される3つの主要な問題が提示される。(1) 行為者がその行為に意味を結びつけるという言明は,何を意味するのか（本書第2章「各自の持続における有意味的な体験の構成」の主要なテーマ),(2) どのようにして他我は有意味的な存在として私に与えられるか（本書第3章「他者理解の理論の大要」の主要テーマ),(3) どのようにして私は他者の行動をその主観的に思念された意味に従って理解するか（本書第4章「社会的世界の構造分析」の主要テーマ）の3つである。本書全体の構成の観点からいえば,以上の他に(4)理解社会学の方法の問題を付け加えなければならない。社会的世界を適切に調べるためには,社会科学はどのような方法を用いなければならないのか（第5章「理解社会学の根本

問題」の主要テーマ)。

　次に最初の3つの問題から述べよう。シュッツによれば,この3つの問題に対するヴェーバーの回答は,いずれも曖昧である,あるいは全く回答されないままであるという。(1)について言えば,ヴェーバーは,目的合理的行動を行為の原型とみる見方や,行為の動機と行為に結びつける意味とを定義上混同してしまっているという2つの理由から,きわめて曖昧にしかこの問題に回答を与えていない。(2)について言えば,これをヴェーバーは問題にすらしていない。他者の行動の解釈について論ずる際に,ヴェーバーは,他我の有意味性を所与のものとして予め前提してしまっている。私の意識において他我がどのように構成されるかは,ヴェーバーにとってどうでもよい自明の問題なのである。(3)について言えば,ヴェーバーは,他者の行動の主観的意味を,直接的理解や動機的理解によって把握できると主張する。しかしこの回答は,問題の核心からそれている。まず他者理解の2つの区別が恣意的であり,2つの理解を区別する内的根拠が希薄である。また2つの理解は,いずれも解釈者による客観的意味連関の把握であって,他者の主観的意味の把握には至らない。

　このように,ヴェーバーの理解社会学が行為者の主観的見地という研究方針を打ち出しながら,「主観的に思念された意味」概念をめぐる中心的な諸問題をすべて曖昧なままにし,あるいは回答しないで放置しているということは,理論上不徹底であるとの誇りを免れない。基礎概念の曖昧さは,研究の進展を撹乱し,また現象の分析能力を麻痺させる。シュッツによれば,ヴェーバーは,世界一般が,したがってまた社会的世界の意味現象が,素朴にも間主観的に一致すると仮定することで満足しているという。これは,日常生活を「自然的世界観」(M・シェーラー)に基づいて営んでいる日常人の態度と異ならない。しかし,日常生活のこうした観念を無批判的に科学の概念装置の中に採り入れることは,社会科学であるか自然科学であるかを問わず,重大な危険を背負うことになる。科学の課題は,まさに日常生活の自明の構造を疑うことにあるのだから。

　そこでシュッツは,理解社会学が行為理論に立脚するとは何を意味するのか,またそれは何故必要であるのか,という理解社会学の認識論的・方法論的基礎づけの問題に取り組むことになる。シュッツが理解社会学の認識論的基礎づけの原理として採用するのは,E・フッサールの現象

学, H・ベルクソンの持続(デュリー)の哲学およびシュッツ自身の提唱する「自然的態度の構成現象学」の立場である。このシュッツの研究方針の特徴は,「意味」発生の問題を「内的時間意識」(フッサール)における構成現象として把握する点に求められる。「意味問題は時間問題である」(本書 35 頁)と,シュッツはその研究方針を明記する。意味に関するあらゆる考察は,究極のところ自己体験や他者体験の意味として説明可能であり,そのためには内的時間意識に関する厳密に哲学的な自己省察が要請される。シュッツは,「社会的世界の高度に複雑な意味構成において見えてくる現象をはっきり捉えることができるのは,論者がそれらの現象を起源となる一般的な意識生活の根本法則から導き出すことができる場合である」(同 35 頁)と主張して,第 2 章以下において,先に指摘した 3 つの問題を中心に,ヴェーバーの行為理論を根拠づける,意識生活の根本法則に関する理論を展開するのである。カントの概念構成主義的立場からヴェーバーの理解社会学の方法論をテーマにした研究(「理念型」論)は,わが国の場合,戦前戦後を通して,相当な量にのぼっている。しかし本書はカントの概念構成のアプリオリズム(先験主義)とはいささか見解を異にしている。社会学で用いられる行為者や行為経過の「理念型」構成は,むしろ日常生活を営む多くの行為者が実際の生活場面で当然のこととして行っている「主観の志向的能作による志向的対象」の意味付与活動のうちに基礎づけられるというふうに主張される。

　次に,以上の 3 つの問題に関するシュッツの理論的考察を見ることにしよう。まず(1)「行為者がその行為に意味を結びつけるという言明は何を意味するのか」について。シュッツは,この問題を「各自の持続における有意味的な体験」の問題として捉え,第 2 章において詳細に検討を加えている。既に触れたように,シュッツは「(内的)時間(意識)」概念の導入によってこの問に答える。シュッツの行為理論は,時間の学—時計時間,計量的物理的時間の学ではなく,行為者の体験的時間,期待や記憶等の生きられる時間の学—である。この時間概念の導入による「有意味的な体験」と「意味のない体験」との区別は,ヴェーバーの行為概念の豊かな捉え直しを可能にする。それは,何よりもまず,ヴェーバーの行動と行為の区別を無効にする。シュッツによれば,行動も行為もともに「意味付与的意識体験」に他ならない,2 つの概念の差異は,意味付与的意識体験という

私の能動的自発的体験に対する私の指向作用 Zuwendung の違いに過ぎない。「経過し生成しつつある体験に指向しつつ,これを持続の中の他のあらゆる体験からはっきり区別されたものとして際立たせるような反省的眼指が,この体験を有意味的なものとして構成する。発生的に最初の種を播く『自発的能動性』…への志向的遡及関係が取り結ばれて,そこからそのような指向作用において…有意味的な行動は構成される。これに加えて,反省的眼指は,企図,つまり経過し去っているだろう未来完了時制的に想像した行動についての想像体験をも把握する。そのようにしてこの反省的眼指は,眼指の中で把握した『明確に境界づけられた予め企図された,自発的能動性に基づく体験』を有意味的な行為として構成するのである」(本書 115 頁,傍点は訳者)。

この引用にみられるように,シュッツの行為理論は,一方における私-意識の最深部をひたひたと流れる持続の内的時間形式およびその流れの不可逆的な持続連関と,他方におけるこの持続経過後に私-意識の表層部に浮上する,反省的な眼指によって構成される有意味的体験の形式およびそれの複合体である意味連関との,緊張を孕む結びつきというアイディアによって支えられている。意味のある体験とは,位相的に体験作用の中で持続経過として原的に構成される体験が,今度は構成済みの体験として眼指の中に捉えられることに他ならない。「意味」とは,生という根源的な意識体験に対する指向作用,つまり思考の仕方であり,従ってそれは私の持続流に対する私自身の反省的回帰である。シュッツは私の意識体験の内部に〈生〉と〈思考〉との機能的分化,この両契機の共属と緊張関係のシステムを措定し,指向作用を媒介としながら意味の発生と多様な意味構成の秘密をこのシステム内部に捉えようとする。「意味」がいかに複雑な形姿を示そうとも,その根源的な基盤には自己による指向作用という反省の働きがみられる。またそこから未来完了時制的指向作用による「目的-動機」Um-zu Motiv や過去完了時制的指向作用による「理由-動機」Weil-Motiv という,シュッツの動機論の重要な区別も導き出されることになる。シュッツの行為理論の基礎はこの内的時間意識の理論にあり,この時間論を支える理論は反省の哲学にあるといわねばならない。

次に(2)「どのようにして他我は有意味的な存在として私に与えられるか」について。この問題は,第 3 章「他者理解の理論の大要」の主要なテ

ーマである。この問題に対するシュッツのアプローチの特徴は,「自然的態度の構成現象学」の試みにある。第2章の各自の意識体験の構成分析に関しては「これより私たちの取り組む内的時間意識における構成分析は,意識の『現象学的に還元された』領域内部で行われるものである」(本書77頁)と述べ,彼の分析が厳密に現象学的分析であることを明示している。この点他者理解の問題に対するシュッツの分析は異なっている。「孤独な私の分析から社会的世界の考察へと移行するに伴い,私たちは自分たちが人々の中で日常生活を送る際や,社会科学に携わる際に習慣になっている,素朴で自然的なものの見方において社会的世界の存在を理解する」(本書155頁)。厳密な意味での現象学的他者分析を放棄して,日常生活の自然的なものの見方による他者体験の分析の試みである。課題設定の明らかな変更がここに見られる。

シュッツの自然的態度の構成現象学による他者分析は,今日「日常生活の社会学」と呼ばれる社会理論の嚆矢をなすものである。そしてこのような課題の理論的展開が可能であるかどうかをめぐって,1940年代に激しい「シュッツ-パーソンズ論争」が展開されたことは周知の通りである。タルコット・パーソンズによる社会的行為の構造-機能的分析とシュッツによる社会的行為の現象学的社会学とは,今日,相互に折り合いのつかない社会学として知られる。しかしながらどちらもマックス・ヴェーバーの行為理論から出発している社会学である。この2人の理論家の間で折り合いのつかなかった主要な問題が,この他者理解,他者によって「主観的に思念された意味」の理解の問題にあった。

他者理解に関する最も根本的な問題は,他者である君が君自身の体験を自己解釈するのと同じやり方で,私もまた他者である君の体験を解釈することができるか,にある。私の体験の「自己解釈」Selbstauslegung—広松訳では「自己回釈」—の特徴は,「私の体験を満たしている豊かな持続経過の連続は,原則として私の自己解釈に常に開かれている」(本書167頁)点にある。私は,そのつもりになれば,いつでも自分の体験を「再生」において現前化できるし,既に構成された意味連関からこれを構成した体験の方に目を向けることもできる。これは自己体験の自己解釈に固有な構造である。このような特徴が自己解釈に備わるわけは,解釈される体験が「内在的に方向づけられる志向体験」であって「志向の諸対象が(志

向)作用そのものと同一の体験流に属している」(本書 159 頁)からである。しかし,このようなことは,私の解釈に委ねられている他者である君の体験流の場合には,一切妥当しない。他者(君)の体験の解釈における固有の構造は,「超越的に方向づけられる志向体験」にあり,解釈される志向対象が私に内在的に属せず,私とは異なる他者(君や彼・彼女など)の体験流に超越的に属するために,志向作用とその対象とが同一の体験流に属しえないところに,その特徴がみられる。

　シュッツの他者理解の理論は,他者の体験に向けられる,この私の意味解釈作用がいかなる特殊な性質をもつのかに対する回答の試みである。ここでは,1,2 興味深いシュッツの考察を紹介するにとどめる。

　1 つは,他者(君など)理解が私の視座,解釈者の側の視座と常に相関しているという指摘である。私の他者理解は,他者の意味措定作用と私の意味解釈作用との二重の条件依存関係の中で行われる。私は,まず一般に世界のあらゆる体験と同じ仕方において「この私と向き合っているものは他者であり,他者の行動である」と意味解釈する。この私による他者の解釈は,「他我」alter ego についての私の体験を自己の経験の全体連関の中に組み入れる「自己解釈」である。この他我についての自己解釈をシュッツは「客観的意味理解」と呼ぶのである。一度この解釈が行われると,今度は,その他我の体験の方に私の眼指が向けられる。他我の体験への注目とは,そのような行動を意味)措定した他我にとっての意味連関(「～のために」とか「～だから」)に眼指を向けることである。シュッツは,これを他者の「主観的意味理解」と呼ぶのである。他者理解の本来の問題は,「他我」についての私の意味解釈作用(客観的意味理解)から「他我」の意味措定作用(主観的意味理解)へと私の眼指を移した場合に生ずる。別言すれば,他者理解とは,他我の意味措定作用をも意味解釈の射程に入れるような私の解釈を意味する。解釈者である私は他我の体験を自分の手もとの経験の貯え(知識在庫)によって解釈する以外に通路を持たないが故に,結局のところ,他我の主観的意味連関もまた,客観的意味連関において解釈を下さざるを得ない。この点に自己理解と他者理解との根本的な相違がみられる。「自己解釈には私自身の持続が連続的にかつ完全に前もって与えられているのに対して,他者理解には他者の持続が非連続的に分節されるために,決して前もって与えられず,専ら『解釈

のパースペクティブ』においてのみ与えられる」（本書168頁）。自己理解と他者理解は，理解の異なる形式であり，双方を同一形式に押し込むことはできない。

　もう1つ述べておきたい。私の解釈はその遠近法的視座によって制約されるために他我は同質的に体験されず，むしろ異質的で（親密性と匿名性の程度を異にする）多様な意味として体験されるというシュッツの指摘である。これは，解釈者である私の近傍に他者が居合わせる場合と，他者がそこに居合わせない場合とでは，他者は異なる次元で意味構成されるという点に注目した指摘である。面対面の状況での他者理解の際には，私は他者である君の現存在を類のない君の類のない意識体験の証拠として把握し，さらにこの証拠を通して汝の意識体験の中で構成される意味措定作用に眼指を向けることもできる。他方，汝が生身の姿で私の前に現存しない場合には，他者は相-在，つまり「類型化された他者」として把握される。類型化された他者（「類型的他者」とも訳出される）とは，他者に関する私の既知の経験的知識のストックを基にして「彼はしかじかである」と述定される，一種の「理念化」の作用である。それは「かような理解」である。私による他者理解は，類のない君という親密で内容充実的な意味の次元と，全く内容非充実的で匿名的な類型としての「ひと」という意味の次元との両極端の間で，その中間に親密性と匿名性の程度を異にするさまざまな他者の意味次元を含みながら，多元的に押し進められる。他者とは，私にとって一元的で同質的な意味構成ではなく，多元的で異質的な意味構成である，とシュッツはいう。

　さて(3)「どのようにして私は他者の行動をその主観的に思念された意味に従って理解するか」について。この問題は，第4章「社会的世界の構造分析—社会的直接世界・同時代世界・先代世界」の主要なテーマである。シュッツのこの問題に対するアプローチの特徴は，ヴェーバーにおける「社会的行動」「社会的行為」「社会関係」等の基礎概念を検討の素材に付しながら，これを「社会的世界の構造」論として展開している点にある。シュッツによれば，ヴェーバーの「他者の行動の思念された意味」問題は，「志向的に他我に関連した私の意識体験」（本書222頁）の問題として捉えることができるという。たとえば，社会的行動は「志向的に他我と関連した私の意識体験が自発的能動性の形式で意識に現れる場合」とし

て捉えられる。社会的行為は「これ（社会的行動）が予め企図された場合」（本書242頁）として捉えられる。社会関係もまた,「他者態度」「君態度」「彼ら態度」「他者影響」「影響関係」「我々関係」「彼ら関係」などのシュッツ自身による諸概念の鋳造を介しながら,基本的には「志向的に他我と関連した私の意識体験」として捉えられる。シュッツは,以上の原則的な確認に基づいて,「他者の行動の思念された意味」の世界を,（私によって有意味的に）分節されながら1つの統一的な秩序（意味的構築体）として立ち現れる社会的（自-他関係の）世界として解釈してみせる。

　社会的直接世界。これは私による〈君態度〉と〈我々関係〉に基づいて意味構成される世界である。私のもっとも近傍にある「他者の行動の思念された意味」の世界である。時間と空間の共同態の中で私と他者を結びつけている,この直接世界 ── 原語は Umwelt,周囲世界・環境世界などの訳語もある ── の彼方には,社会的同時代世界がある。ここでは他者は,直接世界の君としての「隣人」── 原語は Mitmensch,文字通り訳せば「一緒に隣り合わせにいる(一緒の)ひと」── の我々関係に代わって,「同時代人」── 原語は Nebenmensch,通常この語は Mitmensch と同義に用いられるようであるが,シュッツはこれをはっきりと区別している ── として意味構成される。「彼ら態度」と「彼ら関係」という構造形式において「他者の行動の思念された意味」の世界が構成される。直接世界では他者である君は「占有」において体験されるのに,同時代世界では「類型的な体験経過」として推測されるにすぎない。それは「チャンス」（客観的可能性）の世界である。以上の2つの社会的世界と並んで,私は,私自身の生きている以前から存在している世界,社会的先代世界を意味構成することもできる。この「他者の行動の思念された意味」の世界は,私の体験や持続とは共存せず,決して共存することのなかった歴史の世界である。他者はこの場合「先人」として意味構成され,専ら私はこの他者と「他者態度」をもつにすぎない。先代世界に私は思索を向けることができても,行為を向けることはできない。本居宣長の『古事記伝』を読むことはできても,当の宣長さんと握手を交わすことはできない。そして最後に社会的後代世界。私がこの世に生きていなくても,他者たちによって生きられる,未来の世界である。後代世界に住む「後人」としての他者は,未定の自由な世界に生きる。

内・世界的で日常的世界における私は,「他者の行動の思念された意味」の世界をこのように社会的な直接世界,同時代世界,先代世界および後代世界として多元的に把握している。他者の行動の思念された意味が多元的に構成されるのは,私の「内的時間意識」(フッサール)のもつ視座構造の制約性の故に「志向的に他我と関連する私の意識体験」の構造を飛び越えることができないためである。他者を含む世界一般は,結局,「私の指向作用という志向的能作」と相関して現象するのであり,それ故にこの志向的能作の諸変様に応じて世界もまた多様な様相を呈することになる。「他者の行動の思念された意味」問題は,譬えて言えば一次方程式というよりも,多次元方程式の構造問題にあることを,シュッツは論証しようとしているのである。以上の彼の自己理解,他者理解ならびに社会的世界の構造分析は,私たちに次のような問題を提起している。１つの歴史的・文化的世界は常識人(日常人)の常識的日常的生活態度(自然的態度)におけるレリヴァンス(主題,解釈や動機などの取捨選択にかかわる関連性)の構造,すなわち常識人の解釈の遠近法的視野構造によってしか現象しないのではないか,と。この考え方は,K・マンハイムなどによって代表される「知識の存在被拘束性」(存在によって私の知識は規定される)の考え方とは対照的であり,常識の世界を生きる常識人としての私は他者の存在世界の意味をその主観的パースペクティブから構成すると主張するのである。

　ところで,以上の考察は,まだ社会学理論における固有の方法の問題に触れていない。以上は専ら常識的日常的な私がその自然的世界観に基づいて自己自身および他者の行為に関して意味措定や意味解釈を行っている事態,シュッツの言い方に従えば「社会的世界の中の生活者にとっての意味構成」(本書31頁)の問題に過ぎないからである。自己理解も他者理解も,さらには社会的世界の構造論も,これらはみな社会学が取り扱う「素材」である。それらは前科学的に,つまり科学以前に構成された,「第一次的意味構成の世界」にすぎない。社会学は,その固有の方法を用いて,この既に構成された第一次的意味構成の世界を,科学的に再加工するのでなければならない。社会学の方法論は,それ故次の３点を考慮しなければならない。第一に,前科学的に構成される第一次的意味構成の世界の考察(以上に述べてきた３つの主要な問題),第二に,社会学が科学的概念加

工の手段（たとえば，ヴェーバーの「理念型」など）を用いて，この対象世界を再構成する方法の問題（「構成」の構成という意味で，第二次的意味構成の問題），第三に，第一次的意味構成と第二次的意味構成（日常生活と科学）の関係の問題，以上の3点である。シュッツによれば，この3点に関する考察も，ヴェーバーの科学論においては不徹底である。本書の第5章「理解社会学の根本問題」では，ヴェーバーの「理念型」論を俎上に載せながら，主として理解社会学の方法をめぐる問題が丹念にフォローされる。

「社会的世界のあらゆる科学の主題は，一般に主観的意味連関の，あるいは特定の主観的意味連関の客観的意味連関を構成することにある」（本書335頁）と，シュッツはいう。つまり，社会科学の根本問題は，どのようにして主観的意味連関の科学は可能か，を明らかにすることである。この根本問題を解明する端緒を，シュッツは社会的同時代世界に関する考察の結果に求める。自然的態度の構成現象学によってシュッツは，日常生活の自然的な世界観の中で意味構成される同時代世界や先代世界の「人格の理念型」や「経過の理念型」には，主観的意味が既に客観化され匿名化されていることを論証したのである。この自然的態度による「第一次的」意味構成のうちに萌芽的にみられる類型化の法則を純化し，彫琢することによって，シュッツは社会科学の根本問題に対する回答を導き出そうとするのである。

彼によれば，社会科学もまた社会的世界を類型的に把握する。ただ科学である以上，社会科学は，この類型構成に関して，あらゆる科学に要請される根本規則からはずれることは許されない。科学は，日常生活の中で行われる未分化で曖昧な解釈を，最大限はっきりした一義的な明晰さにまで高めることに，その存在理由をもつ。科学的言明の表現図式や科学的説明は，それ故形式論理の基本則に従わねばならない。そこから社会科学の類型構成のための第一の要請が帰結される。論理的首尾一貫性と呼ばれる公準である。科学的理念型は，専ら定立的・明示的な判断の行使によって構成される理念的対象物としての「概念」によって体系づけられねばならないということである。しかしこの論理的首尾一貫性の公準は，あらゆる科学に妥当する事柄であり，これだけでは社会科学的類型構成の条件を満足しない。みたように，社会科学の主題は，主観的意味連関の客観的

意味連関への組み替えにあるのだから。社会科学の理念型は，一方で以上の公準を満足させつつ，他方で「主観的意味連関」を「動機」に即して十分根拠のある意味連関として捉え直すというもう1つの公準をともに満足させなければならないのである。

　この第二の公準をシュッツは「適合性の公準」と呼ぶ。この公準は次のようにして満足される。「社会的世界のあらゆる科学的経験は，社会的同時代世界と社会的先代世界の経験であって，決して社会的直接世界の経験ではない。したがって社会科学は日常的社交の中の人間を，生き生きした純粋な持続をもった君として把握するわけではない。むしろこの君を純粋持続も自発性もない，ただ想像上の時間…だけをもつ，人格の理念型として把握する。この理念型には，類型と関連ある動機を不変指定することによって既にはじめから規定されている意味体験のみが，述定（命題における主語・述語関係のこと：訳者）される。この不変指定は，意味適合的にかつ因果適合的に行われる。社会的世界や世界一般の予め与えられている経験を参照すること，そして社会的世界の中で生活する私が，その同時代世界と先代世界を把握する予め構成された理念型とうまく動機づけが合致するということ，これである」（本書359頁）。社会科学者は，まず意識のモデルとしての「人格の理念型」を不変指定する。次いで社会科学者はこのモデルに専ら適合するような動機の解釈パラダイムを不変指定する。この解釈パラダイムの構成にあたっては，社会科学者，一方で既存の経験的知識と十分照合しつつ，他方で日常の私が科学以前に行っている類型化とも合致するように配慮しなければならない。このようにして，主観的意味連関の客観的意味連関への組み替えは方法上整合的に行われる。

　ところでどのような人格の理念型を構成し，どのような動機あるいは類型的な行為を構成するかは，社会科学のそれぞれの「レリヴァンス」（関連性）によって異なる。そこから社会科学の類型構成のための第三の公準が導き出される。レリヴァンスの公準である。なに故このデータが思考による加工の際，体験総体のうちから選びとられるのか。これが「関連性」の語義である。シュッツは，本書においてオーストリア限界効用学派のミーゼスの経験理論やケルゼンの純粋法学の例をひきながら，どのような仕方で理念型的構成が，社会科学の対象領域の境界づけのために用

いられるかを説明している。たとえば「限界効用」とか「根本規範」とかというように，どの社会科学も，問題として選びとった最上位の解釈図式が構成されるべき理念型の不変領域を確定し，当該科学にとってレリヴァント（重要なもの/関連のあるもの）とそうでないものとを仕分けする，とシュッツはいう。何が当該科学にとってレリヴァントであるかを認識することこそ，社会科学の論理や方法が曖昧になったり，混乱に陥ったりしないための根本的公準なのである。以上の3つの公準，「論理一貫性」「適合性」そして「関連性」の公準を満足することによって，第二次的意味構成としての社会（科）学の理念型は，科学 以 前（フォアヴィッセンシャフトリヒ）の日常世界にみられる第一次的意味構成の意味領域から区別される。

　社会科学の意味的世界は，科学以前の日常世界に根ざしながら，それとは明確に区画づけられる1つの「限定的意味」領域の世界を形成している。自然的態度の構成現象学の視点から照らし出される社会科学の位置づけは，以上のようなものである。シュッツの以上の主張は，ヴェーバー以降アメリカ社会学を代表するタルコット・パーソンズ等によって主張される，新カント派的な社会学の方法論とは一味異なるものを含んでいる。シュッツは，社会科学における「理念型」概念（悟性概念）に先行して，「第一次的」意味構成の世界，即ち，「意識の志向的能作」（フッサール）の相関項としての「日常人の内世界的・日常的世界における意味の世界」に着目するのであり，「理念型」などの構成概念は，「意味の第一次的構成」が変様した，「意味の第二次的構成」にすぎない。シュッツは，「生活世界」からの悟性概念の「超越」化（カント）というヴェーバー - パーソンズ的な科学方法論の方向づけを反転・逆転させて，この先験的超越的「悟性」概念の「生活世界」への帰還（基礎づけ）という方法論的転換を構想して，その理路を一貫して追求した。

　勿論，シュッツのヴェーバー論に問題がないわけではない。トーマス・ルックマンに従って，私たちは現象学的分析を「その視座が自我論的であり，その方法が反省的である」分析として定義づけるとすれば，たしかにシュッツの以上に紹介した分析は現象学的である。だが，彼は厳密な意味での現象学的批判的分析を中途で放棄している。みたように，彼の他者理解の中心にある私は，内世界的な私―〈mundan ego〉つまり〈In-der-Welt-sein〉「世界-の-内に-ある」私―であって，フッサールの意味におけ

る「超越論的自我」ではない。厳密にいえば,ヴェーバー社会学に関する「現象学的」基礎づけ作業は,未完なのである。シュッツ自身もこのことを自覚している。「君の構成一般,あらゆる思考の間主観的な構造の解明および超越論的他我の超越論的自我からの構成」(本書370頁),これらの問題は今後の課題であると。1932年の段階で指摘されているこの問題は,半世紀経過した今日でもなお十分に解明されているとは言えない。シュッツが今日的意義をもつのも,こうした点に存するのではないかと訳者は考える[この点については「改訳版『社会的世界の意味構成』の序」をも参照されたい]。

　自然的態度の構成現象学の現実構成の主張を,通常の実証的社会学の現実分析と同一平面に並べて議論するのは不毛である。方法において帰納的であり,視座において宇宙論的である実証科学とは異なり,シュッツの理論は,社会的世界の根本構造を「内省的 reflexiv かつ自己論的 egologisch に解きほぐす」(Th・ルックマン)点に特徴がある。それぞれの方法と視座を確認しながら,両者の交流が図られねばならない。シュッツの理論は,「もの」のように現れる社会の存立構造や,「科学的概念構成」の特性について,私たちが柔軟な知見を得るのに役立つであろう。

1982年2月4日
　　金沢にて

佐藤嘉一

[以上の旧訳版「解説とあとがき」は,今回の改訂版に再掲載するにあたり,割愛した箇所や,記述に修正と変更を加えた箇所,新たに付け加えた箇所が含まれている。しかし解説の大枠については変更を加えなかった。]

訳者略歴

佐藤嘉一（さとう　よしかず）
1938年　福島県生まれ
1965年　東北大学大学院文学研究科博士課程退学
　　　　東北大学文学部助手、金沢大学法文学部助教授等、を経て
現在　　立命館大学名誉教授　博士（立命館大学）
著書　『物語のなかのアイデンティティ―あかずきんちゃんからドストエフスキーまで』晃洋書房, 2006年
訳書　J・ハーバーマス『テクストとコンテクスト』（共訳）晃洋書房, 2002年
　　　ハーバーマス/ルーマン『批判理論と社会システム理論―ハーバーマス=ルーマン論争』（共訳）木鐸社, 2001年
　　　R・グラートホフ編著『亡命の哲学者たち：シュッツ/グールヴィッチ往復書簡 1939·59』木鐸社, 1996年
　　　スプロンデル編『シュッツ/パーソンズ往復書簡―社会的行為の理論』木鐸社, 1980年
　　　ヘルムート・R・ワーグナー著『アルフレッド・シュッツ』＜監訳＞森重・中村　共訳, 明石書店, 2018年

© 1932, 1960, 1974 DER SINNHAFTE AUFBAU DER SOZIALEN WELT:
Eine Einleitung in der verstehende Soziologie von Alfred Schütz
Verlag Springer, Wien, Suhrkamp, Frankfurt a. M.

社会的世界の意味構成：理解社会学入門（改訳版）

2006年11月25日　初版印刷発行 ⓒ
2018年 9 月30日　第 2 刷印刷発行 ⓒ

訳者との了解により検印省略	
著者	アルフレッド・シュッツ
訳者	佐藤嘉一
発行者	坂口節子
発行所	有限会社 木鐸社（ぼくたくしゃ）
印刷	TOP印刷　製本　高地製本所

〒112-0002
東京都文京区小石川5-11-15-302
乱丁・落丁本はお取替え致します

phone 03-3814-4195
facsimile 03-3814-4196
URL http://www.bokutakusha.com/
振替番号　00100-5-126746

ISBN4-8332-9018-9　C3036

亡命の哲学者たち
A. シュッツ／A. グールヴィッチ往復書簡 1939-1959

R. グラトホーフ編　佐藤嘉一訳　A5判550頁定価：本体10000円＋税

　アメリカに亡命した二人の現象学・社会学者が，その不遇をかばい合いながら，フッサール現象学の深化に情熱を燃やす。その厳しい学問への批判精神と揺るがぬ相互の信頼関係を示す往復書簡。

社会システム理論の視座（改装版）

N. ルーマン著　佐藤　勉訳　A5判200頁定価：本体2500円＋税

■その歴史的背景と展開

　1予備的考察　2主題定立の機能　3二つの秩序問題　4アリストテレスの秩序問題　5ルネサンスの社会理論　6中間考察　7主体アプローチの限界　8ウェーバーとデュルケーム　9ジンメルの秩序問題　11システム理論の可能性　12パーソンズを超えて

制度としての基本権（改装版）

N. ルーマン著　今井弘道・大野達司訳　46判370頁定価：本体3500円＋税

　ドイツ国家学の展開とアメリカ社会学を共に視野に収めつつ，「基本権」の構造・機能的なシステム分析を通じて法解釈学と社会学の交錯領域にメスを入れ，基本権解釈学にも寄与する。

マスメディアのリアリティ

N. ルーマン著　林香里訳　A5判200頁定価：本体2500円＋税

　ルーマンの理論は古典的ヨーロッパの知の体系の脱構築を目指す現代社会理論である。本書は社会のプロセスに古典的に首尾一貫性を付与し担保した「主体/客体」概念の代りに「マスメディア＝コミュニケーション」概念で捉えなおそうと試みるもので，社会を従来と全く異なる位相に切り分けて分析。

社会理論の方法

W. G. ランシマン著　川上源太郎訳　46判552頁定価：本体6000円＋税

　著者は，社会理論を，報告・説明・叙述・評価に分けて分析し，それに対応する「意味の異なる三つの理解」を示す。ある現象がそれに関与する行為者にとってどのようなものであったかという理解に基づく叙述のみが人間の科学に特有なものであるとする。イギリス型社会学理論の構成を示す。